JN441411

한국에서 다문화주의의 역사적인 뿌리와 발전

외국신부들의 목소리

김 중 순 저

고려사이버대학교 봉사협력사업단 역

집 현 재

Voices of Foreign Brides:
The Roots and Development of Multiculturalism in Korea
by
Choong Soon Kim

First published in the United States by AltaMira Press, Lanham, Maryland U.S.A.

Translated and published by permission.

This Korean edition was published by JypHyunJae Publishing Co. in 2013 by arrangement with The Rowman & Littlefield Publishing Group through KCC(Korea Copyright Center Inc.), Seoul.

‘정아’에게 사랑과 고마움을 전하며

목 차

한국어판 머리말 7

역자의 말 12

감사의 말 15

서문 19

1. 한국인의 다문화뿌리 59
2. 조상의 뿌리를 찾기 위한 어느 고고학자의 긴 여정 97
3. 순혈주의 신화와 인권 135
4. 국제결혼 중매업체를 통해 결혼한 외국신부들의 이야기 179
5. 종교단체의 중매로 결혼한 외국신부들의 이야기 209
6. 한국 남자와 사랑하게 되어 결혼한 외국신부들의 이야기 249
7. 한국 다문화주의의 특성과 장래에 대한 전망 289

주 319

참고문헌 363

한국어판 머리말

이 책은 2011년 미국에서 영문으로 출판한 *Voices of Foreign Brides: The Roots and Development of Multiculturalism in Korea*를 『한국에서 다문화주의의 역사적인 뿌리와 발전: 외국신부들의 목소리』라는 제목으로 번역한 것이다. 이미 쓰여진 책이지만, 다른 언어로 번역이 되어 출판되는 것을 보면, 흡사 다른 사람이 쓴 책을 보는 느낌이 들기도 한다. 그러나 내가 쓴 영문책 몇 권은 전에도 우리말로 번역이 되었다. 그런 경우에는 내가 번역된 책을 읽어 볼 수가 있어서, 번역본이 얼마나 원문에 충실했는지를 짐작할 수 있었다. 그러나 내가 쓴 책 중에는 아랍어와 베트남어로 번역출판된 책들도 있는데, 그런 경우에는 번역본이 원문에 얼마나 충실했는지 알 수가 없어서 역자를 믿을 수밖에 없었다. 그러나 이번에 번역된 이 책은 우리말로 번역되었을 뿐만 아니라 번역을 맡은 사람들이 우리 고려사이버대학교 봉사협력사업단이어서 번역본을 사전에 읽어 볼 수 있는 '특혜'까지 입었다. 이 번역본은 내 원래의 뜻을 가장 적절하게 우리말로 옮겨 놓았으며, 사실에 대한 묘사는 원문보다 더 부드럽고 자연스럽게 표현한 것 같다.

이 번역서를 접하는 어떤 독자는 이 책의 원 저자가 한국 사람이고, 한국에 관해 쓴 책인데, 왜 굳이 영문으로 출판한 후 다시 우리말로 번역하는 복잡한 과정을 거치느냐고 의아하게 생각할지도 모른다. 번역을 하는 복잡한 과정을 거치는 한이 있더라도 원본을 영문으로 쓴 이유는, 첫째, 이 책 서문에서도 밝혔듯이, 이 책에서 논의하는 사안들은 한국과 한국 사람들에게 국한된 것만이 아니다. 오히려 67개국에서 한국 남자들과 결혼하여 한국으로 시집 온 16만 이상의 외국신부들과 그들의 자녀들에 대한 이야기들이다. 그렇기 때문에, 만약 이 책이 우리말로만 쓰여진다면, 외국에 있는 신부들의 부모들이나 형제, 자매, 그리고 친구들은 외국신부들이 한국에서 어떻게 살고 있는지에 대해서 알 수가 없을 것이다. 또, 장차 한국 남자와 결혼해서 한국으로 이주할 생각을 하는 사람들에게도 사전에 어떤 준비를 해야 할지를 생각하는 데도 큰 도움이 될 수가 없을 것이다. 이 책에서 제기하는 다문화주의에 대한 문제는 한국을 예로 든 '글로벌(Global)' 차원의 문제이기 때문에, 국제사회에서 통용되는 영어를 택한 것이다. 점차 많은 사람들이 국경이라는 테두리를 벗어나 살게 됨으로 인해 한국의 다문화주의에 대한 상세한 기술은 점차 글로벌화되는 세상에 좋은 사례가 될 것이기 때문이다.

이 책을 먼저 영문으로 쓰게 된 두 번째의 이유는, 상당수의 외국 사람들, 특히 한국에 머무르고 있는 식자층의 외국 사람들은 유독 한국 사람들만이 외국 사람들을 차별하고, 심지어는 혐오증을 가지고 있는 것으로 생각하는 편견을 가지고 있다. 한국에 대한 그들의 편견은 한국 사람들이 외국 사람들에 대해 가지는 편견보다 더 심하다. 한국 사람들이 외국 사람들에 대해 심한 편견을 가지고 있다는 사실을 책이나 논문 등에서 공공연하게 말하는 사람들의 나라에서는 외국 사람에 대한 차별이나 혐오감이 우리 한국 사람들이 외국 사람들에 대해 갖는 태도보다 오히려 더 강하다. 독일 철학교수인 위르겐 하버마스(Jürgen Habermas)는 "외국인들에 대한 혐오감은 근래 유럽공동체 안에서 더 현저하게 나타나 있다"고 실토한 바도 있다. 서구학자들의 연구에 의하면, 19세기 말이나 20세기 초 이전의 전통적인 한국 사회는, 한국이 인종적으로 단일국가라고 생각하지 않았으며, 외국인들에 대해 그들의 인종적인 배경에 따라 차별한 일도 없다고 한다. 조선조의 태조와 세종은 여진족을 차별하지 못하게 했고, 한국 사람들과 자유로운 결혼도 하게 했다. 이런 한국 사람들의 민권사상은 이미 14~15세기에 실행되고 있었는데, 그와는 달리 미국의 민권법은 1964년에 통과되었으니, 우리의 민권의식은 미국보다 거의 5~6세기나 앞선 셈이다. 한국 사람들이 요즈음 시쳇말이 된 '다문화사회'라는 용어를 1990년에 소개하였지만, 1900년대 초에서 20세기 이전까지는 한국 사람들이 여러 곳에서 온 이민자들과 함께 평화롭게 공존한 전통과 역사를 가지고 있었음에도 불구하고, 한국 사람들이 외국인들을 싫어하고 혐오하는 사람들로 오해받아 온 가장 큰 이유는, 이 방면에 대해 외국 사람들이 참고할 수 있는 외국말로 쓰여진 문헌들이 흔하지 않았기 때문이라고 생각한다. 다문화에 관한 한국 현재의 실상을 있는 그대로 외국 사람들에게 소개하는 뜻에서 이 책을 영문으로 쓰게 된 것이다. 한국 사람들에 대한 외국 사람들의 선입견이 어떻든지 간에, 그리고 또 현재 한국에서의 다문화주의는 담론수준에 머물고 있다손 치더라도, 다문화주의를 실현시켜보려는 한국 사람들의 노력은 성실하고 진지하다는 사실을 세상에 알려야 한다고 생각한다. 이 현실을 바깥 세상에 알리는 방법은 바깥 세상 사람들이 쉽게 접근할 수 있는 언어로 출판하는 길밖에 없다고 생각했기 때문이다.

이런 이유로 이 책을 영문으로 쓰고 보니, 외국 독자들에게는 우리의 현실을 전달하는 이점이 있는 반면에, 정작 다문화에 대한 이해가 절실하게 필요한 우리 한국 독자들에게는 소원한 책이 된 것을 느낀 점도 없지 않았다. 그런 이유로, 고려사이버대학교 '다문화가정 e-배움 캠페인'을 주도해 온 고려사이버대학교 봉사협력사업단이 이 책을 우리말로 번역하여 출판하기로 한 것이다. 축하해 마지않는다. 이런 결정은 쉬운 결정이 아니고, 번역의 어려움은 번역을 해 본 일이 있는 사람은 다 알고 있는 사실이다. 그들의 노고에 감사할 따름이다.

그러나, 외국 사람도 쉽게 이해할 수 있도록 하기 위해 영문으로 쓴 한국에 대한 소개와 구체적인 한국 문화에 대한 소개는 한국 사람들에게는 불필요한 군더더기로 느껴지는 문제를 안고 있다. 한국 성씨의 역사적 고찰, 중매혼의 내력, 입시지옥과 춘향전에 대한 설명, 목포와 부산의 위치 등 그 사례는 많다. 이런 문제들로 인해, 내가 이 프로젝트를 시작할 때부터 한국어판으로 출판하겠다고 공언하던 어느 출판사가 한국 사람에게는 당연한 것으로 설명이 필요 없는 부분은 삭제하고 출판하자는 제의를 해 왔다. 그 출판사가 그런 제의를 할 정도로 성가신 요인이 없지는 않다. 이해할 것 같다. 그러나 번역판은 원본에 충실해야 한다는 원칙을 고수하지 않을 수가 없었다. 그런 의미에서 고려사이버대학교 봉사협력사업단이 원칙을 고수하면서 원본에 충실한 번역을 한 점은 높이 평가할 만하다. 필요한 부분만 골라 번역하고, 불필요하다고 생각하는 부분은 삭제하는 선택권은 번역출판의 원칙을 위배하기 때문이다. 봉사협력사업단의 이재열 단장, 이정원 상임위원, 류시혁 간사의 노고가 많았다. 봉사협력사업단의 실무팀이 모두 힘을 모은 덕에 좋은 번역본이 된 것이다. 감사할 뿐이다. 혹 이 책에 오류가 있었다면, 원본의 저자인 내 과오라고 믿는다.

2013년 봄

해저 김중순

역자의 말

번역이 어렵다는 말은 많이 들어봤다. 그래서 어떤 사람은 번역이 "또 하나의 저서"라고도 하고, 어떤 사람은 "제2의 창작"이라고도 하는 모양이다. 그러나 이 말은 맞지 않는 것 같다. 번역의 제일 사명이 원작에 충실함에 있는데, 어떻게 '창작'의 기술을 발휘할 여지가 있겠는가? 오히려 번역은 구속의 연속인지도 모른다. 원 저자가 원문에서 "이렇게 쓰고, 저런 단어를 골라서 사용했더라면 번역이 훨씬 수월하고 깔끔하게 될 수 있었을 것"이라고 불평하는 역자도 많다는 소리를 들었다. 그러나 이 책을 번역하게 된 고려사이버대학교의 봉사협력사업단은 처음 시도해 보는 번역작업이었지만, 대단히 성공적으로 해 냈다고 자부하고 싶다.

이 책은 원래 영어권 독자를 위해 쓴 책이지만, 우리가 이 책을 읽어보면 읽어볼수록, 한국 사람인 우리 스스로가 알아야 할 우리의 선사, 역사, 문화, 전통 등에 관해서 이만큼 자세하게 기록한 책이 드물기 때문에, 우리는 어려움을 무릅쓰고 한국 독자를 위해 번역하기로 했다. 미국의 전형적인 출판관행으로, 책 지면을 줄이기 위해 깨알 같은 글씨로 쓴 책이라서 번역을 시작할 때는 분량이 번역할 만한 만만한 분량으로 생각했으나, 막상 우리말로 번역을 끝

내고 보니 그 분량이 결코 적은 것이 아니었다. 무엇보다도, '다문화주의'에 대한 우리의 이해는 아직은 담론수준을 넘지 못하기 때문에, 이 분야에 관한 학술서적이 드문 점을 감안할 때 이 책은 우리에게 유용한 참고서가 될 것이며, 놀랄 정도로 자세한 각주는 이 방면을 전문적으로 연구하는 학자나 학자지망생들에게도 참고가 될 것으로 생각해서, 번역 작업에 착수하게 된 것이다.

이 책을 번역하는 과정에서, 원 저자가 학교 내에 상주하는 분이라서 번역이 어려운 대목은 개인적으로 상의할 수도 있어서, 이 책은 원작에 가장 가까운 책이라고 자부하고 싶다. 그러나 여러 사람이 여러 번의 윤문작업을 했음에도 불구하고, 아직도 어색한 '번역식 우리말' 표현이 있다. 원문의 보통명사에 복수를 사용하는 것이 우리말로는 보통명사를 굳이 복수로 쓸 필요가 없지만, 근래에는 영어의 영향으로 으레 복수를 사용하기 때문에 그렇게 번역을 하고 보니 어색한 면도 있다. "철새가 많이 날아왔다"고 하면 될 것을 "철새들이 많이 날아왔다"로 되고, "딸"이면 될 것이 번역에서는 "그의 딸이 …"로 번역된 곳이 여기저기에 있다.

자구 번역보다도 어려운 점은, 이 책의 원문이 영어권 독자들을 위해 쓴 것이기 때문에, 이들의 이해를 돕기 위해서 우리 독자들에게는 불필요한 설명을 붙이는 것이 어색한 면도 없지 않았다. 부산을 설명하면서, 한반도의 남쪽 항구, 춘향전에 나오는 이몽룡과 춘향이, 그리고 목포가 한반도 서남단의 항구도시 등 그 수는 많다. 그러나 어떤 우리의 전통적인 관습은 우리 모두가 익히 잘 알고 있는 것으로 생각했으나, 사실은 요즈음 젊은 사람들에게는 생소한 것도 많다. 우리가 한국 사람이기 때문에 한국문화를 모두

다 알고 있으려니 하는 가정은 맞지 않을 수도 있다. 어느 미국인 교수가 미국 동북부의 명문학교에서 아시아 문화를 강의하고 있는데, 강의 첫날, 교실에는 대부분이 아시아계 학생들이라 자기가 알고 있는 동양문화에 대한 지식보다는 그 과목을 택한 학생들이 더 잘 알고 있을 것이라고 생각해서 잔뜩 '주눅'이 들어 있었는데, 중간시험을 봤더니 아시아 학생들의 아시아 문화에 대한 이해나 지식은 여느 다른 서양 학생들보다 나을 것이 없더라고 한 말이 기억났다. 그런 말을 믿고, 불필요할지도 모르는 한국에 관한 설명을 외국 사람들에게 하듯이 그대로 옮겼다.

이 책의 번역에서부터 교정까지 고려사이버대학교 봉사협력사업단 모두가 큰 수고를 했다. 번역과정을 함께 하는 동안, 우리는 번역 이외의 많은 것을 배웠다. 우리 모두 잘된 번역서를 출판하게 됐다고 축하하기로 하자.

고려사이버대학교 봉사협력사업단

감사의 말

나는 이 책을 쓰면서 많은 사람들과 기관들에게 폐를 끼쳤다. 그들의 이해와 허락 및 지원이 없었다면, 나는 이 책을 끝마칠 수 없었을 것이다. 그렇기 때문에 나는 한 권의 책이라도 여러 명의 저자가 있어야 한다고 생각하게 되었다.

이 책은 고려사이버대학교가 '주식회사 포스코'(이하 POSCO로 표기)와 골드만삭스(Goldman Sachs)의 재정적인 지원으로 '다문화가정 e-배움 캠페인'을 전개하는 과정에서 얻어진 기대하지 않았던 결과물이기 때문에, 나는 이 두 기관에 커다란 빚을 지게 되었다. 이들의 재정적인 지원이 없었다면, 나는 다문화가정 e-배움 캠페인을 시작조차 할 수 없었을 것이다. POSCO의 윤석만 전 사장과 골드만삭스의 한국대표인 존 김(John Kim) 전무와 크리스토퍼 전(Christopher Jun) 상무 등의 도움에 감사드린다.

내가 이 캠페인을 시작했을 때, 도(道)나 지방의 여러 자치단체들이 우리 캠페인을 환영하고 행정적인 뒷받침을 준 것이 큰 도움이 되었다. 처음부터 이 캠페인을 적극적으로 지원하고 행정적인 편의를 제공해준 경상북도 김관용 도지사와 전라남도 박준영 도지사께 특별히 감사를 드린다. 또한 도와 광역자치단체에 근무하는 여러분들은 우리 캠페인이 순조롭게 진행되도록 도와주었다. 그리고 다문화가정지원센터의 전만길 센터장은 내가 여러 다문화가정 외국신부들을 만날 수 있도록 주선해 주었다. 이 캠페인을 전개하는 과정에서 직접적으로나 간접적으로 수많은 사람들과 기관들로부터 도움을 받았기 때문에 그들의 이름을 여기에 일일이 밝히기는 어렵다. 그러나 비록 그 이름들을 여기에 다 밝히지 못한다고 하더라도, 그들에게 감사하는 마음만은 전하고 싶다.

내가 이런 캠페인을 전개해 보려고 생각했을 때, 고려사이버대학교의 교수이자 동료 인류학자인 조경진 교수는 용기를 북돋어 주었을 뿐만 아니라, 경상북도 구미시와 전라남도 담양 두 지방에서는 예비조사도 함께 했다. 조 교수는 이 캠페인의 예비계획서를 마련했으며, 이 프로젝트를 진행하는 데 소요되는 재정적인 지원을 받기 위해 몇몇 재단에 접촉도 했다. 당시 우리 학교 이현락 재단이사장이 POSCO에 고려사이버대학교가 추진하려는 다문화가정 e-배움 캠페인의 중요성을 알리는 데 성공했다. 이에 따라 POSCO는 2007년부터 2010년까지 3년간 우리 학교 캠페인을 지원하겠다는 약속을 했다. 2010년 이후부터는 POSCO의 지원이 종료되었는데 골드만삭스가 POSCO의 뒤를 이어서 지원을 해 주었다.

이 캠페인을 전개하는 과정에서 고려사이버대학교의 조경진, 이재열, 나홍석, 그리고 김상기 처장 등이 참여를 했으며, 염철현 교수는 이 캠페인의 단장으로 2010년 3월까지 실무를 담당했다. 캠페인을 진행하는 과정에서 이 캠페인에 참여한 캠페인 팀원들이 수집한 정보도 이 책에 반영되어 있다. 총무처 류시혁 팀장은 나와 함께 잦은 현장조사에 참여했으며, 일본과 베트남 현지 답사에도 동행했다. 그는 나를 도와 열심히 일을 했을 뿐만 아니라, 나의 끊임없는 요구와 재촉, 그리고 잔소리까지도 잘 참아주었다. 감사히 생각한다. 내 연구와 저작활동을 지원해준 고려사이버대학교에 감사한다. 또한 비서실의 엄혜선 비서는 이 책을 쓰는 데 필요한 정보를 수집하고 분석하는 일에 큰 역할을 했다. 그의 노력에 감사한다.

알타미라(AltaMira) 출판사가 이 책 출판에 적극적이었으며, 원고에 대한 평가도 신속하게 진행해 주었다. 알타미라 출판사의 원고검토편집자(Acquisition editor)인 잭 마인하트(Jack Mainhardt)와 마리사 팍스(Marissa Parks)는 이 책 원고를 알타미라 출판사에 제출하도록 나에게 적극적으로 권유했다. 수석편집자(Executive Editor)인 웬디 슈노퍼(Wendi Schnaufer)는 이 책의 출판과정을 충실히 설명했다. 이 책 원고를 편집한 교정 편집자(Copy-editor)인 데시리 리드(Desiree Reid)의 세심한 편집노력에 감사한다. 이름을 알 수는 없지만, 내 원고를 철저하게 검토하고, 평가했으며, 당초의 원고를 수정할 수 있도록 건설적인 조언까지 해 준 심사위원들에게도 감사한다.

이 책의 취약점이 무엇이든지 간에, 조지 워싱턴대학교의 로이 그링커(Roy Richard Grinker), 조지아사우스웨스턴주립대학교(Georgia Southwestern State University)의 켄달 블랜차드(Kendall Blanchard)와 코니 블랜차드(Connie Blanchard) 내외, 일리노이대학교(University of Illinois)의 낸시 에블맨(Nancy Abelmann), 그리고 고려사이버대학교의 조경진 교수 등이 이 책의 초고를 읽어 주었다. 그리고 이 책 원고를 더 발전시킬 수 있는 방안도 제시해 주었다. 로버트 브라운(Robert Brown)은 이 책 초고의 문장을 다듬는 일을 해 주었다.

내가 가장 고마운 마음을 표시해야 할 사람들은, 이 책에 포함되어 있지만 이름을 밝히지 못한 많은 외국신부들이다. 그들이 나에게 베푼 환대나 협조가 없었다면, 이 책은 출판될 수가 없었을 것이기 때문에 그들에게 특히 감사함을 드린다. 그들의 사생활을 보호한다는 뜻에서 이름을 밝히지 않기로 했기 때문에, 여기서 그들의 이름을 밝힐 수는 없다. 다만 그들의 이름과 그들이 한 역할을 밝히지 못한 것이 유감스러울 뿐이다.

나는 현지조사를 위해 집을 자주 비우고, 또 이 책을 집필하는 동안 모든 집안 일은 집사람 혼자의 몫이었기에 집사람에게 너무 큰 부담을 주었다. 두 아들인 존(John)과 드루(Drew), 두 며느리인 캐른(Karen)과 낸시(Nancy), 그리고 다섯 명의 손자 손녀인 매튜(Matthew), 라이언(Ryan), 잭(Jack), 루크(Luke), 그리고 캐롤라인(Caroline) 등은 내가 이 책을 쓰는 데 영감을 주었다. 내가 늘상 부르는 '정아'는 내 힘의 원동력이 됐다. 늘 감사하게 생각한다.

2011년

계산 남록에서

해저 김중순

서 문

21세기 대부분의 선진국들은 다문화사회다. 즉, 국가 안의 또 다른 국가, 종교적으로, 정치적으로, 그리고 종족적으로도 복잡다단한 만화경(萬華鏡)을 이루고, 가족의 가치관이나 전통도 다양성의 조합(組合)과 같다. 또, 현대의 교통수단은 인간의 이동성을 증폭시켰으며, 여러 나라에서 일어나고 있는 경제적 · 정치적인 변동은 인구통계학적으로 다양한 변화를 가져왔다. 15년 전쯤, 정치철학자이자 '다문화주의'(multiculturalism)의 권위자로 알려진 학자 중의 한 사람인 윌 킴리카(Will Kymlicka)는, "오늘날 대부분의 나라들은 문화적으로 다양하다. 최근 추산에 따르면, 세계 184개의 독립국가에는 600개의 상이한 언어를 가진 집단들이 살고 있으며, 5천여종의 인종 및 민족 집단이 있다. 그 많은 국가 중에 극소수의 국가들만이 공통된 언어를 사용하거나 동일한 민족에 속한다"고 했다.[1]

동시에 킴리카는 "아이슬란드(Iceland)와 한국[남한과 북한] 두 나라만이 문화적으로 동질성을 유지하는 예"라고 했다.[2] 그 후 2007년에 출판한 다문화주의에 관한 책에서도, 킴리카는 또다시 한국과 아이슬란드, 그리고 포르투갈(Portugal)이 단일민족국가(mono-national)라는 견해를 밝혔다.[3] 그러나 근래에 행해진 연구나 지금의 한국 인구통계를 자세히 살펴 보면, 킴리카의 결론에 의문을 제기할 만한 근거들이 있다. 즉, 한국이 문화적으로나 생물학적으로 동질성을 유지하고 있다는 일반적인 견해에 의문을 제기할 만한 점들이 있다는 것인데, 이러한 내용이 이 책의 한 주제이기도 하다.

한국이 단일인종·단일민족국가라는 견해는 한국 사람들 사이에 널리 알려진 사실이며, 이런 사상은 한국 사람들이 한 조상으로부터 대대로 전해 내려오면서 단일민족으로 순수한 혈통을 지녔다는 점을 주장하는 인종적 민족주의자(ethnic nationalist)들 사이에는 더욱 더 심하다. 나의 세대나 그보다 더 나이 든 세대의 한국 사람들은 한국의 국가적인 정체성이 단일민족에 뿌리를 두고 있다는 민족사관(national historiography)에 깊이 젖어 있다.[4] 혼혈(混血)이나 순혈(純血)이라는 용어는 한국에 거주하는 사람들의 인종적인 정체성을 나타내기 위해서 오래 전부터 사용해 온 말들이다. 인권운동가들 사이에는 이러한 용어를 사용하는 전통은 그런 용어의 대상이 되는 사람들에게 사회적·경제적 차별을 가져올 우려가 있다고 한다. 이런 이유로, 2007년 UN의 '인종차별철폐위원회'(UN Commission on the Elimination of Racial Discrimination: CERD)에서는 한국이 '혼혈'이나 '순혈'이라는 용어를 사용하지 말도록 권하고 있다.

한국에서 전통주의자들 사이에 순혈주의가 팽배해 있었음에도 불구하고, 한국의 고대사나 근세사 그리고 현재의 인구통계에 나타난 실제의 사례들을 보면, 한국이 인종적으로나 문화적으로 동질적인 사회라는 종래의 견해는 사실상 그 근거가 박약하다. 근래에 출토된 고고학적인 자료에 따르면, 구석기시대에서부터 신석기시대를 지나 청동기시대에 이르기까지 한반도에는 인종적으로 두 양대 인종인 '코카소이드'(Caucasoid)와 '몽골로이드'(Mongoloid)가 함께 거주한 것 같다. 또한 역사시대에도 한계(漢系) 중국 사람, 몽골 사람, 만주 사람, 베트남 사람, 여진 사람, 거란(契丹) 사람, 연(燕)나라 사람, 일본 사람, 아랍 사람, 그리고 서아시아와 동남아시아에서 온 여러 나라 사람들이 한반도에 이주해서 귀화했다. 이 귀화인들 후손의 총 수는 2000년도 인구통계조사에서 나타난 남한 인구 4,600만명 중 1,200만명이나 된다. 다시 말해서, 지난 수백 년간에 한국으로 이민한 외국인 후손들의 수는 현재(2000년 인구조사통계 기준) 남한 전체 인구의 26%에 해당하는 수라는 것이다. 이 수 하나만으로도 남한 사람들의 모두가 단일민족의 후예라는 말에 의문을 제기하는 한 가지 이유가 되는 것이다.

또, 한국에서 국제결혼의 역사는 오래 되었는데, 이러한 국제결혼은 한국 사람들의 '유전자 풀'(gene pool)을 다양하게 만드는 원인이 되기도 했다. 13세기에 승려인 일연(一然)이 쓴 『삼국유사』(三國遺事)에 따르면, 1세기인 서기 48년에 가야국의 김수로 왕이 인도 '아요디아'(Ayodhya) 공주와 결혼했다고 한다.[5] 그 후 고려시대(918~1392)에는 고려의 네 명의 왕이 연이어서 원(元)나라 공주와 결혼했다. 이처럼 외국에서 이주해온 이민자들은 자기네 나라의 전통문화를 한국에 소개했으며, 그로 인해 한국문화의 폭을 넓히고 그 내용을 더 윤택하게 만들었다.

현재 한국에는 세계 180여 개국에서 온 약 140만명의 외국인들이 거주하고 있다. 이들 중 18만 2천명 가량은 한국 사람들과 결혼을 해서 한국으로 이주해 온 사람들이다. 이렇게 국제 결혼한 사람들의 89.2%에 해당하는 16만 2천명은 세계 67개국에서 한국으로 시집 온 외국신부들이다.[6] 현재 남한에 거주하는 외국인의 비율은 남한 전체 인구의 약 2.5%에 해당한다. 이런 숫자는 미국이나 오스트레일리아 또는 캐나다 등과 같이 외국 이민자 수가 많은 나라와 비교한다면 절대적인 숫자나 비율 면에서 보더라도 그런 전통적인 이민국가들과는 비교가 되지 않을 정도로 미미하다. 그러나 한국의 역사를 살펴보면, 이런 숫자는 중요한 의미가 있다고 할 수 있다. 한국에서의 외국인 수는 지난 5년 사이에 2배나 늘어났으며,[7] 지속적으로 급격하게 증가하는 추세에 있다.

이런 인구통계학적인 변동에 대한 반응으로, 한국에서는 지금 '다문화주의'라는 말이 가장 빈번하게 논의되는 주제로 되고 있다. 일반 대중들, 정부, 그리고 많은 시민단체들이 한국이 인종적인 다양성을 인식하고 다양성을 보장하라는 요구가 점차 증대하고 있다.[8] 현재 한국에서는 과거의 단일민족주의 사상이 다문화주의로 대치되고 있다. 다문화주의에 대한 논의가 일반 한국 대중들에게 큰 인기를 얻고 있기 때문에 한국의 다문화 뿌리에 대한 연구를 하는 학자나 지식인들의 숫자 또한 늘어나고 있다. 학문적인 성향(orientation)이 민족사관에 집착하지 않은 사학자, 선사시대를 연구하는 선사시대 사학자, 그리고 고고학자들은 전통적으로 한국이 단일민족사회가 아니었다는 점을 지적하고 있다. 또한, 그들은 한국이 종족적으로 순혈주의를 주장하고 외국인들에게 혐오감을 가지고 있었다는 점에 대해서도 의문을 제기하고 있다. 근래에 출판된 문헌들을 보면 19세기 말에서 20세기 초 이전의 한국 사람들은 외국인들을 폄하하지도 않았을 뿐만 아니라 인종적인 출신에 따라 차별하지도 않았다고 한다.

이 책에 관하여

여러 면에서 이 책은 한국에서 다문화주의에 대해 관심이 높아가고 있는 것에 대한 반응이며, 이 주제에 대한 학문적인 연구결과가 아직은 많지 않은 상태에서 이 방면 연구에 도움이 되었으면 하는 뜻에서 쓰게 된 것이다. 이 책에서는 현재 한국의 인종적인 다양성을 논하는 대상으로 한국 남성과 결혼하여 한국으로 이주해온 161,999명의 세계 67개국 출신 외국인 신부들과 그들 사이에서 태어난 121,935명의 자녀들에 초점을 맞추기로 했다. 이 분석에서 한국 여성과 결혼한 외국인 남성들은 포함시키지 않았는데, 이들이 중요하지 않기 때문에 제외한 것은 아니다. 물론 그들도 대단히 중요하다. 그러나 내 현지조사와 분석은 외국신부들에 국한되었었고, 그들이 한국생활에서 느낀 경험과 그들이 한국사회와 한국문화에 끼친 영향을 주로 다루었다. 이 책의 주된 목적은 한국 사람들이 외국출신 신부들에게 가지는 태도와 한국문화가 변화하는 양상을 다루기 위한 것이다. 동시에 이 책에서는, 현재 한국(남한)에서 다문화주의는 어떻게 진행되고 있으며, 한국이 당면한 문제점을 이해하고, 이러한 문제들을 해결하기 위해서 여러 가지 어려운 결정을 해야 하는 문제 등도 함께 다루었다.

이 책은 전형적인 서술형태이고, 여러 사안들을 심층적으로 기술하는 것이지만, 나는 한국적인 다문화주의를 서구의 민주주의적인 다문화주의와 비교함으로써 한국적 다문화주의의 특징을 파악하고 분석하려는 노력도 했다. 내가 한국적 다문화주의에 대해 제기하는 질문은 다음과 같다. 첫째, 다문화주의라는 용어를 한국 사람들은 어떻게 이해하고 있는가 하는 것이다. 한국 사람들은 한국 사회가 문화적으로나 인종적인 면에서 점차적으로 다양화해 가기 때문에 '다문화주의'라는 용어를 단순히 단일민족주의에 대한 대조적이거나 반대적인 개념으로만 이해하는 것 같이 보인다.[9] 이 책은 한국 사람들이 한국 사람의 입장에서 인식하고 있는 한국 사람들의 '내부자적인 인식'(*emic perception*)으로서의 '다문화주의'에 대해 기술해 보려고 한다.[10]

이 책에서 제기하는 두 번째 질문은, 킴리카가 언급한 바와 같이 영국, 독일, 그리고 네덜란드 등과 같은 몇몇 유럽 국가들은 다문화주의 특히 이민자들에 대한 다문화주의에서 일보 후퇴하는 양상을 보이는 것 같은데, 왜 유독 한국은 지금 다른 유럽국가들보다 더 다문화주의를 포용하려고 하고 긍정적으로 받아들이려고 하고 있는가라는 질문이다.[11] 한국에서 다문화주의에 대하여 일반 대중이 활발하게 논의하게 된 것은 주로 한국의 인구통계학적인 이유 때문인 것 같다. 즉, 저출산(세계 최저의 출생률인 1.15),[12] 기대수명의 연장(79.6세)으로[13] 인한 고령사회화,[14] 그리고 농어촌 인구의 도시나 공단에로의 집단 유입으로 인해 농어촌에 결혼 적령기 여성의 절대수 감소 등이 인구통계학상의 문제로 대두되고 있다.[15]

이 책에서 제기하는 세 번째 질문은, 다문화주의라는 개념 속에 한국에서 다문화정책을 실현시키는 데 있어서 그 정책의 대상자인 외국인, 특히 외국신부들의 필요와 기대 및 원하는 바를 어떻게 반영하는가 하는 점이다. 학자들은, 한국의 다문화주의정책은 정부주도형으로 특정지워지는데,[16] 대체로 정치적인 의도로 사용하는 수사적인 말이나 구호이며,[17] 시혜적이며, 그런 정책으로 인해 생활에 직접적인 영향을 받게 될 이민자들의 뜻을 무시하거나 경시하는 경향이 있다고 한다.[18] 심지어 다문화주의를 지지하는 비정부단체(NGO)들도 서로 경쟁관계에 있으며, 그들의 프로그램은 서로 중복되는 경우도 많다. 또한 그들의 사업들은 대부분 정부기금의 지원을 받기 때문에 일회성이거나 일시적인 것이 많다. 그런 사업들은 지역축제 등에서 요리와 다도(茶道) 등과 같이 대부분 문화행사가 주를 이루며, 이런 행사 때 외국신부들이 자기네 나라의 고유의상을 입고 '퍼레이드'에 참여하는 것 이외에는 별다른 도움을 주지 않기 때문에, 때로는 그들이 이런 행사에 참여하는 것에 거부감을 갖기도 한다.

이 책에서 제기하는 네 번째 질문은 한국 사람들이 말하는 다문화주의란 과연 무엇인가에 관한 것이다. 만일 한국 특유의 개념이나 모델이 있다면, 이런 한국적인 다문화주의는 어떻게 한국문화를 반영하고 있으며, 현존하는 다른 모델과 비교하여 어느 정도 독특한가 하는 것이다. 윌 킴리카가 말한 바와 같이, "서로 다른 여러 나라에서 다문화주의라는 말에 따른 의미는 다양한 문화적인 의미가 반영되어 있다. 캐나다에서는 다문화주의란 이민자들의 권리를 말하는 것이다. 즉 이민자들이 편견이나 차별대우를 받지 않을까 하는 두려움 없이 자신들의 인종적인 정체성을 나타낼 수 있는 권리를 말한다. 유럽에서는 국내의 지역공동체간에 권력을 공유하는 것을 말하기도 하며, 미국에서는 흔히 한계적(限界的 marginal)

인 사회집단의 요구를 수용하는 것을 말한다."[19] 이 책의 주요한 목적은 오늘날 한국에서 다문화주의라는 것이 무엇을 의미하는지를 기술하는 데 있다.

이 책에서 제기하는 다섯 번째 질문은, 한국에서의 다문화주의의 미래는 어떤 모습일까, 한국에서도 서구에서와 같이 다문화주의가 자유주의적 모델로 성공적으로 정착될 수 있을까 하는 것이다. 이 문제는 이 책 마지막 장의 주제이자 결론에 해당된다.

다문화주의에 대한 이해와 오해

다문화주의의 정의

'다문화주의'라는 말은 요즈음 한국에서 흔하게 쓰이는 말이다. 그러나 나는 문화인류학자이면서도 이 프로젝트를 시작하기 전에는 다문화주의라는 말이 무엇을 뜻하는지 잘 알지 못했다는 점을 고백해야겠다. 윌 킴리카나 찰스 테일러(Charles Taylor), 그리고 다문화주의에 관해 연구하고 그 주제에 관해 글을 쓰기 시작한 거의 대다수의 초기 학자들은 철학자나 정치학자들이었다. 그들의 학문적인 오리엔테이션이나 그들이 사용하는 학술적인 전문용어도 나의 학문분야에서 쓰는 것과는 다른 용어들이었다. 대부분의 문화인류학자들에게 '문화상대주의'(cultural relativism)라는 개념은 문화인류학자들의 세계관을 말하는 핵심적인 개념이다. 문화상대주의의 근본개념은 모든 문화양상은 다 그 나름대로의 가치를 지니고 있기 때문에 모든 문화를 이해할 때에는 자민족 중심적인 편견에서 벗어나 객관적으로 평가되어야만 한다는 것이다. 문화인류학자인 나의 견해로는 이런 정신과 원칙만 있다면 문화의 다양성을 논의하는 데 충분하다고 생각했다. 나는 문화상대주의의 개념 이외에 '다문화주의'와 같은 추가적인 개념이 필요하다고는 전혀 생각하지 않았다.

일부 지성인들은 다문화주의라는 용어에 대해 공개적으로 비판하고 있다. 한 사람의 예를 든다면, 프랑스의 수필가이자 저명한 사회참여지식인으로 알려진 알랜 핀킬크라우트(Alain Finkielkraut)는 "다문화주의! 이는 국가의 순수성(national purity)을 고수하기 위해서 노력하는 사람들에게 반대투쟁을 하기 위해 사용하는 핵심적인 단어다. 다문화주의자들은 문화의 동질성이 갖는 단조로움보다는 복수형태의 다문화가 주는 묘미와 다양성을 격찬한다. 그러나 이런 점에 대해 속지 말아야 한다. 단일문화나 다문화가 서로 얼마나 다르게 보이든지, 또 그 두 관계가 상당히 부자연하고 불편한 관계에 있다고 하더라도, 이 양자는 모두 문화상대주의의 입장을 견지하고 있다. 양자의 신조는 반대적인 입장에 있을지 모르지만, 양자가 생각하는 세상은 유사한 것이다. 양측이 다 문화라는 것은 모든 것을 다 내포하고 있으며, 문화의 미덕은 그 다양성에 있다고 본다"고 했다.[20]

킴리카는 핀킬크라우트의 비판을 일축하고 있는데, 다음과 같이 주장한다. "… 국제적인 담론이나 규범은 본질적으로 진보적이고 자유민주주의적인 것이다. 그렇기 때문에, 다문화주의는 개인의 자유와 평등의 원칙을 존중하는 기본원칙에 따라 구속과 규제를 받는 것으로 이해되는 개념으로, 이 개념은 대체로 근래 서구 정치이론에서 발전한 이론과 부합하는 것이다."[21]

다문화주의라는 말이 근래에 유행하는 말이라고 할지라도 어떤 기구(organizations)들은 다문화주의라는 용어의 사용을 의식적으로 피하기도 한다. 예를 들어서, 킴리카에 의하면, "국제적인 국제정부기구(international intergovernmental organization 또는 IQs)는 다문화주의라는 용어를 사용하지 않는데, 그 이유는 많은 나라에서 이 용어는 너무 제한된 내용만을 포함시키고 있기 때문이라고 한다. 예를 들면, 유럽에서는 다문화주의라는 말이 신세계(New World)에서 쓰는 독특한 용어로, 이 용어는 옛 유럽 사람들의 생각인 '소수자의 권익 보호'라는 뜻을 포함하지 않고 있다(역자의 주: 신세계[New World]라는 말은 서반구를 말하기도 하고 미국을 지칭하기도 하며, 때로는 오세아니아[Oceania or Australia]를 말하기도 한다). 심지어 신세계 안에서도, 다문화주의라는 것은 이민자 집단을 말하는 맥락에서 쓰이는 말이며, '토착민'(indigenous people)에 대한 정책을 포함시키지 않는다."[22] 다문화주의라는 말을 좋아하지 않는 사람들은 다문화주의라는 말을 쓰는 대신에 '소수민족의 권익'(minority rights), '다양한 정치'(diversity politics), '상호문화주의'(interculturalism), '문화권리'(cultural rights), 혹은 '차별화된 시민권'(differentiated citizenship)이라고 부른다.[23]

나는 다문화주의란 용어를 좋아하거나 싫어할 특별한 선입견은 없다. 나는 인류학자로서 현지조사를 할 때 현지조사방법의 방향을 이끌어주는 기본원칙이 되고 있는 것이 문화상대주의였기 때문에, 문화상대주의란 개념에 집착하는 것도 또한 아니다. 오히려 나는 문화상대주의 개념이 갖는 약점을 인정한다. 문화상대주의,

특히 고전적인 의미의 문화상대주의에서는 보편적인 도덕률에 대한 원칙이나 행동규범이 정해져 있는 것도 아니고, 모든 문화를 다 관대하게 받아들여야 한다고 하기 때문에, 문화상대주의는 문화적인 양식(pattern)이나 행동규범을 객관적으로 평가하는 표준규범이 없는 것이다. 문제는 문화상대주의는 일반적으로 공평하고 공정한 윤리적인 원칙이지만, 확실히 잘못된(wrong) 문화적인 요인(trait)이 있는 것도 사실이라는 점이다. 노예제도, 반유대주의, 고문, 그리고 종족집단학살 등을 생각해 보면 알 수 있을 것이다. 다른 말로 바꾼다면, 어떤 경우에는 문화상대주의는 국제적인 인권문제 등과 타협을 해야 할 필요성이 생기게 된다. 이와는 달리 다문화주의 개념은, 문화상대주의 개념처럼 모든 문화적인 양상은 다 가치가 있고 그래서 종족적으로 다양한 사회를 위한 이해나 정책을 개발하는 데 적합하다고 하는 전제에 구애받지 않는다.

다문화주의의 초기 제창자의 한 사람인 찰스 테일러는 다문화 정책은 "기존의 상호존중이라는 원칙 위에서 수립될 수 있으므로,[24] 묵시적으로 문화상대주의 관점을 내포하고 있다고 한다. 핀킬크라우트는 문화상대주의는 다문화주의 이론에 포함되어 있다고 분명하게 말하고 있다. 핀킬크라우트는 "모든 문화는 동등하다고 천명되어야 하며… 탈 식민지시대의 현대철학은 인본주의의 내면에 자리잡고 있는 비인간적인 요인을 맹렬히 비난하고, 보편성이라는 것에 숨겨져 있는 특수하고 역사적이며 지역적인 차이성을 추구함으로써 결국 허더(Johann Gottfried von Herder)의 이론으로 이어지게 된다"고 한다.[25](역자 주: Johann Gottfried von Herder(1744~1803)는 동 프러시아[Prussia] 태생 철학자로 많은 철학자와 사상가들에게 영향을 주었지만, 특히 그의 상대주의사상과 다원적인 세계주의는 현대 인류학의 탄생에 핵심적인 역할을 했다.)

다문화주의라는 말이 빈번하게, 그리고 널리 사용되고 있지만, 정치이론가인 데이비드 밀러(David Miller)가 지적한 것처럼, 다문화주의라는 용어는 모호하며 단 한 문장으로 명확하고 확고하게 정의할 수는 없다.[26] 찰스 테일러는 다문화주의를 "정치적인 인정이자 상호 존중(the politics of recognition and equal respect)"이라고 정의하고 있다.[27] 1993년 테일러가 이런 제목으로 책을 썼을 때, 그 책에서 그가 말하는 다문화주의 개념에 근간이 되는 점은 자유민주주의 정부기구들이 우선 상이한 문화적인 전통을 보존하고 인정하도록 여지를 만들거나 만들어야만 하는가의 여부에 대한 것이었다. 후에, 1994년판에서 테일러는 부연하기를, "현대정치에서 인정(recognition)을 받기 위한 필요성이나 요구를 수용할 몇 가지의 요소들이 있다고 했다. 필요성이라는 것은 민족주의 운동의 이면에 존재하는 원동력이 되고 있다고 할 수 있다. 그리고 그런 요구는, 오늘날의 정치에 있어서 소수민족들이나 중간그룹들을 위하여, 또는 여권운동(feminism)이나 오늘날 우리가 말하는 다문화주의의 정치형태 등 다양한 방식으로 표면화되고 있다."[28] 수잔 월프(Susan Wolf)는 여권주의와 다문화주의교육에 관해 깊이 연구한 학자이다.[29]

킴리카는 테일러가 사용하는 전문적인 용어인 '정치적인 인정'(politics of recognition)이라는 말은 테일러가 다문화주의를 정의할 때, 그 정의는 성별(gender), 성적 취향(sexual orientation)의 차이, 그리고 장애자들을 포함하는 광범위한 형태의 다양성이라고 말한다. 이런 광범위한 견지에서 본다면, 다문화주의라는 것은 정치적인 인정과 거의 동일한 것이다."[30] 킴리카는 '다문화적'(multicultural)이라는 형용사는 인종적인 문화뿐만 아니라 인종 이외의 요인인 "여성동성애자, 남성동성애자, 여성, 노동자계급, 운동선수, 공산주의자들에게까지도 붙여서 사용할 수 있다"고 한다.[31] 자유민주적(liberal)[32]인 다문화주의에 대한 정의를 요약한다면, 킴리카는 "자유민주적인 다문화주의는 인종적인 다양성을 인정하고, 그런 양상을 수용하는 정치가 인간의 자유를 보장하는 것으로 이어지며, 인권을 신장하고, 인종과 종족을 구분하는 계층적인 차별이 없이 민주주의를 실현시키는 전제를 말한다"고 한다.[33]

우리가 다문화주의를 어떻게 정의하든지 간에, 예를 들어서 테일러가 말한 것과 같은 정치적인 인정이 동반하지 않는다면, 다문화주의는 인류학에서 말하는 '문화의 상대주의'처럼 이념이나, '오리엔테이션'이나 도덕률로만 남아 있을 뿐일 것이다. 킴리카와 그의 동료들이 다문화정책의 의미가 무엇인지에 대한 정의를 내리는 일이 어려운 과제라고 말한 것과 같이,[34] 그들은 통찰력이 있는 실제적인 실험연구를 수행했다. 다문화정책을 구분하는 방법으로 8가지의 다른 기준을 사용하여, 21개국의 다문화정책에 대한 평가를 비교해 보았다. 그 결과는 흥미롭다. 연구결과는 다문화정책에 관해 가장 강력하고 효과적이며 포괄적인 정책을 가진 나라는 오스트레일리아와 캐나다였다. 다음으로 다문화정책이 비교적 잘 된 나라는 벨기에, 네덜란드, 뉴질랜드, 스웨덴, 영국, 그리고 미국 등이었다. 오스트리아, 덴마크, 핀란드, 프랑스, 독일, 그리스, 아일랜드, 이탈리아, 일본, 노르웨이, 포르투갈, 스페인, 스위스 등의 여러 나라들은 다문화정책이 가장 취약한 나라로 구분되었다. 한국은 이 연구에 포함되지 않았지만, 한국에 관한 것은 후에 분석하여 그 순위를 생각해 보기로 하겠다.[35]

한국에서 다문화주의에 대한 논의(rhetoric)

여기에서 우리가 제기해야 할 의문점은 한국에서의 다문화주의는 서구 자유민주주의국가에서 전파된 서구형태의 자유민주주의적인 다문화주의인지, 아니면, 용어만 전해온 것인지, 그 내용만 전해진 것인지, 아니면, 말로나 행동으로나 양면에서 다 서구 자유주의적인 다문화주의인지에 대한 것이다. 한국에서 말하는 한국형 다문화주의라는 것은 수사적인 면에서나 행동규범 면에서나 이념상으로 서구에서 말하는 다문화주의와 다른 것인지? 일부 한국학자, 특히 문화인류학자들이 보기에 한국에서 말하는 다문화주의라는 것은 한국 사람들의 입장에서 이해하는 것으로 한국이 점진적으로 인종적으로나 종족적으로 다양해지고 있는 현실을 묘사하는 데 그친다고 보고 있다. 이런 의미에서 한국에서의 다문화주의라는 말은 19세기 말에서 20세기 초에 일본이 한국을 지배하기 시작한 것에 대한 반동으로 생겨난 단일민족주의에 대한 반대개념으로 이해하고 사용하고 있는 것 같다는 것이다.

김현미에 따르면 "한국에서 다문화주의라는 용어는 한국의 순혈에 바탕을 둔 단일민족주의사상이 이주노동자와 인종이 다른 사람들, 그리고 이주여성들의 인권을 침해함으로 인해 생긴 인종적이고, 성차별적이며, 계층간의 난동이 있은 것과 맥을 같이하고 있다고 한다. 그런 점에서 한국에서의 다문화주의는 문화의 차이에 대한 상호 이해와 문화의 차이를 인정하는 일반적인 뜻과는 달리 한국의 심한 단일민족주의에 대한 반대개념으로 이해된 것이다."[36] 한건수는 한국 사람들이 쓰고 있는 다문화주의라는 말 사용에 대해 비판적이다. 그는 "한국에서 다문화주의와 다문화사회라는 것은 한국사회 현실을 나타내는 분석적인 개념으로 쓰는 것이 아니라, 단지 한국의 장래에 대한 비전을 말하는 정치적인 구호(rhetoric)나 정치적인 '슬로건'(slogan)으로 사용하고 있다"는 것이다.[37] 또, 한경구는 한국의 다문화주의 성격을 "취약한 형태의 국가지원형 다문화주의 내지는 국가주도형 다문화주의"라고 했다.[38]

최근까지 한국 사람들은 다문화주의의 개념에 내포된 복잡성을 명확하게 인식하지 못하고 있는 것 같다. 영어로 다수의 혹은 복수를 뜻하는 접두사인 '멀티'(multi)라는 말이 한국에 처음 소개된 것은 한국 사람과 인종적으로나 종족적으로 한국 사람이 아닌 외국인 사이에 행해지는 국제결혼이 늘어나면서 쓰기 시작한 것이다. '다문화가정'이라는 관용어는 '다문화주의'라는 말을 사용하기 이전에 쓰기 시작했다. 김현미의 보고에 의하면,

> 다문화가정이라는 말은 비정부단체인 한 NGO의 추천으로 정부의 공식문서에 나타났다. 2003년에 가족관계를 주로 다루는 '하이가족'(Hifamily)라는 한 운동권단체는 혼혈이라는 용어의 사용이 인권을 위반하는 것이므로, 혼혈이라는 말을 사용하는 대신에 '다문화가정의 2세'라는 말을 쓰도록 국가인권위원회에 청원서를 제출했다. 2005년 이래, 이주여성들이 한국정부의 시선을 끌기 시작하면서부터 '다문화가정'이라는 말을 쓰기 시작했다… . [2006년 1월부터], 정부나 비정부단체들에게 '다문화가정'이라는 용어는 공식용어가 되었으

며, 이 두 기관은 다문화가정들을 위해 조직적인 지원을 하도록 합의를 본 것이다.[39]

그 이후, "공식적인 담론은 긍정적인 방향으로 가기 시작했으며, 다문화주의를 옹호하기 시작했는데, 이는 과거에 단일민족국가라는 것을 표방하던 공식적인 입장과는 너무나도 다른 것이다."[40]

한국에서는 다문화주의라는 말이 '다문화가정'이라는 개념에서 출발했고 진화했기 때문에, 대부분의 한국 사람들은 다문화주의라는 용어가 한국 사람과 외국 사람이 결혼한 경우와 그들에게서 태어난 자녀들에게 국한하여 사용되는 것으로 이해하는 경향이 있다. 다문화주의자들에게 관련되는 법적인 기반도 다문화가족지원법이 유일한 것이며, 이 법은 다문화가정들에 한해서만 지원을 하는 것을 규정하고 있다. 여러 비정부단체(NGO)에 속한 일부 운동권 사람들을 제외하고는, 한국정부나 일반 대중들은 불법이건 합법이건 간에 557,000명의 외국 노동자들이 다문화나 다문화정책의 대상이 된다고 생각하는 사람은 극소수에 불과하다. 그들이 한국에 거주하는 동안 그들의 인권을 옹호하기 위한 노력도 거의 없다. 그들은 '외국인근로자의 고용 등에 관한 법률'로 규제되고 있으며, 5년 이상 지속적으로 한국에 거주할 수가 없다. 더 이상 거주를 허가한다면 그들은 귀화요건을 갖추기 때문이다. 이는 한국이 다문화주의를 시행하겠다는 의지의 한계를 나타내는 것을 뜻하며, 다문화에 대해서 거국적으로 논의하고 있는 수사적인 말들은 다문화정책의 현실을 잘 반영하고 있지 않다.

2000년대 초반부터 서구식의 다문화주의가 한국에 소개된 것과 관련하여 한국이 외국사상(idea)을 수용하게 된 역사적인 고찰을 해 볼 필요가 있다. 한국의 역사를 통해 볼 때, 삼국시대 때 한국이 일본에 한국의 문화를 소개한 것 외에는 한국 문화를 외국에 전파시키는 데 한국은 그다지 좋은 선생이 되지 못하였다. 그러나 이념이나, 종교나, 유교 · 도교 · 기독교 · 불교 · 민주주의 · 공산주의 · 자본주의 그리고 지금의 다문화주의와 같은 외국사상을 받아들이는 데 있어서는 한국은 좋은 '학생'이었다.

이 연구에서 이해된 것과 같은 다문화주의는 20세기에 서구 정치철학자들의 발명인 것이다. 다문화주의는 종족적으로나 문화적으로 다양한 이민자들과 어떤 나라에서는 원주민들을 수용하기 위한 정치적이고 사회적인 대응을 위해 시작된 것이다. 20세기 초반부터, 한국은 동질적이고 단일민족사회라는 사상에 거의 세뇌되어 있었기 때문에, 한국사회에서는 서구 민주주의사회에서 사용하는 다문화라는 것과 유사한 말이 없었다. 근래에 와서야 한국에 '다문화'라는 말이 소개되었는데, 이 말을 굳이 영어로 번역한다면 '다문화주의'에 가까운 말이다. 그러나 한국말의 다문화라는 말은 영어에서 다문화주의와 같은 뜻을 내포하는 것은 아니다. 그러나 한국말로 다문화라는 말이 영어의 다문화와 같은 뜻을 갖지 않는 것은 한국에서는 다문화주의가 내포하고 있는 파급 효과 등에 대한 깊은 이해를 하기 전에 다문화라는 말부터 받아들였기 때문이다.

한국 사람들이 서구의 개념을 충분히 이해하기 이전에 받아들인 서구 개념은 다문화주의만이 아니다. 한국 사람들이 서구 개념을 충분히 이해하기 전에 받아들인 것으로는 '민주주의'가 대표적인 예일 것이다. 이는 한국의 공화주의적인 통치에서 확실하게 나타나고 있다. 한국은 제2차 세계대전 후에 첫 공화국을 설립했으며, 1948년에 제정된 이 첫 공화국의 헌법은 민주주의 원칙에 그 기반을 두고 있다. 그럼에도 불구하고 한국의 초대대통령인 이승만 대통령은 12년간 강력한 권위주의적인 독재정치를 했으며, 그 후 한국은 32년간 군사독재정치를 경험했다. 1993년에 가서야 마침내 진정한 민주주의를 구가하게 된 것이다. 민주주의 사상을 처음 접한 이후 진정한 의미에서의 민주주의 원칙과 그 원칙을 실천하기까지는 거의 60여 년이나 걸렸다. 아마 한국에서 서구 민주주의사회에서 실천하고 있는 진정한 의미의 다문화주의에 해당하는 다문화주의를 실현하는 데도 다소의 시간이 걸릴 것이다. 이 책의 독자들이 한국에서 다문화주의를 실현시킨다는 것이 불가능한 것으로 믿지 않기를 바라는 것은 한국에서 결과적으로 민주주의통치를 실현한 것에서 그 예를 볼 수 있는 것과 같은 논리 때문이다. 내가 바라는 것은 한국에서 민주주의가 확고한 뿌리를 내리는 데 소요된 시간과 같이 그렇게 오랜 기간이 필요하지 않기를 바라는 것이다.

외국신부들을 연구대상으로 삼은 이유

이 연구는 67개국에서 한국 남자와 국제결혼을 한 161,999명의 외국신부들과 그들 사이에서 태어난 121,935명의 자녀들에 관한 것이다. 그렇다면 왜 하필 외국신부와 그들의 자녀들에 대한 연구인가?

첫째, 한국 정부의 구호(slogan)와 같이 "시골 총각에게 결혼할 기회를 주어야 한다"는 노력은 한국이 당면한 가장 큰 도전인 것이다.[41] 한국 남성, 그 중에서도 특히 외진 농촌이나 어촌에 거주하는 남성들에게 신부를 구해준다는 것은 국가적인 의제이며, 각 정부기관들이 해야 할 우선적이고 선결적인 문제가 되었다.

한국은 근래의 경제적인 발전에 따라 시골 농부들이 도시와 산업공단으로 대거 이주함으로 인해 농촌과 어촌에는 결혼적령기 여성의 절대적인 부족현상을 초래했다. 한국정부는 새마을운동[42] 등을 통해 한국농촌을 재활시키기 위한 필사적인 노력을 했음에도 불구하고, 1970년부터 시작된 전례가 없을 정도의 경제발전과 산업화는 한국의 농촌에 엄청난 변화를 가져왔다. 시골농촌에서 수입이 낮고 곤궁한 생활상태를 유지하는 농민들은 임금이 상대적으로 높고 현대적인 생활조건을 갖추고 있으며 자녀들에게 더 좋은 교육을 줄 수 있는 전망이 높은 도시로의 이주를 촉진시켰다. 결과적으로 도시나 공단은 시골 젊은 층, 특히 젊은 여성이주자들을 빨아들이는 '블랙 홀'(black holes)이 되었다.

결과적으로, 1970년에 2,483,000가구이던 농가 수가 2009년에는 1,194,000가구로 무려 1,289,000가구인 51.9%나 급감했다. 또, 농업에 종사하는 농업인의 수도 1970년에 14,422,000명에서 2009년에는 3,118,000명으로 11,304,000명이나 감소했으며, 감소비율은 78.4%나 됐다. 1990년대 초에, 한국의 농촌에서 젊은 사람들의 탈농촌(脫農村) 현상은 심각했다. 1990년에 한국 농촌에서 연령이 15세에서 50세 사이의 인구 수는 5,291,000명이었으나, 2009년에는 2,852,000명으로 무려 2,439,000명이나 감소됐고, 그 감소율은

46%나 되었다. 이런 농촌인구의 탈출은 농촌인구의 성(性)비율에도 불균형을 가져왔다. 농촌에서는 남자 수가 여자에 비해 월등히 많았으며, 특히 결혼적령기를 포함하는 연령인 25세에서 39세 사이의 농촌 인구 중에는 남자 수가 훨씬 많았다.[43] 오늘날, 한국 농촌에는 젊은 층이 떠났기 때문에, 농촌에 남아 있는 사람들은 연만(年滿)한 층으로 되어가고 있는 추세이다. 농촌에는 출산 가능한 여성의 수가 격감하고 있으며, 이는 전체 농촌 여성인구의 16.6%에 불과하다. 이런 상황은 농촌의 농업인력의 극심한 부족현상을 초래하고 있으며, 농촌 남성들은 결혼 상대여성을 찾는 데 어려움을 겪고 있다. 이런 결혼적령기 여성의 품귀현상이 이 연구의 주요 관심사인 것이다.[44]

결혼적령기 여성의 품귀현상을 메우고, 남성들을 농촌에 남아 있도록 하기 위한 노력으로 한국정부, 특히 지방자치단체들은 국제결혼중개업소를 통해 외국신부들을 유치하기 위한 운동에 앞장섰다. 이런 노력의 성공은 한국이 다문화사회가 될 것이라는 믿음을 주게 됐다. 외국신부의 한국유치는 성공을 거두고 있다고 할 수 있는 반면, 한국정부는 외국신부들이 기대하는 바와 그들이 필요한 점에 효과적으로 대처하지는 못하고 있다. 아주 최근까지, 정부는 외국신부들을 지칭하는 말이나 또 그들에 관한 업무를 관장할 공식기구도 없었다. 지금은 외국신부들에 관한 업무를 여성가족부에서 취급하도록 하고 있다. 그러나 외국신부들의 업무를 담당하는 책임은 정부의 각 부처간 혼란을 야기시키고 있으며, 어떤 사안에 관해서는 각 부처간에 경쟁을 하고 있는 것 같은 인상을 준다. 더구나 학자들 간에서도 한때는 단일민족국가라고 하던 한국이 진정한 의미의 다문화사회로 변하는 데 적절한 대처방안이나 전략도 세우고 있지 못하고 있는 실정이다. 한국에 거주하는 외국신부들의 상황이나 한국이 당면한 도전에 대한 분석과 이해는 한국 사람들이 역동적인 다문화주의사회를 이해하는 데 가치가 있을 것이다.

둘째로, 한국에 거주하는 외국신부들에 관한 심층적인 기술을 하는 이유는 앞에서 언급했던 바와 같이, 한국에서 '다문화주의'라는 말은 '다문화가정'이라는 말에서 발전되어 왔기 때문이다. 상당수의 한국 사람들은 다문화주의라는 개념을 오로지 외국신부들에게만 적용이 되는 개념으로 이해하는 경향이 있다. 이런 이유 때문에, 다문화주의와 관련된 프로그램, 보조, 그리고 행사 등이 외국신부들과 그들의 주위에 관한 것에 국한되어 있다. 이주노동자, 외국유학생, 그리고 탈북자들과 같은 다른 이주자들은 다문화주의를 발전시키고 다문화주의의 프로그램을 실현시키는 데 크게 중요하지 않다고 생각하는 것 같다. 그래서 다문화주의에 대한 의미를 이해하고 각종 정책에 관계된 발전양상을 살피는 것은 외국신부들에게 초점을 맞추었을 때 가장 효과적으로 이해할 수 있다.

셋째로, 이 연구가 외국신부에게 초점을 맞추는 이유는 외국신부들은 말하자면 한국사회에서 인종이나 종족적으로 소수일 뿐만 아니라 또한 여성으로서의 소수자로 '이중적인 위험과 부담'(double jeopardy)을 가지고 있기 때문이다. 과거 30여 년간에 걸쳐 학계에서 이해된 기존(conventional) 다문화주의 이론과 실제는 대체로 인종문화적(ethnocultural)인 다양성에 대한 것에 중점을 두었으며, 이민자, 국가적인 소수민족, 그리고 원주민들을 포함시켰다. 최근까지만 해도 소수자로서의 여성의 곤경이나 역경은 다문화에 대한 논의에서 제외되었었다. 그러나 최근 다문화주의에 대한 학문적인 논의는 인종적인 그룹이 아닌 "장애자, 남·녀 동성애자, 여성, 노동자계층, 무신론자, 그리고 공산주의자들도 포함한다."[45] 수잔 월프는 초기의 다문화주의 지지자들이 여성들을 또 다른 소수계(minorities)로 인정하지 않고, 그들이 처한 곤경을 이해하지 못했던 점을 감안하고 근본적인 여권 옹호에 관심을 표명했다.[46] 한국에서도 외국신부들이 사회발전에 긍정적인 역할을 할 것인데도 여성을 소수계의 한 그룹으로 이해하지 않고 간과한 것은 불행한 일이다. 외국신부들은 단지 한국여성이 없는 자리를 메워주는 역할을 넘어 그들은 시부모에게 효성을 하는 효부의 역할과 아직도 유교전통의 잔재가 뿌리 깊이 남아있는 사회에서 순종적인 아내로의 역할을 하고 있다. 이런 외국신부들은 다문화주의 운동이 싹트고 있는 한국 사회에서 여성의 역할이 진화하고 있는 현상에 대한 중요한 자료와 시각을 제공해 줄 것이다.

넷째로, 그리고 실질적인 이유로는 내가 다문화가정 e-배움 캠페인을 전개하는 동안에 기대하지 않았던 우연한 일로 다문화가정 외국신부들에 대해 현지조사(fieldwork)를 하게 된 결과물이 이 연구인 것이다. 이 캠페인은 외국신부들의 한국어 능력과 한국문화에 대한 이해를 돕기 위해 계획된 것이다. 외국신부들에게 이런 봉사사업을 진행하는 과정에서 나는 외국신부들을 도와주는 지방자치단체, NGO 운동가, 한국어를 가르치는 자원봉사 한국인 교사들의 노력을 관찰할 기회가 있었다. 결과적으로, 이들이 당면한 어려움과 그들의 노력이 얼마나 힘들고 어려운지도 이해하게 되었다. 이 외국신부들은 외떨어진 시골 마을이나 작은 섬들을 포함한 전국 곳곳에 널리 흩어져서 살고 있기 때문에, 그들을 일정한 시간에 일정한 장소에 모이도록 하여 교육을 시킨다는 것은 거의 불가능할 정도로 어려운 일이다. 시골에 거주하는 사람들은 교육을 받기 위해 교육장에 출석하고, 교육이 끝난 후에 집으로 돌아갈 대중교통수단이 없다. 그리고 또 대부분의 외국신부들은 '풀 타임'(full-time)으로 일을 하고 또 어린 아이들을 돌보아야 하기 때문에, 공부를 하기 위해 따로 시간을 낼 여유가 없다. 이런 문제는 농번기에는 더욱 더 심각한 문제가 된다.

이런 약점(handicaps)은 다문화가정 가족들이 외국신부들이 외부에서 제공하는 교육에 참여하는 것을 싫어하기 때문에 더욱 사정은 악화될 수밖에 없다. 가족들은 신부들이 외부에 가서 다른 나라에서 온 신부들을 만나 자기 시부모들을 폄하할 것을 우려한다. 또, 어떤 남편들은 외국신부들에게 외부사람들과 사귈 자유를 준다면 그들은 도시나 공단으로 가서 수입이 나은 직장을 얻어서 가정을 떠날까봐 걱정을 하는 이들도 있다.

이런 저항요인 때문에, 나는 교육 '패러다임'(paradigm)을 전통적인 '오프라인'(off-line) 교육에서 인터넷을 통해서 하는 '온라인'(on-line) 교육으로 바꾸기로 했다. 이런 온라인 교육 혹은 원격교육은 이민자가 컴퓨터에 접근할 수 있고 인터넷에 연결되어 있기만 하면 편리하며, 비용이 저렴하고, 지속적으로 할 수 있으며, 무엇보다도 학습자가 시간에 구애를 받지 않는 이점이 있다. 그리고 그들은 자신들의 한국어능력 정도에 따라 과정을 선택할 수 있으며, 강의가 컴퓨터상에 남아 올려져 있으므로 필요에 따라 얼마든지 복습이 가능하다. 한국에서 온라인 교육이 가능한 이유는 인터

넷소통이 원활한 든든한 기반시설(infrastructure)이 잘 갖추어져 있기 때문이다.[47]

이런 결론에 도달하자, 나는 고려사이버대학교(The Cyber University of Korea: CUK)의 총장이라는 자리를 십분 활용하고, 학교가 보유하고 있는 자원(resource)을 동원하여 외국신부들이 한국사회에 적응하는 데 도움이 될 수 있는 온라인 교육을 시행해보기로 했다. 이 프로그램을 고려사이버대학교의 '다문화가정 e-배움 캠페인'(e-Learning Campaign for Multicultural Families)이라고 명명하고, 외국신부들에게 인터넷을 통해 한국어와 한국문화를 가르치는 계획을 마련했다. 이 캠페인에 소요되는 재정적인 지원은 한국 최대의 철강회사인 포항제철(POSCO)의 도움을 받았으며, 후에 세계적으로 저명한 투자금융회사인 골드만삭스(Goldman Sachs)의 지원을 받았다. 행정적인 지원은 중앙정부와 도(道), 광역시, 시, 그리고 군의 지원을 받았다.

이 캠페인을 전개하는 과정에서 수많은 외국신부들, 그들의 남편, 그리고 그들의 한국 가족들을 만났으며, 그들을 가까이서 관찰할 기회도 있었다. 동시에 이 캠페인을 통해, 나는 이 책을 쓰는 데 필요한 자료를 수집할 수 있었다. 이 책에 쓰여진 외국신부들의 이야기는 우리 교육프로그램을 수강한 수강생들을 중심으로 했다. 이 과정에서 나는 그들과 심층적인 대화를 나눌 수 있었고, 그들을 가까이서 관찰할 수도 있었다. 말하자면, 이 책은 외국신부들을 위한 교육을 시행하는 과정에서 얻어진 우연한 부산물인 셈이다.

이 캠페인을 통해 뜻밖의 현지조사를 할 수 있다는 것 이외에, 이 캠페인의 계획은 성공적이었다. 2010년 11월 말 현재로 55개국에서 온 71,175명의 외국신부들이 고려사이버대학교가 시행하는 무료교육 캠페인에 수강을 하고 있다. 거의 매일 백 명 이상의 수강생이 늘어나고 있다. 골드만삭스의 지원으로 캠페인은 고급 한국어 6과 7의 콘텐츠를 개발하고 있다(역자의 주: 이 책을 출판하는 과정에서 골드만삭스의 도움으로 개발된 고급한국어는 2010년 12월 31일부터 강의를 시작했다). 이 고급 한국어는 외국신부들이 한국 시민권을 받을 때 필요한 한국어시험을 준비하는 데도 도움이 될 것이며, 한국어능력시험 준비에도 도움이 될 것이다. 또, 이 교육 프로그램은 외국신부들 나라의 언어와 문화를 소개하는 프로그램도 개발하였는데, 외국신부들의 남편과 시댁 가족들이 '사돈네' 나라의 언어와 문화를 이해하는 데도 큰 도움이 될 것으로 믿고 있다. 재정적인 제약으로 지금은 베트남 언어와 문화만을 가르치고 있지만, 재정적으로 허락이 되는 대로 다른 나라의 언어와 문화를 추가하기로 했다. 이 프로그램은 '통문화'(cross-cultural)를 이해하는 데도 큰 도움이 될 것으로 믿고 있다. 더구나 한국어와 한국문화에 관한 콘텐츠가 인터넷을 통해 무료로 제공되고 있기 때문에, 세계 52개국 359개 도시에서 4,813명이 등록하여 한국어를 공부하고 있고, 그 수는 매일 같이 증가하고 있다.

외국신부의 유입

앞에서 언급했듯이, 한국에서 외국신부들을 유치하게 된 주된 요인은 한국에서, 특히 낙도를 포함한 농·어촌의 결혼적령기 여성들이 도시에서 경제활동을 할 기회가 생겼기 때문에 떠나고 나서 생긴 결혼적령기 여성의 품귀현상 때문이다. 농촌 총각이 신부감을 구하기 어렵게 만든 또 하나의 요인은, 여성들이 만혼(晩婚)을 하거나, 아니면 아예 결혼을 하지 않고 독신으로 있기를 원하는 수가 늘어나고 있기 때문이다.[48] 부모나 친척이나 지인들이 중매를 하던 중매혼이 줄어든 것도 시골 총각이 결혼상대 여성을 구하기 힘든 이유가 됐다. 한국이 전근대사회에서 현대사회로 이행하면서, 젊은 세대들은 중매결혼보다는 자기 스스로가 배우자를 선택할 수 있는 연애결혼을 선호하고 있다. 이런 상황은 시골 총각들이 중매를 해 줄 사람이 없어져서 자신들이 스스로 배우자를 찾아야 하기 때문에, 결혼할 상대 여성을 찾기가 더 어려워졌다. 이런 여러 가지 인구통계학상의 요인들이 시골 총각이 배우자를 찾는 일을 힘들게 만들었다. 신부감을 찾기 위한 노력은 외국신부들에 눈을 돌리지 않을 수가 없게 됐고, 외국신부들을 유치해 주도록 지방자치단체에 요구도 하게 됐다. 지방자치단체로서는 젊은 층이 도시로 유입되지 않고 시골에 남아있도록 해야 할 필요성을 느끼게 됐다. 저출산에 대한 대책도 포함되었다.

외국신부의 유치노력으로, 2004년부터 2008년 사이에 외국신부 수는 44배나 증가했으며, 그 수는 지속적으로 증가하고 있다.[49] 현재 한국 농·어촌의 남성결혼자의 40퍼센트가 외국신부들을 맞고 있다. 이들 사이에 출생한 자녀 수도 증가 일로에 있다. 2010년에 그들의 총 수는 121,935명으로 집계됐다.[50]

1990년부터 시작한 구 소련연방의 붕괴와 1991년부터 소련연방이던 위성국들의 독립으로 인해, 이들 나라에서의 외국이민정책이 완화되었다. 그 결과 소련 및 그 위성국 여성들이 한국 남성과 결혼하게 되었다. 결과적으로, 한국에는 우즈베키스탄(Uzbekistan), 러시아(Russia), 키르기스스탄(Kyrgyzstan), 카자흐스탄(Kazakhstan), 우크라이나(Ukraine), 타지키스탄(Tajikistan)에서 온 신부들이 포함되어 있다. 그 중에 숫자가 가장 많은 신부는 59,346(32.7%)명인 재중동포인 '조선족'이다.[51] 다음으로는 한계(漢系) 중국인으로 51,348(28.3%)명이다. 그런 의미에서 한국과 중국 두 나라가 국교를 정상화하지 않았다면, 전체 외국출신 신부의 61퍼센트에 해당하는 110,000명의 신부들은 한국 남성들과 결혼하여 한국으로 이주할 수가 없었을 것이다.[52] 비록 한국과 중국과의 국교정상화가 1992년에 이루어졌다고 하더라도, 대부분의 조선족과 중국출신 신부들이 한국 남성과 결혼하여 한국으로 이주한 것은 2000년 이후이다. 소위 동서화해무드정책(*détente*)은 '통인종'(cross-racial), '통종족'(cross-ethnic) 간의 국제결혼에도 공헌을 한 셈이다.

한국의 농·어촌 총각들이 외국신부를 배우자로 맞이하는 것은 논리적으로나 현실적으로 선택이다. 동시에 한국 남성이 외국 여성과 결혼하는 데도 여러 가지 요인들이 내포되어 있다. 2005년 7월에 한국의 보건복지가족부(당시의 부처명)의 조사에 의하면, 이 조사에 응한 외국신부 응답자의 41퍼센트는 경제적인 이유라고 대답했으며, 그들은 친정으로 돈을 송금할 수 있을 것으로 기대했다고 한다. 그 중에서도 국제결혼 중매업체를 통해 결혼한 신부들 중 73퍼센트는 자신들의 경제여건을 개선하기 위해서라고 대답했다고 한다.[53] 동남아시아의 어떤 지역에서는 외국인 신랑을 만나 결혼하는 것이 빈곤에서 탈피하는 가장 좋은 방편이라고 생각한다고

한다. 부유한 나라의 신랑과 결혼하는 것이 친정부모를 구제하는 길이라고 생각한다는 것이다.[54]

외국신부들의 출신국을 볼 때, 일본을 제외하고는 한국의 경제사정이 외국신부들의 출신국의 경제사정보다는 더 좋지만, 외국신부들이 결혼한 각 가정을 볼 때 어떤 가정은 자신들이 결혼하기 전에 살던 자신의 친정보다 별로 나을 것이 없는 가정도 많다. 소위 '한류 붐'[55]으로 인해 한국 경제나 한국의 생활상은 실제상황 이상으로 외국에 알려진 점도 없지 않다고 한다. 동북아와 동남아시아 출신 신부들은 한국 TV, 주로 TV드라마와 음악, 춤 등을 통해 한국을 알았다고 한다. 한류열풍은 경제적으로 곤궁한 동남아시아 여러 나라 여성들에게 한국이 부유한 나라이고 번창하고 있으며 사치스러운 생활을 한다는 인상을 부각시켰다고 한다.

책의 구성

한국에서 다문화주의를 수용하고 확대시키려는 노력은 체계적이고 조직적인 저항에 직면한 바가 거의 없다. 상당수의 한국인들은 이런 한국 사람들이 외국 사람들에게 대해 갖는 아량이 한국의 인구통계학적인 변화에 따른 어쩔 수 없는 현상에 기인하는 것으로 생각하는 것 같다. 그러나, 이런 설명은 한국 사람들이 외국 이민자들에 대해 관대했던 역사적인 전통을 고려하지 않은 단순한 설명에 불과하다. 이는 또 외국의 고급인력을 유치하려고 의도적으로 노력한 면을 고려하지 않는 것이기도 하다. 현금의 다문화운동과 그 운동을 지지하는 노력을 이해하기 위해서는 몇 가지 선행되는 중요한 요인들을 이해하여야 한다.

현재 한국에는 1백만 이상의 외국인이 거주하고 있지만, 이 수의 6배나 더 많은 한국 사람들이 해외에서 외국 이민자로 살고 있다.[56] 그 때문에 이민의 경험면에서 한국 사람들은 이민자들에 대한 이해가 어렵지 않다. 근 680만의 한국계와 그 후손들이 역사적인 특수한 현상으로 인한 실향인(diaspora)으로 주로 중국(약 230만), 미국(210만), 일본(90만), 캐나다(2만 2천 300), 그리고 러시아(2만 2천) 등 세계 각처에 흩어져 살고 있기 때문에, 한국 사람들은 이민자, 여행자, 그리고 인종적으로 소수계인 외국 사람들에 대해 그들의 입장을 이해할 수 있는 감정 이입이 가능하다.

1963년부터 1977년 사이, 8천 600명의 가난에 시달리던 한국 남성들이 서독에 광부로, 그리고 1만 4백명의 간호사들이 서독으로 갔다. 이들 중 상당수는 서로 결혼을 했으며, 어떤 간호사들은 독일 남성과도 결혼했다. 1980년대에는 경제적으로 어렵고 이혼을 했거나 결혼적령기에 결혼을 하지 못한 약 7만 여 명의 한국신부들이 지금 외국신부들이 한국 남성과 결혼하여 한국으로 이주해 오는 것과 같이 일본 남성과 결혼하여 일본으로 이주했다.[57]

지금 한국에서 활발한 논의와 그 운동이 일고 있는 다문화주의에 대해 한국 사람들이 별다른 거부감이 없고 이에 대해 반대하는 운동도 없는 이유를 이해하기 위해서는 한국의 역사와 문화적인 전통을 이해하는 것이 필요하다. 한국의 역사와 문화에 대한 이해가 없이 인구통계학적인 요인만을 분석한다는 것은 인류학자인 프랜시스 슈(Francis L. K. Hsu)가 말하는 소위 '조약돌에 대한 비유'

(pebble analogy)와 같을 수 있다: “어떤 과학적인 조사는 조수의 간만이 왜 일어나는지를 알기 위해 컴퓨터를 이용하여 해변의 조약돌을 모으고 세어보고 분석하여 왜 조수의 간만이 일어나는지를 연구하려는 것과 다르지 않다”는 것이다.[58] 그러나, 해변가의 조약돌을 세고, 분류하고, 컴퓨터를 써서 분류한다고 하더라도 눈에 보이지 않은 달의 중력에 의하여 조수의 간만이 생긴다는 것을 이해할 수가 없을 것이다.

확실히 다문화주의에 대한 한국 사람들의 전통적인 관점이 형성된 것이 역사적인 공백상태(vacuum)에서 우연히 생긴 것은 아니다. ‘에스노히스토릭’(ethnohistoric)한 분석이 한국의 이민과 귀화의 연구에 절대적으로 필요한 것이다(역자의 주: 에스노히스토리(ethnohistory)는 문화인류학의 한 분야로 전설, 문자에 근거한 기록이 없는 문맹(文盲)사회거나 사료가 불충분할 때 구전(口傳), 고고학, 언어학, 그리고 부족 민속학(folk history) 등을 통해 역사를 재건하는 문화인류학의 한 분야를 말한다). 키에르케고르(Søren Kierkegaard)는 역사의 가치를 말하면서 “인생은 앞을 내다보면서 살지만, 또한 인생은 뒤를 돌아보아 이해를 하게 된다”고 했다.[59]

이런 이유 때문에, 이 책의 1장과 2장을 포함한 1부에서는 한국의 인종적이고 종족적인 다양성의 뿌리에 대해 기술하기로 한다. 3장과 4장, 5장, 그리고 6장을 포함한 2부에서는 사례연구 형식을 빌어, 몇몇 외국신부들에 대해 심층적인 기술을 하기로 한다. 7장이자 이 책의 결론부분에서는, 한국 다문화주의의 현재 상황을 규명하고, 한국에서 다문화주의의 장래에 대해 몇 가지 언급을 하기로 한다.

이 책의 '오리엔테이션'과 방법론

이 책은 내가 이 연구에 있어서 '내부자'(insider)이기도 하지만, 또한 '외부자'(outsider)이기도 한 양면성을 지닌 '성찰적인 인류학자'의 관점에서 쓰여졌다는 점이 특이하다면 특이하다고 할 수 있다. 나는 한국에서 태어났고, 27년간 한국에서 성장했으며, 교육도 한국에서 받았다는 점에서는 내부자이지만, 내가 2001년 한국으로 돌아오기까지(비록 그간에 '풀브라이트' [Senior Fulbright Scholar] 선임학자로 1988년에서 1989년, 그리고 1993년에서 1994년, 그리고 인류학적인 현지조사를 위해 7개월간 한국에 머문 것 이외에는) 36년간을 줄곧 미국에 살았기 때문에 외부자이기도 하다. 이 긴 기간을 통해 나는 한국과는 물리적으로 거리감을 유지하면서 스스로 '성찰력'(reflexivity)을 터득했기 때문에, 내가 한국에 대한 이해나 한국에 관해 글을 쓸 때는 나의 주관적인 견해를 최소화할 수가 있다고 생각한다. 내가 외국신부들의 생애사(生涯史)를 기술하는 데 있어서도, 외국신부들의 견해와 한국 시댁 가족들 사이에 있는 견해차를 비교적 객관적으로, 그리고 공평하게 다루도록 최대한의 노력을 했다. 미국에서 소수민족으로 오랫동안 산 경험 때문에, 나는 외국신부들에 대해 진실을 이야기할 수 있다고 생각한다. 더구나 우리 가정이 다문화가정이다. 내 둘째 며느리가 미국 백인 출신이고, 상이한 인종 사이의 결혼에서 태어난 두 손자가 있다. 그래서 내가 이 책을 쓰면서 여러 면에 남다르게 민감하게 되는 것도 나의 이러한 배경 때문이다.

이 책은 어떤 한국의 다문화주의에 대해 심층적으로 기술하는 '에스노그라피'(ethnography)이기 때문에 묘사한 사항을 일반화해 보려는 것은 이 책의 주 목적이 아니다(역자의 주: '에스노그라피'(ethnography)를 우리 나라에서는 간혹 '민족지'라고 번역하는 경우도 있지만, 이렇게 쓸 경우 요즈음 문제가 되고 있는 '민족'(nation, ethnic, 혹은 race)이라는 용어와 혼돈도 될 수도 있을 수 있을 뿐만 아니라 에스노그라피의 원 뜻은 인류학자가 자신이 연구하는 대상을 심층적으로 기술(記述)하는 것을 뜻하기 때문에, 그 용어에 대한 올바른 번역이 없는 상태에서 '민족지'라는 번역을 따르기보다는 영어 표현인 에스노그라피라고 그대로 쓰기로 하였다). 그러나 한정된 사항에 관한 역사적인 비교를 통해 일반화해 보고자 하는 노력은 불가피했다. 원로 인류학자들은, "비록 에스노그라피라고 하더라도, 그것이 단순한 서술만은 아닌 것이며… 어느 정도 일반화하게 되는 것"이라고 한다.[60] 그러나 제임스 퍼르난데즈(James W. Fernandez)에 따르면, 예를 들어서 브로니슬로 말리노프스키(Bronislaw Malinowski), 루스 베네딕트(Ruth Benedict), 에반스-프리차드(E. E. Evans-Pritchard), 마셀 그리아울(Marcel Griaule), 그리고 클라이드 클루크혼(Clyde Kluckhohn) 등이 쓴 글은 인류학 분야의 역작들이지만, 이들의 공헌은 이론적인 면에서라기보다는 특정한 사안에 대한 특성을 잘 묘사했기 때문이라고 한다.[61] 퍼르난데즈에 따르면, 이런 학자들은 자신들의 학구적인 관심사가 지역의 특수한 현실을 무시하지 않았다고 한다. 나는 이 책에서 외국신부들의 사연을 연민의 정으로 접근하는 것 이외에, 어떤 특정한 이론이나 '모델'을 찾으려는 노력 대신에, 가능한 한 개개인의 특수성을 서술하기를 원했다. 나는 전에 한국전쟁을 전후해서 헤어진 이산가족들에 대한 책을 쓸 때도, 각자의 특수한 사정으로 인해 헤어지게 된 사연을 묘사함으로써 그들이 헤어지게 된 참상을 비교적 성공적으로 묘사할 수가 있었다.[62]

이 연구에서는 여러 가지 자료수집방법이 동원되었다.

1) 한국 사람들의 종족적 기원을 재구성하기 위해 에스노히스토리를 통한 자료 수집

한국 사람들의 종족적인 정체성을 구명하고 에스노히스토리를 재구성하기 위해, 선사시대의 자료나 고고학적인 자료 외에도, 한문을 차용하고 난 이후에 만든 한국의 여러 성씨들에 대한 족보(族譜)를 수집하여 분석했다. 사학자나 다른 사회과학자들이 족보가 자신들이 연구하는 분야에 귀중한 자료라고 생각해서 족보를 자신들의 연구에 사용했지만, 인류학자들이 인류학적인 연구에 족보를 사용한 예는 흔하지 않다. 그 이유는 전통적으로 인류학자들은 단순한 사회, 그리고 문맹사회를 연구의 주 대상으로 삼았기 때문이다. 그러나 사학자, 그리고 심지어 법학자들도 자신들의 연구에 족보를 사용했다.[63] 일제 점령기간이나 1945년 해방 이후에 출간된 족보에 관해서는 족보의 정확성이나 신빙성에 대한 논란의 여지가 있을 수 있다. 이 문제에 관해서는 다음 장에서 다시 논의하기로 하겠다. 그러나 족보가 기록으로 된 문서이기 때문에, 이를 통해 이민자들의 출신지, 그들의 귀화과정, 그리고 심지어 그들이 한반도에 이주한 이후의 직업이나 신분에 관한 것을 밝혀내는 데도 족보는 귀중한 자료인 것이다.

2) 에스노그라피 방법

에스노그라피한 심층적인 기술(記述)을 위해, 나는 참여관찰, 연구대상이 된 인물과 연구의 대상이 된 사항에 대해 남다른 지식이 있는 정보제보자들과의 심층적인 면접, 그리고 이 연구의 주제에 대해 신문에 보도된 기사에서부터 학문적인 자료들을 총망라한 정보를 모았다. 특히 개인의 생애사와 씨족집단과 문중들에 관한 정보들도 활용했다.

3) 고려사이버대학교의 다문화가정 캠페인을 통한 참여관찰

고려사이버대학교의 다문화가정 e-배움 캠페인에 참여하려는 외국신부들은 우선 최소한의 컴퓨터작동법과 인터넷을 사용할 수 있는 지식이 필요했다. 그래서 그들을 위한 설명회를 위해 나와 우리 학교의 다문화가정 캠페인 팀원들은 다문화가정, 마을회관, 시 · 군 · 도의 다문화담당기관의 사무실 등을 방문했다. 설명회 때는 나와 학교의 캠페인 단원들은 이민자들의 출신국에서 한국으로 유학온 학생들을 통역 겸 문화이해를 돕는 '문화통역도우미' 역할을 할 수 있도록 참여시켰다. 나는 이 과정에서 수많은 외국신부들, 그들의 배우자들, 그리고 그들의 한국가족들과 면담과 면접을 할 수 있었고, 그들을 직접 관찰할 기회도 있었다. 또, 외국신부들과 이민자들의 업무를 담당하는 지방자치단체, 도(道), 그리고 중앙정부의 공부원들을 만날 기회도 잦았다. 또, 다문화가정 프로그램을 지원하는 민간기관 및 자원봉사자들과 의견을 교환하고 긴밀한 협력관계를 유지했다. 이런 경험을 통해 외국신부들에 대한 많은 자료를 모을 수 있었으며, 이 외국신부들이 한국에 적응하도록 노력하는 정부의 고충도 이해할 수가 있게 되었다.

4) 생애사(生涯史)의 수집

참여관찰이나 심층적인 면접을 통해 정보를 수집하는 것 이외에도, 몇 명의 외국신부들에 대한 자세한 생애사를 모으는 작업도 이 연구의 한 방법론으로 채택했다. 생애사를 연구하는 것은 인류학에서는 이미 오래 전부터 널리 사용하는 중요한 방법론이 되고 있다.[64] 인류학에서 생애사는 문화적인 것에 주로 관심을 갖고, “사람들의 일반적인 가치기준이나 사회와 자연과의 관계에 대한 인식을 알아보기 위해서 필요한 것”으로 생각하고 있다.[65] 인류학자가 아닌 일부 사람들은 생애사의 정확성이나 신뢰도에 대해 비판적이기도 하다. 그러나 페티 펠토(Pertti Pelto)에 따르면, “생애사에 관한 자료가 실제로 일어난 일과 동일하다는 검증을 하기 어려운 점이 있는 것이 사실이지만, 인류학에서 생애사에 관한 자료를 사용하는 주 목적은 생애사에 나타난 일들에 대한 진위 여부를 검증하는 데 있는 것이 아니고, 과거의 일에 대해서 사람들이 어떻게 생각하고 있으며, 그것에 대한 인식이 어떠했는지를 알아보는 데 목적이 있는 것”이라고 했다.[66]

에스노그라피 부분에서 외국신부들의 생애사에 대한 자료는 네 범주로 나누어서 기술하기로 하겠다. 첫째로는 자신의 먼 조상이자 선조인 가야의 김수로왕의 왕비가 인도에서 왔다는 전설적인 이야기를 고고학적으로 증명하려고 노력한 어느 고고학자의 이야기를 서술하고, 둘째로는 외국신부 중에서 국제결혼 중매업체를 통해 결혼한 신부들의 이야기를 쓴 후, 셋째로는 종교단체의 주선으로 결혼하게 된 외국신부들의 이야기를 쓰고, 마지막으로 넷째 범주에서는 배우자들이 서로 사랑하게 되어 연애결혼을 한 외국신부들의 이야기를 서술하기로 하겠다.

이들의 이야기를 기술하면서, 이 한정된 수의 외국신부들이 현재 한국에 거주하는 161,999명 이상의 모든 외국신부들을 대표한다고 주장할 수는 없다. 또, 내가 이 책에서 생애사를 기록한 한정된 수의 외국신부들을 선택할 때도 무작위로 추출한 것은 아니다. 그러나 단지 나는 이 한정된 외국신부들의 생애사를 솔직하게 기록하여 이들의 현재 한국에서의 생활상을 이해하기 위한 것에 역점을 두었다. 인류학자가 아닌 사람들은 이런 생애사의 신뢰성을 의심할지도 모르지만, 예를 들어서 오스카 루이스(Oscar Lewis)는 단지 다섯 가정에 대한 심층적인 생애사를 묘사하여 '빈곤의 문화'(culture of poverty)라는 이론을 정립했다.[67] 나 자신도 한국의 이산가족에 관한 책을 쓸 때도 가족과 헤어진 다섯 사람의 생애사를 통해 10만의 이산가족의 실상을 묘사할 수가 있었다.[68]

나는 이 책에서 단지 이 사람들의 이야기를 말하는 것에만 그치지 않고, 이들을 돕고 있는 여러 시민단체 사람들, 민간단체의 자원봉사자들, 신문기자들, 학자들, 일반시민들의 견해들도 폭 넓게 수렴하였다. 상당한 분량의 선사시대 및 역사시대의 기록물들도 수집하였으며, 일간지와 월간지의 보도나 학술적인 논의와 논문, 그리고 서적 등을 통해 정보와 자료들을 수집했다.

부연한다면, 어떤 독자들은 한국의 다문화주의에 대한 책을 왜 영문으로 출판하는지에 대해 궁금하게 생각할지도 모른다. 그러나 실제로 이 책은 한국과 한국인들에 국한된 것만이 아니다. 오히려 이 책은 67개국에서 온 신부들과 그들의 자녀에 대한 이야기를 담고 있다. 만일 이 책이 영어로 쓰여지지 않았다면, 외국에 있는 신부들의 부모들이나 형제 자매, 그리고 친구들이 한국에 살고 있는 신부들에 대해 그들이 한국에서 어떻게 살고 있는지에 대해서 모를 것이다. 또, 장차 한국남자와 결혼해서 한국으로 이주할 생각을 하는 사람들에게도 사전에 어떤 준비를 해야 할지를 생각하는 데 도움이 될 것이기 때문이다.

더구나 이 책에서 제기하는 문제는 글로벌 차원의 문제이며 영어가 국제사회에서 통용되는 언어이기 때문이다. 점차 더 많은 사람들이 국경이라는 테두리를 벗어나 살게 됨으로 인해 한국의 다문화주의에 대한 상세한 기술은 점차 글로벌화되는 세상에 좋은 사례가 될 것이다.

이 책이 보편적인 공감을 얻기 위해, 나는 이 책을 쓰면서 외국 신부들이 낯선 외국에서 고생스럽게 살아가는 이야기를 동정과 연민의 자세로 임했다. 그들의 이야기는 다른 사람들에게 들려줄 가치가 있는 것이며, 기왕 그런 이야기를 들려줄 바에야 다른 세계에서 살기도 했고 연구도 한 일이 있는 인류학자를 통하는 것이 나을지도 모른다. 인본주의 인류학자인 내 친구 마일스 리처드슨(Miles Richardson)이 말한 것과 같이 "만일 인류학자가 이런 신화적인 이야기를 쓰기를 외면한다면, 누가 이런 것을 쓸 것인가?"라는 말이 생각났다.[69]

윤리, 표기법 및 대상 독자

이 책 전체를 통해서 인명이나 지명을 표기할 때, 비록 2000년

7월 국립국어원(National Institute of the Korean Language)이 새로운 영문표기법을 제정하여 쓰고 있지만, 나는 한국에 관해 출판한 기존의 영문저서에서 사용한 표기법과 혼동을 피하기 위하여 종전에 서양학자들이 사용해 온 '매쿤-라이샤워 표기법'(McCune-Reischauer system)을 따르기로 했다. 예외로는 나 자신의 이름표기에서와 이승만(Syngman Rhee)처럼, 일부 한국 사람들은 자신들만의 독특한 표기법을 사용하고 있다. 지명표기도 '서울'(Seoul)이 그 예인 경우이다. 영문으로 표기된 내용을 직접 인용하는 경우에는 원문의 표기를 훼손함이 없이 원문을 그대로 옮기는 데 충실했다. 그러나 그런 경우에도 괄호 안에 매쿤-라이샤워식 표기를 첨가했다.

또, 일본과 한국의 관행을 따라, 한국 사람들과 일본 사람들의 이름을 표기할 때는 성(姓)을 먼저 쓰고 이름을 뒤에 썼다. 그러나 일본 사람들이나 한국 사람들이지만, 출판물이 영어로 쓰여졌을 경우에는 서구식 표기를 따라 이름을 성씨 앞에 쓰기로 했다. 이런 결과로 인해 같은 저자가 한국어와 일본어로 출판을 했고, 또 영문으로도 출판했을 경우에는, 저자의 성과 이름을 바꾸어 쓰게 되는 불가피한 경우도 있게 되었다. 독자들은 저자의 성씨가 이름 앞에 오는 경우에는 그 출판물이 한국 말로나 일본 말로 쓰여진 것으로 짐작하면 될 것이다. 이런 원칙은 책 말미에 첨부한 참고문헌에도 그대로 적용하였다. 한국 저자나 일본 저자들이 자기네들의 모국어로 쓰여진 문헌에는 성씨를 먼저 쓰고 이름 앞에 '콤마'(comma)를 사용하지 않았다. 그 이외에는 모두 서구식 표기법을 따랐다.

이 책에 인용된 개인의 이름에 대해서는 인류학의 '윤리지침'을 따르고, 또 개인의 사생활을 보호하며 개인의 존엄성이 실추되지 않도록 노력하였다. 이런 이유로 인해 한국 관습에 성명을 가명으로 쓰는 것이 올바른 일이 아닌 것으로 알고 있지만, 개인이나 씨족, 본, 장소 등을 말할 때 실명 대신에 가명을 쓰기로 했다. 그러나 동료나 조교나 후원자 등의 특수한 개인의 이름과 기관, 그리고 장소를 말할 때는 전체적인 문맥으로 보아 가명을 쓰는 것이 별 의미가 없고, 또 그럴 필요가 없는 경우에는 실명을 그대로 쓰기로 했다.

이 책이 비록 인류학자이며 학문하는 사람이 쓴 책이라고 하더라도, 이 책을 되도록 많은 독자들, 특히 외국신부들의 출신국 사람들이 쉽게 읽을 수 있도록 가능한 한 전문적이고 학술적인 용어의 사용을 피했다. 따라서 인류학적인 용어의 사용을 최소화하는 대신, 좀 더 학문적인 연구를 하기를 원하는 독자들을 위해서는 주(註)에서 필요한 설명과 문헌 소개를 했다. 이 책의 독자층을 세 부류로 생각해 보았다. 첫째, 인류학, 사회학, 민족 및 인종관계, 동아시아 연구자, 특히 한국을 연구하는 학자와 학생; 둘째, 이민과 귀화, 사회사업가, 정책연구자, 인권전문 연구가, 그리고 공무원 등을 포함한 전문직 종사자들; 그리고, 셋째로는 지구촌화, 국제적인 이주연구자, 다문화주의자, 그리고 국제결혼 등에 흥미가 있는 일반 독자를 위해 쓴 것이다.

1
한국인의 다문화뿌리

2007년 2월, 경북 구미시에서 외국신부들이 인터넷을 통해 한국어와 한국문화를 공부할 수 있을지에 관한 예비조사를 할 때 만난 23세의 몽골에서 온 한 신부가 나에게 자기가 아마도 한국 사람과 결혼한 최초의 몽골사람 중의 한 사람일지 모른다고 했다. 그 몽골 신부는 1274년에 원나라 황제 쿠빌라이 칸(Kublai Khan)의 딸이자 제국대장공주로 알려진 홀도로게리미실(Holdrogerni-misil)이 고려 25대 왕이 된 충렬왕(1274~1308)과 결혼하여 후에 고려의 왕비가 된 사실을 모르고 있는 것 같았다. 그 몽골 신부는 홀도로게리미실이 결혼한 지 733년이나 지난 후에 한국 사람과 결혼한 것이다.

또, 몽골에서 온 그 신부는 1254년에 몽골로 잡혀간 206,000명의 고려 포로의 후예일지도 모른다. 인구밀도가 낮았던 그 당시를 생각하면 20만명 이상이라는 숫자는 많은 숫자이며 상당수의 몽골 사람들이 외국 사람들과 결혼한 것을 생각할 때, 몽골 사람들의 핏

속에 한국 사람들의 피가 흐르고 있을 가능성이 충분히 있을 수 있다. 그런 가능성을 염두에 두고, 나는 몽골 사람들 중에 성이 한국의 흔한 성씨인 '김'이나 '이'나, '박'이나 다른 한국 성씨가 있는지 찾아보려는 노력을 했다. 그러나 고려사이버대학교에서 진행하는 캠페인에 등록된 2,806명의 몽골 사람들 중에 그런 한국 성씨를 가진 사람을 찾을 수가 없었다. 내가 몽골에서 온 신부를 만날 때마다 그들이 아는 몽골 사람들 중에 자신이 옛날에 한국에서 온 사람의 후손이라고 말하는 사람을 알고 있는지를 물어보았다. 그러나 지금까지 그런 사람이 있다는 것을 나에게 알려오지는 않았다.

그럼에도 불구하고, 이 연구를 하는 동안 많은 몽골 사람들을 만났는데 그들의 생김새가 한국 사람과 너무나 흡사하다는 사실을 알게 되었다. 몽골 사람들의 모습은 중국, 일본, 그리고 다른 동아시아 사람들보다 한국 사람들을 더 많이 닮았다. 또한 몽골 사람들이 한국 말을 할 때는 다른 동아시아 사람들이 한국 말을 할 때보다 액센트가 적었다. 나는 고려사이버대학교의 캠페인을 도와주던 한 몽골출신 조교에게서 그녀의 한국어 구사능력에 큰 감명을 받았다. 그녀의 한국어능력은 뛰어나서 나는 그녀에게 친척 같은 친숙함을 느낄 정도였다. 몽골 여인을 보면서, 내가 만주출신 미국 인류학자이자 나의 개인적인 스승 역을 한 프랜시스 슈와 한 대화를 떠올렸다. 슈는 나에게 "당신과 나는 나와 어느 다른 동료 중국 사람들보다 더 닮은 것 같다. 당신의 조상과 우리 조상은 아마 같은 부족에 속한지도 모르겠다."[1]

이런 이야기는 별 뜻이 있는 말은 아니지만, 슈가 한 말을 생각하니 몽골에서 온 조교와 내 생김새가 비슷한 것도 같은 연관관계를 적용할 수 있을 것 같다. 실로 몽골 조교의 생김새와 한국어에 능숙한 것 때문에 그녀의 조상과 우리 조상이 같은 조상일지도 모른다는 상상을 하지 않을 수가 없었다. 우연하고 감상적이기는 하지만, 이런 반응은 선사시대에나 역사시대에 몽골과 한국 간에 있을 수 있었던 일에 대한 의문점을 증가시켰다.

또, 다른 경우로, 2000년대 초에 한국 사람과 결혼하여 한국으로 시집온 베트남 신부도, 나에게 자신은 한국 사람과 결혼해서 한국으로 온 최초의 베트남 사람일 것이라는 말을 했다. 그러나 그녀 또한 베트남 이 왕조(Lý kingdom, 1009~1226)의 왕자인 이용상이 13세기에 한국에 와서 귀화했으며, 후에 화산 이씨의 조상이 됐고, 5,000명 이상의 화산 이씨가 한국에 살고 있다는 사실을 모르고 있는 것 같았다.

2009년 11월과 2010년 11월 두 번에 걸쳐 베트남으로 현지조사를 갔을 때, 나는 국립하노이대학교 여러 교수들과 학생들을 만났다. 나는 그들 중에서 '이'씨 성을 만나기 위해 의식적인 노력을 했지만, 만나지 못했다. 후에 안 일이지만, 이 왕조가 패망하여 진 왕조로 대체될 때 남은 이씨 성을 가진 친족들을 박멸하기 위한 대규모의 정치적인 숙청이 있었다는 것이다. 일부 이씨 가족들은 무차별한 처형을 당했다고 한다. 살아남기 위해서 이용상과 같이 일부는 외국으로 정치적인 망명을 했고, 일부는 이씨의 성을 바꾸었으며, 다른 일부는 메콩강(Mekong River) 상류나 지류의 어촌이나 깊은 산속 마을로 피난을 했다고 한다.[2] 이렇게 된 일이고 보니 현재의 베트남 사람들 중에 이씨 성을 가진 사람을 찾기가 어렵다는 것이 놀랄 일이 아니라는 것을 쉽게 알 수 있다.

일반적으로 대부분의 외국신부들은 한국이 이민이나 국제결혼에 긴 역사를 가지고 있다는 사실을 이해하지 못하고 있는 것 같다. 실로, 한국 사람들 자신들도 얼마 전까지만 해도 지금 많은 외국신부들이 한국 남성들과 결혼하는 것처럼 상당 수의 한국 여성들도 외국 남성들과 결혼했다는 사실을 잘 모르고 있는 것 같다. 한국 여성들도 자신들의 경제적인 여건을 개선하고 싶었던 것이다. 그들은 자신들이 한국 남성들에게 매력을 주지 않을 만큼 나이가 많다고 생각했거나, 아니면 이혼을 해서 이혼녀라는 신분 때문에 다른 한국 남성과 결혼을 하기 어렵다고 생각한 것이다. 이런 이유들은 새로운 사실이 아니다.

동시에 정부나 관계기관은 한국 여성들이 자신들의 경제상태를 개선하기 위해서 외국으로 이민을 가도록 장려를 하지도 않았다. 경상북도의 어느 시에서 결혼이민자를 돕는 기관에 근무하는 어느 사람의 말에 의하면, "심지어 1960년 대, 우리의 연 평균국민소득이 지금 베트남 사람들의 연 평균국민소득(2009년에 약 1,052달러)의 10분의 일에도 미치지 못하는 100달러 정도일 때도, 한국 여성들이 외국으로 가서 외국 남자와 결혼하여 경제적으로 보탬이 되도록 하는 일은 하지 않았다"고 한다.

그러나 한국은 그들의 경제사정을 개선하거나 일자리를 찾아 외국으로 이민한 오랜 역사를 가지고 있다. 예를 들면, 1960년대 중반부터 1970년대에 걸쳐 1만명 이상의 한국 간호사가 한국에 절대적으로 부족한 외화를 획득하기 위해 서독으로 갔다. 얼마 전인 1980년에 1만 7천명의 비교적 교육은 잘 받았지만, 결혼적령기를 넘긴 나이든 여성, 그리고 이혼여성 등이 일본 중매업체의 주선으로 일본 남성과 결혼을 했다.[3] 한국 여성과 결혼한 일본 남성들의 특징은 오늘날 외국신부들과 결혼하는 한국의 남성과 거의 동일하다. 그들은 상대적으로 나이 많고, 경제적으로 궁핍하며, 야마가타현 같이 지리적으로 외진 곳에 사는 남성들이었다.[4] 1997년에 추가로 300여명의 한국 여성들이 같은 이유와 같은 조건으로 일본 남성과 결혼하기 위해 일본으로 갔다. 그 당시 한국의 경제는 그 해 아시아 전역을 휩쓴 외환보유 고갈로 고통을 당하고 있을 때였다. 한국 신부들이 일본으로 유출된 시기는 한국정부가 국제통화기금(International Monetary Fund: IMF)으로부터 구제금융을 받아 경제적인 위기를 모면할 때이다.

지난 20세기의 20여 년 사이에 일본 남성들과 결혼한 한국 여성들은 일본으로 이주한 이후 도쿄나 오사카 등의 대도시로 다시 옮겨갔다. 그러나 근 2천여 명은 아직도 야마가타현에 살고 있으며, 그들대로의 문제들을 안고 있다. 그들은 문화차이로 오는 결과로 인한 문화충격에 고통을 받았다. 일본어를 유창하게 하지 못해서 언어의 장벽에서 오는 고통도 받았다. 그들은 강한 가부장적인 일본가족제도 속에서 일본의 시어머니로부터 고립되고 소원해졌다. 그들은 또 일본 거주 조선인이라는 이유로 다른 인종집단으로 구분되어 편견과 인종차별의 대상이 되었다. “많은 한국계 젊은 사람들이 일본에서 태어났고, 일본에서 성장했으며, 일본문화에 동화했지만, 그들은 일본시민이 아니다.”[5] 일본 사람들이 일본에 있는 한국인들을 멸시하고 차별대우를 하는 것은 잘 기록되어 있다.[6] 이렇게 일본으로 결혼해 간 한국 신부들은 일본 사람들로부터 편견을 받는 대상이 될 뿐만 아니라 일본에 있는 한국 사람들로부터도 한국에서의 가난한 생활을 벗어나기 위한 한 방편으로 일본 남성과 결혼하러 일본에 왔다는 이유로 편견의 대상이 되었다.

일본에서 그들이 당면한 역경을 헤쳐나가는 노력의 일환으로 야마가타에 있는 한국 신부들은 많은 획기적인 일들을 자기들이 살고 있는 새로운 지역사회에 소개했다. 예를 들면, 한국의 전통음식인 김치를 소개했다(일본사람들은 김치를 '키무치'라고 발음한다). 김치는 배추에 무 그리고 고춧가루 등 각종 양념 등을 버무려 속을 채워 만드는데 한국 음식 중에 가장 인기가 있는 음식이다. 몇몇 학자들의 추정에 의하면, 기원전 6000년에서 2000년 사이에 한반도에 살던 초기 촌락생활을 시작한 사람들 때부터 김치 항아리인 옹기라는 질그릇에 김치를 담아 저장했다고 믿고 있다.[7] 어떤 사람들은 김치를 한국인의 인종적인 정체성을 찾는 데 사용할 수 있을 것이라고 했다.[8] 한국에서 일본으로 이주해온 한국 여성 덕분에 김치는 야마가타현에서 인기가 있는 품목이며, 특히 관광객들에게 인기가 높다. 인기가 상승하자 한국 신부들이 만든 김치는 이곳 일본 경제에 영향을 주었다. 김치의 인기로 인해 김치에 들어가는 원재료인 배추, 고추, 그리고 무 재배를 유발시켰다. 이 품목들은 중요한 상업적인 품목이 됐다.

1996년에, 25명의 한국 신부들이 '우메찬'이라는 브랜드 이름으로 특별김치를 소개했다. 이 브랜드 김치는 일본에 있는 78개의 대형 마켓에 납품하고 있으며, 연 백만 달러의 수입을 올리고 있다. 김치축제는 야마가타현의 가을 축제에 빼놓을 수 없는 행사가 되고 있다. 그리고 이 축제는 홈페이지를 통해 김치축제, 판매, 소비 등에 관해 알려주고 있다.[9] 적어도 한 한국 신부는 지난 10년간

야마가타현에서 일본 요리사들에게 한국 음식에 관한 강의를 해왔다. 이와 관련하여 지난 수 십년 사이에 일본으로 이민을 간 한국 여성들은 일본과 한국 양국문화의 교류에 중재자역할과 일본에 한국을 위한 특사의 역할을 하고 있는 셈이다. 지금 한국에서 한국 남성과 결혼한 일본 여성들은 일본 야마가타현에서 한국 여성들이 한 역할과 비슷한 역할을 하고 있다. 일본에 있는 한국 여성의 경험은 경상북도의 어느 기관에서 일하는 여성과 같이 익숙하게 알고 있다. 다른 것을 다 제외하더라도 이런 경험들은 한국에 있는 외국신부들에 대한 이해를 더 잘 할 수가 있다.

덧붙여서, 한국 사람들의 그런 결혼에 대한 오랜 역사와 다문화 다인종적인 뿌리는 이유가 어떠하든 간에, 한국으로 이주하기로 한 사람들에 대한 이해와 공감의 폭을 넓혀준다. 이런 이유 때문에, 나는 이 장에서 한국의 인종 및 민족사를 고찰하고 한국이 순수하고 단일민족이라는 종래의 견해에 대해 도전하는 증거를 제시하려고 하는 것이다.[10]

전통 한국사회에서의 다문화의 뿌리

지금까지 거의 1세기가 넘도록 민족주의 역사관이 한국역사의 담론을 주도했다. 그 결과로, 금세기가 시작하기 전까지는 한국 사람들은 단일 민족집단이며 순혈집단이라는 종전의 지배적인 견해에 반박하는 학자는 많지 않았다. 아무도 그들이 반민족주의자나 일본제국주의 사관에 동정적이라고 분류되기를 원치 않았다. 이런 제약 때문에 학자들은 한국의 다문화적인 역사에 대한 객관적인 분석이나 한국역사는 복합적인 인종과 종족의 집합체인 것을 인정하는 데 주저했다. 그러나 근래에 와서 다문화주의라는 인기가 있는 정치적인 수사 덕에 그들의 사관이 민족사관에 젖지 않은 사학자, 선사시대연구자, 그리고 고고학자들이 한국 사회사는 다양했다는 점을 주장하기에 이르렀고, 그들의 연구결과를 발표하기 시작했다. 한국의 저명한 고고학자인 김병모가 그런 학자 중의 한 사람이다. 그러나, 김병모의 경우는 다문화주의가 한국에서 유행어가 되기 이전에도 한국이 인종적으로나 문화적으로 단일하고 순수하다는 것은 신화적이라는 점을 역설해 왔다.

김병모에 따르면, 1965년 충북 제천군 황석리의 고인돌에서 발굴된 40세 정도로 보이는 남자의 유골은 '긴 머리모양'(long-skull)으로 보아 전형적인 백인의 것으로 보였으며, 기원전 410년 경에 살았던 사람으로 추정되었다(역자 주: 백인으로 대표되는 소위 '코카시아인'(Caucasian)의 두개골은 '긴 두개골'(long-skull)이라고 하고, 동양인이 속하는 '몽골리안'(Mongolid)의 두개골은 '둥근 두개골'(round-skull)이라고 특징을 짓는다). 그 유골은 코카소이드인 백인 유골이지 몽골리안의 유골형태는 아니었다. 그럼에도 불구하고 발굴 팀은 한반도에는 코카시안들이 거주한 일이 없다는 기존의 정설에 반대되는 발표를 하기가 어려워서, 발굴한 지역의 지명을 따서 '황석리인'이라고만 명명했다. 그러나 근래, 서울대학교의 해부학 교수인 조용진이 디지털기술을 이용하여 재건한 결과에 의하면 '황석리인'은 '코카시아인'(Caucasian)이라는 결론을 얻었다. 조용진의 조사에 의하면, 흥미롭게도 황석리인이 출토된 지역 인근에 거주하

는 현재의 그곳 사람들의 두상이 황석리인과 유사하다는 사실도 발견했다고 한다.[11]

그런 민족주의적인 인식체계에도 불구하고, 몇몇 학자들은 한국의 다문화뿌리를 찾으려는 과감한 노력을 해 왔다.[12] 그 중에서도 고고학자인 김병모가 두드러진 업적을 남겼다. 김병모는 자신의 연구에 대한 결과물은 후에 발표했지만, 실제적인 연구는 1960년 대부터 시작했으며, 연구의 주제는 자신의 먼 조상이자 가야국(42~532) 김수로 왕의 왕비가 된 허황옥은 인도의 아요디아(Ayodia)에서 온 것을 증명하려고 했다. 그의 연구는 1960년대부터 열정적으로 시작했다. 이러한 그의 연구는 많은 한국 사람들이 자신들의 족보에 대한 지대한 관심을 갖게 했으며, 이는 흡사 1976년에 알렉스 헤일리(Alex Haley)가 『뿌리』(*Roots*)를 출판하고, 1977년에 TV 미니 시리즈를 방영한 후에 미국의 흑인들이 자신들의 뿌리에 관심을 갖던 것과 같은 효과를 일으켰다.[13]

21세기 이후 다문화주의가 한국 사람들에게 인기가 있는 제목으로 대두하기 전에도, 한국 인류학자인 이희수는 통일신라시대 후반기(661~935)에 한국과 아랍의 회교도(Muslim)들과의 접촉에 관해 연구를 한 바 있다.[14] 한국 민속학자인 최상수는 회교도 출신으로 1274년에 몽골을 거쳐 한국에 와서 한국에 귀화한 후 덕수 장씨의 시조가 된 장순룡에 대해 영문으로 된 논문을 발표했다.[15] 사학자인 박옥걸은 고려시대의 이민 및 귀화정책에 관한 책을 출간했다.[16] 고려의 개방정책과 대외활동 등으로 인해 외국 사람들은 한국을 '고려'와 비슷한 발음인 '코리아(Korea)'라고 부르게 됐다.[17]

브루스 커밍스(Bruce Cumings),[18] 존 프랭클(John M. Frankl),[19]

앙드레 슈미드(Andre Schmid)[20] 등과 같은 몇몇 외국학자들은 한국의 역사와 한국의 다인종적인 과거의 역사에 대한 연구를 했으며, 그들의 연구는 과거 한국의 다문화에 대한 기원을 추적하는 데 큰 공헌을 했다. 신기욱의 저서인 *Ethnic Nationalism in Korea*(한국의 인종민족주의)도 이런 학문적인 연구에 중요한 공헌을 했으며, 그의 저서는 현재 한국사회에서 단일민족주의를 재평가하는 데 참고가 되고 있다.[21] 이들의 연구에 의하면, 19세기 말에서 20세기 초까지는 한국은 외국인들을 환영했다고 하며, 또한 전통적인 한국사회에서는 강한 민족적인 감성이 없었다고 한다. 19세기 후반 윌리엄 그리피스(William Griffis)가 한국을 '은둔의 나라'(hermit nation)[22]라는 별명으로 소개하기 전까지는 한국의 대외관계는 지역적으로 가까운 이웃나라에만 국한되지 않았다고 한다.[23] 존 프랭클에 의하면, 쇄국정책의 주창자로 알려진 흥선 대원군도 그의 부인이 가톨릭교에 귀의하고 아들인 고종의 보모가 가톨릭 교도인 것도 용인했다고 한다.[24]

한국의 쇄국주의나 배타주의(exclusionism)는[25] 13세기의 몽골의 침략과 16세기의 일본 히데요시의 침략 등으로 인한 결과라고 한다. 19세기의 서구열강의 압력도 이에 가세한 것이다. 브루스 커밍스의 관찰에 의하면, "아랍 상인들이 신라를 사랑하게 된 것에서 보듯이, 초기의 한국은 세계적이었으며, 부강한 나라라고 인식되었다"고 한다.[26] 커밍스는 아랍인과 한국인 사이에는 혈연적인 결합이 있었다는 증거가 있다는 것이다. 즉, "아랍인들은 육로를 통해 중국에서, 또 선편으로 한국에 오면서 신라의 경이로운 것에 대한 기록도 남겼다고 한다. … 이 아랍인들은 한국에 장기간 거주하면서 한국인과 결혼을 해서 한국의 혈통에 '셈족(Semitic)'과의 혼혈인 자손도 낳았을 것이라고 짐작한다"고 했다.[27] 이희근은 경주 [외동면]에 있는 괘능(掛陵)의 무인석(武人石)이 아랍인 형상인 점으로 미루어 옛날부터 신라 영토에 아랍사람들이 살았을 것이라는 커밍스의 견해를 입증하고 있다.[28]

존 프랭클이 한국의 옛 문헌들을 검토한 후, 19세기 말에서부터 20세기 초까지 한국 사람들은 외국인과 한국인을 출신국에 따라 구분하려는 노력을 한 흔적이 없다고 한다. 프랭클은 더 나아가서, 한국 전통사회에서는 자신들이 종족적으로 단일민족이라는 생각을 하지 않았을 뿐만 아니라 다른 종족에 속한다는 이유로 외국인을 차별한 일도 없었다고 한다.[29] 전통 한국사회에서 한국 사람들은 외국 사람들에 대해 개방적이고, 호의적이었으며, 친절했다고 한다.[30] 프랭클은 한국에는 여러 나라에서 와서 귀화한 외국인들의 수가 많았기 때문에, 한국이 단일민족사회라기 보다는 '문화적인 혼재성(cultural hybridity)을 가진 나라'라는 말이 맞는다고 한다. 전통 한국사회에서는 이민자나 잠재적으로 이민할 사람들이 '오랑캐'냐 아니냐에 대한 관심만을 가졌다고 한다.[31] 한경구에 따르면, '오랑캐'는 출신지나 종족적인 배경에 의하여 정해지는 것이 아니고, 한국 문화에 동화될 의사가 있느냐 없느냐에 따라 오랑캐냐 오랑캐가 아니냐로 구분된다는 것이다.[32]

사학자이면서 한국사가 전공인 앙드레 슈미드에 따르면, 민족국가라는 뜻으로 쓰인 '민족'이라는 말은 1905년 일본과 을사보호조약을 체결하기 10여 년 전까지만 해도 한국민족주의자들이 이 말을 공식적으로는 어느 문헌에도 사용한 일이 없다고 한다.[33] 근래 다문화주의에 대한 연구가 활발해지면서부터, 인류학자, 고고학자, 그리고 사학자들이 민족사관에 대해 면밀한 연구를 하기 시작했다고 볼 수 있다. 사학자인 이희근은 한국 사람들이 단일민족이라고 하는 "한반도 단일민족 신화는 만들어진 역사"라고 한다.[34] 그는 외국 이민자들에 대해 역사적인 고증을 하고 있다.[35]

선사시대의 한국 사람과 한국 문화의 뿌리

'국가'나 '나라'라는 개념이 불분명했던 시대에 한반도에 정착한 한국 사람들이 누구였으며, 언제 정착하게 되었는지 등의 종족적인 기원을 찾는다는 것은 쉬운 일이 아니다. 로다 본 폴켄하우젠(Lothar von Folkenhausen)이 "[이런 시대에] 우리가 한국을 말할 때 영토라는 말이 무슨 의미가 있겠느냐?"라는 말이 맞는 것 같다.[36] 선사시대 때 동아시아 거주자들은 지금 우리가 갖고 있는 것과 같은 영토개념을 갖고 있지 않았다. 그들의 활동무대는 몽골의 동부에서 만주와 중국의 본토를 거쳐 일본의 중부까지를 포함했다. '아시아'라는 말 자체도 없었을 것이며, 아시아라는 지역 이름이 붙여지기 훨씬 이전부터 이 지역에는 이미 사람들이 거주하고 있었다.[37]

한반도의 초기 거주자들에 대해서 우리가 알고 있는 사실보다는 오히려 우리가 궁금해하는 의문점이 더 많다. 미국 고고학자이자 한국 선사시대가 전공인 새라 넬슨(Sarah M. Nelson)은 한반도에 인간이 정착하기 시작한 것은 50만년쯤 될 것으로 추정한다.[38] 북한에 있는 구석기시대의 유물은 20만년 정도이며, 평양 근교의 구석기시대 유적지인 만달리에서 발굴된 유골은 코카시아인(Caucasian)의 특색인 '긴 두상'(long-skull)을 가졌다. 이런 점으로 미루어보아 구석기시대 때 한반도에는 코카시아인들과 동양인으로 대표되는 몽골계통(Mongoloid)의 사람들이 함께 살았다는 증거가 될 수 있다.[39] 그러나 "현대 한국 사람들이 구석기시대에 살았던 사람들의 [직계]후손인지는 모르는 일"이라고 한다.[40] 신석기시대(6000~2000 BC) 때 한반도에 거주한 사람은 현대 한국 사람들의 조상일 가능성이 크다.[41] 김병모에 의하면, 신석기시대의 한반도의 거주자들은 코카시아인의 특징과 몽골리안의 특질을 겸한 '구아시안'(Paleoasian)이라고 분류한다.[42]

한국에서의 청동기시대는[43] 기원전 15세기 경에 시작했으며,[44] 농경이 특징이고, 아마 쌀 재배도 시작되었다고 본다.[45] 어떤 고고학자들은 쌀이 중국 남부에서 황해를 거쳐 한국 남부로 전래되어 왔다고 생각하는 반면,[46] 김병모 같은 고고학자들은 쌀은 남아시아와 동남아시아에서 직접 왔다고 믿는다. 김병모는 쌀이 한국에 전래될 때 남아시아나 동남아시아 사람들이 직접 쌀 재배에 필요한 기술을 전수해 주었으며, 고인돌을 만드는 방법도 함께 전수했다고 본다.[47] 동남아시아 이민자들이 쌀 재배기법을 한국에 전파했다는 고고학적인 확증은 없지만, 동남아시아 사람들이 한국의 종족 중에 포함되어 있을 것이라고 생각하는 것은 일리가 있을 것 같다. 김병모는 남아시아 사람과의 접촉에 대한 언어학적인 근거를 제시하고 있다. 즉, 쌀 재배와 관계되는 단어에서 한국어와 인도의 원주민이었던 드라비디안(Dravidian) 언어 사이의 동일성에서 그 관계를 유추할 수 있다.[48]

또 하나의 동남아 사람들의 유입은 고인돌의 분포에서 찾아볼 수 있다.[49] 고인돌은 대만, 동남아 여러 나라, 그리고 인도 등지에 분포되어 있기 때문에 이는 남방문화의 특징으로 인식되며, 이런 고인돌은 중국, 몽골, 그리고 시베리아 등지에서는 찾아 볼 수 없기 때문에 남방문화의 특징이라고 보는 것이다.[50] 한반도와 남만주 일대에서 고인돌을 조성하는 방법이나 패션(fashion)이 한반도와 남만주에 들어온 것은 신석기시대 말기에 남아시아나 동남아시아에서 와서 정착한 사람들에 의하여 소개된 것으로 보인다.[51] 남방이민설에 대한 가설을 증명하거나 부정할 고고학적인 확증이 없기는 하지만, 상당한 수의 남방 사람들이 한반도에 이주하여 한국 사람들과 접촉을 한 것 같다. 김병모에 의하면, 전통적으로 한국 사람들은 한국 사람들이 북쪽에서 이주했다고 생각하며, 남방에서부터의 이민을 부정하는 경향이 있었다.[52]

흥미롭게도 2005년에 고구려연구재단은 고구려인의 유전학적 특성과 기원을 이해하기 위해서 동아시아의 7개 인종 그룹에서 45명을 추출하여 미토콘드리아 DNA를 연구한 일이 있다(역자의 주: mitochondria는 세포의 세포질에 있는 소기관으로 우리 말로 사립체(絲粒體)라고 하는 생김새가 실타래처럼 되어 있다. 유전자 검사에서 일반적인 DNA검사가 힘들 경우 미토콘드리아 DNA검사를 하게 된다. 미토콘드리아 DNA는 죽은 세포나 아주 미량의 시료에서도 추출이 가능하며 일반 DNA검사가 불가능한 부분에 많이 활용하고 있다. 또한 부모에게서 반반씩 물려받는 핵 DNA와는 달리 미토콘드리아 DNA는 어머니에게서만 물려받는다). 미토콘드리아 DNA 하플로그룹(haplogroup)(역자의 주: 이는 분자진화연구에서의 단상형 유전자들의 큰 집단으로 염색체의 특정위치에 있는 일련의 대립유전자들이다) 분포에 의하면, 한국 사람들은 북부와 동아시아의 남부 하플로그룹의 양쪽의 특성을 강하게 반영하고 있다는 사실을 발견했다. 이는 곧 한국 사람들은 전반적으로 한국계 중국인이나 만주 사람들과 더 긴밀하게 관련되어 있는 것으로 보이며, 이 연구의 결과는 또 현대 한국 사람들은 옛 고구려 사람들과 강한 유전적인 연관이 있다는 뚜렷한 증거가 되는 셈이다. 또, 일본인 집단은 한국인 집단과 가장 가까운 유전적 특성을 지니고 있는 것으로 알려졌다.[53]

근래 인간게놈연구회(HUGO) 아시아지역 컨소시엄은 한국, 일본, 중국을 포함해서 아시아 73개 민족의 염색체를 조사해 각 민족들의 이동경로를 밝히는 연구를 수행했다. 마흐무드 아멘 압둘라(Mahmood Ameen Abdulla)를 위시해서 10개국에서 온 90명의 학자들이 참여한 이 연구에 의하면 유전자계통(ancestry)은 언어계통과 지역 등에 상관관계가 있다고 한다. 이 연구결과는 한반도 사람들의 동남아시아로부터의 유입설을 암시하고 있다. 인류가 남쪽 해안을 따라 돌면서 한반도까지 온 셈이라는 암시다. 연구팀은 그 증거로 동남아시아 사람들이 동아시아 사람들보다 유전적으로 훨씬 다양하다는 점을 제시했다. 하플로타입의 분석에 따르면, 동남아시아가 동아시아 사람들의 진원지라는 것을 암시한다는 것이다. 이 연구는 또 한국 사람들은 중국사람들보다는 일본사람들과 더 닮았다는 결론이다. 이 연구결과는 미국 저명 학술지인 '사이언스'(*Science*)에 게재되었다.[54] 이 연구는 한국의 일부 조상들이 남방에서 기원했다는 설을 뒷받침하는 것이다. 아마 김병모의 가설은 맞는 것인지도 모른다.

한반도에 구석기시대 유목민족들의 기원에 관한 정보는 빈약하지만,[55] 한반도에 인구가 대량으로 유입된 것은 신석기시대 때 북쪽 바이칼호(Lake Baikal) 지역 사람들이 대대적으로 이주해 오면서부터라고 하겠다. 그러나 이런 이민이론을 입증할 만한 직접적인 근거는 없다.[56] 나세진 같은 일부 고고학자들은 현대 한국 사람들의 신체적인 특성을 연구했지만,[57] 최정필과 같은 다른 학자들은 신체적인 특징이 인종집단간의 경계를 기술할 수는 없다고 한다.[58]

형질인류학이나 고고학적인 관점에서 볼 때, 한반도에 한국인의 인종적인 기원에 대해 확고한 결론을 내릴 만한 증거는 없다. 그러나, 한반도에 거주한 선사시대의 거주자들이 단일민족으로 순수한 혈통을 유지한 사람들이었다는 것에 대한 단서는 전혀 없다는 점이다. 새라 넬슨은 결론적으로 "단일민족이 한반도 전역을 휩쓴 일이 없으며… 2000여 년 동안에 걸쳐 여러 인간집단이 한반도에 정착하면서 '모자이크'(mosaic)형태의 복합적인 사회를 형성하게 되었다는 가정에 수긍을 하게 됐다"고 말했다.[59]

역사시대 한국 사람과 한국 문화의 뿌리

선사시대와는 달리 역사시대에 들어오면서부터는 족보를 비롯한 여러 가지 문헌 섭렵이 가능하다. 2000년대 이후에 이 방면에 관한 몇 편의 학술논문 이외에도,[60] 2000년 초부터 다문화주의에 관한 논의가 활발해짐에 따라 이 방면에 관한 몇 권의 단행본도 출간됐다.[61] 거의 한국의 모든 일간지들이 이런 제목에 대한 기사를 연일 보도하고 있다. 어떤 의미에서는 이 분야에 대한 기사들이나 출판물은 다양한 셈이다. 이런 출판물의 내용을 요약한다면, 현재의 한국 성씨와 본관(本貫) 중에 상당한 수가 귀화한 외국인들의 자손이라는 내용들이다.

김정호는 2000년도의 한국 인구조사통계에 나타난 286개의 성씨 중에서 140 성씨, 그리고 4,190 본 중에서 516개 본이 한국의 토착 성씨나 본관이 아닌 외국에서 귀화한 사람들의 성씨와 본관이라는 것이다. 2000년 11월 기준으로 1천 200만이 외국 귀화자들의 후손이라는 것이다. 이 수는 2000년 한국 전체인구의 26퍼센트에 해당한다는 것이다.[62]

한국 성씨와 본관의 기원

성은 서양의 소위 '서네임(surname)'에 해당하며, 이는 또 혈연적인 공동체의 집단을 뜻하는 반면,[63] 본관(本貫) 혹은 본(本)은 그런 동성집단의 조상의 출신 지역이나 장소를 말한다.[64] 한국사회에서 성은 어느 사람을 부를 때나 쓸 때에 사용하지만, 보통 본은 묻기 전까지는 밝혀지지 않고 있다. 한국이 중국식 성씨를 사용하기 이전에는 그 사람의 출신지 이름을 성씨처럼 사용했다. 본은 어느 사람의 출신지를 뜻하기 때문에 이는 어느 사람의 족보를 추적하는 데 도움이 된다. 본이 성에 앞서기 때문에 본은 과거에는 어느 사람의 내력을 짐작하는 척도가 되었으며, 현재에도 어느 정도 그렇기도 하다.[65]

한국인의 성씨와 이름의 유례

한국이 7세기에 중국식의 성을 따라 쓰기 시작하기 전까지는 한국은 스스로의 문자(文字)가 없었을 뿐만 아니라 성도 없었다.[66] 7세기에 가서야 신라가 당나라로부터 당나라(618~906)에 흔한 성씨를 차용했다.[67] 성씨가 한국에 소개된 이후에도 모든 한국 사람들이 다 성씨를 가진 것은 아니다. 왕족들이 처음 사용하기 시작했고, 다음은 양반들이 사용했으며, 그 다음으로는 다른 지배층 사람들이 사용하기 시작했다.[68] 조선시대에는 양반들이 정부, 경제, 그리고 문화에 관한 전반적인 일을 관장했다.[69] 모든 사회생활 전반에 걸쳐 양반들이 특수계층이었다.[70]

조선왕조 때인 15세기와 16세기까지, 단지 10퍼센트의 한국인들만이 양반이었으며, 나머지 40퍼센트는 일반 서민인 상민(常民)들이었다.[71] 나머지 과반수의 사람들은 최하계급인 천민(賤民)들이었다.[72] 이 당시에도 대부분의 한국 사람들은 성씨가 없었다. 19세기 말엽에 갑오경장(甲午更張, 1894)이라는 급진적인 개혁을 통해 세습적인 신분제도를 철폐했다.[73] 조선왕조가 일본에 합병되기 1년 전인 1909년 민적법(民籍法)을 선포할 때 모든 한국 사람들은 성과 이름, 즉 성명(姓名)을 갖도록 했다.[74] 그때부터 성이 없던 농부나 노비들은 주인의 성을 따르거나 아니면 한국에 흔한 성씨를 본떠서 스스로 자기 성을 만들었다.

결과적으로 잘 알려진 성씨는 널리 사용되게 되었다.[75] 그 때문에 같은 성을 가졌다고 하더라도 그들 사이에 혈연적인 관련이 없는 사람들이 많았다. 한국에서 성씨가 소개된 것은 비교적 최근의 일이라고 하더라도, 한국 사람들은 성씨를 신성시하고 있다. 그러나 일본의 강점기(1910~1945) 기간에 소위 '일본과 한국은 일체(一體)'라는 소위 '내선일체(內鮮一體)'의 구호 아래 한국의 문화말살 정책을 시행했다. 이 정책은 한국의 국가적인 정체성을 말살하고, 1940년부터는 창씨라는 이름으로 한국 사람들의 이름도 일본식으로 바꾸도록 했다.[76]

1909년 민적법 통과 이후, 한국은 남성 중심의 호적제도가 생겨났으며, 남자만이 호주가 될 수 있고, 자녀들은 아버지의 성을 따르게 되었다. 그러나, 2005년 2월 3일, 헌법재판소는 호적은 위헌이며 남녀 성 평등에 위배된다는 위헌판결을 내렸다. 이런 헌법재판소의 판결에 근거하여 2005년 3월, 국회는 호주제도를 폐지하기로 의결하고, 2008년 1월 1일부터 시행하기로 의결했다. 지금은 아이들은 어머니의 성을 따를 수도 있고, 원한다면 아버지와 어머니의 두 성을 함께 쓸 수도 있게 되었다. 이 새로운 제도는 한국에서 새로운 성씨의 증가를 가져올 것이다.

귀화한 한국 사람의 성과 본은, 이미 중국식 성을 가진 사람은 그 성을 그대로 사용할 수 있으며, 단지 본만 새로 주어지는데, 대부분은 그 당사자가 거주하는 지역 명을 따르는 경우가 많다. 중국식 성을 갖지 않는 사람은 과거 상민(常民)이나 천민(賤民)들이 성을 갖게 된 경위와 같은 과정을 밟는 경우가 많다.[77] 대부분의 귀화인들의 성은 한국에 흔한 성씨를 따랐다. 과거에는 귀화한 한국인의 90퍼센트는 중국식 성을 따랐지만, 지금은 일본, 필리핀, 베트남식 성이 출현하기 시작했다.[78] 2009년 한 해에만도, 45개국에서 온 25,044명의 외국인들이 한국에 귀화했다.

근래 귀화한 25,044명 중 4,884명이 자신의 성과 본을 만들었다. 대부분은 한국에 흔한 성인 김, 이, 박 등의 성을 따랐지만, 어떤 사람들은 자기 출신국의 이름을 사용하여, 몽골에서 온 김이라는 뜻으로 '몽골 김씨', 태국에서 왔다는 뜻인 '태국 태씨' 등으로 했다. 성을 짓는 과정에서 어떤 귀화인들은 자신이 살고 있는 지역 이름을 사용하여 '구리 신씨'라고 해서, 서울 근교에 있는 구리에 사는 신씨라는 뜻으로 사용하기도 한다. 이런 경향은 비록 귀화했지만, 자기의 모국 이름을 간직하고 보존하고 싶은 마음을 나타내는 것 같으며, 이런 표시는 후에 그들의 정체성을 찾는 데 큰 도움이 될 것으로 본다.[79]

족보는 성격상 그 이용에 제한적인 면도 있지만,[80] 어떤 족보는 한국 사람들의 출신을 밝히는 데 귀중한 정보를 제공하고 있다.[81] 예를 들면, 황운룡은 자신이 속한 족보를 분석하여 자기 조상이 서기 28년 중국의 한나라 때 베트남에 외교사절로 가는 도중 그가 탄 선박이 난파하여 한국 연안에 도착하여 한국에 귀화하게 됐다는 사실을 알았다고 한다.[82]

한국 역사를 통해 귀화한 성씨들

김정호에 따르면, 고대 삼한시대[83] 때부터 고려 초기까지 한국에 귀화한 성씨 수는 46성이며 199개 본이고, 그들의 대부분은 중국에서 왔다고 한다. 대부분의 중국 이민자들은 중국 왕조의 부침에 따른 정쟁(政爭)을 피하기 위해서나, 아니면 만리장성의 축조에 필요한 강제노역을 피하기 위해서 온 사람들이다. 아더 코테렐(Arthur Cotterell)은 만리장성의 축조에 따른 노역자들의 참상을 기술하고 있다. 그는 "사가인 사마천도 백성들은 자연재해보다 더 심한 고통으로 신음하고 있다고 했다. 황제의 충복이었던 맹티안(Meng Tian)조차도 만리장성 축조에 동원된 노역자들의 고통과 죽어가는 부역자들의 고통을 보고 듣기가 민망하여 눈과 귀를 막았다고 한다."[84] 이런 통계가 맞는다고 한다면, 현재 한국인 중에서 적어도 5,079,708명이 외국 성씨와 본관을 가진 외국 이민자들의 후예인 것이다.[85] 그러나 다른 사학자들은 이 통계의 정확성에 의문을 제기하기도 한다.[86]

이민에 대한 개방정책을 채택하던 고려시대 때 한국 역사상 가장 많은 외국이민이 한국에 이주하여 귀화했다. 김정호에 따르면, 이 시기에 87개의 성씨와 143 본을 가진 사람들이 귀화했다. 오늘날, 이들의 후손들은 현재 한국 인구 중에서 2,826,111명이나 된다.[87] 그러나 고려 초기(919~1148)와 후기인 1170년 사이에 이민자의 수나 이민 종류에 대해서 상당한 차이가 있는 것 같다.

고려 초기에는 삼국을 통일한 후 야심찬 새 왕조를 수립하기 위해서는 많은 인적자원이 필요했다. 새 왕조는 정치나 문화면에서 중국 송나라(960~1279)의 제도를 모방하기를 원했다. 이런 이유 때문에 고려는 이민에 대한 진보적인 정책을 취했으며, 이민자 중에는 문사, 진사(進士), 의인(醫人), 악인(樂人), 상인, 승려, 역관(譯官), 가기(歌妓), 점술인(占術人)까지도 포함되어 있었다.[88] 또 고려는 북쪽의 부족인 여진족, 거란(契丹)족, 그리고 발해유민까지도 받아들였다. 그들은 북방방어를 위해 그들의 장인솜씨나 기술 등을 활용하기 위해 그들의 이민을 환영했다.[89] 결과적으로 고려시대 이민과 귀화자들의 83퍼센트는 모두 고려 초기에 이루어졌다.

고려 후기 때의 이민과 귀화는 몇 가지 내부적이고 외부적인 어려움에 직면했다. 1170년 이래의 무인(武人) 정권의 등장과, 1206년부터 시작한 몽골의 침략, 그리고 원나라(1279~1368)의 통제와 지배가 그것이다(몽골은 1271년에 원나라를 세웠다). 결과적으로, 중국으로부터 유입되던 이민은 제약을 받았으며, 대부분의 이민자들은 전쟁포로인 일본인, 몽골인, 만주인 등의 새 이민자들이 오기 시작했다. 대부분의 이민자들은 자의적으로 온 사람들이라기보다는 비자발적인 전쟁포로, 그 배우자들, 몽골에서 온 공주들의 시종들, 그리고 몽골에서 말을 기르러 온 목호인(牧胡人)들이었다.[90] 몽골은 제주도를 점령하고 그 섬에 병사들을 배치했다. 그 섬이 말을 사육하기에는 이상적인 것을 알고, 1276년부터 몽골은 제주도를 목장의 중심지로 만들었다. 몽골인들이 이 섬을 거의 1세기 동안 점령함으로 인해 이 섬 주민들의 사회, 문화, 그리고 언어의 변화도 가져왔다.[91] 원나라의 지배기간에 단지 9개의 성씨와 9본만이 귀화했다. 오늘날 이들의 후손의 수는 15,533명으로 추산하고 있다.[92]

원나라의 지배기간에 고려의 국제결혼은 고려왕자들과 원나라의 공주들 사이에 이루어진 것이 특색이라고 할 수 있다. 원나라와 고려 사이의 국제결혼은 고려가 원나라와의 선린관계를 유지하기 위해서 고려가 주도한 것이다. 원 황제의 허락 하에 고려의 원종(1259~1274)의 아들(후에 고려의 충렬왕[1274~1308])과 원나라의 세조(쿠빌라이 칸, Kublai Khan)의 딸과 결혼한 것이다. 그 여인은 후에 충렬왕의 왕비가 됐다.[93] 이 이후 고려의 네 왕 – 충선(1308~1313), 충숙(1313~1330, 1332~1339), 충혜(1330~1332, 1339~1344),

그리고 공민왕(1351~1374) – 은 원나라 왕실의 공주들을 부인으로 맞이했으며, 그들에게서 태어난 소생들은 고려의 왕이 되었다.[94] 그런 정략적인 '중매결혼'은 한 세기 동안 지속되었다. 충선왕은 한국 최초의 국제결혼이자 다른 인종과의 결혼에서 태어난 '혼혈 태생'의 왕인 셈이다.

한 세기 동안 원나라 공주들이 고려에 올 때 시종과 부관들이 동행해 왔다. 이들의 상당수가 한국에 남아서 귀화했다. 김정호에 따르면 이들은 20개의 성씨와 40개의 본을 구성하고 있으며, 현재 한국 인구 중에서 429,012명이 될 것으로 추산한다.[95]

고려시대 때와는 달리 조선(1392~1910) 초기인 태조(1392)에서 인조(1627) 때까지 이민자들의 주류는 여진과 일본인들로 한정되어 있었다. 조선 후기에는 새로운 이민이 거의 없었는데, 그 이유는 이민의 주류를 이루었던 여진이 만주에 통합되어 청나라(1644~1911)를 건설했기 때문이다. 청나라의 건국 이후, 청나라는 조선의 국경지대를 봉쇄했으며, 청나라 건국 이전에 한국에 정착한 사람들을 반환하라는 요구까지 했다.[96] 결과적으로 이조 518년 동안 31개의 성씨와 60개의 본이 귀화했을 뿐이다.[97] 그러나, 조선시대에 여진의 이지란(1331~1302), 일본의 김충선, 그리고 최초의 유럽인인 네덜란드의 박연 등의 저명한 외국인들이 귀화했다.

일본이 한국을 지배하던 19세기 말경부터는 일본에서 온 식민 통치자들을 제외하고는 큰 규모의 외국 이민은 거의 없었다. 조선왕조 말기에 고종(1864~1907)의 셋째 아들이고 이조 마지막 왕인 순종(1907~1910)의 이복동생이 1900년에 다음 왕위를 계승할 것으로 정해졌다. 왕위계승자로 지정된 영친왕 이은은 일본 당국에 의해서 일본여인과 강제로 결혼하도록 강요 당했다. 을사보호조약이 체결된 지 2년 후이고 1910년 한일합방이 되기 3년 전인 1907년에 한국을 일본에 합방시키는 작업의 주역인 이토 히로부미는 당시 11세이던 이은을 일본으로 데려 가서 일본황족인 니시모토 노미야의 딸인 마사코(方子)와 정략적인 결혼을 주선했다. 그 후 이은은 일본에 56년간을 거주하다가 1963년 11월에 한국으로 돌아왔다. 그는 부인과 함께 한국에서 7년간을 지내다가 세상을 떠났다. 부인 방자는 남편이 타계한 후에도 한국에 살다가 한국에서 생을 마쳤다. 그들은 외아들 이구를 두었는데, 이구는 일본에서 태어나서 미국 MIT에서 교육을 받고, 우크라이나(Ukrainian)계 미국여인과 결혼했지만, 후에 이혼을 했으며, 자녀는 없다.[98]

몇 마디 덧붙인다면, 조선 왕조의 몰락과 일본 식민통치(1910~1945) 36년간을 거쳐 1945년 제2차 세계대전이 끝나고 3년 후인 1948년에 제1공화국이 탄생했다. 이승만(1875~1965)이 초대대통령으로 당선됐다. 이승만 대통령 자신도 조선왕실을 지배한 왕족인 전주 이씨에 속한다. 비록 재혼이지만, 당시 59세였던 이승만은 34세인 오스트리아계의 프란체스카 도너(Francesca Donner)와 결혼을 했다. 프란체스카는 이승만의 독립운동기간 반려자이자, 지지자였으며, 간호사의 역할까지 했다. 남편의 사후에도 한국에 남아 살다가 사후에는 한국에 묻혔다.

그 이후에도 많은 한국의 남녀들은 외국 배우자와 결혼을 했다. 한국 사람들에게 국제결혼은 생소한 것이 아니다. 사실 한국에서 국제결혼의 역사는 긴 것이며, 잘 알려졌거나 그렇지 않거나 간에 가야의 김수로왕 이후에 고려의 다섯 왕과 이승만에 이르기까지 많은 사람이 국제결혼을 했다. 오늘날 131,702(남 120,146; 여 11,556)명의 한국 사람들이 외국에서 출생한 배우자를 맞아 살고 있다.

외국이민자들의 공헌

일반 서민출신 이민자들에 대한 기록이 부족한 탓에 저명한 인사들에 관한 것 이외에 일반 이민자들에 대한 정보는 거의 없다.[99] 또, 어려운 점은 오랜 모화사상 때문에 자기네의 성과 본이 중국에서 온 것이 아니라면 자신들의 성과 본을 일반에게 알리지 않으려는 경향도 없지 않다.[100] 그런 이유로 여기에 기술하는 몇 사람의 경우는 이미 세상에 널리 잘 알려진 족보를 택했다. 여기에 기술하는 사람들은 시대순으로 나열했다.

허황옥(Yellow Jade)

승려인 일연(1206~1289)[101]의 『삼국유사』에 나오는 전설적인 기록에 의하면, 서기 48년에 아유타(Ayuta 혹은 Ayodia)라고 알려진 고대 인도의 코살라(Khosala) 왕국의 공주인 허황옥이 가야국의 초대 왕인 김수로와 결혼했다는 것이다. 허황옥은 한국 역사상 최초로 가야의 왕비가 됐으며, 이는 한국 최초의 국제결혼인 것이다. 허황옥의 전설적인 이야기는 김병모의 서사적인 고고학여행기를 통해 다음 장에서 언급하기로 하겠다.[102]

쌍기(Shuang Chi)

중국의 저명한 학자이자 문필가인 쌍기는 중국의 5대 왕조 중 마지막 왕조인 후주(951~960) 출신 쌍철의 아들이다. 쌍기는 956년에 외교관인 설문우를 수행하여 한국에 왔다가 병으로 돌아가지 못하고 한국에 머무르게 됐다. 고려의 광종(1211~1213)은 쌍기의 박식함과 재주를 탐내어서 주나라 조정에 그를 한국에 머무르게 할 수 없느냐고 문의하여, 주 조정의 허락을 받아냈다.

쌍기는 959년에 광종에게 당나라의 과거제도를 본뜬 관리등용 시험제도(科擧制度)를 추천했다. 고려 조정은 이러한 시험제도를 채택했으며, 그 제도는 고려에서뿐만 아니라 후에 조선시대 때까지 시행했다. 과거제도는 새로운 관료제도의 확립과 왕권을 강화시키는 데 큰 기여를 했다.[103] 쌍기의 경우는 우수한 자질을 가진 외국인을 적극적으로 유치하려는 고려왕조의 의도를 설명하는 좋은 예인 것이다. 쌍기의 가족관계와 그 후손에 대한 더 상세한 정보는 찾지 못했다.

베트남의 이용상

이용상은 당나라 후예인 베트남 이 왕가(1009~1226)의 왕인 리티엔 토(Lý Thiến Tô)의 6명의 왕자 중 둘째다. 그는 통상 '왕자'로 알려졌다. 이 왕가의 몰락에 따라 이 왕가의 후손에 대한 숙청이 일어나자 이용상은 몇몇 시종들과 함께 해외로 도피하게 되었다. 1226년에 이용상은 황해를 거쳐 옹진반도 근처인 황해도 금촌군 화산동에 상륙했다. 화산동에 정착한 후, 이용상은 그 당시 간헐적으로 한국 해안을 침투하던 일본의 해적인 왜구(倭寇)를 격퇴하는 데 협력을 했다. 왜구를 물리친 공로를 인정하여 옹진 현령은 이용상을 포상하도록 고려 조정에 추천을 했다. 그 후 1253년 몽골 침략 때도 이용상은 몽골을 상대로 전공을 세웠다. 1226년 고려 조정은 이용상의 공로를 인정하여 그에게 이씨 성을 사성(賜姓)하고 본은 그가 정착한 지명의 이름을 따서 화산으로 정했다. 그의 아들들도 고려에서 벼슬을 했다. 그의 자손 중에서 이장발은 정선 이씨의 분파를 이루고 정선 이씨의 시조가 됐다. 현재 한국 인구 중에서 화산 이씨 후손의 수는 1,775명이며, 정선 이씨의 수는 3,657명이나 된다.[104]

여기서 몇 마디를 부연한다면, 화산 이씨의 조상이 베트남 왕가의 왕자라는 사실을 알고, 1995년에 화산 이씨 종친회 간부들이 베트남을 방문했을 때 베트남 정부의 중요인사들이 그들의 방문을 환영했다. 그들은 왕족으로의 예우를 받았다. 그 후 이들은 매년이 왕가의 설립기념일인 3월 15일에 베트남을 방문하고 있다. 충남대학의 어느 교수가 베트남에 있는 이 왕가의 자손들과 한국의 화산 이씨들과의 DNA를 비교 연구한 결과에 따르면, 베트남에 남아 있는 이 왕가 후손들보다는 한국의 화산 이씨들이 원 이 왕가 사람들과 유전학적으로 더 가깝다는 사실을 발견했다고 한다. 흥미롭게도 화산 이씨들의 족보에 의하면, 화산 이씨들은 한국에서 인종적으로 혼혈로 살았지만, 인종적으로 혼혈이라는 이유로 차별대우를 받은 바가 없었다고 한다.[105]

원나라 시종으로 귀화한 장순룡

삼가 혹은 중국 발음으로 '삼코'라는 이름을 가졌던 장순룡은 원나라에 살았으나 1274년에 시종으로 고려에 왔다. 그는 원나라 5대 황제인 세조의 딸인 제국대장공주(본명은 홀도로게리미실[Holdrogerni-misil])가 한국에 올 때 수행원의 한 사람으로 고려에 왔다. 공주가 고려로 온 이후에는 고려를 떠난 일이 없다. 장순룡은 그 자신이 능력이 있는 사람이기도 하지만 제국대장공주의 도움으로 정부의 여러 요직에 올랐다. 그는 정 4품의 벼슬에까지 나갈 수 있었으며, 덕수 지역에 봉해졌다. 그는 세금도 면제되는 등, 그의 봉사와 행적으로 인해 특권을 누리기도 했다.[106] 후에 그는 덕수 장씨의 시조가 되었으며, 덕수 장씨는 현재 한국 인구 중에서 21,006명이나 된다.[107] 후에 덕수 장씨 후손 중에서 풍덕 장씨의 시조가 나왔다.

장순룡의 출신에 대해서 그가 아랍 출신이냐, 위구르 출신이냐 아니면 무슬림(Muslim) 출신이냐에 대한 논란이 있었다. 최상수는 장순룡이 아랍 출신이라고 하는 반면,[108] 박옥걸은 그가 색목인(눈색깔이 다르다는)이라고 한다.[109] 덕수 장씨 족보는 장순룡이 회회인(回回人)이라고 하며, 이는 무슬림을 뜻한다.[110] 또 다른 사람들은 아직도 장순룡을 위구르 사람이라고 믿고 있다.[111]

장순룡과 그 후손들은 고려에 커다란 공헌을 했으며, 조선조에도 지속적인 공헌을 했다. 장순룡의 자손 중에서 장유가 가장 뛰어난 인물이다. 장유는 조선시대의 한문학의 4대 대가로 꼽혔으며, 1623년 인조반정에 가담하여 2등 공신에 기록되었고, 대사간, 대사헌, 이조판서, 우의정 등의 요직을 거쳤고, 유학당의 교수를 역임했다. 그의 후손은 조선조 효종(1649~1659)의 왕비가 되었다.

외교관이자 역관인 설장수

설장수는 고려 말기인 1359년, 위구르인으로 알려진 그의 아버지를 따라 고려에 와서 머무르다가 귀화한 사람이다. 그는 공민왕(1351~1374)이 왕이 되기 전 원나라에 머무르고 있을 때 공민왕과 친교를 맺은 공민왕의 막역한 친구다. 그가 귀화했을 때, 고려는 그에게 전라남도 고창지역에 농토를 주었다. 뛰어난 문신인 설장수는 문필가이자 시인이며, 1362년에 그는 우수한 성적으로 과거에 합격했다. 그는 이성계를 도와 조선 개국에 큰 공헌을 했다. 1398년 정종(1398~1400)이 왕으로 즉위하자 명나라(1368~1644)와 협상을 할 때 설장수는 책임 외교관으로 큰 역할을 했다. 그는 4개 외국어에 능통했기 때문에, 외교관으로, 그리고 또 중요한 통역관으로 활약했다. 그는 경주에 본을 두었으며 경주 설씨의 시조가 되었고, 현재 한국인구 중에서 6,060명이 설장수의 후손이다.[112]

조선 건국시조의 절친한 친구인 이지란

이지란(1331~1402)은 여진족 이민출신으로, 그의 본명은 쿠란투란티무르(Kurant'urant'imur)인데 속칭 토난(Tonan), 투란(Turan), 혹은 퉁두란(Tungduran)으로 불렸다. 실제로 이지란을 이민자라고 말할 수 없는 것은 그의 고향은 고구려 영토였기 때문이며, 고구려가 멸망한 이후에는 발해가 그 지역을 점령했었다. 발해가 멸망할 당시에도 여진족은 그곳에 거주하고 있었다. 1073년에 그 지역은 고려의 일부가 되었지만, 원나라가 고려를 침략했을 때 그 지역은 원나라가 지배했다. 원나라의 국력이 쇠약해졌을 때인 1356년 고려의 공민왕은 이 지역을 다시 고려에 복속시켰다. 1371년,

이지란은 그의 추종자 수천여 명과 함께 고려의 백성이 됐다.[113]

이지란은 고려에 귀화했지만,[114] 그는 조선조 건국에 가장 중요한 역할을 했다. 그는 조선을 개국한 이성계(태조)의 제 일급 참모이자 충복이었다. 이지란은 태조를 어릴 때부터 만나 사귀어온 평생지기이다. 이지란은 이성계의 왜구 퇴치 때 가장 중요한 역할을 했으며, 태조의 여진정책 수립을 도왔다. 이지란의 자문에 따라 태조는 한국인의 여진과의 결혼을 허락했으며, 조세징수에도 여진족에 대한 차별대우를 하지 못하게 했다. 그렇게 함으로 인해 여진족의 이민에 대한 개방정책을 펼 수 있었고, 한국에 귀화를 할 수 있게 했다.[115] 이지란 자신도 이조 조정에서 두각을 나타냈지만, 그의 네 아들도 두각을 나타내어 조정의 고위직을 차지했다. 이지란은 그의 고향인 청해라는 이름을 따서 청해 이씨의 시조가 되었다. 2000년 한국 인구통계에 나타난 이지란의 자손인 청해 이씨의 숫자는 12,002명이나 된다.[116] 청해 이씨의 족보도 이러한 사실을 밝히고 있다.[117]

화약제조법을 전수한 이원

대부분의 한국 사람들은 최무선이 화약을 제조한 것은 알고 있지만, 이 과정에서 최무선이 화약제조법을 만들기까지 이원이 절대적인 역할을 한 사실은 잘 알려지지 않고 있다. 그 이름이 잘 알려지지 않은 원나라의 장인(匠人) 이원은 원나라의 정치적인 혼란을 피해 고려에 망명했다.[118] 귀화 후에 이원은 최무선에게 강력하고 실효성이 있는 화약을 제조하기를 권했으며, 그 기술을 전수해주었다. 이기백에 의하면, "원나라 병사[이원을 지칭]에게서 화약을 만드는 비밀을 입수한 최무선은 1377년에 고려 왕실에 화약무기제조를 전담할 화약무기청을 설립하고, 대포와 다른 각종무기에도 화약을 사용하도록 권유하였다. 화약을 이용한 무기를 장착한 새로운 선박을 건조했으며, 이는 일본의 약탈자들을 성공적으로 격퇴할 수 있게 되었다."[119] 이원은 저명한 귀화인으로 알려져 있지 않았기 때문에 그의 신상에 관한 자세한 문헌이 남아있지 않다.

천재적인 발명가 장영실

장영실은 제1세대 이민자는 아니지만, 그는 원나라 이민자인 아버지와 동래 관기(官妓) 출신의 한국 어머니 사이에 출생했기 때문에, 그는 천민으로 구분되었다. 천민 출신이었기 때문에 그의 출생연대나 사망에 관한 기록도 확실치 않다.[120] 고려 말기까지 장영실은 노비로 분류되었다. 그러나 그런 천한 신분에도 불구하고 장영실은 장인으로서의 특출한 재능을 보유했기 때문에 조선조 태종(1400~1418)의 관심과 총애를 받았다. 그 후 그의 뛰어난 발명재능을 인정하여 양반들의 극렬한 반대에도 불구하고, 세종대왕(1418~1450)은 장영실을 정3품으로 명했다.[121] 장영실은 측우기, 해시계, 물시계 등 수많은 과학적인 발명을 했다.[122]

일본의 적장이던 김충선

유명한 일본의 장군이던 김충선은 주목할 만한 인물이다. 김충선은 토요토미 히데요시의 조선 침공 때(1592~1598) 좌선봉장으로 휘하에 수천의 병력을 거느린 일본의 장수였지만, 1592년 조선군에 투항한 후 그는 자신이 속한 일본군과 싸웠다. 그는 조선에서는

'사야가'로 알려졌지만, 일본에서는 '사이카'로 알려져 있다.[123] 그의 실명이 무엇이었던지 간에, 김충선은 일본의 조총을 조선에 소개해 주었으며, 조선 군대에게 화약제조법을 가르쳐 주었다. 그는 히데요시 지휘하의 일본군과의 전투에서 큰 공을 세웠으며, 그의 역할은 1597~1598년 히데요시의 제2차 침략 때 큰 전공을 세웠다.

그는 또 1636년 병자호란 때에도 전투에 참가했다. 그가 조선을 위해 헌신한 공로를 인정하여 선조(1567~1608)는 그에게 김씨 성을 사성(賜姓)하고 본은 김해로 했다. 왕은 그에게 이름도 충선이라고 정해주고 정부의 요직에 임명했으며, 그의 벼슬은 정2품에 이르렀다.[124] 그는 진주현감 딸과 결혼했으며, 관직에서 물러난 후에는 대구 근교인 경상북도 달성군 우록동에 정착했다.

우록동에는 그의 후손들이 집성촌을 이루고 있으며, 현재 50여 세대의 김충선 자손들이 살고 있다. 2000년 인구조사통계에 따르면, 현재 김충선의 자손은 4,000명 정도라고 한다. 그는 자서전 격인 『모하당문집(慕夏堂文集)』을 남겼다.[125]

첫 유럽 귀화인 박연

네덜란드인 벨테브레(J. J. Weltevree, 1595~?)는 유럽 사람으로는 최초로 한국에 온 사람이다. 1627년 벨테브레는 자신이 탄 배가 일본으로 향해 항해하던 중 조난을 당해 제주도에 상륙했다. 그와 다른 두 선원이 제주관헌에 체포되었다. 서울로 압송된 후 그는 대포를 정교하게 만들 수 있는 기술이 있는 점 때문에 훈련도감에서 일하게 되었다. 벨테브레는 1636년 병자호란 때 동료 두 사람과 함께 전투에 참전했을 때, 그의 두 동료는 전사했다. 그가 훈련도감에 근무할 때, 그는 병사들에게 대포를 사용하는 방법을 가르쳤으며, 명나라에서 제조한 대포를 수입할 때는 그 과정을 감독했다.[126] 전쟁이 종료된 후, 그는 한국에 남아 있기로 결심했으며, 한국에 귀화하여 박연이라는 한국이름을 가지게 되었다.

1653년 자기 모국 국적선에 승선한 헨드릭 하멜을 위시한 35명의 선원들이 조난을 당해 제주도에 구조되었을 때, 박연은 제주도로 가서 자기네 나라 사람들을 위해 통역도 했다.[127] 박연은 한국여인과 결혼을 하여 딸 한 명과 아들 한 명을 두었다. 그의 자녀들이 한국말과 유럽 몇 나라의 언어에 능통했기 때문에 이들 역시 이조 조정을 위해 통역으로 활약했다.[128] 그러나 그 후 박연의 가족에 관한 정보는 별로 없다.

한국의 국방에 기여한 이민자들

역사적으로 잘 알려진 사람들 이외에 북방 부족을 중심으로 한 일반적인 외국인들과 그들의 이민 및 귀화에 관한 정보는 잘 알려지지 않고 있다. 그러나 한때 고려로 이주한 여진족의 수는 3만 명 이상이었으며, 거란족 수도 2,600명이나 되었다고 한다.[129] 고려 태조(918~943) 때에서부터 목종(997~1009)에 이르는 기간 동안에는 22,653명의 발해유민들이 고려로 이주했다.[130] 발해는 고구려 유민 대조영에 의해 건국되었으며 고구려문화를 답습했기 때문에, 때로는 발해를 '소고구려'(Lesser Koguryo)라고 하기도 했다.[131] 그런 연고관계로 인해 발해와 고려는 별개의 왕국임에도 불구하고 고려 사람들은 발해사람들을 동포라고 여겼다.[132] 발해사람들의 항해술과 재능을 알고 있는 고려 태조는 발해의 대광현과 그의 추종자들을 북쪽의 거란이 해로를 이용하여 침략할지도 모르는 해군 기지이자 요충지인 백주에 배치하였다.[133]

인구감소에 대비한 외국인의 유치

고려는 1254년 몽골 침략으로 인한 인력 감소를 메우기 위해 외국 이민을 적극적으로 받아들였다. 앞에서 언급했듯이, 몽골은 206,800명의 고려인들을 몽골로 데려 갔다. 당시의 고려 인구를 2백 10만명이라고 잡았을 때 고려는 전체 인구의 10퍼센트를 잃은 셈이다. 이러한 거대한 인력손실을 메우기 위해서, 고려는 외국 이민들을 유치해야만 했다. 이민자들을 유치하기 위해서 고려는 이민자들에게 식량과 생활할 수 있는 여건을 마련해주었다. 1259년에 2,300 세대를 유치한 기록을 볼 때 이민유치 전략은 성공한 것 같다.[134] 인구문제의 심각성으로 인해 외국이민을 유치한 고려의 경우는 현재 한국이 인력감소로 인해 외국이민(특히 결혼적령기의 여성)을 유치해야 하는 경우와 매우 유사하다. 현재, 한국의 농어촌에서 결혼적령기 여성의 절대적인 부족현상으로 인해 한국 남성과 결혼할 외국신부들을 초청하게 된 것이다.

일반 이민자들의 생활상

대부분이 중국에서 이민온 상류층 사람들의 한국 생활은 비교적 편안했으며, 여유가 있었고, 어떤 면에서는 사치스러운 생활까지도 할 수 있었다. 다른 한편으로, 일반 서민 이민자들에 대해서는 역사적인 기록이나 정보가 거의 없는 셈이다. 정보나 자료의 부재에도 불구하고 임학성은 경남 울산(1609)과 전남 해남의 호적을 분석하여 17세기 전반에 거주했던 50여 명의 여진사람들의 생활상을 재구성했다. 임학성의 논문에 의하면, 이 호적은 여진출신인들과 그 후손에 대한 그들의 귀화신분, 그들의 경제상태, 가족의 크기, 그리고 결혼상태 등을 담고 있다.[135] 이들 모두는 한국에 흔한 '김,' '이,' '박' 등의 성씨를 가졌으며, 이름도 한국에 흔한 '문산,' '윤학,' '옥춘' 등의 이름을 썼다. 그러나 어떤 이는 성은 한국에 흔한 성을 따랐더라도 이름은 여진 이름인 '평을랑기,' '아네운석,' '아송가적,' '아부기' 등으로 쓰기도 했다.[136] 그들은 어업, 농업, 수렵 등에 종사했다. 그들 중에 단 한 가정이 생활이 유족해서 노비를 거느리기도 했다. 비록 그 수는 한정되어 있다고 하더라도, 그들은 자기들이 할 수만 있다면 노비도 부릴 수도 있다는 사실을 말해 준다고 하겠다.[137] 대부분은 16세기 일본의 히데요시 침략 때 군인으로 군 복무를 하면서 전공을 세운 사람들이다. 1세 이민들의 모두는 그들의 인종적인 정체성 때문에 군 복무에도 차별을 받은 일이 없다고 한다.[138]

조선 조정은 그들이 조선인과 결혼하여 정착을 하도록 권유를 했다. 여진 사람들은 조선의 상민들 중 하층계급사람들의 딸들과 결혼하는 것을 선호했다. 그럼에도 불구하고 여진 1세들의 91퍼센트는 여진 사람들끼리 결혼하는 경향이 뚜렷했다. 단지 그들 중의 16퍼센트만이 한국 사람들과 결혼했다. 그들의 후손들조차도 62퍼센트는 여진 사람들과 결혼했다. 여진 사람들이 한국 사람들과 결혼하는 숫자가 늘어난 것은 16세기 이후이며, 여진 사람들의 정체성이 약화되기 시작한 이후부터였다.[139] 여진 사람들의 평균 가족 구성원의 수는 2.4명이었으며, 가구당 평균 자녀의 수는 단지 0.45

명이었다. 전체의 45퍼센트에 해당하는 여진 사람들은 자녀가 한 명도 없었다.[140] 여진 사람들의 출산율은 저조했는데, 예를 들어 2008년 기준으로 한국의 출산율이 1.2명으로 세계 193개국에서 최저인 숫자인데 이보다 훨씬 더 적은 숫자인 셈이다.[141]

조사한 두 지역의 인구 2퍼센트에 해당할 정도로 그 숫자는 미미하기는 하지만, 그들은 그들 스스로의 집단거주지를 형성하기도 했다. 정부가 그들의 생활을 향상시키려는 노력을 했음에도 불구하고 그들의 경제적인 상태는 한국 사람들의 평균에 미치지 못했다. 자신들의 집단거주지에 살던 여진 사람들은 다른 사람들과는 다르게 한국생활에 쉽게 동화하지 못했다. 1609년 41명 중 그 10퍼센트에 해당하는 4명이 조선을 떠났다.[142] 그들은 소위 '조선의 꿈'을 성취할 수 없다고 생각한 것 같다.

또한, 거란 이민자들은 천민으로, 신분서열로는 최하위에 있는 '백정'[143]으로 어려운 생활을 한 기록이 있다. 천민계급은 무당, 기녀, 그리고 광대들을 포함했다. 이 계급은 전통적인 인도의 힌두교 계급인 '카스트'(caste system)의 '불가촉천민'(untouchable)과 다름이 없었다.[144] 이희근에 의하면, 998년부터 1018년까지의 거의 4반세기 동안에 한 반도에 유입된 거란인의 수는 우리가 상상하는 수보다 훨씬 더 많았다고 한다.[145] 거란인들은 일부를 제외하고는 특별한 기술을 보유하고 있지 않았기 때문에, 대부분은 백정으로 전락했다. 농경사회에 익숙한 한국 사람들에게는 백정은 생소했지만 유목민 출신의 거란 사람들은 도축기술을 가지고 있었다.[146]

고려에서 도축을 직업으로 하는 백정의 직업은 천시되었지만, 도축은 합법적이었다. 그러나 조선조에서는 당초부터 소를 도축하는 것은 불법이었다. 조정에서는 백정들에게 농부가 되어 농토를 경작하도록 권유했다. 그러나 그런 노력은 성공하지 못했다. 결과적으로 도축을 하던 백정들은 비밀리에 하게 됐으며, 그들은 부수적으로 소가죽으로 가죽신과 가죽가방을 생산하는 등의 가죽공예품을 생산하기도 했다. 소 도축을 불법으로 했기 때문에 상당한 수에 달하는 그들은 범죄인으로 분류되었다. 이희근의 추정에 따르면, 조선 초기에 전체 인구의 4분의 1 내지는 3분의 1에 해당할 정도의 백정의 수가 증가했다고 한다.[147] 비록 불법적인 도축이 자행되었지만, 도축은 한국인의 식습관이 채식에서 육식을 겸하는 변화를 초래했다. 그 전까지만 해도 왕실이나 소수의 양반 만이 육식을 할 수가 있었다.[148]

이 장에서 지금까지 논의한 것을 요약한다면, 선사시대나 역사시대를 통해 살펴볼 때 한국이 한 조상 아래 단일민족의 보금자리(home)였다는 단 하나의 증거도 찾을 수가 없다. 한국에 귀화한 귀화인에 대한 기록이나 숫자가 혹 과장된 점이 있다고 할지라도, 여러 고고학적 자료나 문헌들을 통해 볼 때, 한국을 단일민족국가라고 믿는 민족주의는 입증할 수 없는 허구적인 것이다(untenable falsehood).

2

조상의 뿌리를 찾기 위한 어느 고고학자의 긴 여정

나는 2009년 4월 1일자 『의성 김씨 종친회보』의[1] "우리가 북쪽 유목민 흉노족의 자손인가?"라는 기사를 읽고 놀라지 않을 수 없었다.[2] 내 자신이 속한 종친회가 그런 기사를 공식 기관지에 기사로 쓴다는 것은 옛날 같으면 상상할 수도 없는 일이어서 놀라지 않을 수가 없었다. 지금까지 신라 경순왕의 아들인 김석이 의성 김씨의 시조로 알려져 왔다.[3] 이런 일은 과거 한세기 동안 지속되어 온 단일민족주의 사상이 근래의 다문화주의로 이행하는 과정의 표현으로 볼 수 있을 것 같다. 이는 한국 사람들이 다문화주의를 수용하는 추세 때문인 것으로 보인다.

실로, 『한국의 귀화성씨』의 저자인 김정호에 따르면, 21세기 이전에 일부 한국 친족집단의 구성원들은 자기네 친족집단의 민족적이고 인종적인 정체성을 밝히는 것에 대해 민감했으며, 어떤 사람들은 이에 대한 거부감도 있었으며, 외국에서 이민 온 조상들을 가진 사람들의 경우는 더 심했다고 한다. 한국으로 귀화한 일부 외국 출신의 성씨와 본관을 신문에 연재할 때 당한 나쁜 기억들을 갖고 있다. 그로 인해 네 번의 명예훼손 소송을 당한 일이 있다고 했다.[4] 그러나 오늘날 한국에서는 자신들의 인종적이고 종족적인 뿌리와 족보에 대해 관심을 가진 사람의 수는 증가일로에 있으며, 이런 관심은 미국의 작가인 알렉스 헤일리(Alex Haley)가 『뿌리』(*Roots*)라는 책을 출판한 후에 미국 사람들이 자신들의 뿌리에 관심을 갖던 것과 같은 것이었다.[5]

2000년대에 들어서면서부터 다문화주의가 대중의 담론이 되기 이전인 1960년대 초부터 김병모는 가야국 김수로 왕의 왕비이자 자신의 먼 조상인 왕비의 출신 내력을 찾기 위한 진지한 노력을 해왔다. 이 장에서는 김병모의 조상의 내력을 추구하는 긴 여정을 이야기하려고 한다. 이런 노력은 한국 사람들이 자신들의 조상과 뿌리를 찾기 위한 노력을 하고 있다는 사실을 알리고, 한국에서의 국제결혼에 대한 역사적인 사실을 찾아보려는 것이다. 또한, 고고학과 에스노그라피 그리고 에스노히스토리 등이 한국 다문화뿌리를 구명하는 데 공헌할 수 있다는 점을 인식시키기 위한 목적도 있다.

김병모가 자신의 조상의 뿌리를 규명하려는 긴 여정은 참으로 흥미로운 이야기다. 이 주제에 대한 그의 고고학적인 연구는 너무나 흥미롭기 때문에 독자들은 그의 책을 읽다가 그만 둘 수가 없게 된다.[6] 내가 그의 책을 읽기 전에 그를 여러 차례 만난 일은 있지만, 개인적으로 인사를 한 일은 없었다. 그의 개인적인 여담도 들을 겸 해서 나는 그와 만나기로 했다.

그가 나의 대학시절 스승이던 선생님과는 동서지간이라는 사실을 알고, 2009년 3월에 나는 '고려문화재연구원'에 있는 그의 사무실로 찾아갔다. 그는 그 연구원의 이사장이다. 그의 사무실로 들어가는 도중 그 사무실 출입문 위에 나무로 된 현판에 조각한 '쌍어(雙魚)' 문양을 보았다. 우리 둘은 다 인류학을 공부하는 사람들이라서 인류학자들이 쓰는 전문용어들로 대화를 할 수가 있었다. 내가 그의 고고학적인 여정에 관한 '고고학자의 에스노그라피'를 내 책에 전재할 수 있도록 허락을 해 달라고 했을 때, 그는 흔쾌히 허락을 해 주었다. 점심을 겸한 긴 대화 중에 나는 그가 그의 먼 조상에 대한 호기심과 그의 조상에 대한 기원을 찾는 노력을 시작한 것은 30여 년 전의 일이며, 그런 관심은 그가 인류학이나 특히 고고학에 관한 연구를 시작하기 훨씬 이전이라는 사실을 알았다.

먼 친척 간의 조우와 근친상간의 금지

왕능과 사당 참배

김병모의 이야기는 1961년 여름 학생자원봉사대의 일원으로 참가할 때 만난 허미경이라는 아름다운 여학생과의 '데이트'에서부터 시작된다.[7] 하계 봉사사업이 끝난 후, 대부분의 학생들은 전남 순천에서 서울로 돌아갔지만, 일부는 항구도시인 부산을 거쳐 관광을 하기로 했다. 여수항을 떠나 잔잔하고 아름다우며 섬이 많다는 이름을 딴 '다도해'를 항해한다는 것은 낭만적이지 않을 수 없었다. 우연한 행운이었든지 아니면 계획을 했든지 간에, 김병모는 허미경과 그 배의 갑판 위에서 이야기를 나눌 수 있었다. 비록 두 사람은 학교에서 본 일이 있고, 또 여름에 자원봉사를 같이 하기도 했지만, 두 사람이 단 둘이 가장 낭만적인 장소에서 만나 대화를 나누기는 처음이었다.

부산에 상륙한 뒤, 김병모는 허미경에게 자신은 자신의 먼 조상인 가야국 김수로 왕과 허황옥 왕비의 능을 참배하러 가겠다고 했다. 김병모는 부산 교외인 김해에 가서 왕릉을 참배하려고 했다. 김병모가 자기의 계획을 허미경에게 말했을 때, 허미경도 김병모와 동행을 하겠다고 했다. 허미경의 배경과 왕릉에 대한 관계를 잘 모르는 김병모는 허미경이 동행하겠다는 뜻이 자신에게 관심이 있어서 그러는 줄로 알았다. 김해가 지금은 부산광역시에서 가깝고 부산을 왕래하는 사람들이 이용하는 비행장도 김해에 있다. 그러나 1960년대 초에는 조용한 군소재지였다. 능과 사당이 김해시의 중심가에서 멀지 않은 거리에 있었으므로 둘은 걸어서 가기로 했다.

어느 사당과 다름이 없는 왕릉의 정문을 들어서서 상석을 지나 왕릉을 발견했다. 왕릉의 크기나 규모가 가야왕의 능이라고 할 정도로 인상적이지는 못했다. 왕릉의 경비는 허술했고, 아무 인기척도 없었다. 왕릉 앞에 선 김병모는 2000여 년이나 거슬러 올라갈 먼 조상에 대한 참배하는 방식을 몰랐다. 대체로 한국 풍습에 제사를 지낼 때 여자들이 참배를 하지 않는 풍속이 있기 때문에,[8] 김병모는 자기를 따라 온 허미경에게 “미경아 너는 잠시만 저쪽으로 가 있어라. 나는 우리 시조할아버지께 인사를 드려야 하니까”라고 부탁을 했다. 허미경도 같이 참배를 하고 싶다고 했다. 왜냐하면, 그녀 자신도 그들의 후손 중의 한 사람이라고 했다. 허황옥의 능도 남편의 능에서 멀지 않은 곳에 있었으며, 무덤 앞에 서 있는 능비에는 "가락국 수로왕비 보주태후 허씨 능(駕洛國 首露王妃 普州太后 許氏 陵)"이라고 쓰여 있었다.

그들은 사진 몇 장을 찍고 그 능에 대한 자세한 설명을 듣기 위해 비탈길을 내려와 관리인 집으로 관리인을 만나러 갔다. 김병모는 대문에 새겨진 쌍어문양과 허황옥의 능 옆에 붉은 색 돌을 차곡차곡 쌓아 놓은 것이 신기하게 여겨졌다. 관리인은 쌍어는 '쌍어신(雙魚 神)'을 상징하는 것이라고 했다. 관리인은 그 상징물에 대해서는 더 자세한 설명을 할 수 없으나, 대문이 너무 낡아 몇 년 전에 수리를 하면서 그 물고기 조각을 다시 해서 세운 것으로 미루어 보아 중요한 것임에 틀림없는 것 같다고 했다. 붉은 돌은 허황옥이 시집올 때 가져 온 석탑의 잔재라고 했다. 전설에 의하면, 석탑은 허황옥이 바다를 건너 올 때 배가 너무 작아서 풍랑에 배가 요동치 않도록 배에 안정감을 주기 위해 석탑을 실었다는 것이다. 이는 허황옥의 아버지가 배를 안정시키기 위해 배 밑에 '바닥짐'(ballast)으로 석탑을 주었다는 것이다. 바닥짐은 배나 열기구에 무게를 주고 중심을 잡기 위해 바닥에 놓은 무거운 물건을 말한다.

왕릉을 찾은 두 방문객은 한 사람은 김해 김씨이고, 다른 사람은 김해 허씨인 이성 간이었지만, 두 사람은 친족 관계인 셈이다. 두 사람은 같은 본(본관 혹은 본향)을 공유했다. 그 관리인은 "김해 김씨, 김해 허씨, 그리고 인천 이씨들은 다 김수로 왕과 허황옥의 자손들이기 때문에 그들 사이에는 혼인을 하지 못한다"고 했다. 이런 풍속은 한국의 전통적인 규범이었다. 만일 그들이 결혼을 한다면, 근친상간 금지규정을 위배하는 것이며, 근친상간 금지는 두 사람 간에 실제적이거나, 그런 관계로 생각되거나 인위적으로 형성된 친족관계에 있다고 생각되는 두 사람 사이의 혼인을 금하는 풍속이다.[9]

한국에서 근친상간 금지의 유래

역사적으로 볼 때, 대부분의 한국 왕조들은 근친상간 금지를 규제하고 있다. 고구려(37 BC~AD 668)와 백제(18 BC~AD 935)에서 같은 씨족 간의 결혼을 금지하는 한편, 신라(57 BC~AD 935)에서는 삼촌(고모) 이상의 촌수를 넘은 가까운 친척 간의 결혼을 장려했으며,[10] 특별히 왕실 가족들과 상류층들에게는 같은 친족 간의 결혼을 장려했다.[11] 고구려는 건국 초기에는 신라제도를 답습하여 소위 왕실의 혈통을 보존한다는 차원에서[12] 남매 간의 결혼까지를 허용했다. 사실 고구려의 태조는 근친 간의 결혼을 장려했다.[13]

김병모와 허미경의 관계가 심각하게 발전되었다면 같은 씨족 간의 결혼은 금지되는 규범이 그들에게도 적용되었을 것이다. 동족 간에 결혼이 금지된 규범은 조선조가 중국 명나라(1368~1644)의 행정제도와 형벌제도에 관한 종합적인 법률인 대명률을 본뜬 이후부터라고 하겠다.[14] 그러나 양반들은 이모의 형제자매나 고모들의 형제자매들과 같은 모계의 사촌들과는 지속적으로 결혼을 했다.[15]

중국과는 달리, 서로 다른 여러 씨족들이 같은 성씨를 쓰는 경우도 있으며, 다른 씨족들이 같은 본을 쓰는 경우도 있으며, 이런 경우에는 '족외혼'(exogamy)의 적용대상이 되는 것이다. 김병모와 허미경이 결혼할 정도로 심각한 지경에 이르면 그들은 근친상간이 되는 것이다. 이런 규범은 한 씨족에 속하는 수백만 명에게 적용된다. 김병모는 자신의 저서에서 지적했듯이, 그들은 같은 본관이기 때문에 근친상간의 범주에 속하므로 서로 사랑에 빠질 수 없고, 사랑에 빠지면 안 된다는 것에 실망을 한 것 같다. 한국에는 자신들이 동성동본인줄 모르고 사랑에 빠졌다가 가슴을 태운 사람의 수가 수백만에 이른다. 그런 의미에서 김병모와 허미경은 사랑에 빠지기 전에 두 사람이 이성동본이라는 사실을 안 것이 어떤 면에서는 다행인 셈이다.[16]

짙은 피부색과 인도 혈통에 대한 추정

김수로 왕과 왕비의 능을 참배한 후, 김병모와 허미경은 서울로 돌아오는 기차 안에서 자신들의 고향과 출생지에 대해 이야기를 나누었다. 장시간의 기차여행이었기 때문에, 김병모는 긴 여행의 무료함을 달래고 즐거운 시간을 보내기 위해 허미경에게 자신의 출생에 관해 다음과 같이 이야기했다:

> 우리 집은 전에 종로구 낙원동에 있었지. 그러나 나는 동대문에 있던 이화여자대학교 의대부속병원의 전신이던 조그만 한 산부인과에서 출생했어. 우리 할머님은 새로 태어난 손자가 얼굴도 희고 잘 생겼을 것이라는 기대를 갖고 인력거로 병원을 오셨는데, 할머니는 내가 다른 아이들처럼 얼굴색도 희지 않고 유난히 오뚝하게 생긴 코를 보시고는 실망을 하신 모양이야. 할머니는 아들(김병모의 아버지)이 태어났을 때는 아들은 피부색이 백인처럼 흰 피부를 가진 아이로 기

억하고 계셨대. 연로하신 할머니는 병원의 시스템을 잘 모르셨다고 해. 그래서 할머니는 당신 손자가 다른 아이와 바뀌졌다고 믿으셨나 봐. 그래서 자기네 핏줄을 찾아와야 한다고 하셨대. 그 후에 내가 학교에서 성적도 좋고 반장으로 당선되는 등 두각을 나타내기 시작하면서부터 나를 손자로 인정하신 모양이야. 내가 10대일 때 나는 할머니가 다른 아이와 '뒤 바뀐 추측'에 대한 이야기를 듣고 놀랐으며 고민도 했지. 사춘기 때, 나는 내가 다른 형제들과 유전인자가 다른 것이나 아닌지, 또 내 피부색이 짙은 것이 혹시 다른 아이와 바뀐 것이나 아닌지에 대해 고민도 했지. 거울을 볼 때마다 나는 내가 다른 아이와 뒤바뀐지도 모른다는 할머니의 추측을 생각하게 됐어.[17]

허미경은 김병모의 이야기를 호기심을 가지고 흥미롭게 듣고 나서, 그녀는 "남자의 피부색이 좀 짙은 것이 뭐 대단한 일이냐"고 했다.

김병모는 허미경에게 이야기를 계속하면서, 자신에 대한 호기심과 고민이 고등학교시절에 부분적으로 해소되었다고 했다. "하루는 역사선생님이 우리가 떠들고 장난을 치니까 주의를 환기시키기 위하여 '지금부터 옛날에 있었던 임금님의 국제결혼에 대해 이야기해 주겠다' 했다. 선생님은 학생들에게, '너희들 중에 김해 김가 있어? 있으면 손들어 봐.' 대부분의 학생들은 우물쭈물 눈치를 보다가 몇 명이 손을 들었다." 나도 손을 들지 않을 수 없었다. 선생님은 얘기를 시작했다. 선생님은 우리 나라 성씨 중에서 김해 김씨가 제일 많은데 그 수는 수백만 명이라고 했다. 그런데, "김해 김씨의 조상이 누구인 줄 아나?"라고 선생님은 물었다. 대부분의 학생들은 "김수로 왕입니다"라고 대답했다. "그래 맞다." "그런데 김수로 왕이 누구와 결혼했는지를 알고 있나?"라고 물었을 때, 이 질문에 대답할 사람은 없는 듯했다. 잠시 후 누군가가 "인도의 공주입니다"라고 대답했다. 그 대답을 한 사람은 김병모는 아니었다.

학생들이 선생님의 이야기에 관심을 쏟자 신이 난 역사선생님은 이야기를 계속하였다. 선생님은 학생들에게, "그 공주의 이름이 무엇인지 누가 아는가?"라고 물었다. 그 때 한 학생이 허라고 대답했다. 그때 역사선생님은 그 사람의 이름은 허황옥이며 인도에서 와서 김수로 왕과 결혼한 후 여러 명의 자식들을 낳았다고 했다. 그 중 두 아들에게는 허씨 성을 물려주었다고 했다. 그런 이유로 인해 김해 김씨와 김해 허씨는 결혼을 할 수 없다고 했다. 만일 너희들의 성이 김해 김씨면 김해 허씨와 사랑에 빠지면 안 된다고 했다. 결혼을 하면 근친상간이 된다는 것이었다. 선생님의 이야기를 들은 후, 김병모는 비록 먼 조상이기는 하지만, 자신은 인도의 공주이자 가야 왕의 자손인 셈이니 결국의 왕가의 후예로서 자부할 만하다고 생각했다. 더구나, 인도 사람의 피부색이 짙은 것으로 볼 때, 자신의 피부색이 짙은 것은 그의 조상 때문인 것으로 당연한 일이라고 생각했다.[18]

김병모가 김수로 왕과 허황옥의 능과 사당을 방문한 후, 그는 그의 조상에 대해 더 알고 싶어하는 열망이 한층 강렬해졌다. 만일 김해 김씨나 김해 허씨 중에서 더 검은 피부를 가졌다는 것은 그들이 다른 사람들보다 더 허황옥의 유전인자를 많이 지닌 것이 아닐까? 허황옥이라는 사람은 어떻게 생겼을까? 김병모는 허황옥의 뿌리와 허황옥의 혼인 길을 고고학적으로 추적하기로 결심했다. 허황옥이 김수로 왕과 혼인한 것에 대한 신화적인 이야기는 『삼국유

사』에 기반을 두고 있다.[19]

가야왕국(42~532)과 김해 김씨 씨족에 관한 신화적인 이야기

『삼국유사』의 기록

가야 혹은 가락은 중국의 고문서에 변한이라고 불리던 한반도의 남해안에 낙동강을 끼고 있던 도시국가들의 연맹왕국이다. 가야는 초기에 독립적으로 존재했지만, 그 도시들은 하나하나씩 신라에 정복되었으며, 512년에는 전 가야영토가 신라에 정복되어 통합되었다.[20] 신라지배와 또 다른 이유 등으로, 일연이 기술한 『삼국유사』를 제외하고는 가야국에 대한 기록은 빈약하기만 하다.[21] 역사적인 기록이 결핍되어 있지만, 가야지역에 대한 집중적인 고고학적 발굴로 인한 새로운 역사적인 사실로부터 한반도 남단에 있었던 가야의 역할을 재조명하게 되었다"고 한다.[22] 아마 장래에는 가야에 관한 고고학적인 유적이 더 발굴되면, 우리는 가야에 대해 지금 알고 있는 이상의 지식을 얻게 될 것이다.[23]

삼국유사 2권의 58절은 가야 김수로 왕의 유래에 대한 신화적인 이야기가 나온다. 왕국을 건설한 사람에 대해서는 어디서나 신화적인 이야기가 있듯이, 가야의 전설 또한 예외가 아니다. 『삼국유사』에 따르면, "낙동강 삼각주지역인 김해 지역에는 개벽 이후로 나라의 이름도 없었고, 통치할 왕도 없었다… 9명의 족장들이 땅을 갈고 우물을 파서 소박한 삶을 누리고 있던 75,000명의 원주민들을 통치했다."[24] 기원 후 42년 봄 어느 축제날, 마을 사람들은 계곡에서 이상한 소리가 나는 것을 들었다. 하늘이 열리면서 자주색 밧줄이 하늘에서 내려왔다. 그 줄에 금 그릇이 보자기로 싸여 있었는데 그 그릇 안에는 6개의 황금알이 있었다. 후에 6개의 황금알에서 고귀하고 잘생긴 6명의 소년이 부화되어 나왔다. 6명의 소년 중에서 한 명이 왕위에 올랐으며 그 이름이 수로였다.[25] 그는 왕국의 이름을 가락국(혹은 가야국)이라고 했으며, 다른 5명은 주변 다섯 나라의 통치자가 됐다. 수로는 강력한 왕이 되었다.[26] 『삼국유사』는 "수로 왕은 계림(신라)의 직제를 따랐으며, 중국의 주나라와 한나라의 본을 따서 '카칸,' '아직칸,' '쿱칸' 등의 직위를 가진 귀족제를 만들었다. 그는 백성들을 자신의 친자식처럼 사랑했으며, 문명된 생활을 할 수 있도록 자비를 베풀었다.[27]

김수로 왕의 9명의 최고 신하들은 "왕이 독신으로 있는 것은 좋은 일이 아닙니다. … 우리가 가장 아름답고 고귀한 처녀들을 왕국으로 불러들일 터이니 전하께서 그 중 가장 마음에 드시는 분을 왕비로 삼으십시오"라고 했다. 왕은 대답하기를, "나는 이 땅을 통치하라고 하늘에서부터 보내진 사람이니 내 배우자도 하늘의 뜻에 따라 보내질 것이다. 남쪽에 있는 망산도를 향해 바다로 가보면 무엇이 일어나고 있는지를 알 것이라 했다"라고 했다. 신하들은 왕명을 따랐는데, 『삼국유사』는 다음과 같이 기술하고 있다.

> 바다 멀리 수평선상에 붉은 돛과 깃발을 단 배가 북쪽을 향해 화살처럼 쏜살같이 오고 있었다. 가야의 뱃사람들은 횃불을 들어 신기한 그 배가 접근하도록 신호를 보냈다. 배가 접근했을 때, 그 배에는 아름다운 공주가 승선하고 있었다. 선원들은 그 여인을 해안으로 안

내했으며 조신들은 신속하게 말을 달려 그 소식을 왕에게 전했다. 왕은 대단히 반가워했다. 왕은 9명의 고위 신하들에게 해안으로 영접하여 그 여인을 왕궁으로 모시도록 명령을 했다.[28]

『삼국유사』는 신하들이 해안으로 가서 공주를 만난 이야기를 다음과 같이 하고 있다.

그들은 "공주님을 환영합니다!"라고 했다. "왕께서 당신이 왕궁으로 들어오기를 원하며, 곧 관중들을 접견하시기를 원합니다"고 했다. 공주는 "당신들은 초면인 사람들입니다"라고 공손하게 대답했다. "나는 당신들을 따라 갈 수도 없을 뿐만 아니라 처녀답지 않게 어떤 예식을 거치지 않고 무작정 당신네들을 따라 갈 수가 없습니다"고 대답했다.

신하들이 공주가 한 말을 왕에게 고하자, 왕은 순결한 처녀의 겸손함과 왕비가 될 만한 품위를 갖춘 것에 큰 감명을 받았다. 왕은 왕국에서 60피트(약 18.29미터) 정도 떨어진 남서쪽 언덕에 장막을 치라고 명령하고, 그 곳에서 그녀가 도착하기를 기다렸다. 공주는 정장을 하고 신하인 신보와 조광과 그들의 부인인 모정과 모량을 대동하고, 결혼예물로 비단옷과 의복류, 금은주옥, 그리고 식기류 등이 든 수많은 상자들, 그리고 뱃사공을 포함한 20여명의 노비를 거느리고 배에서 내렸다. 공주는 수로왕이 기다리는 언덕 위로 올라와 입고 있던 비단바지를 벗어 산신령에게 예물로 받쳤다. 그리고 공주는 장막으로 다가갔고, 왕은 그녀를 맞이하기 위해 일어섰다. 왕은 그들에게 전통의상과 보석장식침구를 하사하고, 수 놓인 누비이불과 베개가 있는 침대에서 쉴 것을 명했다. 그리고 나서 수로왕과 공주는 침실로 들어갔다.[29]

공주는 왕과 주위의 사람들에게, "저는 인도 아유타국의 공주며, 성은 허(許)씨고 이름은 황옥(Yellow Jade)인데 나이는 16세입니다. 이 해 5월, 우리 아버지와 어머니는 저에게 말하기를, '우리가 어제 꿈을 꾸었다. 꿈에서 우리는 신을 보았는데, 신이 우리에게 말하기를, 나는 수로를 가락국의 왕이 되도록 보냈는데, 수로는 신성한 인물이다. 그는 아직 미혼이니, 딸을 보내 왕비가 되게 하라고 했다. 그리고 나서 그는 하늘로 올라갔다. 이는 하늘의 계시며, 그의 말은 우리 귀에 아직도 쟁쟁하다. 딸아, 네 부모님께 하직을 하고 떠나라'라고 했습니다. 그래서 나는 하늘에서 나에게 주어진 책무를 수행하기 위해서 많은 날을 바다에서 보내면서 긴 항해를 했습니다." 공주의 말에, 수로왕은 "나는 공주가 멀리서 올 것을 미리 알고 있었소. 그래서 신하들이 왕비를 들이도록 청했으나 따르지 않았소. 이제 아름답고 현숙한 그대가 왔으니 즐거움 때문에 내 가슴은 뛰고 있소"라고 했다.[30]

『삼국유사』는 계속하여,

> 수로왕은 이틀 밤과 하루 낮을 인도에서 온 공주와 지냈다. 공주를 태우고 온 선원들에게는 선물로 쌀 10석과 베 30필씩을 주고 그들을 본국으로 돌려보냈다. 8개월이 지나고 난 첫째날 왕과 왕비는 각각 호화로운 꽃가마를 타고 신하들의 수행 속에 공주가 인도에서 가지고 온 결혼예물을 실은 말들의 행렬과 함께 왕궁으로 돌아왔다. 공주는 왕궁 내실에 안내되었으며, 공주를 인도에서부터 수행해 온 두 시종과 그 부인들은 별채에 자리를 마련해 주었다. 그녀가 기거하는 처소에는 방 20개가 있는 휴게실과 음식과 마실 것들이 제공되었고, 그녀가 항시 이용할 수 있도록 값진 보석과 소지품을 보관하는 창고

> 가 딸려 있었다… 국왕 내외는 수년간을 행복하게 지냈다. 적당한 시기에 두 사람은 자녀를 갖기를 희망했었는데, 아니나 다를까 왕비는 임신을 했으며, 첫 아들을 낳았다. 이 사람이 왕세자 거등인 것이다.[31]

『삼국유사』는 왕자와 공주의 숫자를 정확하게 기술하고 있지 않으며, 그들의 이름도 정확히 밝히지 않고 있다. 그들의 이름은 김병모의 연구에 의하여 밝혀졌으며, 그 이름은 뒤에서 기술하기로 하겠다.[32]

『삼국유사』의 신뢰성

열 한 명의 사학자의 도움으로 김부식이 쓴 『삼국사기』와 함께, 『삼국유사』는 한반도 삼국시대에 관해 기록한 귀중한 역사적인 문헌이다. 『삼국사기』가 김부식(1075~1151)이 열 한 명의 사학자의 도움을 받아 쓴 역사책인 반면에, 『삼국유사』는 삼국사기가 쓰여진 1세기 이후인 1281~1283년 경에 승려인 일연(1206~1289)에 의하여 쓰여졌다. 저자의 자질, 교육, 그리고 배경 등으로 인해, 『삼국사기』가 삼국시대에 관한 정사처럼 여겨지는 반면, 『삼국유사』는 야사처럼 여겨져 왔다. 새라 넬슨(Sarah Nelson)의 지적에 의하면, "고대에 쓴 문헌과 고고학적인 기록 간에 차이가 있는 것을 알았다"고 한다.[33] 그러나 대다수의 사가들에게 이 두 역사책은 고고학적인 발굴이나 신화적이고 전설적인 이야기들의 미진한 점을 보완해 주고 있다.[34]

이 두 역사책에 대한 신뢰도에 관해서는 새라 넬슨이 잘 정리하고 있는 것 같다. 넬슨에 따르면,

> 한국의 『삼국사기』와 『삼국유사』는, 비록 지금은 찾을 수 없는 고대의 문헌들을 인용하였다고 하더라도, 그런 역사적인 사실이 일어난 훨씬 이후에 현재의 형태로 쓰여졌다. 이 두 문헌은 한국의 역사를 유교적인 입장이나 불교적인 왜곡된 시각으로 보아서 신화적이고 전설적인 왕조의 건설기원에 대한 것과 역사에 대한 사실적인 기록이 모두 신뢰할 만한 것 같이 취급했다. 삼국시대와 거의 동시대에 관한 일본의 자료들은 역사적 기록의 정확성보다는 다른 동기에서 한국의 위상을 격하시키는 경향이 있다.[35]

『삼국사기』는 사대주의의 영향을 받은 유교의 입장에서 쓴 것 같은 면이 보인다.[36] 그와는 반대로, 『삼국유사』는 저자 자신이 승려인 점을 감안할 때 불교의 영향을 받았을 것이 틀림없다. 다른 사람들은 일연이 경상북도 출신이기 때문에 그가 삼국시대를 보는 사관이 경상북도에 치우치고 한반도의 북쪽지역에 대해서는 간과한 것 같다고 한다.

새라 넬슨은 그런 편견이나 오류에도 불구하고 두 역사서인 『삼국사기』나 『삼국유사』는 가야를 포함한 삼국시대의 상실된 역사적인 사실에 기초를 둔 것이라고 이해하고 있다.[37] 또, 존 프랭클은 그의 최근 저서 『한국문학에 나타난 외국의 의미』에서 "『삼국유사』의 상당부분이 대개는 사실로 받아들여지지 않는 데 비해 「가락국」편은 다른 부분에 비해 매우 길고 상세하게 기술하고 있어 사실일 가능성이 매우 농후하다. 가락국은 오늘날의 김해(金海)에 위치해 있었으며 현재 김해 김씨와 김해 허씨는 동성동본(同姓同本) 결혼금지법으로 인해 결혼이 불가능하다. 따라서 상기 인용된 글에서 기술하고 있는 사건 전부를 단순한 전설로 치부하기에는 무리가 있다"고 한다.[38] 프랭클은 허황옥의 결혼에 대한 더 많은 고고학적, 에스노그라픽, 민속학적, 종교적인 연구가 필요하다고 시사하고 있다.

김병모는 고고학적 그리고 에스노그라픽한 방법을 동원하여 김수로 왕과 허황옥의 결혼에 대한 연구를 해 보기로 결심을 했다. 그는 또 쌍어를 상징하는 신앙에 대한 것도 이해하고 싶어졌다.

허황옥의 뿌리

아요디아는 어디인가?

김병모의 김수로 왕과 허황옥의 결혼에 관한 연구는 『삼국유사』에 기록된 아유타(Ayuta)라는 정확한 장소를 규명하는 것에서부터 시작했다. 그는 인도 지도를 구해서 아유타라는 이름과 발음이 비슷한 아유타, 아유다, 아요타, 아요다, 어유타, 어유다, 어요다 등 아유타를 로마자화할 때 표기될 수 있는 모든 지명을 다 찾아갔다.[39] 인도대사관(총영사관은 1973년에 개설)에 전화를 해서 인도영사에게 인도에 아요디아라고 발음하는 장소가 있는지를 물었다. 그 영사는 우타르 프라데쉬(Uttar Pradesh)주의 수도인 러크나우(Lucknow)시 근처에 있는 옛날 도시이름이라는 것을 알았다(그 곳은 또한 라마의 출생지이기도 하다).[40] 이곳은 인도의 동북부에 있는데 힌두교와 이슬람문화의 중심지이다. 김병모는 아요다 혹은 아요디아는 옛 고대 코살국(Khosala kingdom)의 영토인 것으로 알았다. 김병모는 아요다의 위치를 찾았지만, 다른 연구를 하느라고 바

빠서 아요디아의 연구를 중단한 채 세월은 흘러갔다.

김수로 왕과 허황옥의 자녀들

『삼국유사』는 가야국의 왕통을 이은 김수로 왕의 첫 아들 거등을 제외하고는 왕과 왕비가 출산한 자녀들에 관한 기록을 하지 않았다. 그러나 김병모의 쌍어 신에 관한 신앙 세미나를 택한 학생 중에서 김수로 왕과 허황옥의 결혼에 관해 관심이 있는 학생이 이를 주제로 석사학위논문을 썼다. 그 학생은 가야국의 중심지역인 창원의 '창원문화재연구소'에서 일하고 있었는데, 김병모에게 전화를 하여 백제(18 BC~AD 660)와 경계선 상에 있는 경남 하동군 쌍계사 칠불암에서 김수로 왕과 허황옥의 7명의 아들에 관한 문헌을 발견했다고 했다. 김병모는 그 학생이 참가했던 세미나에서 학생들에게 쌍계사는 김수로 왕의 일곱 명의 아들들이 승려가 된 곳이라고 말한 기억이 났다. 누군가가 그들의 이름을 찾아낼 수 있을 것이라고 했던 기억이 났다. 아마 그 학생은 그 일곱 명의 아들의 이름을 찾기 위해 그간 노력을 한 것 같았다.

그 학생이 찾은 문헌은 칠불암현판기에 옮겨놓은 글인데 글 제목은 칠불암유사(七佛庵遺事)인데 작은 글씨로 '칠불암현판기에서 나옴'이라는 뜻의 한자가 적혀 있었다. 칠불암유사에는 다음과 같은 기록이 있다.

> 김해 가락국 수로왕이 잠룡(潛龍)으로 계실 때 서역(西域) 월지국(月氏國) 보옥선사(寶玉禪師)가 큰 인연이 동쪽에 있음을 보고, 그 매씨(妹氏)를 데리고 바다를 건너와서 왕과 배필을 이루니 아들 10명

> 을 두셨다. 한 분은 태자(居登王)로 책봉하고, 두 분은 허후(許后)의 성을 따르게 하고, 남은 일곱 명은 보옥선사를 따라 가야산에 들어가 도를 배우다가 방장산(方丈山)으로 들어가서 운상원(雲上院)을 짓고 다년간 조선했다. 결국 그들은 크게 깨우쳐 모두 성각을 했다.… 첫째의 이름은 혜진, 둘째는 각초, 셋째는 지감, 넷째는 등연, 다섯째는 두무, 여섯째는 정홍, 일곱째는 계장이라고 하며 때는 가락기원 62년 계묘(103년)라. 칠불암을 창건하니 경상남도 하동 쌍계사 북쪽 20리 되는 곳이다…[41]

이 외에 일곱 아들은 불교식 이름이 따로 있었는데, 이름 앞에 모두 '불(佛)'자를 붙였는데 부처라는 말에서 딴 것이라고 한다.[42]

칠불암유사에 기록되어 있는 인도 왕국의 공주가 가야왕과 국제결혼을 해서 여러 아들을 두었다는 내용은 『삼국유사』에 나오는 내용과 대체로 일치한다. 그러나 두 문헌 사이에는 차이도 없지 않다. 『삼국유사』는 허황옥이 가야에 올 때, 신보와 조광과 그들의 부인들, 그리고 20여명의 노비들을 동반하고 왔다고 되어 있다. 보옥선사로 알려진 허황옥의 오빠에 대한 언급은 일체 없다.[43] 또한 칠불암유사에 의하면, 허황옥의 오빠 되는 사람은 인도에서 온 것이 아니고 중국의 진나라와 한나라 때 중국의 서쪽에 위치해 있던 유목민족의 부족국가인 월지국에서 왔다고 되어 있다. 후에 월지국은 서쪽으로 이동했다.[44]

칠불암유사는 김수로 왕과 허황옥 그리고 아홉 명의 왕자에 대해서만 언급을 했을 뿐, 나머지 가족들에 대해서는 아무런 언급이 없는 것은 『삼국유사』에서와 마찬가지였다. 김병모는 자신의 연구를 통해 선견이라는 나머지 한 아들과 두 딸이 있다는 것을 찾아냈다. 두 딸 중 한 딸은 편년이며 그녀는 신라 석탈해의 며느리가 됐다.[45] 다른 딸은 신녀(神女)라는 이름을 가졌으며 그녀는 선견왕자와 함께 가락국을 떠난 것으로 추측하고 있다. 신녀의 신화에 대해서는 알려지지 않고 있다. 확실한 것은 수로왕과 허황옥 왕비는 많은 자녀들을 두었다. 더욱이 허황옥을 수행한 신하인 신보와 조광도 자녀를 여럿 두었다. 신보의 딸은 가야국 2대왕인 거등의 부인이 되어 왕비가 되었으며, 조광의 손녀는 가야국 3대왕인 마품의 부인이 되어 왕비가 됐다. 이는 초기 가야국의 왕비 세 명이 다 외국 출신이라는 것이다. 아요디아 문화와 가야국의 고유문화의 결합은 가야문화를 한층 더 성숙시켰다.[46]

쌍어에 대한 단서

김병모는 인도에서 개최된 국제 펜클럽회의에 참석한 후 아요다를[47] 방문하고 여행기를 쓴 아동문학가 이종기의 여행기를 읽은 일이 있다. 이 아동문학가는 「가락국 탐사」라는 비교적 장문의 여행기를 썼다. 그의 여행기에 의하면, "아요디아 시의 수많은 건물에는 쌍어문이 새겨져 있다. 그 모양은 김해의 수로왕릉에 있는 쌍어문과 아주 흡사하다"[48]는 것으로 김병모가 김해에서 본 것과 같은 물고기였다. 김병모는 대학시절 때부터 쌍어가 허황옥의 뿌리를 추적하는 데 중요한 상징이 될 것으로 생각했다. 그 여행기를 읽으면서 김병모는 "바로 이것"이라고 생각할 정도로 문제의 실마리를 찾은 것 같은 순간으로 생각되었다. 쌍어문에 대한 증거는 아요다가 허황옥의 출생지임을 암시하는 것이라고 믿었다. 김병모는 만일 자신이 인도에 갈 기회가 있다면, 허황옥의 가족과 그들의 내력, 그리고 코살왕국과[49] 아요다의 역사에 관한 기록이나 문헌을 찾을 수 있을 것이라고 믿었다. 김병모는 오랫동안 기다렸던 연구를 위해 아요디아에서 현지조사를 하게 되기를 바랐다. 그러나 1980년 초기에 외부 연구비의 지원이 없이 일개의 고고학자가 자비로 외국에 가서 현지조사를 한다는 것은 꿈같은 일이었다.[50]

아요디아에 현지조사를 할 기회를 기다리고 있던 중, 1985년 봄 김병모에게 한국방송공사(KBS)의 어느 프로듀서가 전화를 하여, 파키스탄에 대한 '다큐멘터리 필름'을 제작하려는 계획을 하고 있는데, 김병모가 해설을 맡아주겠느냐는 제의를 해 왔다. 김병모는 현지 녹화를 할 때 아요디아를 촬영일정에 포함시키도록 하는데 성공했다.[51] 이런 기회에 인도에 가서 쌍어의 문양을 볼 수 있다는 것은 김병모에게는 꿈같은 일이었다. 현지 촬영은 인더스강(Indus River) 하류에서 힌두쿠시(Hindu Kush) 산맥까지 이르는 광대한 지역으로 카라치(Karachi), 모헨조다로(Mohenjo-Daro), 이슬라마바드(Islamabad) , 탁실라(Taxila), 페샤와르(Peshawar) 등을 포함하는 것이었다.[52]

불행하게도 모헨조다로[53] 현지조사 때 김병모는 쌍어 문양이나 쌍어를 그린 그림 등을 찾아 볼 수가 없었다. 그러나 김병모와 촬영 팀이 파키스탄의 북쪽 경계지인 페샤와르에 갔을 때, '픽업'차의 짐칸을 덮은 포장 한쪽에 쌍어의 그림이 그려져 있는 것을 볼 수가 있었다. 김병모가 쌍어 문양이 있는 것을 촬영하고 난 뒤 보니, 그 픽업 차의 반대쪽에도 똑같은 모양으로 만든 쌍어가 붙어 있었다. 촬영 도중, 삼륜 택시인 '릭샤'(rickshaw) 한 대가 지나가는데, 운전사 머리 위를 덮은 덮개 정면에 쌍어 문양이 있었다. 이것은 함석을 오려서 만든 은빛 쌍어들이었다. 김병모는 쌍어 문양이 거의 모든 소형차에 그려져 있는 것을 발견했다. 그림마다 모양이 조금씩 다르고 빛깔도 달랐지만, 기본 모양새는 김해 김수로 왕릉에 있는 쌍어문양과 똑같았다고 한다. 김병모는 파키스탄과 인도의 석학들에게 쌍어의 기원에 관해 물어봤지만, 아무도 대답해 줄 학자를 찾지 못했다. 그의 생각으로는 쌍어의 상징은 파키스탄에서 유래한 것도 아니며 이슬람 문화와도 아무런 관계가 없는 것 같았다. 쌍어는 잘 알려진 전통적인 종교와 관계가 있다기보다는 일종의 토속신앙같이 여겨졌다.[54]

김병모가 그토록 기다리던 때가 와서 유피주의 수도인 러크나우에 가까운 아요디아를 가는 것에 흥분했다. 뉴델리를 떠나 러크나우까지 비행기로 단지 45분밖에 걸리지 않았다. 육로로 러크나우에서 아요디아까지 가는 데는 거리가 150킬로미터에 불과했지만 반나절이나 걸렸다. 도로는 험하고 좁았다. 아요디아는 인구가 10만이지만, 라마의 출생지로 힌두교 사원만 1천 개가 넘었다. 놀랄 정도로 모든 사원에는 쌍어문이 돌에 새겨져 있거나 아니면 그림으로 그려져 있었다. 아요디아의 쌍어문을 보면서, 김병모는 자신이 김해에 있는 것 같은 환각을 느낄 정도였다. 그는 쌍어가 아요디아와 김해 사이에 관련성이 있다고 느꼈으며, 이는 허황옥의 내력과 한국에로의 경로를 규명해 줄 것으로 생각했다. 김병모는 허황옥의 고향이 인도임에 틀림없다는 것과, 그런 연유로 인해 일부 한국 사람들은 중국 사람이나 일본 사람들보다는 콧날이 더 오뚝하고 피부색도 더 짙은 것이 아닐까 하고 짐작해 보았다.[55] 그는 허황옥이 한국으로 와서 결혼을 하게 된 것에 대한 역사적인 증거나 다른 문헌이나 그런 사실을 고증할 만한 학자들의 의견은 들을 수 없었지만, 그가 보고 싶어 했던 쌍어에 관해서는 충분히 볼 수가 있었다.

아요디아에서 돌아오는 길에 그는 태국의 방콕에 잠시 머무르며 앞에서 언급한 바와 같이 13세기에 있었던 타이왕조 때의 '아유티아(Ayuthia)'라는 도시가 있다는 사실을 알았다. 그러나 발음상 비슷한 이름이지만, 허황옥의 일생은 1 내지 2세기 경이고, 태국의 그 도시국가는 13세기에 존재했기 때문에 시간상으로 구별되지 않을 수가 없어서 이 둘 사이는 무관할 수밖에 없다.[56] 그렇다고 하더라도, 김병모의 아요디아 방문과 태국에 잠시나마 체류한 것은 그의 연구에 큰 돌파구를 제공했다.[57]

신어산에 있는 은하사의 쌍어문

김병모는 부산 근교에 있는 동래의 '범어사'의 이름이 한자로 고기 '어'자를 절 이름의 가운데 자에 쓰고 있어서 혹 범어사에 쌍어에 관한 그림이나 조각 등이 있는지를 보기 위해 범어사를 방문한 일이 있다. 그러나 범어사에서는 그런 쌍어에 대한 것을 찾지 못하고 실망스러워 하던 참에 자기와 같은 본을 가진 사람으로 전부터 안면이 있고 관심도 같을 뿐만 아니라 허황옥의 후손으로 같은 본을 가진 김해에 사는 허명철을 방문했다. 허명철은 본업이 의사이지만 그는 지방역사에 관심이 많아서 가야문화연구소를 설립하고 가야연구에 관한 잡지까지 발행하고 있었다. 저녁식사를 함께 하면서, 그들은 한국에 불교가 전래된 것이 48년 경일 가능성에 대해 논의를 했다. 그것은 허황옥이 불교 나라인 인도에서 왔기 때문이라는 근거였다. 이런 논의는 통설과 어긋나는 것으로, 지금까지 불교의 전래시기는 고구려 소수림왕(371~384) 재위기간인 372년으로 보고 있다.[58]

김병모가 범어사에서 쌍어를 보지 못했다는 말을 듣고, 그 의사는 김병모에게 신어산에 있는 은하사(銀河寺)를 가보라고 권했다. 한자로 神魚山(신어산)이라는 것을 직역한다면 '고기산' 혹은 '고기 신'이라는 뜻이다. 그 의사는 김병모에게 지프차를 빌려주고 운전기사까지 붙여주었다. 김병모는 다음날 가보기로 했다. 김병모가 조그마한 절인 은하사를 방문했지만, 그 절은 아무도 살지 않는 버려진 집 같았다. 절을 둘러봤지만, 물고기 그림 같은 것은 찾기 어려울 것 같았다. 고기 그림이나 문양을 찾는 것이 불가능할 것이라고 믿고, 막 산을 내려오려고 할 때 김대성이라는 그 절의 주지가 막 돌아왔다.

김병모는 절을 방문한 목적이 쌍어문에 대한 정보를 찾기 위해서라고 설명했다. 김병모가 서울에 있는 모 대학교의 고고학교수라는 사실을 알고 주지는 김 교수에게 친절하게 도움을 주려고 했다. 주지는 대웅전을 보면 대웅전 내 수미단에 김 교수가 찾고 있는 조각이 있다고 했다. 부처님을 모시는 수미단의 높이는 가슴 높이인데, 그 전면에 장식이 붙어 있었다. 수미단의 아래칸을 보다가 김수로 왕과 허황옥의 무덤에 있는 것과 같은 신어가 있었다. 그 순간 김병모는 아요디아에서의 발견처럼 흥분하지 않을 수가 없었다. 주지는 목판 두 개를 가져왔는데, 은하사의 한 건물인 취운루(翠雲樓)의 중수기(重修記)였다. 한문으로 빽빽하게 쓰여져 있었다. 그 내용은, "가락국 왕비 허황옥은 천축국(天竺國, 인도)에서 온 사람이다. 그 여자의 오라버니인 장유화상(長遊和尙)이 서림사(西林寺, 은하사의 옛 이름)를 창건했다"고 적혀 있었다.[59]

뜻하지 않았던 가장 놀랄 만한 사실은 허황옥의 오빠에 대한 이름이다. 칠불암유사에서 허황옥의 오빠이름이 보옥선사로 기록되어 있지만, 목판에서는 장유화상이라고 되어 있었다. 그들의 실명이 어떻든지 간에 그들은 불교의 승려임에 틀림없다. 지금까지 허황옥에게 두 오라버니가 있었는지, 두 오라버니가 허황옥이 결혼할 당시에 함께 왔는지, 아니면, 한 사람은 허황옥이 왕비가 된 이후에 한국으로 온 것인지에 대해서는 헷갈리는 점이다. 그럼에도 불구하고 김병모는 그의 새로운 발견에 흥분을 감추지 못했다. 기록으로 남겨야 하기 때문에 사진을 찍어야 하는데, 카메라의 플래시의 배터리를 모두 소모하여 사진을 더 찍을 수가 없었다. 그는 차선책으로 탁본을 뜨기로 하였다.[60] 은하사에서의 그의 현지조사는 가장 생산적이었다.

옛날 가야 지역에서 쌍어문이 나타났다는 사실 때문에 허황옥의 한국에 대한 뿌리를 찾기 위한 노력의 일환으로 김병모는 쌍어의 분포와 그 기원에 대해 좀더 상세하게 연구하기로 했다. 지금까지의 연구결과를 볼 때, 절이나 가야영토 내에 있는 무덤에서만 쌍어문이 나타났으며, 이는 가야와 신라시대의 것으로 시대를 한정할 수가 있다. 김병모의 가정(假定)으로는 쌍어와 쌍어로 대표되는 신앙은 그런 신앙제도가 뿌리깊은 나라에서 온 외국 출신의 이민자들에게 의해 전파되었을 것이라는 것이다. 한 가능한 경로는 메소포타미아에서 인도를 거쳐, 중국 남부를 경유하여 가야에 왔을 것이라는 것이다.[61] 아마 쌍어와 그에 관계되는 신화는 몽골로 가서, 거기서 바이칼호까지 전파되었을 것이라는 추정이다, 왜냐하면, 김병모가 바이칼호 부근에서 현지조사를 할 때, 그곳의 통나무집에서 무수한 증거물을 목격했기 때문이다.[62] 부연한다면, 유명한 해인사가 있는 가야산은 발음상으로 '가야(Gaya: 소의 머리라는 뜻)'와 비슷한데, 이는 인도의 부다 가야(Buddha Gaya)에 있다고 한다.[63] 해인사는 신라 애장왕(800~809) 때 건축한 절이다. 이 절이 건축되기 전에는 이곳은 가야산이라고 불렸으며, 지방사람들은 '소의 머리'라는 이름을 딴 '우두산'이라고 불렀다고 한다.

허황옥은 중국의 사천성에서

사천성일 가능성

김수로왕 내외의 능을 방문한 지 거의 20여 년이 지난 후, 김병모는 고고학 현지답사를 위해 학생들을 데리고 그곳을 다시 방문했다. 김교수는 학생들에게 허황옥의 능에 있는 비석에 새겨진 글을 읽어보라고 했다. 능 비에는 "가락국 수로왕비(駕洛國 首露王妃) 보주태후 허씨릉(普州太后 許氏陵)"이라고 쓰여 있었다. 비석은 조선조 인조(1623~1649) 재위 기간인 1647년에 건립되었지만, 그 비문은 가야의 구전에 기초한 말들이므로 서면으로 쓰여진 역사 못지않게 정확하다고 생각한다. 학생들이 김 교수에게 보주의 뜻이 무엇이냐고 물었을 때 교수인 김병모는 대답을 하지 못한 것은 그가 처음 이 능을 방문했을 때 쌍어에 관해 집착하느라고 보주라는 단어를 무관심하게 넘겼기 때문이다.[64]

김교수는 현지 실습에서 돌아온 직후부터 보주가 무엇을 의미하는지에 대한 연구를 시작했다. 능비에 새겨진 것이 한자로 적혀 있기 때문에 그의 연구는 중국에 초점을 맞추었다. 그는 자신의 세미나를 택하는 학생들에게 그런 지명을 중국지도를 통해 찾아보도록 했으나 아무도 그런 지명을 찾지 못했다. 그러나 우연하게도 그는 1931년 상무인쇄관에서 인쇄한 것을 홍콩에서 구입한 영인본인 중국 고금지명대사전(中國古今地名大辭典)에서 '보주'가 사천성(四川省) 안악현(安岳懸)의 옛 이름이라는 사실을 발견했다. 그 시(市)의 명칭은 주나라(BC 1027~AD 771) 때부터 송나라(960~1279) 때까지는 옛날 이름인 보주로 불려졌다.[65] 그는 후한시대의 역사공부를 시작했다.

후한의 자세한 역사에 의하면, 허황옥이 가야로 오기 전 해인 서기 47년에 세금차별에 대한 반란이 일어났고, 다시 서기 101년 두 번째의 반란이 일어났다. 그 반란의 주동자가 바로 허씨 성을 가진 허성이었다. 반란에 참여했던 사람들은 중국의 중앙에 속하는 무한으로 이주했다는 사실이었다. 그렇다면, 사천성의 보주에는 허씨 성을 가진 사람들이 남아 있을 것으로 생각했다.[66] 김병모는 쌍어문의 흔적도 찾기 시작했다. 중국에 관한 고고학서적을 검토한 결과 사천성 지역에는 쌍어문의 증거들이 속속 발견됐다. 사천지방에는 그릇 받침의 그림으로 쌍어문이 그려져 있고, 사천 남쪽인 운남성(雲南省)에서 발견된 한나라 때의 벽돌과 구리로 만든 그릇 바닥에도 쌍어문이 그려져 있었다. 이런 것은 쌍어의 상징을 중요시하는 사람들이 양쯔 강을 따라 살았다는 증거가 되었다. 이는 역사책에 기록된 내용과 고고학적 증거가 정확하게 맞아떨어지

는 대표적인 예인 것이다.[67]

중국 사천성 보주에 현지조사를 해 보려는 노력

1990년 여름 조선일보의 주관으로 몽골의 현지조사를 마치고 돌아 오는 길에 김병모는 보주를 가 보려고 중국 베이징으로 짧은 방문 일정을 잡았다. 보주가 허황옥의 고향이라는 흔적이 있음을 보기 위해서였다.[68] 김병모는 중국문물학회 부회장인 나철문에게 도움을 요청했다.[69] 그러나 그는 김병모에게, "안악현은 시골입니다. 사천성의 성도는 큰 도시니까 외국인이 여행하는 데 크게 불편하지 않겠지만, 사천성의 성도까지 가더라도 안악현은 아직까지 외국인의 여행이 제한될 곳입니다"라고 했다. 그러나 김병모는 그토록 오랫동안 안악현을 가보고 싶었기에 쉽게 포기할 수가 없었다.[70] 그가 중국에 오기까지는 많은 난관을 극복했다. 1992년까지 중국과 한국은 외교관계가 정상화되지 않았기 때문에 한국 사람이 중국의 비자를 받기가 쉽지 않았기 때문이다. 그는 성도까지라도 가서 노력해 보려고 했다. 그러나 갑작스런 급성 복통으로 그는 답사의 꿈을 접고 귀국하지 않을 수 없었다.

1990년 보주의 방문이 무산되었지만, 김병모는 1991년 1월에 인도의 아요디아를 재차 방문할 기회가 있었을 때, 향토사 연구가로부터 아요디아는 코살에 점령되었는데, 그 때 승려들과 아요디아의 왕족들은 추방되었다고 들었다. 김병모가 추측하기에, 만일 아요디아 사람들이 쿠샨의 침략으로부터 안전지대를 찾으려고 했다면, 쿠샨이 침략한 반대방향으로 이동했을 것이라고 짐작했다. 쿠샨이 서쪽과 북쪽에서 침입했으므로, 아요디아 사람들은 그 반대 방향인 동쪽과 남쪽으로 갔을 것이라고 생각했다.[71] 그 향토 사학자는 김병모에게 인도에 있던 허씨 일가도 쿠샨 침략 때 피난민이 되어 안악현(보주)으로 갔을 것으로 짐작한다고 했다. 김병모는 사천성 안악현을 가보는 것이 절대적으로 필요하다고 느꼈다.

다행스럽게도, 1991년 6월, 김병모는 중국의 중국국립 섬서(陝西)역사박물관 신축 학술대회에 참가해 달라는 초청을 받았다. 중국을 방문하게 된 이 기회를 이용하여 그는 티베트로 가는 관문이자 사천성의 수도인 성도를 거쳐 안악현을 순례하기로 결심했다. 베이징에 있는 인맥을 이용하여 중국태생 조선족으로 사천성 외사처 부처장인 박명실을 소개받았다. 그는 박명실에게 안악현을 방문하려는 목적을 설명했다. 김병모는 박명실에게 아요디아에 살던 허씨 일족들이 피난을 와서 무한지방을 거쳐 양쯔 강을 따라 상해지방으로 간 다음 그곳에서 허황옥은 그녀의 시종들과 함께 황해를 거쳐 마침내 가야국으로 왔을 것이라고 했다.[72]

안악현 여행을 위해 박명실은 지프차와 기사, 그리고 중국어와 한국어 두 나라 말을 할 수 있는 통역까지 주선해 주었다. 사천성 외사처 부처장인 박명실의 보증이 있었을 뿐만 아니라, 1991년부터는 안악현에 외국인 출입금지령이 해지되었다. 성도에서 안악현까지는 단지 150킬로미터에 불과했지만, 열악한 도로사정 때문에 그곳까지 가는 데는 장시간이 소요된다는 말을 들었다. 김병모와 그의 일행은 이른 아침 7시에 출발했지만, 섭씨 40여 도의 고온과 작열하는 태양을 받으며 오후 2시 반까지 장장 7시간 반이나 걸렸다. 보주는 분지에 위치해 있는 한적한 소규모의 읍이었다. 일행은 안악현 현지편찬위원회(懸誌編纂委員會)를 찾아갔다. 김병모는 허씨에 대한 역사적인 문헌은 찾아볼 수 없었지만, 위원장은 허씨 성을 가진 그 지역의 중학교 교장인 허표병이라는 사람을 소개해 주었다. 김병모는 순간적으로 그 교장의 성이 허씨라는 것을 알았다. 김병모는 허 교장과 저녁에 호텔에서 만날 수 있도록 주선이 되었다.[73]

김병모가 호텔에서 샤워를 하고 나서 호텔수건을 보니 하얀 수건에 붉은 글씨로 '보주빈관(普州賓館)'이라고 쓰여 있었다. 그는 읍 사람들이 아직도 옛 이름인 보주라는 이름을 즐겨 쓰고 있다는 것에 흥분을 감추지 못했다. 호텔을 나와서 길거리를 다녀보니 몇몇 가게들과 사진관들이 보주라는 이름을 접두사로 쓰고 있는 것을 보았다. 그는 이 읍이야말로 자신이 그토록 오랫동안 찾던 바로 그 읍이라고 생각했다. 그날 밤 10시 반 경에 허표병이라는 사람이 호텔로 찾아왔다. 두 사람이 위스키 몇 잔을 마신 뒤, 김병모는 그의 허씨에 대한 연구와 자신이 보주를 방문한 목적을 설명했다.[74] 그 교장은 김병모에게 귀중한 정보를 제공해 주었다. 그 교장의 말에 의하면, 안악현 시내에는 허씨 성을 가진 사람이 천 명이나 살고 있지만, 대부분은 농업이나 상업에 종사하고 있으며, 학자는 한 사람도 없다고 했다. 그러나 안악현청 소재지에서 좀 떨어진 시골에 허씨들만이 모여 사는 한 집성촌이 있다고 했다. 현재 그 마을 이름은 민주향(民主鄕)이나 전에는 허가패(許家琠)나 허가압원(許家鴨原)으로 불렸다고 했다.[75] 김병모는 대단히 흥미로웠으며 그 마을이 허황옥의 고향마을이라고 생각했다.

허 교장은, "그 마을에 대해서는 들어보았지만, 자신이 그 마을에 가본 일은 없다"고 했다. 김병모는 성가실 정도로 혹 그 마을을 안내해 줄 사람을 아는지를 물어 보았다. 그는, "자기 삼촌이 고향에 가끔 가시는데 그 민주향이라는 곳이 워낙 시골구석인 데다가 자동차길이 없어서 걸어서 갈 수밖에 없다"고 했다. 김병모는 아무리 그 마을이 멀고 걸어가야만 한다고 하더라도 상관이 없다고 했다. 그가 그토록 집요하게 부탁하자, 교장은 다음날 아침에 자기 삼촌을 대동하고 오겠다고 했다. 그리고, "만일 우리 삼촌이 못 간다고 한다면, 마을에 대해 알 사람을 수소문하겠다"고 약속했다. 교장은 그래도 지프차를 가지고 가자고 했다. 차가 들어갈 수 있는 만큼은 차를 이용하자는 것이었다. 다음날 이른 아침 6시에 교장은 삼촌을 대동하고 호텔로 왔다. 지프차는 한 20분 가량 가다가, 그 이상은 도로 사정이 열악해서 더 이상 차로 갈 수가 없어서 장해라는 곳에 차를 세워두고 마을까지 걷기로 했다. 길은 흙탕길이고 넓었다 좁았다 했다. 이런 험난한 길을 걸어 마침내 마을에 도착했다.[76]

허가패(민주향)는 얕은 산자락 밑에 자리잡고 있었는데 띄엄띄엄 스무 채 남짓한 집들이 보였다. 김병모에게 이 마을은 한국의 농촌마을을 연상시켰다. 뽕나무를 보면서 삼국유사에서 묘사했듯이 허황옥이 다른 예물과 함께 비단 필단(疋緞)을[77] 가야국으로 가져 온 것을 생각해 봤다.[78]

촌장의 아들인 허태순에 의하면, 이 동네 인구는 80여 명이고 가구수는 20호라고 했으며, 호주는 모두 허씨이고, 타성은 이 마을로 시집온 여자들뿐이라고 했다. 이 마을은 허가패라고 하며, 전형적인 동성 씨족부락이었다. 이 마을에 쓰러져 있는 폐가는 허씨들의 사당이었다고 했다. 얼굴색이 약간 검은 피부(아마 먼 인도의 혈통 때문인지)를 한 허태순에 의하면, 불과 30, 40년 전만 해도 훨씬 더 많은 사람이 이 마을에서 살았다고 한다. 그러나 모택동과 그가 이끄는 홍위병들이 문화혁명(1966~1976) 당시 씨족들이 모여 살면서 사당을 중심으로 세력을 키우는 것을 뿌리뽑기 위해 홍위병을 시켜 사당을 불사르고 씨족들을 강제로 분산 이주시켰다는 것이다. 허태순은 김병모를 대리고 마을 뒷산으로 올라갔다. 그곳에는 돌보지 않은 크고 작은 무덤들이 흩어져 있었다. 김병모는 한 무덤 앞에 쓰러져 있는 넓적한 돌을 뒤집어 보았다. '허응봉지묘(許應鳳之墓)'라는 묘비였다. 김병모는 이 마을은 중국에 있는 허씨 친족의 종산(宗山)이며, 허황옥의 고향마을이라고 확신하게 되었다. 허씨 일족이 세상의 유랑자가 되었다는 역사적인 '아이로니(irony)'가 아닐 수 없다. 쿠샨 침략 때는 중국으로 망명해서 살게 됐고, 반란사건 때는 무한과 양쯔강 쪽으로 쫓겨나고, 문화혁명 때는 다시 추방을 당해서 여러 곳으로 흩어져 살게 됐다.[79] 그 허씨 일족은 옛날부터 집단이동(diaspora)을 경험하게 된 것이다.

허씨 일족의 묘지 앞에서 김병모는 『후한서』에서 찾아낸 허성의 봉기사건을 자세하게 설명했다. 47년에 불공평한 세금제도에 반항을 한 일이며, 그 후에 기원 101년에 보주로 다시 옮겨가 살게 된 것에 대해서 설명했다. 그리고 나서 허응봉의 묘비 글씨를 카메라에 담으려고 할 때, 허태순은 소매를 잡으면서 촬영을 하지 않도록 만류했다. 그리고는 그 묘비를 땅에 다시 엎어 놓았다. 허태순의 설명에 의하면, 호위병들의 난동 때 그들은 사당만 불태운 것이 아니라 여러 대에 걸쳐 조성된 조상의 묘까지 파헤치려고 했다는 것이다. 이 마을 사람들이 결사적으로 반대를 하여 가까스로 화를 면했는데 그 대신 묘비는 모두 뽑힌 신세가 되었다는 것이다. 그 일이 있은 지 한참 후에 마을 노인들이 뽑힌 묘비들을 주워 원래 주인 앞에 묻어놓은 것이므로 묘비가 있다는 사실이 알려지면 절대로 안 된다고 했다. 또, 문화혁명 전에는 매년 봄 청명[80] 때면 멀리 사는 허씨 친족들이 이곳에 모여 제사를 지냈는데 지금은 그것도 못한다고 했다.

김병모가 허씨 친족의 족보에 대해 물었을 때, 허태순은 문서로 기록된 것은 없으며 족보도 없다고 했다. 기록으로 남기면 친족의 부활을 기도한다는 의심을 피하기 위해서 그들은 조상의 이름에서부터 모든 것을 구전 역사의 형태로 암기하도록 교육을 받는다는 것이다. 그 실례로, 허태순은 김병모의 수첩에 30대에 이르는 모든 조상들의 항렬을[81] 순서대로 적어주었다. 30세대라면, 약 1천 년을 말한다고 하겠다. 특히 문자가 없는 사회에서 구전 역사에 대한 보존능력이나 그 정확도는 문자화된 기록에 못지않다. 김병모는 허태순에게 당신이 족장이 되었을 때인 언젠가는 저 사당을 세울 수 있을 때가 반듯이 올 것입니다. 새로 사당을 지을 때는 저에게 연락을 주십시오. 어떻게든 도움을 드리도록 노력하겠습니다. 허황옥의 친정마을이라는 것을 아는 한 어쩌면 한국의 허씨들의 종친회 문중에서 이 마을을 도와주고 이곳을 찾아보러 올지도 모른다고 했다. 또, 한국의 허씨 중에는 부자도 많고, 능력도 있으니 도움을 줄 수 있을 것이라고 위로를 했다.[82]

신정(神井)에 새겨진 허황옥의 이름

김병모가 1994년에 허황옥의 뿌리를 찾기 위한 그의 긴 여정에 관한 단행본을 출판한 이후, 그는 명사가 되었다.[83] 『조선일보사』가 출판한 이 책은 너무나 흥미가 있는 책이었기 때문에 많은 독자, 특히 김해 김씨, 김해 허씨, 그리고 인천 이씨들의 관심을 모았다. 2002년에는 안악현에 있는 인사들이 보주태후연구회를 조직했는데, 김병모를 명예회장으로 추대했다는 통보도 받았다. 이어서 안악현의 관리 여섯 명과 역사학자들이 한국에 와서 수로왕릉과 허비의 능을 참배했다. 이런 일반인의 관심으로, 2002년 부산에서 개최된 아시아경기 때 인도공주가 가락국에 시집오는 과정이 연출되었다.[84]

김병모는 2003년 7월 한국사천연구회의 조흥윤이 주축이 된 사천지방 탐방여행에 참가했다. 1991년에 있었던 여행 때와는 달리, 김병모는 환대를 받았다. 서운향(瑞雲鄕)이라는 마을을 방문했는데, 그곳에는 민주향보다 더 많은 보주 허씨들이 살고 있었다. 민주향과는 달리, 서운향에는 종산(宗山)과 사당도 보존되어 있었다. 수백 명의 보주 허씨들이 한국에서 찾아온 일행을 환영했다. 오래되어 퇴락한 사당 대문에는 한 쌍의 신어가 선명하게 새겨져 있었다. 누구나 그 신어의 그림을 지나칠 수가 없었다. 보주 허씨 종친회 집사인 허평(許平)의 말에 의하면, 현재 안악현에는 14개의 보주 허씨 집성촌이 있으며, 그 인구는 15만 명이라고 했다.[85]

김병모는 서운향 뒷산을 올라갔는데, 깎아지른 바위산을 뚫고 동한 때(45 BC~AD 23)의 무덤이 하나 있었다. 그 무덤은 도굴꾼이 도굴하여 유물은 없었으나 동구 입구 오른쪽에 신어상 한 조각이 새겨져 있었다. 이곳은 신어사상과 관련이 있는 것으로 보였다. 산에서 내려오는 길에 암벽 앞으로 작은 우물이 하나 있었다. 암벽에 신정(神井)이라고 음각되어 있고, 그 바로 아래 신어상 한 조가 또 새겨져 있었다. 신정의 유래를 설명하는 내용이 희미하게 음각되어 있어서 잠시 서서 읽다가 김병모는 소스라치게 놀라지 않을 수가 없었다. 아주 긴 내용 중에 '허황옥'이라는 이름이 분명히 새겨져 있었다. 오랜 세월 동안 침식이 되어 중간에 판독이 안 되는 글자도 있었으나 이야기는 동한 때가 분명했으며, 허황옥이라는 이름을 읽을 수 있었다. 그러나 마지막으로 내려오는 안내인이 가자고 재촉을 했다. 김병모는 사진을 찍은 후 돌아오면서 안악현 관리에게 나중에 탁본 한 장을 보내달라고 부탁을 했다. 그 관리는 그렇게 하겠노라고 대답했다.[86]

후에 김해시 시장과 소설가인 최인호가 안악을 방문하고 귀국하면서 김병모가 부탁해놓은 탁본을 들고 왔다. 어떤 부분은 읽기가 힘이 들었지만, 허황옥이라는 이름은 분명히 읽을 수가 있었다. 여러 가지 중에 김병모의 연구에 가장 중요한 두 가지 중요한 사실은 읽을 수가 있었다. 첫째로, 동한 초에 허황옥이라는 용모가 수려한 여인이 실존했다는 사실이며, 두 번째로는 쌍어에 대한 이야기로, 정묘년에 기근이 있어 많은 사람들이 고향을 떠나게 되었을 때, 마침 허황옥의 증조모가 산기가 있어 떠나는 사람들과 헤어져서 남게 되었다고 한다. 허황옥의 증조부가 구걸을 해서 살아가게 되었다. 그 때 허황옥의 증조부가 우물가에서 경건히 하늘의 도움을 빌자, 이윽고 우물 속의 물고기가 뛰어 올랐다. 나뭇가지를 꺾어 낚시를 드리워 하루에 두 마리씩 낚았다. 물고기를 쪄서 죽을 만들고 유즙을 만들어서 여러 해를 지낼 수 있었다는 것이다.[87] 신정 옆 암벽에 쓰인 글을 읽어 볼 때, 허황옥이라는 이름은 확실히 볼 수 있었다. 이 이야기는 인도 코살국 라마왕의 선조인 마누가 홍수 때 물고기[마찌 라는 이름의 고기]를 따라 히말라야 고지대까지 가서 물고기의 도움으로 살아났다는 이야기와 맥을 같이하고 있다.[88] 코살 시대에 인도 북부에 퍼져 있던 전설적인 이야기가 허씨 일족이 중국으로 이주할 때 옮겨온 것 같다. 아요디아와 보주 두 곳에서 쌍어문이 출현한 것은 인도 아요디아에서 중국의 보주로 이주하는 허씨 일족의 이주사를 말해주는 하나의 연결고리가 되고 있다.[89]

결론적으로, 김병모는 허황옥의 선조가 고향인 아요디아를 떠난 것은 쿠샨의 침공 때문이었고, 그로 인해 중국 사천성 안악현으로 이주하게 되었다고 가정한 것이다. 김병모가 한서를 자세하게 검토하고 다른 문헌들과 대조 비교한 바에 의하면, 허황옥은 32년에 중국의 보주에서 출생했을 것으로 보인다(그녀의 조부는 기원전 54년생으로 짐작이 된다). 허씨 일족이 중국의 안악과 보주를 거쳐 무한과 운남성으로 이주했을 때, 그들은 아유타국 사람으로 브라만 계층의 신앙생활을 했던 모양인 것 같았다. 브라만식 신전을 세우고 신어상을 조각해서 붙였을 것이다. 그래서 신어가 인류를 재난에서 구해 준다는 이야기가 운남-사천에서 태어난 후손들에게도 구전되었는지 모른다는 것이다.[90]

1993년 3월, 김병모가 세 번째로 인도의 아요디아를 방문했을 때,

아요디아 왕가의 왕손인 비말렌드라 프라닫 모한 미시라(Vimalendra Pratad Mohan Mishira)가 옛 왕궁인 라지 사단(Raj Sadan)으로 김병모를 초청해 주었다. 그는 김병모가 이야기하는 허황옥의 이야기를 흥미있게 경청했다. 작별할 때 왕손은 김병모에게 『아요디아의 역사』라는 책을 선물로 주었다. 1997년에 김병모의 추천으로 미시라는 한국 정부의 초청을 받았지만, 그때 한국 정부는 외환보유고의 고갈로 IMF(International Monetary Fund)의 구제금융을 받을 시기라서 그의 초청은 취소되었다.

그러나 1999년, 한국의 경제사정이 호전되자, 당시 국무총리이자 그 자신이 김수로 왕과 허황옥의 후손인 김종필이 김해 김씨의 한 사람으로 김해 김씨 종친회 지도자들과 만날 수 있도록 미시라를 한국으로 다시 초청했다. 그 후 인도의 아요디아를 방문하는 한국인 여행자의 수가 늘어났다. 2001년에는 가락중앙종친회와 김해 실업인 일행이 아요디아를 방문해 한국에서 제작해 간 허황옥 공주의 기념비석을 현지에 세우고 돌아왔다.[91] 그리고 2005년 가을 김해시가 주최한 국제문화축제 때 인도의 민속공연단과 함께 미시라 왕손 부부를 초청하여 인도의 민속문화공연을 했다.[92]

또한 김수로왕비에 관한 김병모의 글들이 알려지자, 서운향의 보주 허씨 사당을 찾는 한국 사람 수가 늘어났다. 이에 안악현 정부는 보주태후 고향이라는 도로표지판을 새로 만들어 사당 입구에 세워놓았다. 한자와 한글과 영문을 병기하는 안내판을 붙여놓았다. 그리고 김병모의 연구에 결정적인 역할을 한 서운향에 있는 바위에 음각한 정보도 준비되어 있다.[93] 그 이후 인도의 아요디아와 중국의 보주를 찾는 한국 사람들의 여행객은 증가일로에 있다. 김병모가 자신의 먼 조상의 뿌리를 찾으려는 30여 년 간의 긴 학문적 인 여정은 『삼국유사』에 기록된 가락국 편이 고고학, 에스노그라픽한 기술, 에스노히스토리 등을 통해 얻은 정보와 거의 일치하는 셈이다. 한국의 어느 씨족의 다문화적 뿌리를 추적한다는 것 이외에, 김병모가 오랫 동안 연구를 해온 여러 나라들과 접촉한 나라들 간에 문화적인 교류에도 커다란 역할을 했다.[94]

3

순혈(純血)주의 신화와 인권

'외국인에 대한 혐오감(xenophobia)'과 '불편한 느낌(xenouneasiness)'

내가 1970년 초 미국 남부의 작은 읍에서 펄프용 목재를 벌채하는 노동자들에 대한 현지조사를 할 때다. 벌채노동자들은 나를 부를 때 '보이(boy)'라고 하기도 하고, 내가 악수를 청하면 거절하기가 일쑤였다. 그리고 그 후 미시시피 중북부에 거주하고 있는 미국 원주민인 '촉토(Choctaw)'라는 인디언부족을 연구할 때, 인디언 보호구역(reservation) 인근에 살고 있는 백인들도 나와는 악수하기를 거부했다. 나는 불쾌하고 어색했으며, 그들 사이에서 현지조사를 하는 것이 불편했다.[1]

그렇다면 나 자신이 외국 사람에게 이런 불편한 심기를 나타낸 일은 없었을까? 제2차 세계대전이 막 끝난 후인 1945년,[2] 나는 미국 군인을 시골 우체국에서 만났다. 나는 푸른 눈에 콧날이 오뚝 선 이상하게 생긴 사람을 보고 충격을 받았다. 나는 친구들에게 가서 이상한 사람이 있다고 소리쳤다. 그 군인은 놀란 소년을 보고 당황했을 것이다. 또, 1960년대 중반, 나는 미국 남부에 살았었는데, 그때만 해도 남부의 소도시에는 아시아 사람들이 거의 없었다. 그래서 내가 상가나 식품점에 가면 어린 아이들이 내가 신기하게 보였던지 내 주위를 따라 다녔다. 나도 어떻게 해야 할 바를 몰랐지만, 그런 상황은 내게는 불편했다.

또, 다른 경우인데, 한국전쟁 휴전을 선포했던 1953년, 나는 복잡한 기차를 탄 적이 있었다. 기차는 만원이었지만, 빈 좌석이라고는 하나밖에 없었는데, 그 자리는 바로 미국 병사가 앉은 옆자리였다. 근 20여 시간을 서서 가야 하는 장시간의 거리였지만, 아무도 그 미국 병사 옆에는 앉으려는 사람이 없었다. 나 자신도 그 외국 병사의 옆자리에 앉는 것이 불편하게 느껴져서 계속 서서 왔다.

나는 그런 느낌은 동물인 '개'도 가지고 있다는 사실을 경험했다. 내가 테네시주의 북서부에 위치한 어느 남부대학교(a Southern university)에서 교수로 있을 때인데, 중국계 미국 교수가 사나운 개 한 마리를 키우고 있었다. 행인이 그 집 울타리 근처를 지나가면, 그 개는 사납게 짖어댔다. 그러나 내가 그 집을 방문할 때면, 그 개는 조용히 꼬리를 흔들면서 반겨주었다. 그 이유를 주인에게 물어보았더니 주인이 하는 말이 그 개는 주인과 같은 아시아사람들에게는 친숙해서 그렇다고 대답했다.

위에서 든 예에서처럼 친숙하지 않은 점, 불안한 관계, 불쾌한 느낌이나 호기심이 외국인 혐오증의 발로일까? 인류학에서 말하는 외국인 혐오감이라는 것은 심리학에서 내리는 정의와는 다른 것으로, 심리학에서는 외국인 혐오감을 개인적인 신경계의 특질(neurotic trait)이지 사회심리적인 현상은 아니라고 한다. 데이비드 헌터(David Hunter)와 필립 휘튼(Phillip Whitten)에 따르면, 인류학에서 외국인 혐오증이라는 것은, "예를 들어서 어떤 특정한 사회에서 외국인을 혐오하는 경향을 가진다는 것은 그 사회의 구성원이 어느 다른 사회에 대한 지식이 없거나, 아니면 접촉을 해 본 일이 없기 때문에 그런 사회에 대해서 강한 의구심(疑懼心)을 갖는 것을 말한다"고 한다.[3] 만약 '강한 의구심'이 외국인 혐오증이라는 정의에 필요하고 충분한 조건이라고 한다면, 나도 내 중국인 동료교수의 개처럼 외국인에 대한 혐오증이 있었다는 사실을 인정하고 고백해야 할 것이다. 외국인이나 낯선 사람들에 대한 모호한 감정이나 어색한 행동을 하는 것을 외국인 혐오증이라기보다는 '외국인에 대한 불편한 느낌(xeno-uneasiness)'이라는 신조어로 소개해 보면 어떨지?

아마 외국인 혐오증은 때로는 무차별적으로 쓰여왔지만, 대부분의 경우에는 이런 용어의 과장된 사용이 큰 피해를 주지는 않는다.[4] 내 생각에는 외국인 혐오증이라고 하기 위해서는 강한 의구심 이외의 요인이 있어야 할 듯하다. 즉 법률상으로나 사회적으로나 다른 수단을 통해 차별대우를 하기 위한 조직적이고 제도적인 형태의 차별이 따라야 한다고 생각한다. 1870년대에 미국 서부에서 중국 사람들과 일본 사람들에 대해 제도적으로 외국인 혐오를 했던 사실이 그 예다.[5] 1860년대 미시시피주의 삼각주에 있는 목화농장에 농부로 온 중국 사람들은 인종차별의 대상이 되었으며, 1940

년대까지 이들은 학교, 각종단체, 그리고 그 이외의 사교관계에서 배제되었다.[6] 심지어 제2차 세계대전 중에, 미국 연방정부는 120,000명에 달하는 일본계 미국인들을 차별했다. 일본계 미국인에 대한 연구의 전문가이자 자신도 일본계 미국인 수용소에서 감금되었던 경험이 있는 해리 키타노(Harry H. L. Kitano)는 자신의 수용소경험을 진솔하게 기록했다.[7]

외국인 혐오증을 어떻게 정의하든지 간에 1882년 미국 서부에서 중국인배제법(Chinese Exclusion Act)이나 제2차 세계대전 중에 미국이 일본계 미국인들을 연금한 것은 '외국인에 대한 불편한 느낌(xeno-uneasiness)'이라는 신조어의 범위를 넘어선 것이다. 이것이 극단적인 외국인 혐오형태임이 명백한 이유는 이 조치가 의회와 행정부의 동의에 의해 행해졌기 때문이다. 전쟁 중 일본계 미국인들에 대한 수용소 억류정책은 일반대중의 승인하에 조직적으로 행해졌다. 오늘날의 윤리로 판단한다면, 아무리 후에 공식적인 사과가 있었고, 과거에 자행된 비인간적인 처사에 대해 보상금을 지급하기는 했어도, 이는 중대한 인권침해임에 틀림없다.

한국의 외국인 혐오증과 인권 침해

마이클 브린(Michael Breen) 같은 일부 외국작가들은 "한국 지성인들은 누구보다도 더 외국인 혐오증을 가지고 있고, 국수주의적이며 한국의 모든 문제는 외국인들의 고의적인 행동의 결과라는 점을 서슴지 않고 이야기하고 있다(perpetrate)"고 한다.[8] 그러나 외국 사람들에 대한 혐오감은 현재 마이클 브린의 고국인 영국을 포함한 세계 거의 모든 나라에서 일어나고 있는 것이 사실이다. 철학교수인 위르겐 하버마스(Jürgen Habermas)는 찰스 테일러의 다문화주의에 대한 글에 자세한 언급을 한 일이 있다. 그에 의하면, "외국인에 대한 혐오감은 근래 유럽공동체 안에서 널리 퍼져 있다. 어떤 나라에서는 다른 나라보다도 더 현저하게 나타나 있지만, 독일 사람들의 태도가 프랑스나 영국 사람들보다 상당한 차이가 있는 것은 아니다"[9]라고 했다.

그러나 외국 사람들이나 외부 사람들에 대해서 편견이나 편협한 생각을 포함한 외국인 혐오감은 일반 사람들보다는 학자들이나 지성인들 사이에 더 심한지도 모른다. 프랜시스 슈에 의하면, 예를 들어서 미국에서는 1964년 민권법이 발효된 이후 인종차등이나 차별대우는 말로나 실제적인 행동에서도 불법화되었지만, 인류학자들 사이에는 아직도 외국인에 대한 혐오감의 잔재가 남아있다고 한다. 슈는, "백인 인류학자들은 비백인(非白人) 인류학자들이 미국의 백인문화를 설명하는 이론을 받아들인다는 것을 가장 용납할 수 없는 것으로 생각하고 있으며, 그 이론이 기존의 백인 인류학자들의 이론과 반대가 될 때 더욱 더 심하다"[10]고 했다. 1974년 내가 제9차 남부인류학회 연례학회에서 테네시주 서북부에 살고 있는 인디언보호구역 밖에 거주하는 촉토 인디언(Choctaw Indians)들에 관한 논문을 발표했을 때, 나는 참석자들로부터 냉대를 받았다.[11] 로버트 레드필드(Robert Redfield)가 말한 것과 같이, "미국 사람들은 그들의 평등주의와 공화주의정서 때문에 자신들이 소작농(peasant)이라고 생각하지 않는다."[12] 나는 '소작농(peasant)'이라는 단어는 미국 사람들에게는 금기어(禁忌語)라는 사실을 몰랐다. 아더 래퍼(Arthur Raper)도 소작인이라는 말을 썼다가 맹렬한 항의에 직면했

었다.[13]

근래 한국이 G-20 정상회담을 주최한 것을 계기로 서울 주재 타워통신(Tower Communication)의 상담역인 마이크 와이스바트(Mike Weisbart)는 2010년 11월 8일자 『월스트리트저널』(*Wall Street Journal*)에 다음과 같은 글을 썼다.

> 하루의 일과가 끝날 때 한국에 있는 외국인들은 언제나 이방인들이다. … 내 경험에 의하면, 외국인들 특히 백인들은 한국의 서열체계에 맞지 않는다. 나이든 팀 구성원들은 대부분 외국인들과 접촉을 잘 하지 않는다. 아마 그들이 외국어에 익숙하지 못한 때문이거나, 아니면 외국인들을 한국의 젊은이들처럼 막 다루지 못하는 것 때문인지도 모른다. 그런 상황에서 외국인은 하찮은 존재로 남거나 아니면 미국에 산 경험이 있는 나이 어린 사람과 격을 낮추어서 이야기하게 되지만, 그런 경우도 창의적인 논의나 전략적인 것을 공유하는 것은 허용되지 않는다. 결과적으로 한국말을 잘 하는 외국인들도 자신들의 기량을 다 발휘하지 못했다거나 자신들의 기술을 인정받지 못한다고 느끼게 된다. … 그런 노력을 하려는 사람들을 위해서 서울은 사람들이 더 오래 머물기를 원하는 곳으로 변할 것이다.[14]

와이스바트의 글을 보면 그가 한국을 사랑하고 한국의 특정한 문화요인을 좋아하는 것 같다. 1995년에 그는 한국에 1년 이상 머무르지 않겠다는 생각으로 한국에 왔지만, 그는 결과적으로 5년을 살게 되었다. 2003년에 한국으로 다시 와서 현재까지 한국에 살고 있다. 그러나 그는 한국 사람들이 외국인을 혐오하고 있다는 점을 암시하고 있다. 그가 만난 한국 사람들은 외국인을 혐오하는 사람들인지도 모른다. 그러나 다른 사람들 속에서 제외되고 외로움을 느끼는 것 같은 불안한 느낌은 어떤 낯선 곳에 가더라도 있기 마련이다. 한국전쟁이 정전을 한 1년 후인 1954년, 나는 경상북도 오지 중의 한 외진 곳에서 혼자 서울에 왔다. 내가 서울에 와서 느낀 감정은 와이스바트의 느낌 못지않았다. 1965년부터 2001년까지 내가 미국 남부에 산 경험은 와이스바트가 서울에서 경험한 것과 같을 것이다.[15] 그러나 "덕은 외롭지 않기 때문에 덕성스러운 사람은 이웃이 있기 마련(德不孤 必有隣)"이라는 옛 한국 속담이 있다. 내 생각에는 조만간 와이스바트도 많은 한국 친구들의 주목을 끌 것으로 생각한다.

이미 언급한 바와 같이, 한국 선사시대와 역사시대를 통해 많은 외국 이민자들이 한국으로 이민했다. 최근의 일로, 56세의 독일 출신 번하드 퀀트(Bernhard Quandt)는 1979년에 한국에 와서 1986년에 귀화했는데, 2009년에 이명박 정부에 의해 외국인으로서는 최고위 공직인 정부기관인 한국관광공사 사장에 취임했다. 퀀트의 한국 이름은 이참이며, 그는 한국 사람들에게 자기가 관광공사사장으로 취임하기 이전에도 많은 외국 출신이 한국에 봉사했으며 저명인사가 됐다고 했다. 그 중에도 이참의 출신국인 독일 출신으로 묄렌도르프(P. G. Möllendorff)가 있는데 그는 1884년부터 조선조정의 특별고문으로 근무했다. 한국의 한 일간지에 기고한 글에서, 이참은 한국정부가 자신에게 그런 공직을 임명한 것은 한국이 유능한 외국인들에게는 정부의 요직에도 임명하는 전통 때문이라고 했다. 그는 부연해서, 자기의 위치에 해당하는 일본의 경우를 본다면, 일본정부는 한국의 이런 임명에 큰 감명을 받았다고 하며,

일본 사람들도 외국출신 인사를 그런 고위공직에 임명하는 한국의 개방정책을 부러워한다고 했다.[16]

때로는 외국인들이 자신들이 외국 사람이라는 신분으로 덕을 보아 즐기는 경우도 있다. 1960년대 초, 내가 전국적인 조사연구를 할 때, 그 지방 사람들이 나를 안내하는 것이 불편하여 피하는 경우가 있는 반면, 외국사람들은 지방 사람들로부터 더 많은 도움을 받는다고 들었다. 내가 하고 있는 연구의 목적을 설명하고 주민들의 협조를 얻기 위해 연구의 목적을 반복해서 설명할 때, 독일 신부(Catholic priest)가 그 마을에 나타나서 사람들의 이목을 집중시키고 말았다. 거의 모든 사람들이 그 신부를 따라가고 비록 내가 한국 사람이었지만, 한국 사람이라는 이유 때문에 사람들의 관심은 독일 신부에게로 갔다.[17] 이런 현상은 일본에서도 같다고 한다. 일본계 미국 인류학자이자 나에게는 개인적인 친구인 에미코 오누키-티어니(Emiko Ohnuki-Tierney)가 외국 인류학자들이 일본에서 인류학적인 현지조사를 하면 많은 혜택을 본다는 말이 맞는 말인지도 모른다. 그녀는 "일본 사람들은 모든 외국인 특별히 서구 사람들에게는 자기가 하던 일을 제쳐놓고 그들을 도와주려고 하며, 외국 방문자들을 위해서는 '레드 카펫(red carpet)'을 깔아주는 것 같은 대우를 한다"고 한다.[18]

사실이 어떻든지 간에, 결혼이민자들을 포함한 한국에 거주하는 많은 외국 사람들은 한국에는 아직도 외국인을 혐오하는 감정이 강하다는 점에 의견이 모아지는 것 같다. '한국 이미지 커뮤니케이션(CICI)'이 이런 의견을 뒷받침하고 있다. 213명의 외국 기업 CEO, 외교사절, 교수, 언론사 특파원, 은행지점장, 기업 주재원 등

'오피니언 리더(opinion leaders)'들을 대상으로 한국의 이미지에 관한 설문조사를 했다. 이들 213명 중, 17.8퍼센트에 해당하는 조사대상자들이 한국 사람들은 외국인들에 대해 마음을 열지 않으며 외국인 혐오증이 있다고 대답했고, 10.2퍼센트에 해당하는 응답자들은 한국 사람들은 외국 사람들에 대해 정중하지 않다고 대답했다고 한다.[19]

외국신부들이 당면한 고통과 도전에 관해, 외국출신 신부들을 돕기 위한 모임(The International Spouses in Korea Association: ISKA)의 회원인 필리핀에서 온 외국신부 로웨나 윤(Rowena Yoon)은 외국신부들을 괴롭히는 문제들을 열거하고 있다. 이런 고통스러운 문제들은 직접 혹은 간접적으로 인권 침해와 관련되는 문제라고 했다. 그들에게 고통을 주는 주된 원인으로, 언어 장벽, 배우자나 시집 가족들로부터 받는 가정 학대, 자녀들의 열악한 교육, 빈곤, 비자문제를 둘러싼 사회적인 매장 등을 들고 있다.[20]

전에 여성가족부와 보건복지가족부에서 다문화가족과장 등을 역임하면서 여성결혼 이민자들에 관한 업무를 담당한 경험을 토대로 쓴 『다문화 코드』의 저자인 이성미는 외국신부들이 한국생활을 하면서 일상으로 접하는 사소한 문화의 차이점에 대한 목록을 작성했다.[21] 예를 들면, 인도네시아에서 온 신부는 돼지 고기와 한국 사람들이 즐겨먹는 삼겹살을 먹기를 거부한다. 인도네시아에서 온 신부들의 대부분은 무슬림신도이기 때문에 돼지 고기를 먹지 않는다. 몽골에서 온 신부는 고기 특히 양고기를 먹기 원하지만, 한국 사람들은 생선이나 채소를 육류보다 더 좋아한다. 몽골사람들은 자기네 고향에서는 생선이나 채소를 거의 먹지 않는다. 태국에서 온 대부분의 신부들은 젓가락을 사용하는 것을 불편하게 생각한다. 그들에게는 손가락을 사용하는 것이 젓가락을 사용하는 것보다 더 편하다. 필리핀에서 온 신부들은 포크, 젓가락, 그리고 숟가락을 사용하지만, 상당수는 식사 때 손가락을 사용한다. 또한, 필리핀에서 온 신부들은 약속시간보다 한 15분 정도 늦게 도착하는 경향이 있는데, 그 이유는 시간에 맞추어오는 것은 예의에 맞지 않다고 생각한다는 것이다. 베트남에서 온 신부들은 시부모에게 인사할 때 방바닥에 무릎을 꿇고 절을 하는 한국식 예절에 따르도록 배웠지만, 베트남에서는 죽은 사람에게만 방바닥에 무릎을 꿇고 절을 한다는 것이다. 그들은 한국의 풍습에 대해 익숙지 못해서 꺼림칙하다. 그리고 또 베트남에서 온 대부분의 신부들은 대낮에 낮잠을 자지 못해서 불편을 겪고 있다. 출신국에 상관 없이 거의 모든 외국신부들은 산후에 드는 음식에 관해 오해를 사고 있다. 이성미는 자신의 책에서 그런 차이를 설명하고 있다.[22]

이성미가 외국신부들이 당면한 여러 가지 문제들을 식별한 것들 중에서 가장 큰 두 가지의 어려운 문제는 언어장벽과 문화차이를 들고 있다. 나는 이런 어려운 문제를 다음의 두 절에서 논의하기로 하겠다.

언어장벽

어느 사람이건 간에 언어가 상이한 다른 나라로 이주를 하면 언어장벽에 부딪히는 것은 어쩌면 자연스럽고 불가피하며 피치 못할 문제이다. 내가 미국에 갔을 때 언어장벽을 깨기 위한 노력을 한 기억이 생생하다. 그러나 누구도 나를 대신해서 이 문제를 해결

할 수 없는 것이며, 나 스스로 극복하지 않으면 안 된다는 사실을 알았다. 그러나 외국신부들이 한국어를 배우도록 돕기 위해 한국 중앙정부나 지방자치단체, 그리고 여러 민간단체들이 언어교육 프로그램을 주선했으며, 여러 자원봉사자들과 1,000여 명의 한국교사들을 동원하여 이민자들의 가정을 일일이 방문하면서 국어 교육을 도왔다. 이 가정 방문 프로그램은 3월과 6월 사이, 그리고 8월에서 12월 사이에 1년에 두 번씩 행해지고 있었다. 그러나 이런 방문 교육은 한 사람의 이민자에게 1회로 한정되며, 연장을 할 수 없고, 그런 교육은 80시간으로 한정되어 있었다.[23] 그러나 어느 이민자가 한국시민권을 획득하기 위해서는 한국어에 능숙하다는 것을 증명할 시험에 합격하든지, 아니면 한국어와 한국문화에 대한 220시간 이상의 강의를 수강해야만 하며, 이는 외국인의 배척과 비자 연장 문제와 관련이 있다.

학교에 다니는 아이들이 있는 외국신부들은 자신이 한국어에 대한 능력이 부족하여 자식들의 숙제를 도와주지 못하는 것을 딱하게 생각하고 있다. 그들은 아이들이 학교에서 선생님이 적어주는 쪽지를 들고 왔을 때 읽을 수 없는 것이 딱했다. 대부분의 시댁 식구들은 아이들이 집에서 한국말을 하기를 원하기 때문에 어머니와 자식들 간의 친밀한 상호작용이 제한되어 있다. 베트남 출신 한 어머니는 그녀가 집에서 베트남 말을 삼가도록 하기 때문에 그녀는 "내가 베트남 말을 할 기회라고는 아이가 병이 났거나 아니면 애가 잠들기 바로 전 밖에는 없다"고 한탄을 했다.[24] 어머니와 자식 간에 한정된 접촉 때문에 가정에서 어머니의 존재는 아주 미약하게 보인다. 고려사이버대학교 교수인 민성혜는 2007년에 다문화가정 출신 아동들을 상대로 심리적인 연구를 했는데, 이 연구에 참여한 165명의 아동 중에서 25명이 자기네 어머니의 모습을 그리지 못했다고 한다. 그려 보려고 애를 쓴 학생들 중에서도 자기네들 어머니의 그림(image)에서 귀도 없고, 입도 없고, 코도 없는 대충의 그림을 그렸다고 한다. 그들 어머니의 이름을 물어보았을 때 상당수의 아이들은 자기 어머니의 이름을 모른다고 했으며, 다른 아이들은 자기 어머니의 이름이 외국 이름이어서 발음할 수가 없다고 대답했다고 한다. 민성혜는 이런 결과는 아이들과 어머니 사이에 대화나 상호작용이 제한되어 있기 때문이라고 믿고 있다.[25]

결혼 이민자들에게 한국어의 습득은 한국 사회의 구성원으로서 기능하기 위해 필수적인 것이다. 언어를 습득해야만 하는 필요성은 의사소통 이상의 의미를 갖는다고 한다.[26]

내가 이 연구를 위해 현지조사를 할 때, 외국신부들이 외딴 마을과 작은 섬을 포함하여 전국에 골고루 산재해 살고 있다는 사실을 알게 됐다. 이렇게 흩어져 살고 있는 것 때문에 이들이 일정한 시간과 일정한 장소에 집합을 한다는 것이 어렵다는 점을 알았다. 외국신부들에게 한국어와 한국문화를 면대면 방식으로 교육을 시킨다는 것은 많은 문제를 내포하고 있다. 그들 대부분은 어린 자녀들이 딸려 있고, 또 대부분은 '풀 타임(full-time)'으로 일을 하고 있기 때문에 공부할 시간을 낼 수가 없다. 전통적인 교육방식이 여러 가지 애로사항을 안고 있다는 점을 염두에 두고, 나는 고려사이버대학에 인터넷을 통한 원격교육방식을 해 보기로 했다.[27]

문화의 상이성에 대한 몰이해

문화차이에서 비롯하는 오해가 외국 결혼 이민자들을 불안하게 만들고 있는 하나의 요인인 것이다. 예를 들어서 중국의 조선족 출신은 조선족가정에서 한국어를 사용해 왔기 때문에 언어의 장벽은 없다고 하더라도 문화적인 차이에서 오는 오해는 있다. 기대와는 달리 국제결혼의 경우, 조선족과 한국 남성과의 이혼율(14퍼센트)은 국제결혼에서 이혼율이 가장 높은 중국여인과 한국 남성 사이의 이혼율(28퍼센트) 다음으로 높다. 공교롭게도 외국신부들 중에서 이혼과 별거율이 가장 높은 것은 중국 출신 신부들(28퍼센트)이지만, 그 다음으로 높은 비율을 차지하는 것이 한국계 중국 여인들(14퍼센트)이다.[28] 그렇다면 언어 장애가 가정불화, 별거, 심지어는 이혼을 유도하는 가장 중요한 요인은 아닌지도 모른다. 문화간의 차이를 이해하는 것이 대단히 심각한 문제라는 사실을 인식하고, 고려사이버대학교의 다문화가정 캠페인은 다문화가정의 가족들이 외국 출신의 새 가족이 온 나라의 문화와 그들의 가치관, 그리고 행동양식을 이해하고, 그에 대해 세심한 배려를 하도록 권장하고 있다. 우선 중국을 제외하고는 가장 많은 외국신부들이 온 나라인 베트남의 언어와 문화의 강좌를 개설했으며, 재원이 확보되는 대로 다른 나라의 언어와 문화에 대한 강좌를 개설하려고 한다. 베트남에서 온 신부를 가족으로 맞은 많은 가정들은 다른 나라의 문화에 접할 기회를 부여한 것에 대해 고맙게 생각하고 있다.

가정불화, 가정폭력, 그리고 인권침해

가정불화, 가정에서의 학대, 국제결혼 중매업체들의 중매과정에서 일어난 부정직한 중매, 가정 경제문제, 그리고 편견, 다문화가정 자녀들에 대한 차별 등으로 일어나고 있는 문제들이 광범위하게 보도되고 있다.

가정불화와 가족 구성원들로부터의 학대

2005년 사회복지가족부의 보고에 의하면, 945쌍의 국제결혼 가정 중에서 단지 8퍼센트만이 일주일에 한두 번의 가정불화나 가정폭력을 경험했다고 보도한 반면, 41퍼센트에 해당하는 국제결혼 부부들은 심각한 가정불화가 없다고 대답했다고 한다.[29] 가정불화의 요인으로는 성격차이(33.4퍼센트), 생활습관에 따른 문화차이(22퍼센트), 경제적인 어려움(12퍼센트), 그리고 과음(11퍼센트) 등을 들고 있다.[30] 그러나 가정불화나 가정폭력 등에 대한 통계는 여러 연구들 간에 큰 차이가 있으며, 그 빈도는 8퍼센트에서 50퍼센트에 이를 정도로 차이가 난다.[31] 연구들마다 그 차이가 너무 크기 때문에 그런 연구결과를 여기서 나열한다는 것은 믿을 만한 통계가 되지 못한다고 생각한다.[32] 그럼에도 불구하고, 학대의 형태는 다양한데, 언어를 통한 학대(31.1퍼센트), 구타를 하겠다는 협박(18.4퍼센트), 집안 가재도구를 던지는 것(23.7퍼센트), 몸을 밀치는 것(13.9퍼센트), 손과 발로 하는 물리적인 학대(13.5퍼센트), 원하지 않는 성적 강요(14.0퍼센트), 변태적인 성행위의 요구(9.5퍼센트) 등이다.[33]

이런 이유 때문에 외국인들의 이혼율은 한국 사람들의 이혼율보다는 높은 편이다. 2008년에 국제결혼자의 이혼율은 11,255건으로 결혼자의 30퍼센트에 육박하고, 결혼 파탄의 수 전체의 10퍼센트에 해당한다. 이혼한 사람의 83퍼센트는 결혼한 지 5년 미만이며, 이는 2002년에서 2009년 사이에 15.9퍼센트나 급격한 증가를 했다.[34] 한국인 남편과 외국신부 사이의 결혼에서 생기는 이혼비율은 반대의 경우인 외국인 남편과 한국 신부 사이에 이혼 하는 비율보다 훨씬 높다. 이런 수치를 보면 농촌의 한국 남성과 아시아 여러 나라에서 온 신부들이 결혼생활을 해 가는 데 어려움이 있는 것 같다. 국제결혼을 한 부부들 중에서 중국에서 온 신부들과의 이혼율이 가장 높으며, 이 숫자는 5,398명으로 전체 이혼한 사람의 67.8퍼센트를 점하고 있다. 베트남에서 온 신부가 1,078명으로 두 번째이며, 필리핀에서 온 신부의 이혼자 수가 268명이고, 일본 신부가 이혼한 수는 205명이다. 한국 남자와 외국신부가 결혼한 국제결혼자 중에서 이혼하는 사람들의 거의 90퍼센트는 그들 사이에 자녀들이 없는 경우이다.[35] 덧붙여서 말한다면, 일반 한국 사람들의 이혼율은 지난 1998년 이래 지속적으로 감소하기 시작했다. 예를 들어서 2003년 한국인의 이혼 건수는 116,660건이었으나 5년 후인 2008년에는 116,500건으로 지난 5년간 지속적인 감소율을 보였다.[36]

만일 국제결혼이 국내인들과의 결혼에 비해 일반적으로 성공율이 낮다고 한다면, 무엇이 외국 여성들로 하여금 한국 남성과 결혼을 하게 하는지에 대해 궁금할 것이다. 외국신부들이 한국 남성과 결혼하는 이유는, 다음과 같은 여러 이유 중 하나일 것이다. 첫째, 경제적인 이유(41퍼센트)이고, 둘째로는 사랑을 하게 된 것 때문이다. 국제결혼 중매업체를 통한 결혼자의 73퍼센트는 경제적으로 자신의 지위를 향상시키기 위한 때문이라고 한다. 다섯 사람 중 한 사람(20퍼센트)은 결혼 전에 신랑에 대해 정확하지 않다고 했으며, 44퍼센트에 해당하는 사람은 신랑감에 대해 사실과 다른 잘못된 정보를 받았다고 했다.[37] 실제로, 국제결혼을 한 부부들이 당면한 많은 문제들을 추적한다면 그들의 결혼이 중매에서 비롯한 것이라고 할 수 있다.

경제적인 어려움

많은 외국신부들은 경제적으로 지위를 향상시키기 위해 한국 남성과 결혼한다. 중매인을 통해 결혼한 절대 다수(77퍼센트)의 외국신부들은 결혼을 통해 경제적인 지위를 향상시키고, 그들의 결혼으로 친정 부모에 도움을 줄 수 있다는 희망에서 국제결혼을 했다는 것이다. 그러나 그런 기대와는 정반대로, 외국신부를 맞는 대부분의 한국 신랑감은 경제적으로 그런 여유가 없는 사람들이다. 대다수의 신랑감들은 경제적으로 어려운 지역인 농촌이나 어촌 등에 살고 있다. 많은 신랑감들은 결혼중매 소개비를 지불할 능력도 없을 뿐만 아니라, 신부를 찾기 위해 신부가 살고 있는 나라를 방문할 여비를 장만하기도 어려운 사람들이다. 이런 사람들을 지원하기 위해서 어떤 지방자치단체는 지방자치단체의 법을 개정하고, 또 시의 조례 등을 개정하여 국제결혼을 지원했다. 김현미의 보고에 의하면,

… 농촌이나 어촌에 사는 35세에서 50세 사이의 독신 남성은 국제결혼 중매업체를 통해 외국신부들을 구하는 데 필요한 자금 3백만 원에서 8백만 원(미화 $3,200에서 $8,600)에 이르는 지원금을 [지방자치단체로부터] 받을 수 있도록 하는 법과 조례를 만들었다. 2007년 5월 현재, 60개 시와 지방자치단체는 이와 비슷한 법을 통과시켰는데, 그 액수는 한화로 28억 5천만 원이나 된다. 지방자치단체의 대표자들은 자유무역협정 이후 더 어렵게 된 지방자치단체의 발전을 위한 장기적인 발전계획을 세우는 대신 시골 청년들을 국제결혼시장에 내몰고 있다.[38]

시골 사람들의 이농을 막기 위해 자녀출산에 보조비, 해산비용 등을 지원하는 여러 가지 프로그램들이 있다. 지방자치단체들은 어쩌면 국제결혼을 조장하기 위해 과도한 노력을 하는 것 같은 인상을 준다. 때로는 새로운 정책이나 법률조항들은 확실한 목표나 절차를 고려하지 않고 성급하게 추진한다는 인상을 주기도 한다. 이런 낭비적인 방안의 주된 수혜자는 상업적인 무면허중매업자들인 것이다.

국제결혼을 위한 지방자치단체의 재정적인 지원을 받지 못하는 사람은 개인적으로 부담을 하게 되는데, 대부분의 경우에는 개인적인 빚을 얻는 경우가 많다. 빚을 얻어 중매결혼을 한 부부는 그 빚을 갚기 위해 어느 때보다도 더 많은 일을 해야 하며, 어떤 경우에는 빚이 시골에 생활하는 사람들에게는 너무 과중하여 갚을 길이 없는 수도 많다. 고려사이버대학교의 캠페인 중에 어느 사회봉사자는 말하기를 베트남에서 시집온 한 신부는 시집올 때 신랑이 진 빚 1백 50만원(미화 약 $1,250)을 갚기 위해 작은 고추밭에서 노예처럼 일한다고 했다. 대부분의 외국신부들은 평균 주 47.7시간의 노동을 한다고 한다.[39] 2005년 보건복지부에서 행한 조사에 의하면(보건복지부는 여성부와 합병을 하면서 보건복지가족부로 명칭 변경), 대부분의 다문화가정(52.9퍼센트)은 연 소득이 최저임금수준 이하라고 한다.[40] 만연된 빈곤과 한국어의 장애로 인해, 2005년 기준으로 한국의 평균 아동들은 56.8퍼센트가 유아원과 유치원에 다니는 데 비해, 다문화가정 아이들은 단지 27.5퍼센트만이 유아원과 유치원에 다닌다고 한다.[41]

유아원과 유치원에 취학하지 못하는 것보다 더 큰 어려움은 다문화가정 자녀들이 부모와 헤어져서 살지 않으면 안 되는 '이산 가족'이 되는 경우이다. 이런 경우는 가정이 경제적으로 너무 어렵거나, 부부가 다 일을 해야 하는 경우와 또 가정불화나 별거, 혹은 이혼 등으로 인해 자녀들을 부양할 수 없기 때문에 일어난다. 이런 경우에 자녀들을 어머니의 친정집 외조부모에게 아이들을 보내는 것이다.[42] 2008년 5월 9일, 『조선일보』가 보도하기를, 현재 베트남에는 베트남 어머니와 한국 아버지 사이에서 태어나 베트남의 외조부모 밑에서 자라고 있는 아이들의 수가 늘어가고 있다는 것이다.[43] 이들을 통틀어서 베트남 말로 '래인한꿕(*rainhankkwŏk*)'이라고 부르며, '한국에서 온 사람'이라는 뜻이라고 한다.

예를 들면, 2003년에 40살 된 선원인 한국 남자가 결혼중매업체를 통해 남부 베트남 따이닌(Tai Nin)이라는 작은 시골마을 태생인 베트남 여인과 결혼을 했다. 2008년에 4살된 딸이 있었다. 결혼 중에도 베트남에 송금을 해야 하는 문제 때문에 끊임없는 가정불화가 있었다. 마지못해 남편은 딸 영은(가명)을 데리고 부인에게 베트남으로 돌아가라고 했다. 그 베트남 신부는 딸을 데리고 친정인 베트남으로 가서, 딸만 친정에 맡기고 자신은 한국으로 되돌아왔다. 그러나 남편의 재정보증이 없어서 그녀는 한국 이민국에 유치되어 있다가 후에 풀려났다.

그러나 그 베트남 신부는 불법으로 이런 저런 곳에서 잡일을 했다. 그러나 딸 영은은 한국국적을 갖고 있었기 때문에 베트남에 머무르기 위해서는 비자를 연장해야 했었지만, 어머니가 한국으로 올 때 모르고 딸의 여권을 가지고 한국으로 오는 바람에 비자연장을 못해서 영은이도 베트남에서 불법체류자가 됐다. 그러는 사이에 영은은 베트남에 머무르느라고 한국말이라고는 아빠 정도를 기억할 뿐 한국말을 잊어버렸다. 영은이는 베트남에 불법체류자의 신분이기 때문에 유아원이나 유치원에도 다닐 수가 없게 됐다. 영은이의 외할머니는 조선일보 기자에게 영은이를 베트남에 있는 한국학교로 보내는 것은 수업료가 비싸서 자기네들의 수입으로는 꿈도 꾸지 못한다고 넋두리를 했다고 한다. 그 외할아버지의 하루 일당은 고작 50,000동(미화 약 $2.50)이라고 한다.[44]

영은이와 같은 처지의 아이들이 몇 명이나 되는지에 관한 정확한 통계는 없다. 그러나 신조어인 래인한꿕이라는 말이 있을 정도인 것으로 미루어, 이런 처지의 아이들이 많을 것으로 짐작된다. 베트남 주재 유엔 인권담당자의 말에 의하면, 베트남에 있는 외조부모들은 너무나 가난해서 한국 돈으로 6만원이나 7만원 정도가 드는 비자연장 수수료는 일반 베트남 노동자의 한달 월급에 해당된다고 했다.[45]

래인한꿕과 같은 불행한 사실이 일어나고 있는데도 불구하고 많은 베트남 여성들이 외국 남자를 남편으로 맞아 결혼을 하는 이유는 그 길이 빈곤에서 벗어나는 가장 좋은 길이라고 믿기 때문이다. 실제로 어떤 베트남 부모들은 딸을 한국 남성과 결혼하게 하여 경제적인 이득을 보고 있다. AP보도에 따르면, 예를 들어서 메콩강 삼각주(Mekong Delta Island)에 있는 섬 중의 하나인 탄롱섬(Tan Long Island)에서는 한국이나 대만에 있는 외국 사위들의 도움으로 상당수의 주민들은 작은 초가 오두막집을 벽돌집으로 개조했다고 한다. 그들은 조그마한 식당이나 가게도 개업하여 불볕 태양 아래에서 쌀 경작이나 다른 농산물을 재배하는 농사일에 품을 팔아 고작 하루에 몇 푼을 받고 살던 사람들에게 새로운 일자리를 제공하고 있다. 운 좋은 가정들은 [사위들에게서] 돈을 넉넉히 받아서 연못을 파 양어(養魚)를 하기도 한다고 한다.[46] AP 보도에 따르면, "적어도 20퍼센트의 그 곳 섬 사람들은 빈곤에서 벗어 났다. … 베트남의 한 대학교수로 탄록(Tan Loc) 섬에 관해 광범위하게 연구한 판 안(Phan An)에 따르면, [외국인 사위로부터 보내온 돈]은 이 지방의 경제에 커다란 공헌을 했다"고 한다.[47]

인권침해

정직하지 못한 결혼중매업체의 중매, 배우자의 학대, 문화차이 등이 인권을 침해하고 있다는 점이 한국의 언론매체에 가장 많이 노출되는 문제들이다.

2006년에 몽골에서 온 어린 신부는 국제결혼 중매업체를 통해 한국 신랑과 결혼을 했는데, 결혼 중매업체는 신부에게 남편될 한국인이 귀머거리이고 성불구자인 사실을 알려주지 않았다. 결혼

후 시부모들은 몽골출신 며느리가 임신을 하지 않는다고 임신하라고 성화를 했다. 결혼 후 이 몽골신부는 시부모들로부터 임신을 하지 않는다는 성화 때문에 심리적으로나 정서적으로 심한 고통을 받아왔다. 더 고통스러운 것은 결혼할 때 친정부모들에게 매월 20만원씩 주기로 한 약속을 임신을 하지 않는다는 이유로 거부해 온 것이다. 이 돈은 몽골 신부의 부모들에게 매달 보내 줄 것을 약속했기 때문에 보내 줄 것으로 기대한 액수이다. 몽골 신부는 이 돈을 마련하기 위해 온갖 허드렛일을 해 왔다. 그럼에도 불구하고 그런 돈을 마련할 수가 없었다. 또 그런 돈을 남편이 마련할 것으로 기대할 수도 없었다. 왜냐하면 남편은 신체장애자로 정상적인 활동을 할 수 없었기 때문이다. 마침내, 몽골신부는 결혼 전의 약속을 시댁이 거부했다고 원망하면서 몽골로 귀국하고 말았다.[48] 정확한 통계수치는 없지만, 이런 예는 특수한 경우라기보다는 널리 일어나고 있는 일인 것 같다.

2006년 12월, 국제결혼 중매업체를 통해 19세의 베트남 여성이 자기보다 27세나 연상인 한국 남자와 결혼을 했다. 2년간의 결혼생활을 하는 동안 부인은 남편으로부터 신체적인 학대를 받아 오랫 동안 우울증을 앓았다. 하루는 남편을 떠나 친정 집으로 돌아가겠다고 협박을 했다. 남편은 술에 몹시 취한 상태에서 베트남 신부를 심히 구타하여 사망하게 됐다. 그 결과로 남편은 대전고등법원에서 20년의 형을 받고 현재 복역 중이다.[49] 또, 2007년 3월에, 35세의 한국 신랑이 국제결혼 중매업체를 통해 보통 중매수수료보다는 많은 1천 850만원을 지불하고 21세의 네팔신부와 결혼을 했다.[50] 각 중매업체들은 수수료를 각기 다르게 부과하고 있지만, 대개 1,200만원에서 1,500만원 사이로 알려져 있다. 이 비용을 대부분의 경우에는 신랑이 부담하고, 신부는 형식적으로 약 30만원을 지불하는 것이 보통이다. 어떻든지 간에, 네팔에서 온 그 신부는 신체장애가 있는 늙은 신랑에게 거의 팔려가다시피 되었다고 주장한다.[51]

어떤 때는 문화적인 차이 때문에 일어나는 문제가 극단적인 참사를 빚어낼 때도 있다. 그런 비극적인 일로 인해 한국 사람들은 한국에서 다문화사회주의를 실현시키기 위해서는 외국 문화에 대한 이해를 증진시키는 것과 문화의 차이에 대한 세심한 배려를 할 필요가 있다는 점을 환기시켰다. 2009년 1월에 부산지방법원은 42세의 한국 남편이 25세의 필리핀 신부에게 본인이 원하지 않는 강제적인 성행위를 했다는 죄목으로 30개월의 징역형을 선고했다. 이는 한국의 사법역사상 최초의 부부강간에 관한 법원 판결이었다.[52]

아마도 부부강간 같은 문제는 일반에게 알려지지 않았던 부계(男權) 중심의 보수적인 사고를 유지했던 과거의 전통에 비추어 볼 때, 부부강간에 대한 법원의 판결은 아마 급격한 사회의 변화를 나타내는 사건으로 이해될지도 모른다. 필리핀 신부는 한국 사법역사에 새로운 장을 기록한 셈이다. 그런데, 이 사건이 있기 전인 2008년, 여성부의 여론조사에 의하면, 응답자의 38.7퍼센트는 부부강간에 대한 유죄판결을 지지했다. 27퍼센트는 이런 부부강간의 유죄를 지지하지만, 현재로는 시기가 적절하지 않다고 했다. 그러나 35.2퍼센트는 그런 형벌에 반대의사를 표명했다.[53]

법원의 부부강간 판결은 더 큰 참사를 불러왔다. 법원의 판결

이 있은 지 5일 후에 부부강간의 죄목으로 형을 받은 신랑은 자신이 사는 아파트에서 목을 매어 자살했다. 그런 개인적인 참사 외에도, 이 사건은 많은 한국 사람들에게 문화가 다른 나라에서 온 사람들과 결혼을 한 사람들에게 통문화에 대한 이해가 얼마나 절실한지를 일깨워 주는 계기가 됐다.

이 사람이 자살하기 전에 『동아일보』 기자에게, 비록 자신이 부인이 원하지 않는 성관계를 강요한 것은 사실이지만, 폭력을 사용하지는 않았다고 말했다는 것이다. 그는 기자에게, 자기 부인은 가사 일을 등한시했으며, 필리핀에 있는 친정 부모에게 보낼 돈만 요구했다고 불평을 털어놓았다. 그러면서 그는 기자에게 자신의 판결에 대하여 고등법원에 항소하겠다고 했다. 그러나 항소를 하는 대신 그는 스스로 목숨을 끊고 말았다.[54]

가정 폭력과 인권침해에 관한 사례가 많지만, 폭력이나 인권침해는 대개 두 가지 원인에 기인하는 것 같다. 첫째의 경우는, 결혼중매업체가 그릇된 정보를 가졌든지, 아니면 수수료만 챙길 목적으로 고의적으로 그릇된 정보를 날조하는 사기적인 결혼중매업체의 부정직함 때문이다. 둘째는, 신랑이 결혼하기 전에 신부에게 처가의 장인이나 장모에게 재정적인 지원을 하겠다고 약속을 한 이후, 결혼 후에 그 약속을 이행하지 않기 때문에 생기는 문제인 것 같다. 크게 보아 이 두 가지 요인이 가정내의 불화를 야기하고 결국에는 폭력적인 행동으로 가도록 만드는 것 같다.

국제중매업체

처음부터 외국신부의 유치는 국제결혼 중매업체에 의존해 왔으며, 이 과정에서 정부, 특히 지방자치단체의 격려와 도움을 받기도 했다. 그러나 후에 한국정부나 민간단체들도 결혼중매업체들이 이윤을 추구하는 상술 때문에 예비 신랑에 대한 부정확한 정보를 주고 있다는 사실을 알게 되어, 2007년 12월 14일에 『결혼중개업의 관리에 관한 법률』 제정으로 예비 신부나 신랑의 신상정보를 속이지 못하도록 금지하고 있기는 하다.[55] 그러나 2009년 4월에 발표한 보건복지가족부의 보고서에 의하면, 1,128개의 결혼중매업체 중에서 316개 업체(전체의 28퍼센트)는 현존하는 법률과 규정을 위배하고 있다고 한다.[56] 그런 부도덕하고 불법적인 결혼중개업소의 활동은 한국의 여러 언론기관에 널리 보도되고 있다.[57] 그들의 손상된 평판을 회복하기 위하여, 중매업체들은 몇 가지 새로운 조치를 마련했다. 동시에 한국 정부도 국제 결혼중매자들을 관리하고 규제하는 방안을 강구했다.

자체정화의 한 수단으로 대부분의 중매업체는 더 많은 수의 한국 신랑들을 유인하는 방법으로 신부들에 대한 서비스를 소위 '보장'한다는 것이다. 즉 6개월 또는 1년 안에는 신부들이 남편에게서 도망치지 않거나 혹은 이혼소송을 제기하지 않도록 보장한다는 것이다. 또한 결혼생활이 원만하게 이루어지도록 신부들에게 상담 서비스를 제공한다는 것이다. 만일 외국신부들의 과오로 인해 이혼을 하게 된다거나, 만일 신부가 시집을 떠나버린다면, 중매업체는 한국 신랑에게 새 신부를 소개해 준다는 것이다. 만일 한국 신랑이 신부감을 만나기 위해 신부가 거주하는 나라로 가야 한다면, 항공비 등과 같은 실경비만 부담하면 된다는 것이다.[58] 그러나 일부 외국신부들은 상담이 파탄하기 쉬운 결혼을 결속시키는 데 비관적인 견해를 가지고 있다. 김현미는 "결혼중매업체들은 남편과 아내들 사이에서 절충을 하도록 하는 서비스를 제공한다기보다는 결혼 이주여성들에게 남편과 가족들에게 복종하도록만 강요할 뿐이다. 몽골에서 온 한 외국신부는 나에게 말하기를 결혼 중개업소 사람이 통역을 대동하고 자기 집을 방문했지만 자기에게는 한마디의 말도 하지 않고 자기 남편과만 대화를 했다"고 한다.[59]

결혼중매업체들을 통제하기 위해, 2008년 6월 11일에 대통령령을 제정 발표했다. 이 대통령령은 『결혼중개업의 관리에 관한 법률시행령』이라고 하는데, 2008년 6월 13일에 보건복지가족부령으로 제정한 『결혼중개업의 관리에 관한 법률시행규칙』과 함께 효력을 발생하도록 한 것이다. 이런 일련의 조치는 결혼중매업소는 정확한 주소가 표시된 실제 사무실 본부가 있어야만 하도록 요구하고 있다. 그리고 그 업체들은 일정액의 현금이 예치되어 있어야 하며, 보험에도 가입해야 한다. 또, 회사의 모든 문서와 결혼 계약서는 결혼을 하려는 당사자들의 모국어로 번역이 되어 있어야만 하며, 결혼 중매업체에 종사하는 사람은 반드시 의무적인 소양교육을 받도록 되어 있다. 이런 법률을 해외에서 위배하는 업체들은 외교통상부 장관이 그 명단을 보건복지가족부 장관에게 통보하여 해당 업체를 처벌하도록 했다.

이러한 조치에도 불구하고, 국제결혼을 주선하는 사람이 자격증을 받아야 하는 허가사항이 아니고 신고사항인 한, 이런 처벌조항은 실효를 걷지 못하고 있다. 더구나, 이런 결혼중매업체들은 사업을 여러 나라에 걸쳐서 행하고 있기 때문에, 어느 특정한 나라의 법과 규정을 위배하더라도, 쉽게 다른 나라로 옮겨서 같은 사업을 지속적으로 하고 있다. 국제결혼 중매업체들에 대한 정확한 통계는 없지만, 결혼중매업이 자격증을 얻어 할 수 있는 허가사항이 아니고 신고사항이기 때문에 그 수는 증가 일로에 있다는 것이다. 『동아일보』의 보도에 의하면, 2010년 7월 말까지 국제결혼 중매업자의 수는 1,253명인데, 한 해 사이에 125명이나 늘었다고 한다.[60]

최근인 2010년 7월 8일, 부산에 거주하는 20세의 베트남 신부는 47세의 남편에게 구타를 당하고 칼에 찔려 사망했다. 그 사건이 있은 즉시 남편은 경찰에 자진 출두했다. 그가 경찰에 진술한 조서에 따르면, "내가 사람을 죽였다. 나는 정신병으로 고통을 받고 있다. 내가 그 여자를 죽인 것은, 내가 그 여자와 다투고 있을 때 귀신이 나더러 그 여자를 죽이라고 했다"는 것이다.[61] 그는 다음날 살인죄로 기소되어 구속되었다.

이 베트남 여인의 사망은 두 가지 면에서 비극적이다. 첫째는, 그 여인은 한국에 도착한 지 8일째 되는 날에 살해된 것이다. 그 여인으로서는 소위 '한국의 꿈'에 대해 생각해 볼 시간의 여유도 없었다. 가난한 가정의 5남매 중 넷째로, 호치민시에서 차로 6시간 거리에 있는 남쪽 베트남의 작은 마을에서 태어났다. 그 여인은 집에 있는 부모를 봉양하기 위해서 몇 푼의 돈을 벌기 위해 호치민시에서 가정부로 일을 했었다.[62] 그녀의 언니 한 명은 대만 남성과 결혼을 했고, 그녀의 질녀 한 사람은 한국 남자와 결혼을 했다. 이 두 사람은 다 행복하게 살고 있다. 이런 집안의 국제결혼 내력으로 인해 그녀 역시 한국 남자와 결혼을 하기로 했다. 그러나 한국의 신랑감이 정신병력을 가진 사람인지는 몰랐다.

둘째로, 이런 비극은 결혼 중매업자들이 신랑과 신부의 정신병

기록을 알아보고, 그 상태를 신랑감과 신부감들에게 솔직하게 알려주기만 했었어도 간단히 사전에 예방할 수 있는 일이었다. 이 특별한 경우에는 경찰의 조사에 의하면, 이 한국 남자는 정신병으로 인해 57회나 병원에서 치료를 받은 병력이 있음에도 불구하고 결혼중매업체는 한국 결혼희망자들의 명단에서 이런 사실을 조사조차 한 일이 없다.[63] 부산시 경찰청은 이 혼인을 중매한 중매업체가 한국의 신랑에 대한 정보를 알고 있었음에도 불구하고 고의로 이 사실을 은폐했는지에 대해 수사를 하고 있다고 했다.

이 사건은 전국적으로 너무나 잘 알려졌기 때문에 국제중매업체가 부도덕한 중매를 하고 있는 것을 공개적으로 비난하는 격렬한 규탄이 있었다. 주한 베트남 대사인 트란 트롱 토안(Tran Trong Toan)이 사건에 대해 비통함을 금치 못한 나머지, 한국정부가 법률과 정부정책으로 국제결혼 중매업체를 규제해 줄 것을 한국정부에 요청했다.[64] 외국신부들은 서울인권협회 사무실 앞에서 희생당한 동료 외국신부를 추모하는 집회를 가졌다.[65]

베트남 신부의 비극적인 사망은 한국정부의 주목을 끌었다. 이명박 대통령은 새로이 임명된 정운찬 국무총리를 위시한 고위 보좌관들과의 회동에서 국제결혼 중매업체들에 대한 철저한 조사를 지시했다.[66] 백희영 여성부장관은 이 문제에 관해서 "부산에서 있은 베트남 신부의 살인사건은 걷잡을 수 없는 국제결혼에 근본적인 문제가 있는 것이며, 이 문제는 해결되어야만 한다"고 역설했다.[67] 그래서 경찰당국은 불법적인 결혼중매행위에 대해 범국가적인 엄중한 단속을 실시했다. 부산 경찰당국은 특별히 그 결혼을 중매한 업자가 부인을 살해한 그 남자의 병력(病歷)을 알고 있었으면서도 그 사실을 부인이나 그녀의 가족에게 그 사람의 병력에 대한 정보를 제공하지 않았는지에 대해 조사를 하고 있다.[68] 한국정부는 결혼중매인들이 배우자가 될 사람들에게 정확한 정보를 제공해야만 하는 의무를 재확인하도록 강조하고 있다.

불법적인 국제결혼 중매인들에 대한 엄중한 단속과 함께 법무부는 2010년 8월부터 한국 남성 중에서 외국신부, 특히 중국, 베트남, 필리핀, 캄보디아, 몽골, 그리고 여타 아시아 국가에서 온 신부들과 결혼을 희망하는 사람은, 4시간에 걸친 국제결혼의 진행절차, 관계법령, 그리고 국제결혼의 실패 등에 관한 '소양교육'을 받아야 하도록 요구하고 있다. 이런 오리엔테이션에 약혼이나 '맞선'[69]을 보기 전에 반드시 참석해야 한다. 이 오리엔테이션은 신부가 F-2 입국 비자를 받기 위한 필수요건이다. 또한, 법무부는 성범죄자, 가정폭력범, 전과자, 그리고 정신질환자들에 대해서는 비자 발급을 제한하는 조치를 발표했다.[70]

내 생각으로는 4시간의 오리엔테이션이 얼마나 그런 상황을 개선할지에 대해서 회의적이다. 그렇다고 하더라도 무엇이든 하는 것이 아무 것도 하지 않는 것보다는 좋다고 본다. 국제결혼 중매업체의 문제들이 만연한 상황에서 한국정부는 2009년 8월 대만에서 시작한 것과 같이 정부가 국제결혼중매를 전담할 비영리단체를 심각하게 고려하고 있다고 한다.[71] 베트남 신부의 참혹한 죽음이 헛된 죽음만은 아닐 것이다.

그러나 신랑이나 신부 양측의 강렬한 요구가 있는 한 기존의 법규가 아무리 강력하다고 하더라도 그 규정을 집행하기에는 어려움이 따를 것이다. 마약단속과 같다. 마약을 요구하는 강렬한 요구가 있으면, 대량의 공급망이 생기는 것과 같은 비유를 들 수 있다. 일부 동남아시아 국가들에서 외국인 신랑을 맞이하려는 강렬한 요구는 AP 통신 기자의 보도에서 생생하게 나타나 있다. AP통신의 보도에 의하면,

> 대만에서 온 한 신랑감이 6천 달러를 지불하고 한 신부를 고르기 위해 베트남에 왔을 때, 거의 70여 명의 베트남 여인들이 경쟁적으로 5명씩 짝을 지어 패션모델처럼 자세를 취하며 빙빙 돌고 지나갔다. 청바지와 검은 T셔츠를 입은 20세의 리 티 녹 쿠엔(Le Thi Ngoc Quyen)이 낯선 사람 앞에서 선을 보이면서, 대만에서 온 신랑감이 자기를 선택해 주기를 바랐다. 그 여인은 자신이 참여했던 그 장면을 되새기면서, "나는 참으로 긴장했어요"라고 말했다. "그런데 그 남자는 나를 선택했으며, 나는 즉석에서 그 남자에게 결혼하겠다고 말했다"고 한다.[72]

결혼 전에 (친정에) 경제적인 도움을 주겠다는 약속과 종종 그 약속을 지키지 않는 것에 관해, 대부분(거의 73퍼센트)의 신부들이 경제적인 약속으로 결혼하는 현실을 생각할 때, 이 문제에 대한 답이나 해결책이 쉽지 않다. 신랑들이 결혼 전의 약속을 지키겠다는 의지가 있다고 하더라도, 대부분의 신랑들(52.9퍼센트)의 생활 수준이 빈곤층 이하이기 때문에 그런 당초의 약속을 지킬 수가 없다. 한국 남성과 결혼하려는 외국신부들은 이런 현실을 이해하고 있어야만 한다. 만일 그들이 한국에서 펼치고 싶은 '한국의 꿈(Korean dream)'이 있다고 하더라도, 그런 꿈의 실현이 그들이 당초에 생각했던 것만큼 쉽지는 않을 것이다.

'혼혈아'에 대한 인권 침해

한국이 그간 단일민족이라고 믿는 생각이 너무 강하고 널리 퍼져 있기 때문에 UN의 인종차별금지위원회(UNCERD)가 한국에서 순혈(純血)이나 혼혈(混血)이라는 용어의 사용을 금지해 주도록 권고하는 지경에 이르렀다. 한국에서 근래 다문화주의라는 말이 대중적인 구호가 되다시피 했지만, 아직도 다른 종족이나 인종 사이에서 출생한 자녀들에 대한 차별이 있는 것이 사실이며, 인종과 종족배경에 따른 차별이 있는 것도 사실이다.

최근 통계에 의하면, 2010년 6월 현재 한국 사람과 외국인 사이에 태어난 자녀들의 수는 121,935명으로 알려져 있다.[73] 그러나 다문화주의라는 말이 공공의 담론이 되기 전에 미국 군인들과 한국 여성들 사이에 태어난 아이들도 상당수 있었다. 이런 이유로 인해 어떤 학자들은 외국인과의 사이에 태어난 '혼혈'아동들을 두 그룹으로 나누는데, 한 그룹은 미국 군인들과 한국여성들 사이에 태어난 자녀들을 말한다. 이런 아이들을 '코-아메리칸(Ko-Americans)' 혹은 '아메리아시안(Ameriasians)'이라고 부른다. 또 다른 그룹으로는 '코-아시안(Ko-asians)'이라고 부르는데 한국인과 다른 아시아 사람들 간의 국제결혼에서 태어난 아이들을 말한다. 이들은 1990년대 후반에서 2000년대 초반에 태어난 다문화가정 자녀들이다.

첫 번째 그룹에 속하는 자녀들의 수는 1960년대의 기준으로 1,400~2,300명 정도로 추정되며, 이 수는 1990년에는 500명으로 감소되었는데, 감소 요인은 한국 주둔 미군의 감소와 관계가 있다.[74] 이런 통계는 부정확할 수밖에 없다. 왜냐하면, 한국통계청에 의하면, 국제결혼에서 출생한 자녀들에 대한 구분이 불가능한 이유는 출생증명서식에는 모든 부모가 한국이라는 가정 때문에 부모의 국적을 표시하는 난이 없기 때문이라는 것이다.[75] 두 번째 그룹에 속하는 다문화가정 출신의 자녀수는 급격히 증가하고 있는데, 2006년에 7,998명이던 것이, 2007년에는 13,445명이고, 2008년에는 58,007명이다. 2010년 6월에는 121,935명, 2020년에는 142,000명으로 추산하고 있다.[76] 공식적인 정확한 통계가 없는 현실에서 이 수치들에 대해서는 각 기관마다 다소 다르게 나타나고 있다.[77]

코-아메리칸 혹은 아메리아시안 등과 관련해서 한국 인류학자인 전경수와 그 동료들은 코-아시안의 수가 늘고 다문화주의가 한국에서 대두되기 전까지 코-아메리칸 혹은 아메리아시안의 문제는 한국 사람들의 마음 속에는 "무시로 일관해 왔다"고 한다.[78] 다문화가 공공의 담론이 되기 이전에 다른 인종과의 결혼으로 태어난 자녀들에 대한 편견과 인종차별은 피부색깔이 짙은 아이들에게 주로 있었던 것이며, 이들은 주로 미군들과 한국 부인들 사이에 태어난 자녀들에게 향해서였다. 차별의 성격이나 형태는 다양했는데, 흑인들을 욕하는 말들을 포함한 여러 가지 별명을 부르거나, 모욕을 주는 여러 가지 형태, 직장을 구하지 못하게 하는 방해, 그리고 때로는 이유 없는 구타 등을 포함한다. 부당한 형태는 너무나 다양해서 그 목록을 여기에 다 묘사할 수가 없다.

그런 차별 대우 때문에 아메리아시안 중에서 미국의 아버지를 찾을 수 있는 많은 아이들은 미국으로 이민을 했으며, 아버지를 찾을 수 없는 상당수의 아이들도 여러 입양기관을 통해 해외에 입양

되었다. 이에 관해서도 인종이 다른 사람과의 결혼으로 출생한 후 입양된 아이들의 수에 대한 정확한 통계는 없다. 입양기관 중에서 50년의 긴 역사를 가졌고 90,000명의 아동을 해외에 입양시킨 홀트아동복지회(Holt Children's Services, Inc.) 같은 입양기관도 입양된 아이들의 부모, 대부분의 경우에 아버지의 신상을 밝히지 않고 있다. 얼마만한 수의 '혼혈'아동들이 입양을 했는지에 대한 통계를 파악할 방법이 없다. 그러나 『동아일보』는 1950년대(첫 입양은 한국전쟁이 휴전된 1953년에 시작되었다) 미군과 한국 여성 사이에 출생한 아이들의 입양에 관한 기사를 보도했다. 그에 따르면, 1955년에서 1959년까지, 2,887명 입양아 중 거의 70퍼센트가 타 인종과의 결혼에서 태어난 아이들이라고 한다. 이 비율은 1970년대에 10퍼센트로 감소됐다.[79] 2006년 미국 미식축구 제40회 수퍼볼에서 MVP상을 수상한 바 있는 하인스 워드(Hines Ward)는 전 주한 미군 흑인 병사와 한국 여인 사이에서 태어난 사람이다. 그는 한국에 만연한 차별대우를 피해 미국으로 간 사람 중의 한 사람이다. 2010년 9월에, 워드는 아시아계와 태평양열도출신 미국인들을 위한 미국 대통령의 자문기구의 자문위원으로 임명되었다.

1990년대 후반에서 2000년대에 태어난 다문화가정 출신의 자녀들은 아메리아시안들이 경험한 차별대우보다는 차별을 적게 받은 셈이다. 이런 차별대우의 완화는 인종차별 철폐나 완화를 주장하는 다문화주의에 대한 구호에 많은 영향을 받았기 때문이다. 그럼에도 불구하고 다른 인종간의 결혼에 대한 심한 편견, 특히 피부색이 짙은 사람들과의 결혼에서 출생한 자녀들에 대한 인종차별에 대한 우발적인 사건들은 그치지 않고 있다. 이런 학대는 일본에서 아이들 사이에 있는 '이지메'와 같은 '왕따'도 포함하고 있다.[80] 그런 조롱은 다문화가정 출신 아이들이 오명을 쓰고 있는 것 같이 느끼게 만든다. 다문화가정 출신 아이들의 대부분은 왕따를 당한 경험이 있다고 한다.[81] 실제로 100명 중에서 28명이 이런 경험을 한 일이 있으며,[82] 10명 중 6명은 굴욕적인 모욕을 당했다고 한다.[83] 그런 차별대우로 인해 몽골에서 온 17세의 소녀는 학교에 가기가 싫어졌다고 하며, 그 몽골 소녀는 학교는 '지옥'과 같다고 했다고 한다.[84] 어떤 학교의 학부모들은 학교 당국에 베트남의 어머니를 둔 다문화가정 출신 아이를 학교에 오지 못하게 해 달라는 요청을 하기도 했다고 한다.[85] 전라남도 두 군에서 인류학적 현지조사를 한 인류학자인 전경수도 각 언론사가 보도한 기사들이 사실이라고 했다.[86]

2008년 7월에서 8월까지 『한국청소년정책연구원』이 전국 3,185명의 초·중·고 학생들을 대상으로 한 조사에 의하면, 56퍼센트의 응답자들은 다문화가정 출신 아이들과는 친구를 하지 않겠다고 응답했다는 것이다.[87] 같은 조사에서, 절대다수(85퍼센트)의 응답자들은 학교에서 다문화에 관한 교육을 받은 일이 없다고 대답했다. 오히려, 38퍼센트에 해당하는 응답자들은 한국이 단일민족국가라는 사실을 자랑스럽게 생각한다고 대답했다는 것이다. 그런 응답비율은 저학년 학생일수록 더 높았다고 한다(초등학교 학생이 49.1퍼센트이고, 중학교 학생이 37.8퍼센트 이며, 고등학교 학생이 30.8퍼센트라는 것이다).[88] 그러한 응답은, 한국 학교가 채택하는 교과서에서 비판자들의 말처럼 시대착오적 잘못된 인식인 한국은 인종적으로나 종족적으로 단일민족이라고 된 교과서를 쓰고 있다는 사실을 보면 그런 학생들의 대답은 놀랄 일이 아닌지도 모른다.[89] 이런 내용은 역사 및 윤리 교과서에 쓰여져 있으며, 이런 교과서는 교육과학기술부의 검정을 거쳐 통과된 교과서인 것이다. 다문화주의를 지지하는 여론은 단지 여론으로서 공론에 그치고 아직은 한국 학교의 교과서에는 반영되지 않은 것 같다.

2006년 4월 초에 세상을 떠들썩하게 널리 보도된 하인스 워드의 한국방문은 다른 인종간의 결혼과 그들에게서 태어난 자녀들에 대한 불공정한 차별에 대해 많은 논의를 하게 만들었다. 과거의 불공정한 처우를 하도록 하게 만든 정책에 대한 일반 대중의 격렬한 비판에 대한 반응으로 모든 정당의 지도자들은 다문화가정의 아이들이 직장, 학교, 그리고 모든 영역에서 차별받지 않도록 보장하는 법안을 통과시키겠다는 약속을 했다. 그러나 그런 격렬한 운동은 그 후 점차 잦아들었고, 의미있는 개혁안이 제정되지도 않았다.

다문화가정 출신자녀들이 중학교를 마치고 고등학교에 진학하는 진학률은 30퍼센트 선에 머무르고 있는데,[90] 이 비율은 일반 한국 학생들의 고교 진학률이 99.7퍼센트에 이르는 것에 비하면, 3분의 1 수준에 불과하다.[91] 여러 가지 요인 중에서, 주류 한국인 학생들이 다문화가정 출신 자녀들에게 편견과 차별대우를 하는 것이 다문화가정 출신 아이들이 학교에 관심을 갖지 못하게 하는 이유 중의 하나라고 생각한다.

편견과 차별대우의 원천

인종적 민족주의

앞장에서 나는 소위 순혈(純血)사상을 내포하고 있는 단일민족주의(ethnic nationalism)가 한국의 문화전통이 아니라고 했다. 또 한국 사람들이 외국 사람들과 어울려 산 경험이 없는 것도 아니다. 존 프랭클[92]이나 앙드레 슈미드[93] 그리고 한경구 등이 지적했듯이, "전통적인 한국사회는 이민과 귀화에 대한 명확한 원칙과 실천방법이 있었다. 더 나아가서, 전통적인 한국은 한국이 인종적으로 단일국가라고 생각하지도 않았으며, 외국인들에 대해 그들의 인종적인 배경에 따라 차별한 일도 없다"[94]고 했다. 프랭클은 전통적인 한국에서는 공자나 맹자의 국적이나, 예수그리스도가 베들레헴에서 태어난 유대인이라는 사실을 중요하게 생각하지 않는다고 한다.[95] 이것이 사실이라면, 왜 외국인들, 특히 결혼 이민자와 그들의 자녀에 대한 편견과 차별이 현재의 한국사회에서 일어나고 있는 것일까? 많은 비정부사회단체에 일하는 봉사자들이나, 학자들, 지식인들, 그리고 정부 관계자들도 단일민족주의가 결혼 이민자들과 다문화가정 출신의 자녀들에 대한 편견의 원천이라고 생각하고 있다. 그러나 긴 한국역사와 전통에 비추어 볼 때, 외국 사람들에 대한 편견과 차별은 근래에 일어난 현상이라고 할 수 있다.[96]

한국의 민족주의에 대해서는 이 책 여기 저기에서 인용한 것과 같이 신기욱과 앙드레 슈미드와 같은 학자들의 자세한 연구가 있기 때문에, 이 한정된 지면에서 그들의 연구결과를 다시 옮길 필요는 없을 것 같다. 그러나, 많은 학자들이나 일반인들과 마찬가지로, 한경구는 한국판 민족주의를 단일민족주의라고 하는 이유는 한국인들이 자신들이 공통적인 언어와 역사, 그리고 관습 등이 동일할 뿐만 아니라, 자신들이 같은 조상, 즉 단군의 후손들이라고 하기 때문이라고 한다.[97] 단일민족주의에서 '민족'의 개념은 한반도에 대한 일본의 지배에 대한 반동으로 시작했다. 단일민족주의의 주창자인 신채호는『황성신문』1900년 1월 12일자의 사설에서 이 개념을 주장했는데, 그의 개념은 인종(race)에 유사한 뜻으로 사용했다.[98] 그러나 그 후인 1907년 6월부터 황성신문의 사설에서는 민족주의는 초국가적인 인종 단위를 포함하는 포괄성을 상실했기 때문에 한반도 내에 거주하는 사람들만을 나타내는 것으로 한정시키기 시작했다고 한다.[99]

그 이후부터 한국의 지성인들과 일반인들까지도 신채호의 운동에 가담했으며 일본으로부터의 독립을 쟁취하기 위한 한국민족주의를 형성하는 데 참여했다. 신기욱은 민족동질성이라는 생각은, 일본의 식민통치기간 일본이 선전수단으로 한국과 일본은 하나이자 같은 것이라는 구호 아래 '내선일체(內鮮一體)'정책에 대한 반대운동으로 생겨났다고 지적하고 있다. 이 내선일체운동은 여러 가지 조치를 동반했는데, 일본어의 사용, 한국인들의 이름을 일본식으로 바꾸는 창씨개명(創氏改名), 의상, 음식, 가옥 등 여러 면에서 일본의 생활 풍습과 제도를 따르도록 하는 것들이었다.[100] 공교롭게도 신채호가 전개한 한국의 민족주의는 독일 민족주의자 특히 피히테(Fichte) 등의 사상가들에게서 영향을 받은 것이며, 이러한 사상은 일본에게도 지대한 영향을 끼친 것이다. 한경구는, "한국의

단일민족주의는 일본과 독일 민족주의의 영향을 받았다고 하는 것이 맞을 것이다"라고 했다.[101]

신기욱은 아마도 "민족주의 그 자체는 비교적 해가 없는 것이다. 그러나 이것이 다른 이념들과 합쳐졌을 때 파급영향은 느껴질 것이다"라고 했다.[102] 그러나 신기욱에 의하면, "현대 한국에서는 단일민족주의가 이념적으로 좌(공산주의), 우(자본주의), 현대(산업화), 그리고 반현대(농업주의), 권위주의, 민주정치, 그리고 지역주의와 초국가주의(지구촌화) 등과 같은 여러 이념들과 결부했다고 한다.[103] 신화에 따르면, 한국 사람들은 그들의 공통선조인 단군의 자손이라는 것이다. 단군은 기원전 2333년에 고조선을 설립했는데, 전설에 의하면, 그의 아버지는 천자이며, 그의 어머니는 곰이 사람으로 되었다고 전해진다. 많은 한국 사람들에게 단군은 한국 사람들의 신화적인 조상으로 알려져 있다. 그의 신화는 단일민족주의를 주장하는 상징인 것이다.

그럼에도 불구하고, 『삼국유사』는 고조선 사람들이 단일인종이나 단일민족이라는 것에 대해 언급을 하지 않고 있다. 전통사회인 고려나 조선조 때의 한국 사람들도 단군이 한국의 최초의 왕인 것은 인정하면서도 단군이 한국 사람의 공통된 혈통의 조상이라고는 생각하지 않았다. 전장에서 살펴보았듯이, 모든 한국 사람들이 단군의 자손은 아닌 것이다. 아마 일부 한국 사람들은 직접 단군의 자손인 반면, 다른 상당수의 사람들은 여러 나라에서 한국으로 이민을 와서 귀화한 사람들의 자손들이다.[104]

그러나 이런 사실에도 불구하고, 신채호 이후 많은 한국 학자들은 민족적인 역사를 기술함에 있어서 그들의 애국심 때문에 한국의 독립을 위해 일본의 제국적인 역사의 틀에 반하는 반식민관을 표출하기 위해서 새로운 한국의 독자적인 인종사를 쓰는 운동을 전개한 것이다.[105] 한경구에 따르면, 심지어 학자들까지도, 이런 오해를 비판적으로 검토하지 않았고 또 단군신화가 단일 민족주의의 원천이라는 것을 비판적으로 검토하고 있지 않다고 한다. 이런 잘못된 인식은 혈연주의에 바탕을 둔 가족주의와 영합을 해서 생긴 것이며, 이는 한국 사람들의 사상이 태고적의 결속수단이던 혈연관계에 사로잡히게 만든 것이라고 한다.[106] 한국이 한 국가로서 주권을 상실했기 때문에 사람들은 국가에 대해 논할 수가 없어서 민족주의에 집착할 수밖에 없었다.[107]이러한 사회적이고 학문적인 풍토 속에서 한국 역사책들은 외국인들이 한국에 공헌한 바에 대해 침묵하게 됐다. 배형일은 이러한 사실에 대해 자세하게 기술하기를,

> 단군의 역사적인 위상을 격상시키는 것은 중국 상나라가 멸망하기 전쯤(약 1000 BC) 상나라에서 기자라는 귀족 출신을 조선의 왕으로 봉했다고 한 기자설에 대한 직접적인 도전인 것이다. 기자는 기원전 195~194년 사이에 연나라에서 온 장수인 위만으로 이어졌는데, 위만은 위만조선을 건국했으며, 그의 후손들은 기원전 108년에 한나라의 무제와 겨루게 됐다. 이렇게 해서 전통적으로 받아들여졌던 고조선, 기자조선, 위만조선 등의 삼 조선의 왕조서열은 한국의 고대국가 혈통(lineage)을 수정함으로 인해 그 서열이 뒤집히게 된 셈이다.[108]

이지란 역시 여진에서 귀화한 사람이기 때문에 단일민족주의의 견지에서 보면, 그는 이런 한국의 민족사관에서 받아들여지지

않는 인물이다.[109]

존 나이스빗(John Naisbitt)의 정의에 따른다면, 신채호의 단일민족주의는 '민족주의'라기보다는 아마 '부족주의'에 더 가까울지도 모른다. 나이스빗은 민족주의와 부족주의(tribalism)에 대해 정의를 내리기를,

> 18세기에서부터 제2차 세계대전이 종식되기전까지 전성기를 이룬 민족주의라는 것은, 한 나라나 국가가 국제적인 원칙이나 개인에 대한 고려보다는 더욱 더 중요하다는 신념인 것이다. 제2차 세계대전은 이탈리아나 독일의 민족주의의 종식을 가져왔고, 서방세계에서 민족주의 세력을 크게 희석시켰다. 부족주의는 20세기에 퍼진 것으로 민족성이나, 언어, 문화, 종교 등 에서 자신의 것과 같은 것에 충실한 신조인 것이다.[110]

만일 어느 한국 사람이 신채호나 다른 민족주의자들이 말한 것과 같은 단일민족주의에 사로잡혀 있다면, 그 사람은 생각을 지구차원으로 한다기보다는 '부족주의' 차원의 생각을 하고 있는지도 모른다.

첨부해서 말한다면, 민족주의에 관련된 다른 신념(belief)들이 한국 사람들을 해치고 있는 것은 정치적인 이념이나 방향 등일 것이라고 했다. 한경구는 구체적인 경우를 들어서 다음과 같이 설명하고 있다:

> 민족주의가 어떤 세계의 공통적인 가치보다 더 중요하다고 생각할 때는 민주주의적인 절차, 언론의 자유, 인권 등은 국가를 위해서 유보될 수 있는 대상이 되어 왔다. 1961년 군사혁명 이후, 약 20년간

> 권력을 장악한 박정희와 전 북한의 주석이자 현재 통치자인 김정일의 아버지인 김일성은 민족주의를 자신들을 위한 수단으로 사용해온 선수(champion)들인 셈인데, 그들은 민족주의의 상징이나 가치를 '국가의 위기'라는 구실을 써서 교묘하게 조작하였다. 박정희는 김일성뿐만 아니라 자신의 정적과 운동권 학생들과 비교하여 누가 더 민족적이냐를 경쟁하다시피 했다. 초강대국을 옆에 끼고 있고 또 통일을 위해서라는 명목으로써 그들은 일본식 독일민족주의가 그들에게는 대단히 편리하고 매력적인 통치수단이었다.[111]

신기욱 또한 한경구의 해석에 근본적으로 동의하는 말로, "민족주의는 남한과 북한 모두에서 아주 강력한 조직력과 사람들을 동원하는 힘이 되었다"고 한다.[112] 그러나 신기욱은 "박정희의 민족주의가 외국인 혐오감으로 인도한 것은 아니다"라고 한다.[113]

탈북자(새터민)

한국 사람들이 단일민족주의 사상이나 순혈주의 신화(믿음)에서 완전히 벗어났다고 말하기는 성급하고 시기상조일지는 모르나, 한국 사람들이 점차 외국인이나 이민자 또는 열외자(outsider)에게 과거에 비해 관대해지는 것은 사실이다. 사실 종족이나 인종적인 정체성이 편견이나 차별대우를 하게 되는 유일한 요인은 아니다. 한국전쟁 종결 이후 북한을 탈출하여 남한에 정착한 20,050 여명의 탈북자들을 예로 볼 때, 때로는 사회적인 배경이 편견과 차별을 하는 결정적인 요인이 되는 것 같다.[114] 북한 사람들은 남한 사람들과 같은 민족이고 문화적으로도 동일하다는 면에서는 그들은 소위 남한 사람들과는 '동포'인 셈이다. 사실, 어떤 탈북자들은 그들의 가족 구성원이 한국전쟁을 전후하여 남한으로 와서 현재 남한에 거주하고 있다.[115] 북한과 남한은 수천 년 동안 단일국가였지만, 탈북자들은 남한에서 외국신부들이 경험한 이상의 편견과 차별대우 및 수모를 받고 있다.[116] 여러 조사들에 따르면 탈북자들은 그들이 의심을 받고 있는 사람들이며 문화적으로 열등한 사람들로 취급하는 편견에 고통을 받고 있다고 호소한다고 한다.[117]

강한 북한 사투리와 억양을 제외하고는 겉으로 보아서는 탈북자도 남한에 사는 다른 한국 사람들과는 구별이 되지 않는다. 억양도 어떤 탈북자들은 남한 사람들의 억양을 연습하여 구별하기 어렵다. 그러나 미국의 사회보장제도 번호와 같은 주민등록번호에 있어서 탈북자들에게는 그 번호로 구별이 되는 특별한 주민등록번호를 부여하고 있다.[118]

대부분의 탈북자들은 자본주의사회인 남한의 기질과 풍토에 적응하는 데 어려움을 겪고 있다. 그들은 북한 사투리와 억양 때문에 고통을 받고, 영어를 모르는 것에 어려움을 겪고 있으며, 기본적인 컴퓨터 기술이 없는 점도 고통스러운 일이다. 무엇보다도, 그들은 질이 우수한 노동에 보상을 더 해 주는 근로윤리가 없는 점이 문제인 것이다.[119] 아이들이 딸린 탈북자들은 자녀들의 교육비가 북한에서는 무료였지만, 남한에서는 교육비를 마련하느라 고생이 심하다. 또한 사교육비인 과외비를 마련해야 하는 재정적인 부담을 갖게 된다.[120] 북한에서 엄격한 남권사상에 젖어 있던 대부분의 탈북 남성들은 남한의 가족제도에 대해서 이해를 할 수 없는 점도 많다. 이런 문화적인 차이는 북한에서 성장한 부모와 남한에서 자라는 자녀 사이에 세대차이를 형성하고 있다. 이런 격차('갭')는 부

모와 자식 사이에 갈등과 긴장상태를 유발하고 있다.[121]

이런 고정관념이 맞건 맞지 않건 간에, 남한 사람들은 북한 사람들이 우수한 노동자로, 그리고 좋은 시민이 되지 않을 것이라고 믿고 있다는 것이다. 정부통제에서 벗어나기만 하면, 그들은 사회의 규범을 자발적으로 잘 지키지 않는 경향이 있다고 한다. 남한 사람들은 탈북자들이 성실하지 않은 근무태도를 갖고 있고, 쉬운 일자리를 찾으며, 불평이 많고 성질을 잘 부린다고 믿는 것 같다.[122] 남한 사람들이 탈북자들에게 갖고 있는 부정적인 견해 때문에 탈북자들은 자존심을 유지하기 위해 고통을 겪고 있으며, 때로는 남한의 '동포'들로부터 소외감을 느끼고 있다.

그들의 느낌이 어떠했던 간에 탈북자들은 북한의 강한 억양을 제외하고는 외모로 보아 남한 사람과 차이가 없다. 심지어 억양까지도 일부 탈북자들은 남한 사람들의 억양을 흉내 내고 있다. 그러나 모든 한국 사람들은 미국 사람들이 사회보장번호를 갖고 있듯이, 주민등록번호를 가지고 있는데, 모든 사람들의 정체성을 이 번호로 식별할 수 있다.[123] 이 번호는 취학이나 취직을 하는 데 필수적으로 요구되고 있다. 이 번호는 널리 쓰이고 있는데, 이것은 오용되거나 남용될 수도 있어서 이런 경우는 사생활의 침해에 해당한다. 그러나 상당수의 탈북자는 외국 여행에서 비자를 거부 받을 수도 있는데, 특히 이북의 동맹국인 중국의 경우에 더 심하다. 실제로도 많은 탈북자들이 중국을 여행하는 것이 금지되고 있다.[124]

탈북자들의 자녀들은 다문화가정의 자녀들과 같이 열등한 국민이라고 생각하여 왕따를 당해 고민하고 있다.[125] 이들은 직업을 얻기도 쉽지 않지만, 직업을 얻는다고 해도 그들의 수입은 일반 남한 사람들이 같은 직종에 종사할 때 임금의 57퍼센트에 불과하다.[126] 근래의 보고서에 의하면, 그들의 임금은 일반 남한 사람들 급여의 삼분의 일에 머문다고 한다.[127]

통일연구원 선임 연구원인 이우영은 "우리 사회는 탈북자를 제3국 노동자보다 더 나쁘게 보고 있습니다. 서울 강남에서 파출부를 해도 탈북자가 가장 적게 받는다고 합니다. 아이들의 경우 학교에서 따돌림을 당해 자퇴를 하는 경우도 있습니다"라고 했다.[128] 실제로, 앞에서 언급한 한국청소년정책연구원의 조사에 의하면, 초등학생의 경우 탈북자의 자녀들을 '우리 집단'으로 생각하지 않는 것 같다고 했다. 5점 만점에 탈북자 자녀들이 우리 집단이라고 생각하는 점수는 2.74점이며, 이는 백인 자녀 점수의 2.84보다 낮고, 한국계 중국인들의 2.91점보다 낮으며, 다문화가정 자녀의 점수인 3.12점보다는 훨씬 더 낮다.[129] 탈북자들이 '우리 사람'들이라는 생각은 희박하다. 이것이 사실이라면, 민족적, 인종적인 정체성이 사람을 구분하는 유일한 기준은 아닌 것 같다. 아마 한건수가 말했듯이 한국인을 인종적으로 구분하는 행렬(matrix)에서 국적과 사회계층 양면이 다 큰 작용을 한다는 그의 견해가 맞는 것 같다.[130]

탈북자가 남한에서 적응하려는 어려움과 고통은 외국 이민자들에 대한 전통적인 한국 사람들의 인식을 다시 하게 만든다. 존 프랭클이나 한경구가 말한 것과 같이 한국의 전통사회에서 차별대우를 한 것은 그 사람의 출생지나 인종적이고 민족적인 뿌리에 근거한 것이 아니고 그 사람이 '오랑캐(야만인)'냐 아니면 문명인이냐에 따라 달랐다는 것이다.[131] 야만인은 개화될 수 있기 때문에, '한국 사람'이냐 아니면 '한국 사람이 아닌 외국인'이냐의 차이를 결정하는 결정적인 요인은 개인이 개화될 의사가 있느냐 없느냐에 달려 있는 것 같다. 고려와 조선조에 있어서, 여진족은 오랑캐로 구분되었지만, 여진 출신인 이지란은 한국 사람으로 취급을 받았는데, 그 이유는 그는 옛 여진 풍습을 버리고 한국의 생활양식을 따랐기 때문이다. 일본에서 온 김충선도 마찬가지다. 외국인들을 보는 전통적인 한국인의 관념은 현대 한국 사람들의 마음 속에 그대로 남아 있는 것 같다.

결론적으로 종합해 보면, 다문화주의에 대한 여러 가지 구호에도 불구하고, 말이나 행동이 늘 일치하는 것 같지는 않다. 한국 시민들과 정부가 단일민족주의를 강하게 부르짖고 있지만, 앞에서 인용했듯이 한국의 고등학교 교과서들은 아직도 한국은 민족적으로나 인종적으로 동일한 나라라는 시대착오적인 오해를 하고 있다.[132] 이상하게도, 일부 한국 사람들은 다른 나라의 교과서에서 한국에 관한 그릇된 정보를 싣고 있다고 신랄하게 비판하면서도, 자신들의 교과서에서 잘못된 점은 인정하지 않고 있다.[133] 만일 한국이 다문화주의를 실현시키려는 의지가 확고하다면, 그런 잘못된 기록을 고쳐야 한다. 교과서야말로 장차 자라나는 아이들에게 그들의 시야를 넓히는 주된 매체이기 때문이다. 젊은 한국 사람들은 한 세기나 낡은 유사 부족주의 같은 단일민족주의나 민족주의에 근거한 역사적인 기록물에 물들지 말아야 한다. 끝으로, 이런 일의 시작은 선전적인 민족적 구호가 아니라 최근의 자료에 근거한 정확한 교과서의 이용 등과 같은 근본적인 문제부터 시작해야 한다.

4

국제결혼 중매업체를 통해 결혼한 외국신부들의 이야기

한국이주여성인권센터를 운영하는 한국염 목사는 "자기 자녀를 외국인 자녀들과 기꺼이 결혼시킬 수 있다고요? 다 거짓말이에요"라고 했다.[1] 너무 직설적인 표현일지는 몰라도 그녀는 자녀들이나 손자 손녀들이 외국인과 결혼하는 것에 대한 노년층의 한국 부모나 조부모의 정서를 진솔하게 표현했다고 할 수 있다. 나 또한 내 아이가 고등학교 시절부터 사귀던 백인 여자아이와 결혼하겠다고 허락해 달라고 했을 때 주저하지 않을 수가 없었다. 내가 주저한 이유는 그 아이의 배경이나 자질문제 때문이 아니라 두 가정의 문화적인 차이를 우려했기 때문이었다. 그 여자아이의 부모는 내가 가르치던 대학교의 동료 교수였다. 그 아이 자신도 고등학교를 졸업할 때는 미국 전국 고등학교 졸업생 약 1백 50만 명 중에서 가장 성적이 우수한 몇 명에게 수여하는 국가장학생(National Merit

Scholar)으로 선발되어 대학을 무료로 다녔으며, 그 후에는 미국에서 입학하기가 가장 어려운 법과대학 출신이었다. 내 주저하는 것에 상관 없이 그들은 결국 결혼을 했으며, 지금은 두 사내아이들을 두고 아주 행복하게 잘 살고 있다.

흥미롭게도, 내 사돈 되는 사람은 역사적으로 자기중심사상이 강하기로 유명한 전형적인 미국 남부 출신의 백인이다. 그렇기 때문에 이 결혼에 대해 내 사돈 쪽이 나보다는 더 싫어할 것으로 짐작했다. 그러나 반대로, 그들은 내 아이를 사위로 아무런 주저없이 친절하고 따뜻하게 받아들였다. 내 사돈들은 마음이 열린 사람들인 반면, 나는 편협한 마음을 가진 것 같았다.[2] 내 사돈들이 관대하게 된 것은 그들이 다문화사회에서 오래 산 경험 때문인 반면, 나는 다문화 다인종사회에서 살았던 경험이 없었기 때문일 것이다. 어린 나이 때부터 다문화 다인종사회에서 자란 경험은 문화의 상대성(cultural relativism)을 받아들이는 데 더욱 커다란 영향을 미치고, 그 영향은 더 오랫동안 지속하는 모양이다. 내가 다문화주의나 외국 출신 신부들에게 관심을 갖게 된 것도 내 며느리가 나와는 다른 인종적인 배경을 가졌기 때문일 것이다.

이 장에서는 인종적 관점에서 중매로 한국 남성과 결혼한 두 베트남 신부들의 이야기를 기술하기로 하겠다. 한 신부는 비극적인 사건으로 '한국의 꿈'을 실현하는 데 실패를 한 반면, 다른 한 신부는 성공적인 결혼과 가정생활을 누리고 있다. 두 신부가 자란 사회 · 경제적인 배경과 문화적인 환경을 이해하기 위하여, 나는 2009년 11월에 베트남으로 가서 현지조사를 했다. 이 현지조사는 많은 신부들이 한국으로 결혼해 오는 나라에 대한 이해가 없는 나에게 큰 도움이 되었다.

국제결혼의 일반적인 관례인 중매결혼

이 장에서는 이 장의 주 목적인 두 외국신부의 생애사를 기술하면서, 한국에서 중매결혼에 대한 배경에 대해 간단한 설명을 부연하기로 하겠다. 국제결혼 중매업자를 통한 국제결혼은 비록 가족 이외의 외부인에 의하여 중매가 행해졌다고 하더라도 이는 중매결혼의 일종이다. 이런 중매결혼이 서구 독자들에게는 다소 기이하게 보일 것이기 때문에, 한국에서의 중매결혼에 대해 간단하게 언급할 필요가 있다고 생각한다.

현재 한국에 있는 181,671쌍의 다문화가정 결혼자들은 두 개의 범주로 구분된다. 첫째로, 가장 많은 사람이 택한 유형은, 지방자치단체의 지원을 받은 상업적인 국제결혼 중매업자들이나, 친구, 지인이나 가족 구성원 등이 중매를 한 경우이다. 통일교와 같은 종교단체를 통해 결혼한 사람들도 이 유형에 속한다. 둘째 유형은 사랑하게 되어 결혼하는 연애결혼이다. 이들은 한국이나 아니면 다른 나라에서 같은 기업체, 산업체, 혹은 정부기관에서 함께 일을 하다가 만났거나 또는 학교나 연수원 등에서 함께 공부하다가 만난 경우들이다.

중매결혼의 논리

내가 테네시대학교의 한 캠퍼스에서 '비교 가족제도(comparative

family system)'를 강의하고 있을 때, 내 과목을 수강하던 학생들이 중매결혼을 신기하게 생각해 많은 질문을 했다.[3] 어떤 학생들은 어떻게 사람이 사랑이나 애정을 느끼지 않는 사람과 결혼을 할 수 있느냐는 질문이었다. 중매결혼의 논리와 정당성을 표현하는 다음과 같은 '엉성한 자작시' 한 수를 소개했다.

나는 전에 사랑이 무엇인지를 도무지 몰랐다
지금도 나는 사랑이 무엇인지를 모른다
사랑이 무엇인지 상관하지 않는다
사랑이 무엇인지에 대하여 듣고 싶지도 않다
결혼을 하고 보자
사랑이 결혼으로 이끌어주는 것이 아니고 결혼이 사랑을 낳게 한다
만일 '사랑'이라고 하는 것이 있다면.[4]

그러나 이 엉성한 시가 연애결혼에 대해 깊이 젖어 있으며, 중매결혼제도에 생소한 미국 학생들이 사랑이 결혼을 하도록 이끄는 것이지 그 반대인 경우를 상상할 수 없는 학생들을 설득시키기에는 충분하지 못했다. 실로, 프랜시스 슈(Francis L. K. Hsu)가 말한 것처럼 "사랑하는 두 미국 사람이 서로 팔을 끼고 대중 앞에 나타났을 때, 이 세상의 다른 모든 것은 무시되거나 제외되는 것"인 반면, 중국에서는 "미국 사람들이 생각하는 것과 같은 사랑이라는 것은 [적어도 과거에는] 점잖은 일로 여겨지지 않았다"고 한다.[5]

그러나 '낭만적인 사랑'이라는 것이 한국을 위시한 일본, 중국 등과 같은 동북아 여러 나라에 생소한 것만은 아니다. 한국 사람들의 오랜 사랑을 받아왔고 가장 인기 있는 고전소설인 춘향전은 한

고을 원의 아들이 기생의 딸과 사랑에 빠지는 이야기이다.[6] 스튜어트 퀸(Stuart A. Queen)과 로버트 하벤스타인(Robert W. Habenstein)은 "고대 봉건시대 중국에서, 결혼을 하기 위해서는 부모의 허락을 필요로 하는 여러 선행조건이 따르기는 하지만, 사랑에 빠지는 것이 결혼하는 데 꼭 필요한 선행조건이지는 않았다"고 한다.[7] 심지어 서구에서도, '낭만적인 사랑'이 결혼으로 이어지는 역사는 비교적 짧은 셈이다. 그런 결혼은 유럽에서도 중세기 말 전까지는 흔하지 않았다. 사실, 중세기 영국에서도 배우자의 선택은 현재의 영국이나 미국의 경우와는 반대로 분명히 '흥정(bargaining)'이고 협상이고 그것이 통상적인 관례였다"고 한다.[8]

그러나 현대에 와서 중매결혼제도는 서구에서는 거의 사라졌거나, 아니면 최소화되었다고 하겠다. 한국이 산업화와 급격한 도시화, 그리고 세계화함에 따라 전통적인 중매결혼이 점진적으로 사라질 것으로 짐작할 수 있다. 인류학자이자 한국 전문가인 로렐 켄달(Laurel Kendall)은, "오늘날 한국에서는 과거에는 없던 일로 직장이나 남녀공학을 하는 학교에서 중매쟁이 없이 결혼 상대자를 만날 수 있는 기회가 주어졌다"고 한다.[9] 오늘날 대부분의 결혼적령기의 한국 젊은이들은 중매결혼보다는 연애결혼을 선호하는 것 같이 보인다. 연애결혼에 비해 중매결혼을 하는 사람들에 관한 통계숫자는 중매결혼의 정의를 어떻게 내리는가에 따라 그 수가 달라질 수 있다.[10] 예를 들어서, 어떤 두 사람이 직장동료나 대학교의 친구가 소개해 주어서 만나, 후에 결혼을 했다면, 이 경우는 중매결혼으로 구분될 수도 있다. 비록 중매결혼이 줄어드는 추세에 있다고 하더라도, 이 제도는 깊은 역사적인 뿌리가 있고, 국제결혼

중매업체를 통해 부활하고 있기 때문에 이 제도를 자세히 살펴볼 필요가 있다.

한국에서의 중매결혼에 대한 역사적 개관

한국에서 중매결혼제도가 확립된 것은 고려 후기 때로, 그 당시 고려는 원나라와 밀접한 관계를 맺고 있을 때이다. 고려 말기에 귀족들은 중매결혼을 했으나, 일반 서민들은 배우자를 자유롭게 선택할 수 있는 자유로운 결혼을 했다. 고려의 귀족들은 결혼을 가정의 세력을 확장하고 권력에 접근하기 위한 전략적인 수단으로 사용했다. "어떤 사람이 결혼을 통해 영향력이 있는 가정과 관계를 형성할수록, 그 사람은 자기 가정의 위치를 강화시키고, 그런 배경을 통해 더 큰 정치적인 세력과 명성을 얻을 수 있었다. 야심이 강한 젊은 사람들은 귀족가문, 특히 왕실가문과 결혼하기를 원했다."[11] 중매결혼제도는 사회계층제도의 출현과 동시에 일어난 것 같다. 역사적으로, 한국에서 특수한 계층에 속한 사람들은 현재의 사회적 신분을 유지하거나 향상시키기 위한 주된 방법으로 중매결혼제도를 활용해 온 것 같다.

조선조 때 중매결혼은 이상적인 결혼형태로 알려졌으며, 확고한 제도로 정착했다. 양반들은 중매결혼을 자신들의 신분을 유지하는 방편으로 이용했다. 결과적으로, 조선조 때에는 중매결혼제도는 같은 신분들 간에 결혼을 하는 신분적인 내혼제도(class endogamy)를 형성하는 데 기여를 했다. 그러나 일반 서민들에게는 자유롭게 선택하는 결혼이 일반적인 풍습이었다.

한국의 중매결혼제도는 한국이 전근대사회에서 현대사회로 탈바꿈을 하면서 감소하기 시작했다. 특정한 사회경제적인 여건과 인구변동이 결혼형태의 변화를 유도했다. 한 사람이 여러 명의 후보자를 골라 부모들이 그들 중의 한 배우자감을 택하는 방법과, 부모나 친척들이 여러 명의 배우자감을 결혼할 당사자에게 보여 주고, 그 중의 한 사람을 택하게 하는 방법도 있다. 어떤 사람이 생각하기에는, 교육을 적게 받은 시골 사람들은 아직도 중매결혼을 주로 하고, 도시에서 고등교육을 받은 사람들은 연애결혼을 통해 자유로이 배우자를 선택하는 것으로 이해할지도 모른다. 그러나 지금도 부유한 사람 중에서 자신의 현 신분을 유지하거나 자신의 사회경제적인 지위를 유지하기 위해 중매결혼을 한다.[12]

전통적인 중매결혼에서, 중매는 대부분이 여자 친척들이 맡아 해 왔는데, 그들은 자기 친정 친척들 중에서나 혹은 자기 남편 친척 중에서 배우자감을 찾게 된다. 선택된 신랑이나 신부는 양가 어른들의 허락을 받아 결혼하게 된다. 대부분의 경우에는 일종의 형식에 불과한데, 그 이유는 중매를 하는 여인이 양가의 친척이 되기 때문에 약혼자를 잘 알고 있다고 믿기 때문이다.[13] 중매자는 양가의 친척이기 때문에 양가를 '담보'할 수가 있다. 또한, 그런 중매과정은 신랑이나 신부가 사회적으로나 경제적으로 같은 신분에 속한다.[14]

1970년대에서 1980년대에 한국에서의 급속한 도시화는 전통적인 중매결혼제도를 약화시킨 반면, 도시에서는 '마담 뚜'라고 칭하는 수많은 무면허 그리고 반직업적인 중매업자들이 출현했다. 이

중매업자들은 신흥부자들의 자녀들과 특권층 자녀들을 중매했다. 이 마담 뚜들은 중매가 결실을 맺기 전까지는 수수료를 받지 않는다. 중매가 성사된 이후의 수수료는 보통 1천만 원에 이른다.[15] 그러나 때로는 수고비가 너무 과도하여 사회적인 문제가 되기도 했다.[16] 지금도 이런 형태의 중매는 모두 사라진 것은 아니지만, 많이 줄어들었다. 대신 이런 전직 마담 뚜 같은 결혼중매업자들이 상업적인 결혼상담소의 상담사가 되었다고 한다.[17]

새로운 기업으로 대두되는 결혼중매업

마담 뚜의 신뢰도나 평판이 추락하자 컴퓨터화하고 각종 매체의 기능을 이용하는 공인된 결혼정보회사가 출현하여 인기를 모으고 있다. 결혼중매센터는 원래 1980년대 초에 일본에서 시작했는데, 인기가 상승하자 일본 전역에 그 지부를 설치하게 되었다.

한국에서 결혼중매센터는 1986년에 처음으로 시작했는데, 그 후에 몇몇 센터가 문을 열었다. 1999년에 결혼의례를 규제하던 가족의례준칙이 폐지되면서부터 상업적인 결혼중매를 규제하는 허가가 불필요하게 됐다. 그 이후, 결혼상담센터가 전국적으로 출현하게 되었으며, 그 수는 급격히 증가했다. 현재 그런 결혼정보센터는 전국적으로 1천 여 개가 넘으며, 신청자 수가 한정된 지방의 작은 규모의 것에서부터 4만 명 이상의 가입자가 있는 대규모의 것도 있다. 큰 규모의 것은 미국(로스앤젤레스 와 뉴욕)과 뉴질랜드를 포함하는 국제적인 규모의 것도 있다. 어떤 센터는 홈페이지도 있고, 영어로 해설을 붙인 비디오 테이프도 갖추고 있다. 1994년 내가 연세대학교의 초빙교수로 왔을 때 내 과목을 수강하던 학생과 그런 한 센터를 방문했을 때 그 규모는 소규모의 개인적인 상담센터같이 보였다. 그러나 지금 그 센터는 정식 기업체가 됐다.

누구나 그 센터에 가입해서 배우자를 구하기를 원한다면 우선 회원이 되어야 한다. 회원가입비는 센터에 따라 다르며, 회원의 구분에 따라서도 다르다. 회비는 일반회원의 경우는 보통 880,000원 정도이고, 교육경력이 뛰어난 회원이나 장애자를 포함하는 특별회원인 경우의 회비는 5백 50만원까지 한다. 어떤 한 정보회사는 재혼의 경우를 주로 다루는데, 여자의 경우에는 세 가지 회원으로 구분하며, 각 범주에 따라 회비가 다르다. 일반회원의 회비는 88만원이고, 특별회원은 185만원이며, 최상층회원(noblesse)의 회비는 300만원이다. 한국의 전체결혼 상담소의 연간 총 수입은 미화로 5백 8십 4만 달러 정도가 된다고 한다.[18]

대체로 대다수의 젊은 한국 사람들은 연애결혼을 선호한다. 상당수의 한국 사람들은 자기의 배우자를 사회 계층, 재산 정도, 교육, 통일교와 같은 신앙 등에서 자신과 같은 부류에 속하는 사람들 중에서 선택하게 된다. 친척에 의하든지, 마담 뚜나 학교에서 친구의 소개로나 또 결혼상담소에 의하여 결혼을 하든지 간에 한국의 중매결혼은 비슷한 동종 부류간(endogamy)에 성사되기 마련이다. 전통적인 한국 사회에서는 사회신분, 특히 양반의 지위가 '동종'간의 내혼제의 핵심이었지만, 결혼상담소의 관찰에 의하면, 근래에는 동종의 범위를 정하는 데 교육이 가장 중요한 요인이라고 한다.[19] 한국의 전통적인 중매결혼 관습이 현재 중매를 통한 외국신부들의 결혼을 촉진시킨 것이다.

시골 농어촌에 살고, 최소한의 교육밖에 받지 않았으며, 좋은 직업이 없는 한국 총각이 자신들이 원하는 여자들과 결혼할 기회는 희박하다. 자연적으로 외국인 신부를 찾게 된다. 그들은 지방자치단체의 도움으로 국제결혼정보업체를 통해서 외국신부들을 맞게 된다. 이런 요인이 외국신부들을 유치하는 요인이 되고 있다. 동시에 외국신부들이 경제적인 이유로 한국 신랑을 맞이하게 되는 것이 유인 요인이 되는 것이다. 이런 유인 요인과 유치 요인이 결합되어 한국에서 국제결혼을 부채질하는 것이다. 더하여, 신부들의 출신국에서의 중매결혼 풍습도 국제결혼을 촉진시키는 잠재요인이 되고 있다. 한국의 중매결혼에 대한 배경을 고려하면서, 지금부터는 베트남에서 온 두 신부의 이야기를 해 보기로 하겠다.

국제결혼을 한 어느 베트남 여성의 비극적인 종말

남부 베트남 동나이(Tong Nai)성 출신의 20세인 뚜엣 후앙(Ttuet Huang, 가명)은 부정직하고 영리만 추구하는 국제중매업체의 희생자가 되었다. 중매업체 사람들은 베트남의 뚜엣에게 그녀와 결혼을 하려는 당시 42세이던 홍길동(가명)이라는 한국 남성이 정신적으로 이상이 있는 사람이라는 사실을 말해주지 않았다. 나는 그 중매업자가 누구였는지를 찾을 수가 없었으며, 그 중매업자가 중매를 할 당시 길동이 정신병력을 가진 사실을 알고 있었는지도 알 수가 없었다. 어떻든지 간에 결혼 중매업자는 뚜엣에게 닥친 끔찍한 불행에 대해 부분적인 책임을 면할 수가 없다.

뚜엣은 가난한 가정의 5남매 중 둘째로 태어났다. 그녀의 가족은 남부 메콩평야의 동북부에 위치하고 있으며, 옛 사이공(Saigon) 시인 호치민시(Ho Chi Minh City)의 동북부에 위치한 동나이성에 살고 있다. 동나이성의 지형은 평탄하며 몇몇 산들이 여기저기에 산재해 있고 남쪽으로 완만하게 경사져 있다. 이 성은 호수, 댐, 그리고 강이 많다. 지역경제는 전적으로 농업, 어업, 임업, 그리고 고무나무 농장에 의지하고 있다. 산업화를 위한 계획들은 아직은 별 효과를 내지 못하고 있다. 2009년에 동나이 주민들의 연평균소득은 미화로 1,367달러 정도인데, 이는 국가 전체적인 평균인 2,900달러의 반에도 미치지 못하고 있다.

동나이성의 이런 경제적인 여건 속에서, 왜 이 지역의 신부들이 외국출신 남자 특히 한국이나 대만 출신의 남자들을 남편감으로 찾는가를 이해하기는 어렵지 않다. 이 지역의 사정은 메콩강 유역에 있는 탄록(Tan Lock) 섬의 경우와 유사하다. 탄록섬에서 젊은 베트남 여성들이 외국 남편을 만나는 것은 빈곤에서 탈피하는 최상의 길이라고 알려져 있다고 한다. 부유한 나라 출신의 외국인과 결혼을 함으로써 베트남의 딸들은 잠재적으로 부모들이 노후의 어려움에서 벗어나게 할 수 있다고 생각하며, 이는 많은 베트남 사람들이 해야 할 의무라고 생각하고 있다고 한다.

뚜엣의 부모는 2009년에 둘 다 56세인 동갑인데, 자녀로 뚜엣을 포함해서 5남매를 두고 있다. 뚜엣의 언니는 전업주부이다. 오빠가 한 사람 있는데, 그는 유리 절단공 등의 여러 가지 잡역을 하고 있다. 남동생은 기술학교에서 전기공이 되기 위한 수업을 하고 있고, 여동생은 고등학교에 다니고 있다. 뚜엣의 부모는 손수레를 거리에 끌고 다니면서 '포(Pho)'라는 쌀국수를 팔고 다니는 행상을 한다. 그러나 그들의 장사는 여의치 않아 최소한의 생활을 이어가고 있다. 집안이 가난한데도 불구하고 뚜엣은 중학교 과정을 마쳤다. 내가 2009년 11월 뚜엣의 친정을 방문했을 때 뚜엣의 어머니는 나에게 뚜엣이 공부를 계속하고 싶었지만, 큰 오빠와 남동생, 그리고 여동생을 위해 공부를 포기하고 농장에서 일했다고 했다. 뚜엣은 효녀였으며, 형제들에게 도움이 되었다고 했다. 뚜엣이 농장에서 일할 때, 만일 자신이 한국 남자와 결혼을 하면 부모들을 경제적으로 도울 수 있다는 말을 들었다고 한다.

국제결혼 중매업체를 아는 이웃 사람을 통해 뚜엣은 그 당시 39세이던 한국 신랑감을 호치민시에서 만나 결혼하기로 약속을 했다. 국제결혼에서는 신랑감이 결혼중매업체 사람에게 모든 수수료를 다 지불하는 것이 관례지만, 신부도 명목상으로 얼마는 내어야 한다. 결혼 중매업체에 따라 수수료가 다르기는 하지만, 그 액수는 대개 1,200만원에서 1,500만원 정도를 지불한다. 대부분의 신부는 베트남 돈으로 550만 동(미화 약 296달러 정도)을 지불한다. 뚜엣 부모는 그 돈을 이웃과 친척들에게서 빌렸다. 그 돈은 결국 가계 빚으로 남게 됐다. 뚜엣과 그녀의 부모는 그 빚은 한국의 신랑, 길동이 결혼하기 전에 약속한 대로 갚아줄 것으로 믿었다. 뚜엣은 신랑과 근 20여 년의 나이차이가 나는 것은 알았지만, 신랑이 오랫동안 정신병력이 있는 줄은 몰랐다. 길동이 약을 복용하는 한 그는 정상적으로 보인다. 뚜엣은 길동과 함께 행복할 것으로 믿었다. 뚜엣은 결혼할 때 진 빚을 갚는 것은 물론 그 후에도 부모를 경제적으로 도와 줄 수 있을 것으로 믿었다. 그래서 결국 결혼을 했고, 2007년 11월에 한국으로 왔다.

길동은 5남매 중의 큰 아들이며 남동생 하나와 여동생 셋이 있었는데, 그들은 집에서 멀지 않는 청주시에서 직장을 가지고 봉급생활자로 그런대로 잘 지내고 있다. 길동은 충북 북천의 농가에서 자랐지만, 지방대학을 졸업하고 서울에 있는 가스회사에 취직을 했다. 어떤 면에서 길동은 보통 사람과 달랐는데, 이상한 임상우울증과 가끔 발작하는 간질병을 가지고 있지만, 총명한 사람으로 알려져 있다. 정기적으로 약을 복용하는 한 그는 정상인과 다름 없다. 그러나 약을 먹지 않으면 비정상적이 된다. 그는 총명하기 때문에 대학도 정상적으로 마쳤고, 많은 경쟁자가 몰리는 곳이었지만 입사시험에도 합격하여 회사에 근무할 수 있었다. 그곳에서도 회사의 한 부서의 책임자가 되기도 했다.

그는 서울에서 일할 때, 대순진리교[20] 교인인 어느 여자와 사랑에 빠졌다. 그 여자는 길동에게 만일 그가 퇴직금으로 받은 7천만원을 교회에 기부하면 자기가 결혼을 하겠다고 했다는 것이다. 그래서 그는 그렇게 했다. 그가 그 여자의 부모를 만나러 가기로 약속을 했을 때, 그 여인은 아무런 말을 남기지도 않고 자취를 감추었다. 그는 분개했지만, 어떻게 할 방도가 없었다. 드디어 그는 북천집의 부모에게 가서 이런 사실을 이야기했다. 어머니는 너무나 놀라 그 충격으로 인해 병이 들었다. 결국 그때 얻은 병으로 인해 길동의 어머니는 사망했다. 길동이 돌아왔을 때, 그의 아버지는 1,650제곱미터의 포도밭을 팔아서 그 돈으로 아들이 베트남 신부와 결혼하여 대전에 살게 했다. 길동이 뚜엣과 결혼한 후, 부부는 아버지와 잠시 동안 함께 살았으나, 아들 부부는 농촌에 있기보다는 도시에 살아야 한다는 아버지의 권유에 따랐다. 대전에서 직장을 구해 둘은 5개월간 행복하게 살았다.

길동은 총명하고 새 직업을 구하는 데는 특별한 재간이 있어서 새 직업을 얻는 일은 어렵지 않았다. 그러나 그는 한 직장에 오랫동안 근무하지 못했다. 약을 정기적으로 복용하지 않은 것 때문에 심한 우울증으로 북천의 아버지 집으로 돌아갔다. 뚜엣이 약을 정기적으로 먹으라고 권유함에도 불구하고 그는 약을 제때에 먹지 않았기 때문에 우울증은 심해졌다. 북천에 살면서 부부는 장래에 별 희망이 없다고 생각했다. 무엇보다도 뚜엣에게 고통스러운 것은 자기가 베트남에 있는 부모를 경제적으로 도와줄 수 없는 점이었다. 마지막으로, 길동은 부부가 함께 동반자살을 하자고 뚜엣을 부추겼다. 그들은 자살용으로 농약인 '스미치온(Sumithion)'을 샀다. 스미치온은 독성이 비교적 약해서 한국 농촌에서 널리 사용되기 때문에 그 농약을 구입하기는 쉬웠다. 이 농약은 한꺼번에 대량을 섭취하지 않는 한 안전한 농약으로 알려졌다.

길동 부부가 자살을 기도하기 전에 길동은 아버지를 살해하려고 했다. 2008년 4월 11일 새벽 3시 경 길동이 자기 아버지를 칼로 찔러 살해하려고 하기 바로 전에 우연히 그의 아버지는 잠에서 깨어났기 때문에 길동은 자기 아버지를 살해하지 못했다. 그 이후, 길동의 형제 자매들은 길동을 집에 혼자 두는 것이 위험하다고 생각하여 그를 정신병원에 입원시켰다. 불행하게도 뚜엣은 남편도 없이 집에서 혼자 시아버지를 돌보아야 하는 비참한 생활을 했다. 이 딱한 사정을 알고 청주에 사는 시누이가 뚜엣을 자기와 같이 살기를 권했지만, 그녀는 시아버지와 함께 집에 남아 있었다. 이런 일련의 일들 때문에 심히 낙담한 뚜엣은 스미치온을 과다하게 복용하여 자살하기로 결심했다. 뚜엣은 이 농약을 과다하게 복용하여 혼수상태에 빠졌고 의식불명이 되었다. 그러나 뚜엣의 시아버지는 뚜엣을 당장 병원으로 데려 가지 않고 다음날까지 기다렸다. 주위 사람들은 그렇게 늑장을 부리는 행동이 그가 보통 사람의 지능상태가 못 된다는 점을 보이는 징후라고 했다.

뚜엣이 병원에 옮겨졌을 때 이미 그녀는 거의 사망한 것이나 다름이 없을 정도였다. 박천병원의 의사들은 뚜엣의 생명을 구하기 위해 전기쇼크 등을 통해 심장의 박동을 소생시키려는 활동을 포함한 모든 가능한 조치를 취했다. 뚜엣은 병원에서 생명유지장치(life support system)의 도움으로 겨우 생명을 유지할 수가 있었다. 의사들은 만일 뚜엣이 병원에 좀더 일찍 왔었다면 최악의 경우를 면할 수도 있었을 것이라고 했다. 거의 두 달간, 뚜엣은 의식불명상태였으며, 방문객을 알아보지도 못했다. 거의 3개월 후에 일반병동으로 옮겨졌다. 그러나 그녀의 신경계통이 몹시 손상되었기 때문에 몸을 가눌 수가 없었으며, 몸은 항상 떨고 있었다. 그녀는 팔과 다리를 움직일 수도 없었으며, 말을 할 수도 없었고, 음식을 먹을 수도 없었다. 입으로 음식을 섭취할 수가 없었으므로, 의사들은 손상된 식도에 관을 뚫어 액체음식을 직접 위에 공급했다. 이도 모두 빠졌다. 그녀는 기적적으로 생명을 구했지만, 병원비가 천문학적인 액수에 이르렀기 때문에 뚜엣의 시집에서는 병원비를 감당할 길이 없었다. 더 딱한 사정은, 이 와중에도 남편은 여전히 정신병원에 있었다는 사실이다.

이 참상이 연합통신 기자의 보도를 통해 일반에게 알려지자, 사람들은 자선성금을 보내왔다. 성금을 낸 사람 중에는 길동의 가족들 이외에 박천에 있는 검찰지부에 있는 사람들도 참여했다. 전체 성금액수는 860여 만 원에 이르렀다. 병원이 치료비의 반인 750만원을 부담했다. 지속적인 지원을 위해 박천에 있는 어느 목사가 결혼이민자지원센터 박천 지부와 공동으로 기부금 모금운동을 전개했다. 이 운동은 지속적으로 했다. 3개월간 물리치료를 통해 뚜엣의 상태는 다소 호전되었으며, 물리치료사의 도움으로 몇 발자국 떼어 놓을 수 있었다. 그러나 가을에 접어들면서 외부의 기온이 떨어지기 시작하자 상태는 더 악화되었다. 날씨가 서늘해지자 뚜엣의 근육은 스미치온의 독성이 그러하듯이 점차 더 굳어지기 시작했다. 병원 측은 뚜엣을 돕기 위해 결성된 단체에게 병원은 그녀에게 더 이상 효과적인 치료방법을 제시할 수가 없다고 했다. 그녀는 말을 할 수가 없기 때문에 사람들은 그녀가 원하는 것이 무엇인지도 몰랐다. 의사들은 그녀가 움직이지도 못하고, 음식을 먹을 수도 없으며, 말도 못하고 병원에 혼자 외롭게 있으므로 그녀의 사기는 몸 상태에도 영향을 미친다고 생각했다. 만일 뚜엣이 베트남에 있는 가족에게 가서 호치민 시에 있는 병원에서 치료를 받는다면, 박천에 있는 병원에 외롭게 있는 것보다는 더 좋을 것이라고 했다. 그런 의사의 조언을 들은 뚜엣은 그것이 좋겠다는 의사표시를 웃음으로 대신했다. 뚜엣은 행복해 보였고, 그녀의 사기는 높아져 보였다. 마지막으로, 이 자선운동에 앞장 섰던 목사는 이를 위해 모금운동을 전개하고, 뚜엣이 베트남으로 돌아가는 준비를 했다.

드디어 2008년 9월 21일, 한 사람의 통역을 대동하고 이 일에 앞장섰던 목사는 그간 모은 성금과 함께 뚜엣을 데리고 베트남으로 갔다.[21] 뚜엣 지원회는 그 기금으로 뚜엣의 친정 집을 수리하고 나머지 돈으로 집안이 하는 사업에 보탬이 되기를 원했다고 한다. 베트남의 뚜엣 친정 사람들은 뚜엣 집에서 130킬로미터의 거리에 있는 호치민시에 있는 병원에서 치료를 받을 수 있을 것으로 생각했다. 뚜엣 가족들은 그 후 뚜엣이 호치민시에 있는 병원에서 물리치료를 받은 후 상태가 호전되었다고 전해왔다.

나는 2009년 11월 16일 베트남에서 한국어와 한국문화에 관한 국제회의에서 기조연설을 하게 된 기회를 이용하여 뚜엣과 그녀의 가족을 만나보기로 했다. 그 회의는 하노이 국립대학에서 있었다. 나는 2009년 11월 13일 하노이로 가기 전에 동나이에 있는 뚜엣 집을 방문하기 위해 호치민시에 있는 탄손나트 공항(Tan Son Nhat Airport)에 도착했다. 2009년 11월 14일 아침 8시에 나는 우리 학교 총무처장이자 하노이국립대학교에 한국어 프로그램을 처음 시작한 이재열처장과 통역을 대동하고 뚜엣의 집으로 갔다.

동나이에서의 뚜엣의 생활

탄손나트 공항에서 수 백대의 택시와 수많은 승용차, 거리를 메운 모터사이클의 행렬을 보고, 또 호치민시에 있는 사치스런 호텔에서 분주히 돌아가는 기업인들의 활동을 보면서, 나는 왜 많은 베트남의 신부들이 자신들보다도 더 나이 많은 한국 신랑들과 결혼해서 한국의 오지인 농촌과 어촌에 살고 있는지를 이해할 수가 없었다. 나는 호치민시를 둘러보면서 그들의 연 평균국민소득이 2,900달러라는 사실을 믿기가 어려웠다. 유명한 식당에는 빈 자리가 없었다. 옛날 남쪽 베트남의 수도였던 호치민시민들은 행복하고, 역동적이며, 열정적인 것 같았고, 도시 자체도 활기에 차 있어

보였다.

그러나 우리가 탄 밴이 시의 경계를 넘어 동나이가 위치한 동북쪽으로 이동하면서, 도로는 협소해지기 시작했고, 비포장도로이며, 마주 오는 차들과 겨우 비켜갈 정도로 도로사정은 나빴다. 도로변에 늘어선 고무나무재배농장의 고무나무는 이색적으로 보였다. 난생처음으로 동나이강의 지류에 떠 있는 배 위에서 살고 있는 수상 거주자들도 목격할 수 있었다. 그들의 모습은 겉으로 보기에는 이색적으로 보였지만, 그들의 생활이 얼마나 어려울지를 짐작할 수 있었다. 강을 건너고 나니 도로사정은 더 열악했으며, 개인집들은 궁핍하고 초라해 보였다. 동나이주 사람들의 생활상태를 보고 나서야 비로소 왜 많은 베트남 신부들이 외국 신랑, 특히 한국과 대만 신랑들과 결혼하려고 하는지를 짐작할 수 있었다.

우리 일행이 뚜엣의 고향마을에 도착했을 때, 그녀의 아버지와 오빠가 마을 초입에서 우리 일행이 도착하기를 기다리고 있었다. 우리가 탄 밴이 오는 것을 보자, 뚜엣의 아버지는 어디론가 사라졌으며, 그녀의 오빠되는 사람이 우리 일행을 좁은 골목길을 돌아 자기 집으로 안내했다. 통역을 통해 우리는 서로 인사를 나누고 집안으로 안내를 받았다. 뚜엣의 어머니, 오빠, 그리고 그녀의 여동생이 우리 일행과 함께 방바닥에 앉았다. 뚜엣은 맨 나중에 들어와서 의자에 조용히 앉아 있었지만, 그녀의 몸은 몹시 떨고 있었으며, 말은 거의 한마디도 하지 못했다. 그녀는 이가 하나도 없었다. 그러나 그녀는 조용하게 큰 미소로 나를 맞아주었다. 뚜엣이 말을 할 수가 없었기 때문에 말은 주로 그녀의 어머니와 오빠가 대신했다. 나는 뚜엣이 자살을 기도하기까지의 일련의 일에 대해서 질문을 해 봤다. 그러나 그녀의 어머니가 모든 대답을 했다. 뚜엣이 말을 할 수 없기 때문에, 그때의 상황을 그녀의 어머니에게 설명을 할 수도 없었을 것인데, 그녀가 그 상황을 그렇게 자세하게 설명해 주는 것이 이상했다. 그 어머니의 긴 설명을 듣고 나서, 나는 더 이상을 질문한다는 것은 그녀의 어머니를 통해 신빙성이 없는 정보만을 듣는 격이 될 것으로 생각했다. 그러나 뚜엣은 자기 어머니가 설명하는 것을 부정하거나 인정하는 것 같은 아무런 표정도 짓지 않았다.

그러나 뚜엣 어머니의 설명에 의하면, 뚜엣이 베트남에 돌아와서 호치민시에 있는 병원에서 물리치료를 받은 이후에는 뚜엣의 상태가 많이 호전되었다고 했다. 만일 지금의 뚜엣 몸 상태가 호전된 상태라면, 그 이전의 상태가 얼마나 심했는지 짐작할 수가 없었다. 어머니의 말에 따르면, 만일 뚜엣이 호치민시의 병원에서 지속적으로 치료를 받는다면 병을 고칠 수 있다고 생각했다. 뚜엣 어머니는 한국에서 뚜엣을 도와주기 위한 지원단체가 일년에 500달러 정도를 지원해 주고 있지만, 이런 돈으로는 병원치료를 받기에는 불충분하다고 했다. 뚜엣 어머니는 뚜엣의 치료를 위해 지속적인 지원이 필요하다는 점을 역설했다. 뚜엣의 어머니는 내가 나서서 병원치료비를 모으는 기금운동을 할 수 없겠느냐고 물었다.

박천에 있는 사람들이 모금한 지원금의 액수는 여러 기관의 집계마다 차이가 난다. 한국에서 들은 총액은 뚜엣 가족이 말하는 것과 차이가 난다. 박천의 모금운동으로 모은 기금의 총액은 1천만원 정도라고 하는데, 베트남의 '동'으로 환산하면, 결코 작은 액수는 아니지만, 이 성금은 뚜엣이 베트남으로 돌아갈 때 뚜엣에게 주었다고 한다.[22] 지원단체 사람들은 이 성금으로 뚜엣의 부모들이 길거리에서 리어카로 끌고 다니는 쌀국수 가게보다는 한자리에 가게를 가진 안정적인 '포(쌀국수 가게)'를 열기를 바랐다고 한다. 그렇게 안정적인 가게를 하면 집의 경제도 안정적이 될 것이고 일정한 수입원이 될 것으로 기대했다. 그러나 뚜엣의 아버지는 마을에서 안보이고 우리 일행과 만나는 것을 피했다. 확실한 것은 그런 기금으로 두 방이 있는 집은 수리한 것 같으며, 집은 깨끗하고 잘 정돈이 되어 있었다. 그러나 '포' 가게를 하고 있다는 흔적은 보이지 않았다. 통역을 통해 '포' 가게에 관한 질문을 반복해서 몇 번이나 했으나, 거기에 대한 대답은 듣지 못했다. 통역의 짐작으로는 그 집에 그런 가게가 없는 것 같다는 것이다. 그 기금의 일부는 집을 수리하는 데 썼고, 나머지는 집의 생계비에 보탰을 것으로 보인다. 또, 그들은 뚜엣이 호치민시의 병원에 몇 번이나 갔는지도 말해 주지 않았다. 대신 뚜엣의 어머니는 한국의 지원그룹이 성금을 더 모금해서 뚜엣이 지속적으로 치료를 받을 수 있게 해 달라고 말했다.

가족들의 말에 따르면, 뚜엣의 오빠가 유리를 절단하는 일을 하고 있다고 하지만, 그가 하는 일에 대해 자세한 언급은 하지 않았다. 인터뷰 과정에서 뚜엣의 아버지는 자리를 피했지만, 시종 뚜엣의 오빠가 참여했다. 우리를 통역해 주던 통역의 짐작에 의하면, 뚜엣의 오빠는 정규적인 직업이 없는 것 같다는 것이다. 대신, 뚜엣의 오빠는 뚜엣의 결혼증명서의 원본을 나에게 보여 주면서, 뚜엣과 길동이는 이혼한 것이 아니고 아직도 결혼관계에 있다고 했다. 그의 말에 의하면, 아직도 그들이 부부관계에 있기 때문에 길동의 가족이 뚜엣을 재정적으로 지원할 의무가 있다는 것이다. 그는 뚜엣이 회복되는 대로 즉시 한국으로 돌아간다는 사실을 강조했다. 내 짐작으로는 뚜엣이 회복될 가능성은 거의 없어 보였다. 나는 후에 국립하노이대학교의 교수를 통해 뚜엣의 가정에 대한 정보를 묻는 중에 하노이대학교 교수가 하는 말에 의하면, 내가 뚜엣을 도울 수 있도록 기금운동을 해 주기를 바란다고 한다고 들었다.

뚜엣 집을 떠나기 전에 그녀의 어머니에게 마지막 질문으로, 만일 뚜엣의 여동생이 다시 한국 남자와 결혼을 한다면 허락을 하겠느냐고 물어보았다. 만일 마땅한 신랑감이 있고, 자기 딸이 결혼하겠다면 주저없이 허락하겠다고 했다. 우리의 대화 중에 처음부터 끝까지 그 자리에 참석했던 뚜엣 동생 역시 그렇게 하겠다고 긍정적인 대답을 했다. 뚜엣조차도 웃으면서 긍정적인 답을 했다. 비록 뚜엣이 말은 못했지만 내가 하는 이야기는 알아 듣는 것 같았다. 이런 반응으로 미루어 보아 비록 뚜엣이 자살을 기도했고, 그로 인해 치명적인 후유증에 시달리고 있었지만, 뚜엣 집안 사람들이 한국이나 한국 사람들에 대해서 원망하는 듯한 나쁜 감정은 갖고 있지 않은 것 같아 보였다.

뚜엣의 비극으로 인해 한국 사람들이 외국신부들에게 동정과 유감을 갖게 만들었다. 어떤 사람은 개인적인 동정의 뜻을 나타냈고, 다른 사람들은 모금운동에 참여했다. 이 참극은 특수한 경우이고 우발적인 경우이기는 하지만, 대부분의 한국 사람들은 이 비극에 대해 일종의 죄책감을 느끼고 있다. 그런 불행한 사건이 일어날 때 마다, 한국이 국가 전체로서 그런 것을 미연에 방지하지 못한 것에 대해 책임을 느끼는 경향이 있다.

예를 들어서, 2007년 4월 16일, 미국에 이민간 어느 한국출신 학생이 버지니아공대에서 32명의 학생과 선생을 무차별하게 살해한 총격사건이 있었을 때, 한국이 한 국가로서 미국에 대해 사과한 사건이 있었다.[23] 국내 및 국외의 한국인들의 흔히 있지 않는 그런 사과에 대해 미국에 있는 내 친구 한 사람은 내게 e-메일로써 왜 한국 사람들이 사과를 하고 죄책감을 갖는지 이해할 수가 없다고 했다. 만일 그런 참상에 대해 책임을 묻는다면, 이민자들을 제대로 관리하지 못한 미국 사람들의 책임이 크지 않겠느냐고 했다. 나는 그런 지적에 대해 미국이야말로 진정한 다문화 다인종사회라는 것을 알고 큰 감명을 받았다. 대부분의 미국 사람들은 조승희라는 집단살해범이 한국 시민이 아니고 8살 때 미국으로 이민간 미국영주권자라고 알고 있다. 중학교 때 심한 불안 장애자로 진단을 받은 사람이었다. 내 미국 친구의 해석과 같이, 모든 한국 사람들은 뚜엣이 한국생활에 적응하는 단계에서 적절하게 대응하지 않은 것에 책임이 있다.

뚜엣 사건은 두 가지 면에서 한국인의 주목을 끌고 있다. 첫째는 국제결혼 중매업자들의 자질문제, 그들의 정직성, 그리고 책임감에 대한 문제이다. 중앙정부와 지방자치단체 모두 2007년 12월 14일에 제정된 국제결혼 중매업자 단속법을 강력하게 집행할 의지를 천명했다. 둘째는, 외국신부들에게 한국어와 한국문화를 가르치는 교육 프로그램의 필요성에 대한 인식이었다. 고려사이버대학교가 행하고 있는 교육 캠페인은 그 중의 하나이다. 고려사이버대학교의 교육 프로그램은 통문화(cross-cultural)의 이해를 돕기 위해 외국신부들 출신국의 언어와 문화를 가르치는 것도 포함하고 있다. 베트남 방문을 통해 배운 점은 비록 뚜엣 같은 불행한 경우가 있었을지라도 경제적인 보상이 있는 한 베트남 여성들과 한국 남성들 간의 결혼은 지속될 것이라는 점이다. 근래 한국에 오는 외국 신부의 수가 늘어나는 것이 이런 현실을 반영하고 있다.

뚜엣의 이야기는 중매결혼이 다 실패한다는 것을 말하는 것은 아니다. 실제로, 대다수의 중매결혼자들은 잘 해 나가고 있다. 중매결혼에 대한 선입견을 바로 잡는다는 뜻에서 다음에서는 베트남 신부와 한국 신랑 간의 성공적인 결혼에 대해 소개하기로 한다.

북천에서의 후앙(가명)의 생활

내가 후앙의 이야기를 소개하기로 한 것은 그녀가 뚜엣처럼 베트남에서 온 신부이기 때문이다. 후앙이 사는 곳은 뚜엣이 살던 곳에서 그다지 멀지 않는 곳이고, 후앙의 남편의 지능은 보통 사람들의 지능보다는 낮은 편에 속한다. 후앙의 이야기는 왜 어떤 중매결혼은 성공적이고, 어떤 결혼은 실패하는지에 대한 실마리를 제공해 줄 수도 있다. 그런 비교는 국제결혼의 성공 여부를 결정하는 근본 요인을 암시해 줄지도 모른다. 또한 이 경우는 이 책에서 언급하지 못한 많은 성공적인 결혼의 대표적인 예가 될 수 있기 때문이다.

후앙은 베트남의 수도인 하노이의 동쪽에 위치한 북 베트남의 박지앙(Bag Giang)지역 농촌마을에서 태어났다. 그 마을은 수도인 하노이에서 차로 두 시간 정도 걸리는 마을이다. 이 지역은 농촌인 홍강 삼각주(Hong River Delta)에 위치해 있기 때문에 주로 농업에 의존하고 있다. 이 주의 연 평균국민소득은 1,000달러 정도이며, 동나이보다 낮다. 동나이주와 같이 이 주도 산업개발을 위해 노력하고 국내외의 자본유치를 위해 노력하고 있다. 상대적으로 경제적으로 빈곤한 지역이기 때문에, 이 지역 역시 신부들이 한국이나 대만 등의 신랑을 찾아 결혼하려는 것이 놀랄 일은 못된다.

후앙은 다섯 남매 중에서 넷째로 태어났다. 위로는 오빠가 하나 있으며, 두 언니가 있고, 남동생이 하나 있다. 후앙의 어머니는 50세인데, 아버지는 2008년 7월에 심장마비로 사망했다. 모터사이클 수리점에서 일하는 오빠가 생계를 책임지는데, 부양 가족으로는 75세의 할머니, 어머니, 20세된 후앙의 남동생 등이다. 그들의 생활수준은 이 지역 평균수준에 미치지 못하는 어려운 생활을 하고 있다.

후앙이 한국 사람과 결혼을 하게 된 동기는 한 후앙 가족의 친구가 베트남에서 사업을 하느라고 베트남을 자주 드나드는 한국 사업가를 소개했는데, 그 사람이 한국 신랑감을 소개했다. 결혼 당시 한국 신랑감인 37세의 상훈은 자기보다 15세나 어린 후앙을 만났다. 둘은 하노이에서 처음 만났는데, 신랑감은 첫눈에 신부에게 반했다. 그는 후앙과 꼭 결혼을 하고 싶었다. 그러나 후앙의 첫 인상은 상훈과는 달랐다. 2009년 1월 한국의 독립기록물 제작사인 『테마 스페셜(Theme Special)』과의 인터뷰에서 후앙은 상훈은 자기에게 호감을 가졌지만, 자기는 신랑감인 상훈이 얼굴이 유난히 넓고 크며, 좀 이상하게 생긴 것 같이 느꼈다고 했다. 서로의 첫 인상이 달랐지만, 결국 2006년 여름에 베트남에서 결혼을 한 후, 상훈은 후앙을 한국으로 데려 왔다.

상훈은 1969년에 세 아들 중 막내로 태어났다. 그의 아버지는 건설회사의 기사로 잘 지냈으며, 한국 여러 지역에서 일한 경험이 있었다. 그러나 그는 36세가 되던 때 사망했다. 상훈은 6살 때부터 때때로 심한 경련을 일으켰다. 지금까지도 이 경련에 시달리고 있다. 보기에는 그 부인인 후앙이 말했듯이 얼굴이 유난히 크다는 것과 다소 몸이 비대해 보이는 것 이외에는 별다른 특징이 없다. 그의 말씨가 매끄럽지 못하기는 하지만, 말소리도 온전하고, 논리적이며, 정중하다. 그의 부인에 대한 애정표시는 보통 한국 사람들과는 달리 다른 사람들 앞에서도 직설적이고, 주저함이 없다. 그와 그 가족은 상훈이 정규적인 대학교육을 받기에는 적합하지 않다고 생각해서 일반고등학교를 지원하지 않고 전자공업 직업학교를 택했다. 그는 장애인으로 구분되었기 때문에, 지방복지관에서 임시 관리직으로 허드렛일을 하고 있다. 그러나 그의 결혼은 그를 다른 사람으로 만들었다. 그는 주위에서 가장 행복한 사람이 됐다. 그는 항상 웃는 얼굴을 하고 있으며, 그의 어머니, 형제, 친구, 그리고 베트남에 있는 처갓집 식구들에게까지도 애정을 표시하고 있다.

가장 행복한 순간은 부인 후앙이 경민이라는 아들을 출산했을 때이며, [내가 그를 만났을 때인] 2009년에 경민이는 두 살이었다. 그 마을에 있는 모든 사람들이 경민이를 귀여워했는데, 경민이가 출생하기 전인 지난 10년간 그 마을에는 아이가 출생한 일이 없어서 더욱 귀여워하게 된 것이다. 이런 아이가 귀한 것이 한국이 지난 몇 년간 연속적으로 세계에서 최저의 출산율을 기록하게 된 예를 보여주는 것이다. 경민이가 출생한 이후 그 마을에서 3명의 아이들이 더 출생했는데, 공교롭게도 이들 모두가 다문화가정 출신 아이들인 것이다. 이 다문화가정은 한국의 출산율을 높이는 데 큰 기여를 했다.

거의 매일 이 동리의 늙은 노인들이 경민이와 놀려고 상훈의 집을 방문했다는 것이다. 후앙의 집은 나이든 동네 노인들이 모이는 중심이 되었는데, 후앙과 시어머니가 경영하는 가게에 사람들이 모일 수 있기 때문이다. 그 가게의 간판은 '수퍼 마켓(super market)'이라고 붙였지만, 실제로는 거의 모든 것을 파는 편의점인 셈이다. 그러나 상훈의 월급이 하찮기 때문에 이 가게는 그들에게는 중요한 생활수단이 되고 있다. 동네 사람들은 두 살짜리 경민이를 좋아하며, 이 지역사회의 귀중한 '선물'이라고 부른다. 경민이는 예쁘게 생겼으며, 영리하다. 무엇보다도, 후앙이 피부색도 한국의 보통 여자들보다 희고, 아름답게 생겼다. 그 여인은 친절하고, 예의가 바르며, 행동거지도 겸손하다. 그 여인은 나이 많은 사람, 특히 그 주위에 사는 시어머니의 친구들을 공경하고 있다. 2009년 12월 내가 그 집을 방문했을 때, 후앙은 과일과 음료수까지 준비하여 친절하게 대해 주었다. 후앙은 약간 수줍어 보였지만, 자기가 할 말은 다 했다. 경민이까지도 잘 행동했다.

여러 가지 중에서도, 왜 이 국제결혼가정이 성공적인 가정이 되는지를 이해하는 데 큰 시간이 걸리지 않았다. 내가 70세인 후앙의 시어머니를 만나자마자 알게 되었다. 처음 만난 후앙 시어머니의 인상은 좀 사납게 보였지만, 이야기를 시작하자마자 후앙의 시어머니는 인간성이 넘쳐 흐르는 전형적인 순박한 시골 사람임을 알 수 있었다. 그 안노인은 방문자에게 친절하고 예의 바르게 환대해 주었다. 두 아들이 있지만, 상훈의 어머니가 상훈과 함께 사는 이유는 후앙이 가게를 하는 일을 도와주고 손자인 경민이를 보살펴주기 위해서라고 했다.

후앙의 시어머니와 이웃의 노인들은 경민이가 없이는 살 수 없다고 했다. 상훈, 후앙, 그리고 경민이가 2주일간 베트남의 친정을 다녀오기 위해 갔을 때, 동네의 모든 노인들은 경민이가 너무 보고 싶었다고 했다.

2009년 1월에 그들이 2주일간 베트남을 방문한 것은 베트남에서 기업을 하고 있는 기업인들과 북천군이 주선을 했다고 한다. 이 방문을 주선한 주체는 30세대의 베트남 출신 다문화 모범가정을 택해 부인들과 남편들, 그리고 아이들까지 모두 가도록 주선을 한 것이다. 이들은 베트남을 떠난 후 처음 친정을 방문하는 아주 좋은 기회였다. 또, 이 기회는 다문화가정의 사위들이 처가 가족들을 만날 수 있는 좋은 기회였다. 아이들에게는 처음으로 외가의 가족, 친척, 친구들을 만날 수 있는 기회였다. 이를 축하하기 위해 북부 베트남의 박지앙의 수도에서 간단한 의식을 하고 베트남 주재 한국대사까지 참석했다. 나는 그 식에 참석할 수는 없었지만, 『테마스페셜』의 비디오 테이프로 그 현장을 생생하게 볼 수 있었다.

베트남 방문 전에 후앙은 시어머니, 신랑, 그리고 경민이와 함께 시아버지의 묘소도 참배했다. 후앙은 죽은 시아버지의 묘소에 참배를 했다. 그런 행동과 표시는 이웃 사람들을 위시한 모든 사람들을 감동시켰다. 그에 대한 답으로, 후앙의 시어머니는 베트남에 있는 후앙 친정가족들에게도 다양한 선물을 준비했다. 또한 2008년 7월에 사망한 후앙 친정아버지의 선물도 준비했다. 장인 묘소를 참배하러 갔을 때 상훈은 장인 묘소에 정중한 예를 갖추었다.

상훈의 태도는 진지했다. 상훈이 처가의 친척을 만날 기회가 있었던 것은 물론, 처가 친척들이 자신들을 위해 얼마나 걱정하고 있었는지도 알 수 있었다. 처가에 있는 동안, 상훈의 처가가 외진 곳에 있어서 안테나 없이는 TV를 수신할 수 없어서 안테나 설치까지 했다. 전기기술공의 기술을 발휘하여 도움을 주고 싶었기 때문이다. 후앙 친정식구들은, 집이 초라한 것에 대해 미안하게 생각했다. 지난해의 태풍으로 집이 일부 파손되었지만, 수리를 할 수 없었던 것은 베트남 풍속에 집안 식구가 죽은 후 3년상을 치루기 전에는 집 수리를 할 수 없기 때문이라고 했다.

그 여행을 통해 상훈은 그 나라의 말을 이해하지 못하고 산다는 것이 얼마나 불편한지를 직접 체험할 기회가 있었다. 후앙이 친척이나 친구를 만나러 다닐 때 상훈은 혼자 있었기 때문에, 그와 같은 체험을 했을 것이다. 상훈은 촬영팀 사람들에게, 그 자신의 베트남 경험을 통해 자기 아내가 한국 말을 잘 하지 못하면서 한국에 사는 것이 얼마나 힘들었는지를 알게 되었다고 한다. 이 기회는 상훈에게는 좋은 교훈이 됐다. 또한, 후앙의 시어머니도 그들이 떠난 후 후앙과 손자 경민이가 얼마나 소중한지도 배웠다. 후앙 시어머니는 촬영팀 사람들에게, "나는 경민이나 후앙 없이는 살 수 없을 것 같다"고 했다고 한다. 이웃사람들은 나에게, 후앙의 시어머니는 그들이 돌아올 날짜를 거꾸로 세고 있었다고 했다. 후앙 시어머니는 그들이 보고 싶어 자주 울기도 했다고 한다. 베트남 여행은 여러 가지를 성취했지만, 그 중에도 가장 중요한 것은 후앙이 그 집에서는 없어서는 안 될 존재라는 것을 느낀 점이다.

결론적으로 말한다면, 후앙과 그녀의 생활사에 대한 이야기를 듣고 나서 후앙이 행복한 결혼생활을 할 수 있는 데는 몇 가지 긍정적인 요인이 작용한 것 같다. 후앙은 전형적인 사랑스러운 가정주부의 역할을 담당하고, 며느리로서는 시어머니에게 순종하고 공경하는 자세를 취하며, 아이에게는 좋은 어머니 역할을 하기 때문이다. 후앙은 전통적인 한국여인상에 맞는 역할을 하기 때문에 남편이나, 시어머니, 친척, 그리고 시어머니의 친구인 마을의 모든 어른들을 만족시키고 있는 것이다. 한국에서 여성들의 여권운동이 신장되면 될수록, 시골에 살며 지난 날의 전통적인 가치를 지닌 후앙 시어머니의 친구에게는 후앙이 점점 더 돋보인다. 더구나, 후앙의 공손한 성격, 겸손한 태도, 누구에게나 위협적인 태도가 아닌 성격은 가족, 친척, 그리고 마을 사람들에게 많은 칭찬을 받고 있다.

또한, 후앙의 결혼이 성공한 것은 정부나 자원봉사자나 다른 외부의 사람의 도움을 받은 것이 아니라, 자신의 노력으로 지역센터 등에서 밤에는 교육 프로그램 등을 청취하면서 스스로의 노력에 의해서 한국어와 한국 풍습을 익혔기 때문이다. 후앙은 밤 늦게까지 한국어 실력을 향상시키기 위해 노력한다는 것이다. 불행하게도 내가 후앙을 만나기 전까지는 고려사이버대학교가 하는 언어와 문화교육에 대해서 모르고 있었다. 후앙이 내게, "나는 한국어를 능숙하게 잘 해야 내 아이를 효과적으로 지도하여 학교에서 좋은 학생이 되게 할 수 있다"는 분명한 목적을 말해주었다.

후앙의 성공에 기여한 또 한가지의 요인은 후앙 가족의 경제사정이 양호한 점이라고 할 수 있다. 후앙의 집이 가게를 해서 일정한 수입이 있기 때문이다. 후앙은 외부에서 막노동을 하여 돈을 벌어야 하는 처지가 아니었다. 상훈은 결혼하기 위해서 쓴 비용을 갚기 위해 누구에게도 진 빚이 없었으며, 후앙 자신도 베트남의 친정에 돈을 송금해야 할 필요성이 없었다. 거의 모든 국제결혼의 집안불화는 외국신부가 친정을 도와주기 위해서 송금을 해야 하는 문제에서 발생하기 때문이다. 즉 거의 모든 가정불화는 신랑이 처가에 돈을 보내주기로 약속한 것을 지키지 않음으로 인해 생기는 경우가 많기 때문이다.

내가 인류학자라는 관점에서 후앙의 성공을 말한다면 아마도 가장 중요한 요인은 후앙 시어머니가 문화의 차이와 통문화에 대한 이해가 있기 때문이라고 생각한다. 내가 그 집을 방문했을 때, 후앙의 시어머니는 나더러, "풍습이 다른 나라에서 사는 것이 얼마나 힘이 들겠습니까? 그 애는 자기가 하고 싶은 말을 다 못하니, 나는 그 애를 내 며느리로 생각하지 않고 딸처럼 돌봐 주려고 합니다. 그 애는 얌전하고, 어른을 공경하며, 낭비하는 습관도 없습니다. 그 모든 것 중에, 그 애는 귀한 내 손자를 낳아주었으니 말입니다. 그 애한테 뭣을 더 바라겠습니까? 그 애는 우리 집의 보배입니다. 나는 그런 좋은 며느리는 한국 여성 중에서도 찾을 수 없다고 생각합니다." 나는 두 고부가 잘 지내는 것을 목격했다. 고부 사이의 다정하고 좋은 관계가 상훈이를 항상 기쁘게 하는지도 모른다.

5

종교단체의 중매로 결혼한 외국신부들의 이야기

이 장에서는 종교단체인 통일교회를 통한 중매로 결혼한 두 외국신부의 이야기를 서술하기로 한다. 이 두 신부는 합동결혼식을 통해 결혼했다. 통일교는 1940년에 문선명에 의해 설립되었다. 통일교는 처음 서울에서 문선명의 세계교회운동의 일환으로 세계기독교통일신령협회(Holy Spirit Association for the Unification of World Christianity)로 시작했다. 통일교의 교리는 『원리 강론(*Divine Principle*)』에 나타나 있으며, 그 원리는 성경과 아시아의 전통에 바탕을 두고 있으며, 세계의 신(universal god)을 믿는다.[1] 마이클 브린(Michael Breen)에 따르면, "문선명의 신에 대한 견해는 대단히 한국적인 것으로, 무속적인 격정과 유교적인 가족 기반을 기독교적인 형태와 결합한 것"이라고 한다.[2] 1990년대에 문선명은 세계평화통일가족연합(Family Federation for World Peace and Unification)을 위시한 각종 평화기구를 창설했다. 통일교회는 세계 50여 개 국에 있다. 한국에는 신도수가 25만명에서 300만명 사이라고 한다.[3]

통일교 행사의 일환으로 참부모님 천주축복식(blessing ceremony)이라는 것이 있는데, 이는 개인의 영적인 생활에서 가장 중요한 의식이라고 한다. 이 천주축복식은 부부를 사악한 인간성에서 벗어나 사악하지 않은 신의 가계혈통으로 옮아가게 한다는 것이다. 이런 천주축복식을 통해 출생한 자녀들은 원초적인 죄악에서 벗어나 자유로워진다는 것이다. 이 종교를 신봉하는 사람들은 중매와 결혼은 심오한 신앙체계와 세계관의 직접적이고 완벽한 표현이라고 믿는다. 이 천주축복식은 1961년에 서울에서 처음으로 열려 36쌍이 결혼을 했다. 그 이후, 이 천주축복식의 규모는 점차 확대되었는데, 2009년에 아산에 있는 선문대학교에서 행한 축복식에는 4만쌍이 참여했다.[4] 이런 합동결혼식을 통해 결혼한 사람의 총수는 아마 100만 여명이 넘을 것으로 추정한다.

교회관계자의 말에 따르면 1980년부터 2010년 7월 사이에 일본, 필리핀, 몽골, 타이 등의 여러 나라에서 온 외국신부 145,742명이 교회를 통해 한국 남성들과 결혼을 했다고 한다.[5] 이 장에서 이야기하는 두 일본 출신의 신부는 한국에 거주하는 5,326명의 일본 출신(전체 외국 출신 신부의 2.9퍼센트를 점한다) 중의 두 사람인 것이다.[6]

대부분의 현 한국 사람들은 다문화주의가 1990년대부터 시작하여, 2000년대에 와서 수많은 동아시아와 동남아시아 여러 나라의 신부들이 한국 남자와 결혼하여 한국으로 이주하기 시작한 때부터인 것으로 생각할지도 모른다. 그러나 실제로 통일교가 주최가 되어 국제결혼을 시작한 것은 1961년으로 되돌아가야 할 것이다. 고려사이버대학교가 주관하는 다문화가정 e-배움 캠페인을 통해 얻은 내 경험에 의하면, 일본 신부들이 한국 남성과 결혼한 상당수의 경우는 통일교가 주관한 합동결혼식을 통해 결혼했다. 그 수는 정확하지 않지만, 일본 신부와 한국 남자가 결혼한 경우의 60퍼센트 이상이 통일교의 주선으로 결혼한 경우라고 한다.

통일교를 통해 결혼한 일본 신부의 '에스노그라피'

이 장에서는 중매결혼을 통해 결혼한 부부의 이야기를 기술하기로 하겠다. 부인이 되는 신부는 39세의 일본출신 유키 토모코(가명)[7]이며, 신랑은 44세인 한국인 김철수(가명)다. 그들은 토모코가 28세이고 신랑인 철수가 34세이던 1999년 합동결혼식을 통해 결혼식을 했다. 결혼 후에 그들은 경상북도 영월(가명)에서 살고 있으며, 거기서 포도농장을 하고 있다. 현재 11살과 5살 나는 아들 둘과 10살인 딸 삼남매를 두고 있다.[8]

행정적으로 영월은 시로 구분되어 있지만, 실제로는 농촌마을과 마찬가지다. 그 근처에는 이렇다 할 산업시설도 없기 때문에, 영월의 인구는 매년 1.4퍼센트씩 감소되고 있는 추세이다. 현재에는 시와 시 주변을 합해서 총 인구가 약 12만 명 정도이다. 근래 그 지방은 질좋은 포도를 생산하는 것으로 알려져 있다. 토모코와 철수는 포도밭을 소유하고 있으며, 그 포도 수확으로 얻어지는 그들의 연 수입은 약 5천 만원 정도가 된다. 그 정도의 수입이면 이 지역의 농민소득으로는 상위권에 속하는 셈이다.

내가 토모코를 처음 만난 것은 2008년 1월 24일 영월 시청회의실에서 고려사이버대학교가 전개한 다문화가정 e-배움 캠페인에서 한국어교과과정을 성공적으로 마친 사람에게 수료증을 수여하는 수료식장에서였다. 그 수료식에서 한국어쓰기 경연대회를 개최했는데, 토모코가 1등을 했다. 토모코의 한국어 구사능력은 다른 경쟁자들에 비해 탁월했다.

토모코의 성장 배경

토모코는 일본 칸사이 지역에 있는 와카야마현(prefecture)의 수도인 와카야마에서 1971년 3월 20일에 출생했다. 그녀는 딸 둘인 가정의 둘째 딸로 태어났다. 내가 2010년 3월에 그녀의 고향인 와카야마를 방문했을 때 그곳의 많은 문화유산과 역사적인 사료들이 풍부한 옛 도시의 모습에 놀랐다.[9] 와카야마는 토모코가 어릴 때 살던 추억들이 많은 곳이다. 어떤 것은 영원히 기억하고 싶은 좋은 추억들이기도 하지만, 어떤 것은 잊어버리고 싶은 나쁜 추억인 것이다. 잊어버리고 싶은 나쁜 추억으로는 그토록 사랑하던 아버지를 잃은 것, 가정의 경제적인 파탄, 그리고 공부를 계속하여 와카야마를 벗어나 새로운 세계로 나가보려고 몸부림치던 그런 기억들이다. 토모코가 자신이 다닌 초등학교의 건물을 나에게 보여 줄 때에는 자신의 어린 시절에 대한 향수를 느끼는 것 같았다.

토모코의 부모는 원래 일본의 가장 남서쪽에 위치한 일본의 3대 열도 중의 하나인 큐슈(Kyushu) 출신인데, 그녀의 가까운 친척들은 아직도 그곳에 많이 살고 있다. 토모코의 언니도 큐슈에서 출생했다. 그러나 1965년 토모코가 태어나기 전이고 그녀의 언니가 8개월 되던 해에 그녀의 부모는 일본의 수미토모철강회사가 공장을 와카야마에 확장시킬 때 와카야마로 이사를 왔다. 고등학교를 졸업한 토모코의 아버지는 그 철강회사의 용광로를 담당하는 부서에서 일했다. 토모코의 아버지는 한때는 제련 팀의 책임자가 되기도 했다. 토모코의 아버지가 튼튼한 직장에서 근무했기 때문에 그녀의 어머니는 특별히 직업을 갖지 않은 전업주부였다. 용광로와 제련 팀의 일은 그 성격상 용광로에 24시간 불을 켜서 지켜 봐야 하기 때문에 토모코의 아버지는 삼교대 팀의 일원이었다. 그녀의 아버지가 삼교대 팀원으로 일했기 때문에 토모코는 어릴 때 아버지를 자주 보지 못했다. 그녀에게는 아버지는 항상 일하는 것으로만 보였다. 토모코의 기억으로는 그녀의 아버지는 일과 관계되는 일로 늘 압박과 긴장감을 받고 사는 것 같이 보였다고 한다. 어머니가 일본 여인들의 전통의상인 '기모노'를 만드는 일을 하는 한편, 과외 수입을 위해 아버지는 시간이 나는 대로 그 지역의 슈퍼마켓에서 이중으로 일을 했다고 한다.

토모코의 아버지는 활동적이었으며, 운동을 좋아했다. 모든 종류의 스포츠를 좋아했으며, 지역 마라톤대회에도 참가할 정도였다. 그러나 일에서 오는 압박감을 극복하기 위한 한 수단으로 흡연도 심했고 과음도 하게 되었다고 한다. 이런 나쁜 습관 때문에 부부 사이에 종종 다툼도 없지 않았다고 한다. 그러나, 토모코의 가정은 대체로 편안하게 지냈다. 토모코네 가정은 철강회사에서 지은 주택에 살았기 때문에, 그들의 이웃은 모두가 같은 회사에 다니는 사람들이었다. 이웃들은 모두 한 회사에 다녔기 때문에 '회사촌' 같은 분위기였다고 한다. 토모코의 기억으로는 자기 집은 냉장고, 세탁기, 그리고 다른 가전제품이 골고루 구비된 집이었다. 그러나 다른 집들은 거의 다 자동차를 보유하고 있었지만, 토모코네 집에는 자동차가 없었다고 한다. 토모코의 기억으로는 다른 집은 다 자동차가 있는 것이 부러웠는데, 자기네 집만 자동차가 없어서 늘상 자전거를 타야만 했기 때문이었다. 그럼에도 불구하고, 집안의 재정상태는 수월한 편이었다. 토모코도 그네(swing set)가 있었으며, 피아노 교습도 받았다. 그녀는 가지고 놀 장난감도 많았고, 인형들도 많았던 것으로 기억하고 있다. 그러나 토모코가 언니와 같이 논 기억이 거의 없는 것은, 언니와의 나이 차이에서 오는 것으로 생각한다. 지금 언니는 그곳에서 친정 어머니와 함께 살고 있으며, 고급 음식점을 경영하고 있다.

토모코는 초등학교 시절에 관한 기억은 별로 없지만, 집에서 걸어서 30분이나 걸리던 기억과, 비 오는 날에도 걸어다닌 기억은 확실히 난다고 했다. 토모코가 중학교에 들어갔을 때, 그 중학교 학생들은 대부분 주위에 있는 4개 초등학교에서 진학한 학생들이었고, 토모코는 자전거 통학을 했다. 토모코는 농구, 수영, 피아노 교습 등의 과외활동에 참여했으며, 일주일에 한 두 번씩 '주쿠'에도 다녔다.[10] '주쿠'는 사설교육기관인데, 방과 후에 학생들이 보충교육을 받기 위한 것으로, 한국의 '학원'에 해당하는 것이다. 이런 보충교육은 그곳에서 공부하는 학생들이 유수한 고등학교로 진학하는 데 도움을 준다는 것이다.

단지 여유가 있는 부모들이 자녀들에게 이런 보충수업을 받게 하지만, 토모코의 부모들도 토모코에게 그렇게 했다. 토모코가 중학교에 다닐 때 그녀의 부모는 2층집을 지었다. 토모코는 유수한 엘리트 고등학교로 진학할 희망에 부풀어 있었다. 그러나 성적이 가장 우수한 엘리트 고등학교로 진학할 정도가 못 되었기 때문에 선생님의 충고에 따라 그 다음으로 유수한 고등학교를 지원했다.

토모코는 승마(乘馬) 프로그램이 좋은 고등학교를 지원했다. 그러나 그녀가 그 학교를 입학했을 때는 승마 프로그램을 폐지했다. 토모코는 승마 대신 학교 밴드부와 검도부에 들어갔다. 결과적으로 토모코는 검도 2단을 땄고, 검도부의 주장이 되었다. 검도는 대나무로 만든 칼로 경기를 하는 일본의 스포츠다. 후에, 그녀는 서예그룹에 합류했다. 서예공부 덕에 토모코는 한자를 예술적으로 잘 썼다. 일본 사람들은 일본 고유의 음절문자인 '카나(Kana)'와 함께 한자를 광범위하게 사용하고 있다.[11] 토모코는 고등학교 시절에도 그녀가 중학교 시절에 그랬던 것처럼 여러 가지 과외활동에 참여했다.

그러나 토모코는 고등학교 시절에는 갖가지 불운에 직면했다. 뜻밖에도 그녀의 아버지는 스미토모 철강회사의 일자리를 잃게 되었다. 토모코가 고등학교 시절에 스미토모사는 철강생산시설 일부를 중국으로 이전했다. 와카야마시의 철강설비는 그 규모를 대폭 줄이게 되고, 그에 따라 토모코의 아버지를 위시한 많은 종업원들이 직장을 잃게 되었다. 해고를 당한 것 때문에 재정적인 어려움으로 토모코의 가정은 파산에 직면했다. 새로 지은 집은 경매 처분되었다. 가족들은 세 번이나 이사를 하게 되었고, 전 가족이 단칸방에서 옹색한 생활을 하게 되었다. 학교까지 가는 데 자전거를 타면 45분이나 걸렸기 때문에 토모코는 기차로 통학을 했다. 토모코의 언니는 외할머니 댁으로 가서 그곳에서 전문대학을 다니게 됐다. 집안의 경제사정이 악화되자 토모코의 부모는 아주 곤궁한 생활을 하게 됐다. 토모코도 부모의 어려움 때문에 비통해 했고, 난관을 이겨내느라고 힘든 생활을 했다.

토모코와 내가 와카야마 성 위에서 와카야마 전경을 내려다 볼 때, 그녀는 거대한 스미토모 철강회사의 잔재를 가리켜 보여주었다. 그녀는 자기 아버지가 "한 때 일본이 한국에 제철기술을 전수해 주었는데, 지금은 한국의 철강회사가 일본철강회사를 능가하고 있다"라고 한 말을 기억하고 있었다. 그 때에는 토모코는 한국이라는 나라를 모르고 있었고, 한국의 철강회사의 이름이 POSCO인지도 몰랐지만, 토모코의 생각으로는 그 때 자기 아버지가 말한 나라가 한국이고, 그 제철회사가 POSCO인 것으로 짐작했다. 실제로, POSCO의 시설은 한국 정부가 만든 회사이며, 기술은 일본에 의존했었다. POSCO는 1968년에 설립되었으며, 생산은 1973년에 시작했다.[12] 토모코가 1971년에 태어났으니, 토모코의 아버지가 한국 POSCO에 대해 언급을 한 것을 미루어본다면, 토모코의 아버지가 한국의 제철생산에 대해 말한 것은 POSCO가 철강생산을 본격적으로 시작한 이후일 것으로 짐작이 간다.[13]

공교롭게도, POSCO는 고려사이버대학교가 2007년에 다문화가정 e-배움 캠페인을 하도록 재정적인 지원을 해 주었고, 토모코도 이 캠페인의 수혜자 중의 한 사람인 것이다. 토모코는 내게 언제나 동해 쪽을 갈 때면 POSCO공장건물 앞을 지나게 되고, 그 때면, 아버지의 기억을 되살리곤 한다고 했다. 어떤 의미에서는 토모코는 아직도 철강회사와 인연이 있는 것 같다.

토모코 어머니의 말에 따르면, 와카야마 공장 폐쇄 이후 젊은 사람들은 와카야마를 떠나기 시작했다고 했다. 와카야마 시민들은 경제적으로 사면초가에 몰린 것 같다는 것이다. 식당을 경영하고 있는 토모코의 언니도 나에게 자신의 식당경영도 어려움이 많다고 했다. 그녀는, "아침 출근시간에 거리를 보면, 젊은 봉급자들이 걸어 다니는 장면을 거의 볼 수 없을 것이다"라고 했다. 내가 보기에도 와카야마시는 경제적인 침체에서 헤어나지 못하고 있는 것 같았다.

통일교에 대한 전념

토모코의 가족이 경제적인 어려움으로 고통을 받고 있을 때 일찍이 통일교의 교인이 된 토모코의 어머니는 토모코에게 교회를 나가기를 권유했다. 어머니의 생각으로는 교회가 토모코에게 일생을 살아가는 데 위안과 지도(guidance)와 방향을 줄지도 모른다고 생각했다. 토모코가 통일교를 통해 얻은 경험은 토모코의 인생에 커다란 변화를 가져왔다. 결국 토모코는 한국 남자와 결혼하게 되어 한국 시골로 오게 됐다.

토모코의 어머니가 통일교에 속하기 전에는 불교신자였었던 반면, 토모코는 중국, 일본, 한국 등 대부분의 동아시아 사람들처럼 특별한 종교를 갖지 않았다. 중국계 미국 인류학자 프랜시스 슈(Francis L. K. Hsu)는 말하기를, "어느 중국 사람들에게나 다 마찬가지로 그네들의 종교가 무엇이냐고 묻는다면, 그들 대부분의 대답은 그들은 어떤 특정종교가 없다고 답을 하거나, 아니면 모든 종교가 다 이렇게나 저렇게 사람에게 도움을 주기 때문에, 모든 종교는

다 같이 좋은 것"이라고 대답할 것이라고 했다.[14] 대부분의 일본 사람이나 한국 사람들도 거의 비슷한 대답을 하듯이, 토모코가 통일교의 교인이 된 것도 서양사람들이 생각하는 것과 같은 독점적이고 배타적인 것은 아니다.[15] 일본출신 인류학자로 일본과 미국에서 연구를 한 바 있는 하루미 베푸(Harumi Befu)는 일본에서도 여러 종교적 혼합주의(syncretism)를 관찰할 수 있다고 했다. 베푸에 따르면, "일본에서 같은 사람이 여러 종교적인 종파의 신을 숭배하는 것에 대해서 아무런 심리적인 갈등을 느끼지 않는다. 예를 들면, 어느 일본 사람이 아침에 불교 재단에 기원을 드리고, 오후에는 근처에 있는 '신토(神道)' 성지에 가는 등 … 더욱이 종교적인 대전당에는 각종 다른 종교의 신들을 함께 모시고 있다. 예를 들어서, '신토' 성지 구역 내에 불교의 절이 있기도 하며, 반대의 경우도 있다."[16]

한국 사람들의 종교관 또한 배타적이 아니다. 한국 인류학자인 조흥윤에 의하면, "한국의 많은 가정에서는, 주말이 되면 시어머니는 굿하러 무당을 찾아가고, 며느리는 개신교 교회에, 딸은 새로 일어나는 한국 자생 신흥종교나 아니면 전통적인 한국 가면무용 연습장에, 아들은 불교의 선이나 도교적 단전수련장에, 아버지는 유명인사들과 모여 등산을 가면서 전통적 유교사상을 논의한다"고 한다.[17] 대부분의 동아시아 사람들의 종교관을 생각할 때, 토모코의 통일교에 대한 종교관도 서구 사람들이 생각하는 정도로 그다지 종교에 집착하는 것이 아닌지도 모른다.

이 말은 내가 토모코의 교회에 대한 믿음을 하찮게 평가하는 것은 아니지만, 그녀가 교회에 집착하게 된 것은 집안이 경제적으로 곤란한 상황에서 어려움을 당했을 때 교회가 도덕적이고 정신적인 위안을 주기를 기대했기 때문에 교회에 몰입된 것 같다. 원래 토모코의 어머니가 교회에 가도록 소개를 했지만, 일단 교인이 된 이후부터는 토모코는 교회의 동료들로부터 유대감과 정서적인 도움을 받은 것 같다.

통일교는 일본에 그들의 신도 수가 46만 명으로 추산하는 것 같다. 그러나 일본에 있는 300여 명의 변호사들의 모임을 대표하여 통일교에 대해 법적 소송을 담당했던 히로시 야마구치(Hiroshi Yamaguchi)에 의하면, 실제로 일본에서 적극적으로 활동하는 통일교 신도는 10만 명 정도로 추산하고 있다. 신문기자로 통일교를 10여 년 이상 취재한 요시푸 아리타(Yoshifu Arita)에 따르면, 1996년 현재 일본에 있는 통일교 신도 수는 30만은 될 것이라고 한다.[18] 와카야마에도 통일교 교회가 있지만, 토모코는 버스나 기차로 45분 거리에 있는 대도시인 오사카에 있는 교회를 다녔다. 내가 와카야마에 있는 교회에 가지 않고 왜 오사카에 있는 교회에 다녔느냐고 물어보았다. 토모코의 대답은, "나는 항상 모험심이 강했고, 또 대도시에 대해 관심이 있었기 때문"이라고 했다. 실로 오사카는 일본에서 두 번째로 큰 대도시이며, 인구가 2천만 명이 넘는 도시이다. 일본의 상업도시의 수도격인 셈이다. 오사카에서 지내면서, 오사카에 있는 유명한 고등학교 출신의 친구들을 사귀면서 토모코는 자신이 다닌 와카야마의 고등학교는 그렇지 못하다는 것을 절실히 느꼈다. 그래서 토모코는 친구들에 대해 열등의식을 느꼈다고 한다.

토모코는 오사카에서는 교회가 경영하는 '주쿠'에 다녔다. 토모코는 예술대학에서 예술을 공부하고 싶었지만, 집안의 경제사정

등을 감안하여, '주쿠'의 선생님은 기술전문대학에 들어가서 관광을 전공하는 것이 좋겠다고 권유를 했다. 토모코가 통일교회에 다니면서 교회의 친구들과 사귀고 난 이후부터는 한국어를 배우기 시작했다. 한국어가 중요하게 생각된 것은 통일교의 교주인 문선명이 한국 사람이고 한국에 많은 교인이 있기 때문이었다. 통일교의 교리가 쓰여있는 『원리 강론』에는 한국에서 태어난 사람이 20세기 초에 예수로부터 재림한다고 되어 있다. 통일교 신도들은 이 '메시아'가 문선명이라고 믿고 있다.

교회에서 생활

전문대학에 입학하기 전에 토모코는 오사카에 있는 교회 기숙사로 들어갔다. 학교에 다닐 때는 토모코는 교회 기숙사와 학교 사이를 통학했다. 전문대학에 다니면서부터 토모코는 그 대학의 동료들의 가정 환경이 유복한 것을 부러워했다. 때로는 가정 형편이 좋은 동료들이 자기를 멸시하는 것 같은 것을 느꼈다. 그렇지만, 토모코로서는 별 대안이 없이 교회가 경영하는 기숙사에 있으면서 학교에 다녔다. 그러나 교회 사람들은 토모코에게 친절하며 잘 해주었다. 병이 나서 학교에 못 나갈 때는 교회 사람들은 그녀에게 많은 관심을 보여주었다. 토모코는 그들이 가족이 아니면서도 한 가족처럼 배려해 주고 관심을 가져주는 것에 대해 감사하게 생각했다. 그러면서 토모코는 교회 찬양대에서 피아노를 연주했다.

전문대학을 다니면서도 토모코는 자기 또래의 동료들이 하는 것 같이 남자들과의 '데이트'도 하지 않았다. 교회는 같은 교회 교인이나 외부사람들과의 데이트에 대해 엄격한 규율이 있었다. 교회는 결혼 전의 성적인 금욕을 강요했다. 토모코는 교회의 엄격한 규칙을 기억하고 있다. 새벽 4시에 기상하여 기도회에 참여해야만 했다. 학교에서 수업이 끝난 이후에 어디에 있었는지를 교회 사무실에 보고해야만 했다. 대부분의 경우에는 방과 후에 토모코는 지역의 은행에서 잡다한 일을 하거나, 중학생들에게 영어를 가르치기도 했다. 토모코의 기억으로는 일본의 경제가 한창 호황이었던 1980년대 후반에는 일본에 파트타임 일은 흔해서 쉽게 일을 할 수가 있었다.

토모코가 번 수입은 교회에 받쳤다. 대신 교회에서 용돈을 받았다. 방학 기간 중에 토모코는 한때는 의류생산공장에서 일하면서 시간당 1,300엔(한화 약 17,600원)의 임금을 받기도 했다. 이런 어려움 속에서도 토모코가 전문대학 졸업반이었을 때인 1989년에 그녀는 배편으로 한국으로 여행할 기회가 있었다. 토모코가 한국에 관심이 있었던 것은 문선명이 한국 사람이었기 때문이다. 토모코는 한국에서 여러 곳을 여행했는데, 문선명이 세운 선문대학교와[19] 다른 대학교들도 둘러보았다. 여러 대학교를 방문한 후 토모코는 후에 한국에 있는 대학교 중 한 곳에서 공부하고 싶은 생각이 들었다.

토모코가 1989년에 전문대학을 졸업하기는 했지만, 장래에 대한 전망이 불투명했기 때문에 졸업한다는 것에 대해 그렇게 좋아하지 않았다. 그러나 토모코가 특수분야인 관광을 전공했기 때문에 여행사의 직원으로 취직이 되었다. 토모코는 컴퓨터에 관한 지식이 있었기 때문에 회계부서에 배치되었다. 그녀는 그때부터 회계와 부기를 공부하기 시작했다. 마침내 토모코는 공인회계사 자격증을 획득했다. 그 회사는 일본 전역에 지점이 있는 전국적인 네트워크가 있었기 때문에 토모코의 업무는 과중했으며 요구도 많았다. 그 회사에서 일하는 동안 토모코는 자신의 업무에 관심을 갖게 됐다. 또한 자신이 원할 때는 언제나 고향인 와카야마를 방문할 수도 있었다. 교회 성가대에 참여하는 등 교회의 활동에도 적극 참여했으며, 피아노도 연습하여 아주 잘 연주하게 됐다.

토모코가 스무 살이 되었을 때 그 회사의 한 부서 책임자와 난생 처음으로 데이트를 시작했다. 그러나 천주축복식을 통한 교회의 중매결혼과 데이트를 통해 남자와 사귀는 것은 심히 상반되는 것이었다. 토모코는 나더러 자신은 교회의 뜻에 반하는 남자와의 사귐에 대해 심한 죄책감을 느꼈다고 했다. 그녀는 어떻게 해야 할 바를 몰랐다. 만일 토모코가 교회의 교리를 따른다면 남자친구를 잃을 것이 분명했다. 다른 한편으로는, 만일 토모코가 남자친구를 택한다면 교회의 교리를 위반하게 되었다. 토모코는 심한 고통에 시달렸으며, '딜레마'에 빠져 있었다. 출근할 때 가끔 지하철에서 기절하기도 했다고 한다. 마침내 토모코는 '공황장애증'이라는 진단을 받았다. 토모코는 정상적으로 업무를 보기 힘이 들어 직장을 그만두기로 하고 사표를 제출했지만, 사표는 수리되지 않았다. 공황장애증에도 불구하고 토모코는 당분간 일을 계속했다. 그때가 1992년이었는데, 토모코의 기억으로는 상당수의 일본 신부들이 한국 남자들과 결혼하여 한국으로 갔다고 기억하고 있다.

토모코가 공황장애증으로 고생하고 있는 와중에 아버지도 암으로 투병을 하고 있었다. 도쿄에 한 유명한 의사가 있다는 것을 알고, 토모코의 아버지는 도쿄의 큰 병원으로 옮겨졌다. 도쿄에 있는 아버지를 간호해야 하는 사실을 안 오사카의 직장에서는 토모코의 사표를 수리하고 도쿄에서 아버지를 간호하도록 해 주었다. 토모코의 전 직장의 도쿄지사의 주선으로, 토모코는 도쿄에 방 하나를 세낼 수 있었다. 아버지를 간호하기 위해서 병원에 자주 드나들다가 토모코는 그 병원의 수간호사와 가깝게 지내게 되었다. 좀 지나서 그 병원으로부터 토모코는 병원의 간호보조사로 일하라는 제의를 받았다. 이것은 토모코에게는 새로운 시작이었다. 병원에서 일하는 동안 토모코는 간호학을 새로운 직업으로 택해 볼까 하는 생각도 했지만, 그녀는 계속해서 피아노를 하기로 했다. 동시에 토모코는 한국에서 대학을 나온 한국 여자를 개인교사로 초빙하여 한국어를 집중적으로 공부하기 시작했다. 이 한국어 집중교육은 이미 좀 알고 있는 한국어 지식의 폭을 넓혔다.

한국 남자와의 결혼

병원에서 일하는 동안 토모코는 아버지의 병세가 걱정이 되었다. 동시에 토모코는 교회가 주선한 천주축복식을 통해 한국 남자와 결혼하게 되었는데, 그녀는 오사카의 남자친구를 잊을 수가 없었다. 스트레스와 압박감 때문에, 토모코는 공황상태에 빠졌다. 토모코의 공황장애가 심할 때는 수차 병원에 입원하기도 했다. 그런 정신 건강상의 문제에도 불구하고 1995년에 28세의 토모코는 경상북도 영월에서 포도밭을 경영하는 고졸 출신이며 34세인 철수라는 한국 남자와 결혼하기로 했다.

교회가 중매한 결혼에 대해 원칙적으로 합의는 했었지만, 토모코는 한국 남자와 결혼을 해야 하는지에 대한 확신을 가질 수 없었다. 무엇보다도 토모코의 아버지가 토모코의 이런 결혼을 강력하게 반대했다. 아마 토모코의 아버지는 어머니만큼 교회의 교리에 적극적이 아니었던 모양이다. 토모코는 실제 결혼 날짜를 연기해 가면서 그 결혼에 대해 좀 더 곰곰이 생각해 보았다. 토모코는 결혼에 대해 주저했을 뿐만 아니라 그 결혼을 탐탁하게 생각하고 있지 않은 반면에, 철수는 신부가 참하고 매력적이었기 때문에 신부에게 깊은 애정을 느끼고 사랑하게 되었다. 철수는 토모코에게 매일 전화를 하다시피 했으며, 일본을 수차 방문하기도 했다. 토모코에 대한 철수의 사랑과 애정은 보통 연애 결혼하는 사람들의 것 이상이었다. 어떤 의미에서 철수에게는 일생에서 가장 경사스러운 일로 느껴졌다. 그가 토모코와 결혼을 하고 싶어하는 마음은 집요했다. 1998년 토모코가 철수와의 결혼에 대해 심각하게 고려하고 있을 때, 토모코의 아버지가 사망했다. 토모코가 철수와 결혼하기로 결심하기 1년 전이었다. 마침내 결혼은 1999년에 행해졌다. 토모코와 철수는 결혼식을 세 번이나 한 셈이다. 일본에서 토모코의 가족들과 한번, 영월에서 철수의 가족들과 한번, 그리고 서울에서 교회가 주선하는 합동결혼식이 세 번째인 셈이다.

34세의 고졸 학력인 철수는 6남매의 막내아들이다. 철수의 아버지는 수년 전에 사망했지만, 73세의 어머니는 철수가 아들 셋 중 막내 아들임에도 불구하고 철수와 함께 살고 있다. 철수는 900제곱미터의 포도원을 가지고 있다. 토모코가 시집오기 전에는 60제곱미터가 되는 조그마하고 오래된 낡은 집에 살았다. 나는 그 옛날 집을 본 일이 없다. 2009년 그들을 방문했을 때는 이미 옛날 집을 허물고 그 자리에 새 집을 지은 후였다(옛날 집 모습은 일본 텔레비전을 통하여 보았다).

토모코가 처음 시집왔을 때 그 옛날 집에서는 빨래를 손으로 해야 했고, 대부분의 집 일은 모두 손으로 해야만 했다. 그러나 새 집은 서구식으로 되어 있다. 새 집은 아담하고 매력적이었으며, 현대식 편의시설을 갖추고 있다. 냉온수, 냉장고, 세탁기, 텔레비전, 컴퓨터, 일반전화와 핸드폰, 그리고 에어컨 등 골고루 다 갖추었으며 철수는 토모코를 행복하게 하기 위한 온갖 노력을 다 하는 것 같이 보였다. 또한 철수는 집의 수입원을 늘이기 위해 전보다 훨씬 더 일을 많이 하는 것 같다고 들었다. 토모코도 자신이 할 수 있는 만큼 포도밭의 일을 하지만, 자신은 농부나 농부의 아내가 될 적임자는 아니라고 실토했다. 또, 포도밭에 있는 잡초에 '알레르기'가 있는 토모코는 되도록이면 밭에서 멀리 했다. 내가 토모코의 집을 방문했을 때가 포도 수확철이어서 토모코의 시어머니와 남편은 포도밭에서 일을 하고 있었다. 우리가 오찬을 하러 함께 나갈 때 토모코의 남편은 수확된 포도를 픽업트럭에 싣고 농협에 판매하러 갔다.

토모코 가정의 연간 수입은 2009년 보건복지가족부의 조사에 따르면 다문화가정 중 상위 2퍼센트에 속했다. 경제적으로 토모코의 가정은 영월 수준으로 보았을 때 여유가 있는 가정이다. 토모코 자신도 현대식 집에 여러 편의설비를 갖추고 있는 것을 즐기는 것 같았다. 그러나 결혼 초기부터 토모코는 영월이라는 시골 생활에 적응하는 데 어려움을 겪었다. 비록 토모코의 고향이 지방도시이기는 하지만, 스미토모 공장이 폐쇄되기까지는 산업도시로서 번성했었다. 그곳에는 20층이나 되는 현대식 호텔도 있고, 호화스러운 음식점도 많으며, 상당한 규모의 '쇼핑몰'도 있다. 그 이상의 것을 원하는 사람은 언제나 오사카로 쉽게 나갈 수 있다. 와카야마와 영월 두 도시를 비교했을 때, 토모코가 어떻게 영월생활에 적응할 수 있었을까 의심스럽기도 했다.

낯선 소도시에서의 적응문제

토모코는 영월생활에 적응하는 데 어려움을 겪은 것 같다. 그 곳에서 토모코가 할 수 있는 일이라고는 포도밭에서 일하는 것과 가족과 대화하는 것, 그리고 저녁이면 시어머니와 TV에 나오는 연속극을 시청하는 것 등이 고작이었다. 영월에는 문화적인 활동이나 행사라고는 거의 없었다. 토모코는 지역적인 위치나 문화적인 활동이 거의 없다는 것보다는 주위 사람들과의 관계에서 겪는 어려움이 더 컸다고 한다. 전반적으로 영월지방 사람들이나 가족, 특히 시어머니는 퉁명스럽고, 직설적이며, 무뚝뚝했다. 한국 사람 중에서 경상도 사람, 특히 경상북도 사람들은 무뚝뚝하기로 잘 알려져 있다. 이 지방 사람들은 그렇지 않다고 항변을 한다. 그들은 말하기를 지방의 사투리 때문에 퉁명스럽다고 하지만, 실제로는 그들은 친절하고 우호적이라고 말한다. 나 자신도 경상북도 출신이라 그런 점을 익히 알고 있다. 공손하고 예의바른 토모코 같은 일본 새댁이 무뚝뚝하고 퉁명스러운 행동과 그 뒤에 담긴 친절하고 우호적인 감정이 있다는 사실을 이해하기는 쉽지 않을 것이다. 토모코 자신이 인정하듯이, 자신이 한국문화, 특히 한국 시어머니가 며느리에게 대하는 행동을 이해하기 전까지는 감정적으로 많은 상처를 받았다고 했다.

토모코는 나에게 자신은 좋은 아내가 되고 훌륭한 며느리가 되기 위해 더 많은 노력을 한다고 했다. 그래서 때로는 신체적으로나 정신적으로 아주 기진맥진할 때도 있다고 했다. 만일 영월시도 다른 시처럼 효성이 지극한 며느리에게 수여하는 '효부상(孝婦賞)제도'가 있다면 자신도 이 상을 받았을지 모른다고 했다. 실제로 대부분의 한국 시와 군에서는 효부상을 수여하는 제도가 있으며, 한국 남자와 결혼한 많은 일본 신부들이 이 상을 받고 있다. 토모코의 말에 의하면, 토모코 자신은 가정에서 필요로 하는 일들을 하려고 노력하며, 문화의 차이도 극복하기 위해서 열심히 노력하고 있다고 했다. 그런 노력 덕택에, 토모코는 집안 사람들과 친척들에게서 인정을 받고, 지역사회에서도 인정을 받고 있다.

결혼한 지 2년 후인 2001년에 토모코는 태호라는 첫 아들을 출산했다. 2002년에는 딸 태희를 출산했고, 2004년에는 아들 태영을 출산했다. 아이들은 모두 전형적인 한국 이름을 붙였지만, 토모코는 이들에게 일본 이름도 같이 붙였다. 일본 이름은 토모코 자신이 지었다고 했다. 그녀의 주장에 따르면, 아이들은 반 한국 사람들이자 반 일본 사람들이기 때문에 두 나라의 이름을 가져야 한다고 생각한다는 것이었다. 토모코는 한국 남자와 결혼을 했고, 현재 한국에 살고 있으며, 한국어 능력은 귀화시험에 합격을 하고도 남을 만큼 유창하지만, 일본 국적을 그대로 유지하고 있다. 토모코의 한국 체류신분은 귀화한 상태가 아니고 영주권자인 것이다. 토모코는 자신의 생각을 솔직하게 표현하기를, "당신이 미국에 36년간을 살다가 한국으로 돌아 온 것처럼, 나도 언젠가는 일본으로 돌아갈지 모른다"고 말했다.

한국에 오래 사는 동안 토모코는 상당한 어려움과 난관에 봉착했지만, 자신을 잘 보존하고 있었다. 토모코는 문화 충격, 고독, 출산 후의 실의, 세 아이를 키우는 것 등으로 육체적으로나 감정적으로 쇠진한 때도 있었다. 그녀는 우울증과 가벼운 '심기증'(hypochondria, 역자의 주: 건강에 대해 지나치게 걱정하고 아무 이상이 없는데도 자신이 병이 들었다고 생각하는 심리상태)에 시달리기도 했다. 그녀는 전문의사의 도움을 청해보았다. 그러나 영월이 소도시이다 보니 그녀는 그런 전문의사를 찾을 수가 없었다. 토모코가 한국말에 능숙하지만, 미묘한 심리상태나 감정을 외국어인 한국말로 적절하게 묘사하기가 어려웠다고 한다. 부득이 일본어에 능통한 서울에 있는 의사를 알게 되었다. 그 전문의사의 도움을 받아 정서적인 위기를 극복하는 데 도움이 되었다고 한다.

토모코에게 "감정적으로 어려운 고비를 극복하느라고 고생을 하고 있음에도 불구하고, 일본 TV에 방영된 것을 보니, 당신은 이 세상에서 가장 행복한 여인으로 묘사되었는데 그렇지 않은지요?"라고 물어보았다. 토모코는 솔직하게 "나는 그저 프로듀서의 지시에 따라 행동(act)을 했을 뿐입니다. 대부분의 기록영상물에 나오는 사람들은 나와 같이 행동(act)를 한다고 생각합니다"라고 했다. 토모코는, "우리가 처음 만났을 때, 당신이 여러 가지 민감한 문제들에 대해 질문을 했다면, 나는 텔레비전에서 대답한 것과 같이 대답을 했을 것입니다. 우리가 여러 차례 만나고 우리 일본의 친정집이 있는 와카야마도 방문하여 우리 어머니도 만나고 언니도 만났기 때문에 나는 당신에게 모든 것을 다 이야기하고 싶은 마음입니다. 무엇보다도 진실을 말해 드리고 싶습니다"라고 했다. 토모코는 인류학자에 대한 신뢰가 더 큰 모양이었다.

여러 가지 어려움을 극복한 이후, 토모코는 그녀의 여가시간을 그녀의 아이들이 다니는 유치원과 학교에 일본어와 일본 문화를 소개하는 일에 몰두하고 있다. 또 영월에 있는 한일문화교류회의 회원으로 활발하게 참여하고 있다. 그녀는 자신이 일본과 한국 간에 '문화중개자'로서의 역할을 해야 한다고 생각하고 있다. 그녀는 그 일에 대단한 자긍심도 갖고 있다. 여가시간에는 다른 외국신부들과 함께 한국어 경시대회에 참여하여 경쟁을 하고 있다. 고려사이버대학교가 주최한 한국어 경시대회 등을 위시한 모든 경시대회에서 토모코는 늘 일등 입상을 한다. 지금 토모코는 그 지역에서 명사대접을 받고 있다.

명사냐, 아니면 지역사회의 일원이냐?

토모코가 한국말을 하지 않는 한, 아무도 토모코가 일본 출신이라는 그녀의 정체성을 알 수가 없다. 그녀가 한국말을 유창하게 하지만, 그래도 그녀의 말투에는 일본 '액센트'가 남아 있다. 그럼에도 불구하고 토모코는 자신이 일본 사람이라는 정체성 때문에 차별대우를 받지는 않았다고 생각한다. 토모코가 시나 각종단체가 주관하는 일본과 일본문화에 대한 모임이나 학교에 일본어를 가르치러 갈 때는 대부분 일본 전통복장인 '키모노'를 입고, 일본 공예품들을 가지고 간다. 그녀는 자신이 일본 사람이라는 사실을 감추지 않는다. 오히려, 그녀는 자신이 일본 사람이라는 정체성을 자랑스럽게 생각한다.

토모코는 피부색이나 머리 색깔이나 다른 외형적인 모양이 다르다는 이유로 차별대우를 받은 일이 없다고 한다. 필리핀, 베트남, 캄보디아 등 동남아시아에서 온 신부들이나, 우즈베키스탄, 러시아 등 서양 얼굴을 한 외국신부들과는 다른 이점이 있다. 그러나 제2차 세계대전 때 일본이 한국 여성들, 어떤 때는 심지어 임신한 부인까지 강제로 동원하여 일본군인들의 성 노예로 삼은 소위 정신대 문제 등과 같은 한일 양국간의 정치적인 마찰이 생길 때는 한국 사람들이 일본 사람들에게 적대감을 나타내기도 한다.[20] 일본이 이런 비인간적인 행위를 공식적으로 인정하지 않기 때문에, 이런 비인간적인 시련을 몸소 겪은 몇 명 남지 않은 생존자들과 이들을 동정하는 군중들이 일본대사관 앞에서 주기적으로 시위를 하고 있다.

토모코는 한일간에 독도영유권에 관한 마찰이 있을 때면 늘 불안하게 되는데, 단지 187,453제곱미터인 이 작은 섬인 독도는 한국과 일본 두 나라 사이에 영유권분쟁의 불씨가 되고 있다. 한국은 독도가 한국의 영토라는 사실을 6세기의 기록을 들어서 주장한다.[21] 한국은 1900년 대한제국 황제의 칙령으로 이 섬을 현 경상북도 울릉군의 일부로 포함시킨 사실도 들고 있다. 일본은 자신들의 기록에 근거하여 자기네 영토라고 주장하고 있다. 일본은 독도를 행정적으로 시마네현 오키 지역에 있는 오키노시마의 한 섬이라고 구분하고 있다. 일본 사람들은 독도를 일본말로 타케시마라고 부른다. 이 섬의 영유권 문제는 1952년 이래 수차에 걸쳐 있어 왔다. 이 분쟁이 악화된 것은, 2005년 2월 22일 일본의 시마네현이 '타케시마 날'을 제정하여 독도의 영유권을 주장한 데서 비롯했다. 그 이후, 일본의 영유권주장에 반대하는 치열한 데모와 항의집회가

있었다.[22]

영월이 독도가 속한 같은 경상북도이었기 때문에 경상북도 도민들은 일본의 영토 주장에 분노하게 됐다. 일본의 2005년 시마네현의 타케시마날 선포에 대한 반발로, 2005년 3월에 영월시민들은 일본에 항의하는 큰 집회를 했다. 토모코에 의하면, 항의집회가 있기 전날 영월시장은 밤 늦게 토모코의 남편인 철수에게 전화를 하여, 그에게 반일시위의 주동자가 되라고 했다는 것이다. 토모코의 생각으로는 이런 요구는 전략적이고 상징적인 것이라고 했다. 만일 그 시위를 주동하는 사람이 일본 신부와 결혼한 사람이라고 하면, 그 효과는 더 클 것이라고 생각했다는 것이다. 철수는 자기 부인이 일본 사람이라는 정체성 때문에 이 반일시위의 선봉에 서는 것을 거절하기가 난처했다. 이런 통보는 갑작스럽게 받은 것이지만, 철수의 온 가족은 그 집회에 참석했다. 토모코도 평소의 행사에서 했듯이 일본 의상을 입고 참석했다. 일본 의상을 입고 간 것은 그녀 생각에 사려깊지 못한 것 같았다고 술회했다.

군중들은 반일 현수막을 들고 나왔다. 그들은 반일 슬로건과 반일 구호를 외쳤다. 군중은 일본 국기를 불태웠다. 항의시위가 격렬해지자, 군중들은 토모코가 일본 국기를 짓밟기를 원했다. 토모코는 어쩔 줄을 몰랐다. 토모코는 한국 사람들의 반일감정을 이해하려고 노력했다. 그러나 일본 국민으로 자신의 조국 국기를 짓밟을 수는 없었다고 한다. 이런 난처한 입장을 본 토모코의 시어머니는 토모코가 그 현장을 빠져나올 수 있도록 도와주었다. 토모코는 시어머니의 현명한 판단을 감사하게 생각했다. 시위가 끝나고 군중심리가 가라 앉았을 즈음, 토모코는 그 시위에 참여했던 몇몇 이웃 사람들과 이야기를 할 기회가 있었다. 그들은 토모코에게, “우리는 당신에게 그렇게 하려는 뜻이 전혀 없었으며, 우리는 당신을 충분히 이해할 수가 있었습니다. 우리는 당신이 우리와 같다고 생각합니다”라고 했다는 것이다. 그런 말들이 곧 자신이 그 지역에서 일본 사람이라는 이유로 차별대우를 받지 않는 이유라고 생각한다는 것이다.

후에 토모코는 다른 곳에 있는 어떤 교회에서는 일본신부들에게 모두 한복으로 갈아입고 교회의 신도들 앞에서 사죄하는 뜻에서 큰 절을 하도록 했다는 이야기를 들었다. 이런 사실을 안 교인들은 토모코에게 자신들이 속한 교회에서는 그런 일을 하지 않겠지만, 혹 그런 요구를 하더라도 하지 말라고 했다는 것이다. 실제로도 토모코가 속하는 교회나 그 시에서는 그런 일이 없었다고 한다. 토모코는 일본과 한국 사이의 영토분쟁에 아무런 상관이 없는 일본 사람들이 양국간의 분쟁에 말려들어 곤경에 처하고 난처한 처지에 놓이게 된 것이 유감이라고 했다.

토모코는 자기의 아이들도 학교에서 그들이 다문화가정 출신이라는 이유로 차별대우를 받은 일이 없다고 한다. 사실, 토모코는 그 지역사회에서 융화가 된 일원으로 받아들여지지 않았다고 하더라도, 외국에서 온 손님이라는 신분을 오히려 즐기고 있는 것 같았다. 그녀가 생각하는 바가 내 자신이 외국에 살면서 경험한 바와 너무나 비슷해서 놀랐다. 내가 미국 남부의 소도시에서 살 때, 나는 언제나 ‘모모 박사님’으로 불렸지, 미국 사람들이 친하면 서로 사이에 부르는 첫 이름으로 불려본 적이 드물다. 그렇게 함으로써, 나는 경계(테두리) 밖에 머무르는 사람이지 그 지역사회에 함께 어울리는 자기네들과 같은 구성원이 아니라는 신호로 여겨지기도 했다.

전문직종에 대한 야망과 자녀교육에 대한 집착

토모코는 자기가 선택한 종교에 대한 신념이 강하며, 자신의 결혼이 교회의 중매에 의해 이루어진 것에 대한 후회도 없다. 대신 주어진 환경에서 장래를 위해 최선을 다하고 있다. 토모코가 어렸을 때, 특히 고등학교와 대학교 때는 여러 방면에 다재 다능했던 사람이다. 예술, 피아노 연주, 간호 등등. 지금은 한국에 사는 경험을 통해 한국어를 열심히 공부하려고 노력하고 있다. 또한 일본어와 일본문화에 대한 공부도 함께 하고 있다. 무엇보다도 가장 훌륭한 가정주부, 며느리, 그리고 세 아이의 어머니가 되는 것이다. 동시에 토모코는 자기만의 전문적인 직종을 개발하고 있다. 그녀는 3가지의 목표가 있는데, 첫째는 4년제 학사학위를 받는 일이고, 둘째는, 한일 양국의 문화교류를 위해 적극적인 역할을 하는 것이고, 세 번째가 자신의 자녀들에게 최고의 교육기회를 부여하는 것이라고 했다.

무엇보다도 첫째로, 토모코는 전문적인 직업을 갖기로 결심을 한 것 같다. 이 목표를 달성하기 위해, 그녀는 4년제 대학에서 학사학위를 우선 받아야 한다고 믿고 있다. 그녀는 나에게, “나는 한국어를 배우기를 원하는 일본 사람들에게 한국어를 가르칠 수 있고, 또 일본어를 배우려는 한국 사람들에게 일본어를 가르칠 자격이 충분히 있다고 생각합니다. 실제로 나는 그런 일을 해 왔습니다. 그러나 내가 그런 교사가 될 공식적인 자격증을 획득할 수 없는 것은 전문대 2년을 졸업했기 때문에 학사자격증이 없어서 정식 교사자격증을 받을 수 없습니다. 내가 한국어능력시험에 4급 자격증을 받는다고 하더라도 나는 개인 지도교사나 가정교사밖에 할 수가 없습니다. 4년제 대학 학사학위가 필요합니다"라고 했다.

내가 2009년 토모코 집을 방문했을 때, 그녀는 대구에 있는 4년제 대학의 입학을 위해 그 수속절차를 알아보는 중이었다. 대구는 경상북도의 수도일 뿐만 아니라 한국에서 세 번째로 큰 도시이기 때문에 그곳에는 4년제 대학교와 대학이 여러 개 있다. 그러나 실제로 대구는 집에서 45킬로미터 떨어져 있어서 그곳에 있는 대학교에서 수강을 한다는 것이 어려웠다. 대구까지 가려면 기차든 버스든 간에 적어도 한 시간 반은 소요되기 때문이었다. 그런 어려움을 극복하기 위해서 토모코는 인터넷으로 공부할 수 있는 원격대학교를 택한 것이다. 마침내 그녀는 고려사이버대학교에 지원하여 입학 허가와 함께 장학금까지 받았다. 그녀는 이미 전문대학교 학위(associate degree)가 있기 때문에, 전문대학교에서 이수한 과목을 인정받을 수 있게 되었다. 그녀는 3학년에 입학한 것이다. 그녀는 벌써 대학원까지 생각하고 있다. 그녀가 학사학위를 성공적으로 끝마치면, 대학원에 진학할 수 있으며, 그러면 전문인력이 될 수 있다.

둘째로, 그녀는 한국어와 한국문화, 그리고 일본어와 일본문화 사이에 문화적인 가교역할을 할 각오가 되어 있다. 그녀는 지역 학교에서 일본어와 일본문화에 대해 가르치고 있다. 학교는 토모코를 통해 많은 혜택을 보고 있으며, 지역 학생들의 지역에 국한된 안목을 넓히는 데 크게 공헌하고 있다. 토모코는, "외국신부들이 자기 아이들이 다니는 학교의 한국 부모들과 서로 어울리지 않는 것이 유감이다. 내 생각에는 아마 그들이 한국어에 서툴러서 그런지 모르겠다"라고 했다. 토모코는 학교에서 가르칠 뿐만 아니라 그 지역의 한일문화교류회에도 적극적으로 참여하며 회장직도 맡고 있다. 그녀는 다른 외국신부들, 특히 일본에서 온 신부들과 친분을 유지하고 있기 때문에, 그녀는 외국신부들 사이에 지도자로 알려져 있다. 그녀는 지역사회에서 평판이 좋을 뿐만 아니라 지역사회의 지도자들은 그녀의 공헌에 감사하고 있다.

셋째로, 토모코는 자신의 자녀 교육에 특별한 관심이 있다. 다른 한국의 부모처럼 토모코는 자기 아이들이 최고의 교육을 받을 수 있도록 배려를 하려고 한다. 실로 대부분의 한국 부모들은 자녀의 교육에 너무 집착하고 있다. 교육에 대한 집착은 한국의 입시제도에 과열현상을 불러일으키고 있으며, 입시지옥이라는 말까지 나오게 했다. 한국 부모들은 자기 자녀들이 대학입학수능시험에 좋은 성적을 받기 위해 모든 희생을 감수할 각오가 되어 있다. 대부분의 한국 부모들은 일류대학교에 입학하여 학위를 받는 것은 왕조시대에 과거에 합격하는 것과 거의 같은 것으로 생각하고 있다. 전국적으로 일류대학교라고 알려진 대학교를 졸업하면 정부나 유수한 대기업에 취직이 되고, 심지어 좋은 결혼 상대자도 만나게 될 확률이 높다.

최상류대학에 입학하기 위해서는 좋은 유치원에서부터 시작하여야 한다. 어느 학교에 입학이 지정되는가는 학군 내에서 결정되기 때문에 사람들은 특정학군이 있는 지역에 거주하기를 희망하게 된다. 서울 거주자들까지도 영세한 거주지역에서 좋은 거주지로 이사를 한다. 학군으로는 강남이 최고인 것으로 알려져 있다. 강남에는 수많은 사설 학원들이 있으며, 학생들로 붐빈다. 토모코가 어릴 때 경험했듯이 일본에서의 입시경쟁은 한국보다 더 심할지도 모른다.[23] 이런 이점을 잘 활용하기 위해서, 여유가 있는 사람들은 이 지역에 집을 마련하고, 그렇지 못한 사람들도 이 지역에 거주요건을 충족시키기 위해서 전세를 얻기도 한다. 이런 요구 때문에, 이 지역의 부동산 가격은 충격적일 정도로 높다.

몇 마디를 덧붙인다면, 한국의 어머니들 중에서 자녀들의 교육에 집착하는 사람들에게 '강남 어머니'라는 별명을 붙인다. '강남 어머니 현상'은 일본에도 널리 퍼져 있다. 토모코 자신도 어릴 때는 '주쿠'에 다녔고, 입시 경쟁을 누구보다도 잘 알고 있다. 토모코의 자녀들에 대한 교육열은 어느 강남 어머니에 못지않은 것 같다. 아마 더할지도 모른다.

토모코는 강남 어머니들보다 더한 면도 있다. 대부분의 한국 어머니들이 자녀교육에 한국어에만 한정하는 반면, 토모코는 자녀들에게 이중언어교육을 시키고 있다. 그녀는 집에서는 아이들에게 일본에서 가져온 교과서를 이용하여 일본어를 가르치고 있다. 유럽 아이들이 두 개 이상의 언어를 별 어려움 없이 습득할 수 있는 점으로 미루어, 토모코는 일본어와 한국어 두 언어를 동시에 가르치고 있다. 한국 보건복지가족부가 2009년 5월에서 11월 사이에 조사한 바에 의하면, 다문화가정 출신 아이들이 언어 장애가 심하다고 했다. 전국적으로 121,935명의 다문화가정 출신 자녀들 중에 40퍼센트는 언어발달장애가 있다고 했다.[24] 그러나 토모코의 아이들은 한국어를 할 때도 아무런 결함이 없으며, 학교에서도 성적이 우수하다. 그것은 아마 토모코가 한국어에 능통하기 때문일 것이다.

일본어에 대해서, 토모코는 자기 아이들이 일본에 있는 외할머니와 전화를 할 때는 일본말로 한다고 했다. 2010년 3월 토모코의 어머니가 수술을 한 이후 방문하러 갔을 때 내가 그 10살 먹은 아들 태호와 함께 동행을 했다. 토모코는 그 때 태호가 일본학교의 경험을 얻을 수 있도록 2주 동안 일본학교에 보냈다. 우리가 일본에 도착했을 때, 나는 태호가 일본말을 할 줄 아는지 걱정스러웠는데, 그는 방문 첫날 아무 말도 하지 않았기 때문이었다. 그는 입을 꼭 다물었다. 그러나 둘째 날, 우리 몇 사람과 함께 와카야마 성을 방문했을 때, 태호는 어머니와 일본말로 대화를 했으며, 그의 사촌과는 유창한 일본말로 대화를 했다. 만일 토모코의 자녀들이 지속적인 이중언어를 공부한다면, 그들은 다문화가정의 혜택을 볼 것이다.

장래에 대해서, 토모코는 비록 포도재배로 다른 일반 가정보다는 수입이 낮기는 하지만, 이 한정된 수입에 의존하면서 그녀의 자녀 인생을 영월에서 지내게 할 것인지에 대해서는 그녀 자신도 모르고 있다. 그녀는 와카야마나 오사카 등의 대도시에서 살았기 때문에 시골생활을 별로 좋아하지 않은 것 같았다. 무엇보다도 토모코는 시골에서 교육을 받게 될 자녀들의 교육의 질이 강남 같은 지역에서 받는 교육과는 비교도 되지 않을 것이라는 사실을 잘 알고 있다. 그녀는 특별한 뜻이 없이 하는 말로, "우리 남편도 만일 내가 일본에서 좋은 직업을 얻을 수만 있다면, 일본에 가서 사는 것도 무방하다고 했다"고 했다. 한국어를 가르칠 수 있는 자격증을 획득한 후 일본에 돌아가서 한국어를 가르치면서 살지도 모른다. 그러면서도 한국과 일본 두 나라의 문화를 연결하는 가교적인 역할도 할 수 있을 것이다. 그녀가 한국 시민권을 획득하더라도 일본 시민권은 유지할 것이다. 이는 그녀가 인종적인 정체성이나 국적에 대한 관념이 강해서라기보다는 그녀는 선택의 여지를 갖고 싶어하는 것 같다. 그녀의 선택의 여지는 직업에서의 선택의 여지, 거주지역에 대한 선택의 여지, 그리고 여러 다른 선택의 여지도 포함하는 것이다.

토모코의 포부와 전업주부로서의 위치에 대한 불합치

토모코가 지역사회의 지도자들에게 인정을 받으면 받을수록 그녀의 시어머니나 남편은 토모코에 대한 걱정이 늘어만 간다. 초기에 그녀가 지역사회의 일에 참여할 때는 적극적인 지원을 했지만, 문화적으로나 교육적인 면에서 소외된 농촌에서 한 농부의 아내로 남아있을지에 대한 걱정도 없지 않다. 집안 사람들의 우려는 토모코가 4년제 대학교에 입학을 하면서부터 더 커졌다.

외국신부들과 결혼한 대부분의 한국 남편들은 교육 정도가 한정되어 있으며, 그들은 부인들이 전문직을 갖는 것을 바라지 않는다. 그들은 자기 부인들이 외부 사람들과 접촉하는 것도 탐탁치 않게 생각한다. 이상하게도 대부분의 한국 남편들은 부인들이 외부에서 신분이 상승되는 일을 하기를 원하면서도 집에 남아 좋은 가정주부가 되고, 좋은 어머니가 되며, 순종적인 며느리가 되기를 원한다. 이런 이유 때문에 골드만삭스의 일부 도움을 받은 다문화가정 출신들의 대학공부를 위한 장학금제도도 남편들이 부인들의 공부를 적극적으로 지원하지 않는 한 소기의 성과를 기대하기 어려울 것이다. 토모코도 자신이 전문적인 직업을 쟁취하는 과정에서 한국의 시집가족들을 배제하는 것 같은 인상을 주지 않도록 노력을 해야 할 것 같다. 그러나 토모코는 그런 일들을 해 낼 능력이 있다는 점은 의심할 여지가 없다.

통일교를 통해 결혼한 2008년 '효부상 수상자'의 이야기

이 장에서 두 번째로 이야기를 할 주인공은 일본출신 신부인 올해 42세의 미야모토 타카코(가명)인데, 그녀는 1999년 서울에서 통일교의 중매를 통해 47세인 한국 신랑 이한빈(가명)과 결혼했다. 그들이 결혼할 당시 타카코는 31살이었고, 한빈은 36살이었다. 그들의 결혼은 교회가 주관했으며, 결혼식은 서울에서 했다. 결혼식을 마친 후, 그들은 경상남도의 작은 도시 물포(가명)시 외곽에서 신혼생활을 하기로 했다.

타카코는 일본의 미야키라는 조그마한 마을에서 태어났다. 타카코는 3남매 중의 둘째인데, 위로는 오빠 하나가 있고, 여동생이 있다. 그녀의 부모는 70대 초반이며, 고등학교만 마치고, 농사를 하면서 가축을 키웠다. 그런 의미에서 타카코는 농촌에서 자란 사람이다. 고등학교를 졸업한 후, 결혼 전에는 집에서 아버지가 하는 가축업을 도왔다.

타카코는 토모코와 비교할 때, 비슷한 점으로 둘 다 일본 신부들이고, 통일교 교인들이며, 한국 남자의 아내라는 점도 있지만, 다른 면에서는 차이도 없지 않다. 토모코가 전문대학 졸업생인 반면, 타카코는 단지 고등학교만 마쳤다. 토모코는 도시근교 출신이고, 지역사회 사업에 활동적이며, 전문직을 추구하며, 자녀들의 교육에 열정적이다. 토모코와는 달리 타카코는 농촌출신이기 때문에 토모코가 영월에서 적응하는데 많은 어려움을 겪은 데 비해 타카코는 물포 생활에 적응이 좀더 용이했다.

2009년 9월 15일 내가 물포에 있는 타카코의 집을 방문했을 때, 남편은 농협에서 농부들이 수확한 과일들을 판매하러 왔을 때 과일들을 감별하고 평가하는 일을 하고 있었다. 그의 직함은 '과일 감정인'이다. 물포의 다문화가정지원센터에서 일하는 사람의 말에 따르면, 한빈의 직업은 계절적인 직업인데다가 과일 감정사의 수입은 형편없다는 것이다. 이런 약소한 수입으로 이 가정을 어떻게 꾸려가고 있는지 모르겠다는 것이다. 이층에 있는 타카코의 방에 들어가 보니 좀 초라하게 보였다. 그러나 방안에는 렙탑 컴퓨터도 있었으며, 타카코의 컴퓨터 사용능력은 상당한 수준이었다. 그래서 타카코는 고려사이버대학교가 제공하는 한국어와 한국문화에 대한 강의를 들을 수가 있었다.

수입이 적은 구차한 생활에도 불구하고 타카코는 가계를 잘 꾸려가고 있었으며, 손님을 대하는 데 친절하고 겸손하다. 그녀는 내가 만난 사람 중에 손님을 가장 잘 환대하는 사람 중의 한 사람이었다. 그녀는 우리 일행에게 과일과 차를 준비했다. 그녀는 두 자녀를 두었는데 9살짜리 딸과 8살짜리 아들이 있었다. 딸은 어머니를 꼭 빼 닮은 것 같았으며, 친절하고 영리해 보였다. 아들은 잘 생겼고 건강하게 보였지만, 행동이 가만히 있지 못하고 부산스럽고 소란스러웠다. 내가 그 아이의 행동을 진단할 만한 자격이 없지만 약간의 과잉활동증상(hyperactive disorder)이 있지나 않은가 싶을 정도였다. 너무나 소란스러워서 그 아이 앞에서 대화를 나눌 수가 없었다. 보다 못한 누이가 동생을 밖으로 데리고 나가서 놀았다. 동생보다는 단지 한 살 위였지만, 누이의 행동은 어른스러워 보였고, 동생을 진심으로 돌보고 사랑하는 것 같았다.

일본이 저지른 죄에 대한 부담과 효성

타카코의 가족들과 그곳에 있는 식당에서 함께 한 저녁 초대에 타카코의 남편은 참석하지 않았지만, 대신 81세된 타카코의 시아버지 동호(가명)가 자리를 같이 했다. 동호는 한때 한국의 중요 일간지의 그 지역 지국장을 지냈다고 했다. 그는 81세인 자기 부인이 병으로 고생할 때 타카코의 지칠 줄 모르는 병 간호에 대해서 이야기를 했다. 결혼 후에 타카코가 물포에 왔을 때부터, 타카코는, 병이 들었고, 2급장애인으로 분류된 지체불구자였으며, 누구의 도움이 없이는 거동을 할 수 없는 시어머니를 간호하기 시작했다고 한다. 타카코는 시어머니의 대소변을 받아내어야 했고, 젖은 이불을 갈아주어야 했다. 또 차가 없기 때문에 때로는 타카코가 시어머니를 업고 병원을 가야만 했다.

그런 지극한 효심 때문에 지역 주민들은 타카코를 칭찬했으며, 급기야 그 시도 타카코의 효심에 감동하여 2008년에 '효부상'을 수여했다. 실제로 타카코의 이야기는 전국적으로 널리 보도되었으며, 2009년에 출판한 문선명의 저서에도 타카코의 이야기를 하고 있다.[25] 내가 타카코에게 어떻게 그렇게 시어머니에게 헌신적이고 연민의 정을 가지고 효심을 발휘할 수 있었느냐고 물었을 때, 그녀는 "나는 그저 우리 어머니가 우리 할머니에게 하던 것과 같이 했을 뿐"이라고 대답했다. 주위 사람들은 "한국 며느리 중에 타카코가 자기 시어머니에게 한 것과 같이 할 사람이 별로 없을 것"이라고 했다. 내가 타카코의 집을 방문했을 때는 시어머니는 그녀를 돌보아 줄 보호시설로 옮긴 후였다.

타카코의 시아버지인 동호가 우리 대화를 거의 독점하다시피 했다. 그는 2차 세계대전 때 일본당국에 의해 강제로 징용되어서 일본의 이와테 탄광에서 고생하던 시절의 이야기를 장황하게 늘어놓았다. 실로, 전쟁이 치열해지자 일본은 전시 총동원령을 선포하여 여러 가지의 극단적인 동원령을 발동하였는데, 한국 인력의 동원도 그 중의 하나였다. 일본의 전쟁으로 인해 부족한 인력을 보충하는 수단으로 상당수의 한국 사람들이 강제로 동원되어 전쟁터로 보내졌고, 일본으로도 끌려갔다. 소위 정신대라는 명목으로 부녀자들까지 동원했다. 동원된 한국 사람들은 군수공장이나 석탄광산으로 배치되었으며, 여러 가지 강제노역을 하게 됐다. 어떤 사람들은 전쟁터로 보내졌다. 약 71,941명의 한국 사람들이 일본, 사할린, 그리고 동남아로 배치되었다.[26]

타카코의 시아버지인 동호는 일본의 석탄광산에서 일하게 되었는데, 일은 너무 힘이 들었으며 항상 기아상태에 있었다고 했다. 드디어 동호는 감시망을 뚫고 도주를 했다. 탈출한 후 시모노세키까지 도보로 걸었다고 한다.[27] 그곳에서 한국의 남단 항구인 부산으로 가는 배에 승선하여 전쟁이 종식되기 전에 겨우 한국으로 돌아올 수가 있었다고 한다. 동호는 나에게 그가 석탄광산에서 겪은 고초나 극적인 탈출을 하던 기억을 영원히 잊을 수가 없다고 했다.

동호는 "어떻게 내가 잔인하고, 비인간적이며, 극악무도한 일본의 식민정책을 잊을 수가 있겠습니까? 징용 이후 나는 지독하게 반일주의자가 되었으며, 일본 증오자가 되었습니다"라고 했다.

동호는 자기 아들이 교회의 중매를 통해 일본 신부와 결혼하겠다는 사실을 받아들일 수가 없었다. 그는 나에게 솔직하게, "나는 내 아들에게 절대로 안 된다고 했다"고 한다. 그의 일본에 대한 분노는 폭발했으며, 그는 미친 사람처럼 반대를 하면서, "만일 네가 일본 여자와 결혼을 한다면, 나는 네 이름을 족보에서 파버릴 것이며, 나는 네가 내 아들이 아니고, 우리 가문의 사람이 아니라고 생각하겠다"고 했다. 그런 아버지의 극렬한 반대에도 불구하고, 한빈은 1999년 2월 7일 타카코와 서울에서 결혼을 했다. 그리고 나서 결혼한 한 쌍은 물포의 집으로 왔다. 타카코의 말에 의하면, 그들이 물포 집으로 왔을 때 시아버지는 신혼 부부에게 문도 열어주지 않았다고 한다.

그러나 후에 동호 내외는 타카코의 부부와 함께 살게 되었다. 타카코 대신 동호가 집안 관계를 설명했다. 동호의 말에 의하면, 그는 며느리를 학대했으며, 때로는 언어폭력도 행사했다고 했다. 동호는 며느리에게, "내가 너에게 대하는 것은 일본 탄광에서 일본 사람들이 나에게 한 것에 비하면 아무것도 아니다"라고 했다는 것이다. 동호는 자신이 며느리에게 심하게 말할 때마다 타카코는 공손하게 말하기를 "일본을 대신해서 그들이 아버님과 다른 한국 사람들에게 한 짓에 대해 사과를 드립니다"라고 대답했다는 것이다. 타카코는 동호가 언어폭력을 쓸 때 단 한번도 불평을 한 일이 없다고 했다. 또 타카코는 시아버지가 일본 사람들이 한국 사람들에게 한 행동에 대해 불평을 할 때 단 한번도 투덜댄 일이 없다고 했다. 때로는 자기 친척모임에서 반일 감정을 표시할 때도 타카코는 잘 수용했다고 한다. 모든 친척들은 타카코의 겸손한 태도와 정중한 행동을 칭찬했다고 한다. 무엇보다도, 동호는 타카코가 병든 시어머니를 극진히 간호하는 효심에 큰 감명을 받았다고 한다. 동호는 나에게, "내가 징용으로 끌려갔을 때 당한 고통이 어떠했을지라도 나의 반일감정을 개인적으로 한 일본 사람에게 표현해서는 안 된다는 사실을 타카코를 통해 배웠다"고 말했다. 동호는 "타카코는 나에게 일본의 식민정책과 무고한 일본 사람과의 차이를 가르쳐 준 것"이라고 했다. 사실, 일부 일본 사람들은 한국 사람들이 식민통치기간에 겪은 일에 대해서 한국 사람들에게 동정적이다. 타카코는 그런 일본 사람들 중의 한 사람인 모양이다.

시아버지인 동호가 이야기를 하는 동안 잠자코 있던 타카코는 조용한 말투로, 나는 우리 시아버지가 일본과 일본 사람들에게 가지고 있는 감정을 이해할 수가 있습니다. 내가 시아버지라고 하더라도 같은 감정을 가졌을 것입니다. 내가 바라는 희망이 있다면, 우리 시아버지가 일본 사람들이 한국과 한국 사람들에게 한 일을 용서해 주기를 바랄 뿐입니다"라고 했다. 시아버지인 동호는, "용서했어. 네가 알듯이, 나는 이제 더 이상 그러지 않잖아"라고 했다. 심지어 일본이 한 나라로서 과거의 잘못에 대해 사죄하기를 싫어하더라도, 개인인 타카코는 그녀가 해야 할 속죄의 몫을 한 셈이다. 타카코도 토모코처럼 일본과 한국 사이의 우의를 도모하는 데 중개역할을 할 수 있을 것이다. 결국, 그날 저녁은 유쾌한 자리였다. 솔직하게 말해서, 동호가 타카코와의 인터뷰에 참석했을 때,

그가 자리를 같이 하는 것이 타카코가 자유롭게 이야기를 하는 데 어색할까 걱정을 했는데, 동호의 참석이 오히려 잘 된 것이며, 동호가 자신이 느낀 감정을 그대로 표현한 것이 오히려 도움이 됐다.

개인의 직업보다는 강한 종교적인 신념

토모코와 타카코를 서로 비교해 본다는 것은 공평한 일이 아닐지도 모른다. 타카코는 토모코보다 나이가 좀 더 많은 반면, 교육을 좀 덜 받았다. 토모코가 도시 출신인 반면, 타카코는 농촌 출신이다. 토모코는 전문직종에 더 관심이 있고 종교적인 신앙은 타카코보다 덜 한 것 같다. 타카코는 가정형인 반면 종교적인 신앙은 두터운 것 같다. 타카코는 자신의 결혼이 신의 섭리에 의한 것으로 믿고 있다. 그녀는, 병든 시어머니를 돌보고 외국 남자와 결혼을 한 것도 다 신의 섭리라고 믿고 있다. 그녀는 지금 자기가 처한 환경에 대해 후회나 불평도 없다. 토모코의 활동 반경이 전 지역사회에 걸쳐 있으며, 교회와 관련이 있지 않은 각종 지역사회 사업에 참여하고 있는 반면, 타카코는 자신의 활동영역을 교회에 국한시키고 있다. 타카코는 가끔 교회가 주관하는 요트타기, 수영, 그리고 캠핑 등의 특별한 활동에 참가하고 있다. 타카코는 아이들이 다니는 학교활동에도 적극적으로 참여하지는 않는다.

두 사람이 자녀들의 교육에 참여하는 태도에도 서로 차이가 있다. 토모코가 아이들에게 일본어와 한국어 두 나라 언어를 가르치고 있는 반면, 타카코는 자신의 아이들에게 일본어를 가르치기를 원하지 않고 있다. 타카코는 나에게, 만일 자신이 아이들에게 일본말을 가르치면 아이들이 쓰는 한국말에 일본 액센트가 묻어서 그들이 하는 한국말이 다른 아이들과 다를까 해서 걱정하고 있다. 타카코는 자기 아이들이 한국말을 다른 한국 아이들과 꼭 같이 하기를 바라고 있다. 아이들이 학교에서 공부도 잘 하고 있고, 한국말도 다른 한국 아이들과 꼭 같이 하고 있기 때문에 그 아이들이 언어 발달장애 같은 것은 없다고 믿고 있다. 그들은 다른 한국 아이들과 꼭 같다. 토모코는 자기 아이들이 학교에서의 학업은 "어떤 사람이 의식적으로 자기 아이들의 정체성을 구별하려고 하지 않는 한 아무도 그 아이들의 어머니가 일본 사람이라는 사실을 알 수 없을 것"이라고 했다. 그들의 생김새도 여느 다른 한국 아이들과 같을 뿐만 아니라 한국말도 다른 한국 아이들과 꼭 같이 한다는 것이다. 그래서 그들은 무엇에나 차별을 당하지 않는다고 했다.

내가 타카코의 장래에 대한 질문을 했을 때, 타카코 역시 아직까지 일본 국적을 보유하고 있으며, 한국에서의 법적 지위는 영주권자라고 했다. 현재로서는 지금 살고 있는 곳에서 그녀가 하고 있는 일에 만족한다고 했다. 그녀는 "만일 어떤 변화가 온다면, 그 역시 신의 섭리라고 생각해서, 그런 변화를 감수하겠다"고 했다. 그녀는 특별한 전문영역을 위해 특별한 노력을 하지 않고 있으며, 아이들이 다 장성한 후에도 일본으로 돌아갈 계획은 없는 것 같았다. 토모코가 일본에 있는 친정을 자주 방문하고 일본의 친척과 자주 전화도 하는 반면, 타카코는 1999년 일본을 떠나온 후 일본을 한번도 방문한 일이 없다고 했다. 그녀가 시어머니를 병 간호할 때는 시간이 없었다고 했다. 최근에 시어머니가 보호시설로 옮겼다고 한다. 그녀는 진정으로 헌신적인 아내이자 며느리며 전업 어머니였다.

'풀 타임' 대학생이 되다

내 관찰에 의하면, 타카코는 영리하게 생겼고, 컴퓨터로 인터넷을 하는 재주도 남다르게 보였다. 그녀가 고려사이버대학교가 추진하는 다문화가정 e-배움 캠페인에 참여하면서 그의 컴퓨터 기술은 더 나아졌다. 타카코는 학교가 한국에 거주하는 다문화가정의 외국신부들에게 특별입학전형을 하는 계획의 혜택을 보기로 작정을 했다. 그녀는 고려사이버대학교에 입시원서를 제출한 후 입학허가와 장학금을 받게 됐다. 2010년 신입생으로 입학한 이래 학교는 그녀와 소통을 할 수 없어 소식이 끊겼다. 학교 입학담당관리처장은 그 학생이 어떻게 되었는지가 궁금했다. 후에 어떤 사람이 전해주기를 타카코의 남편이 교통사고로 사망했다는 것이었다. 나 자신도 그녀에게 전화를 하거나 방문하기가 난처했다. 그 후에 그녀는 그런 참상에서 벗어나 등록을 했다고 들었다. 공부를 하면서, 오후에는 일을 한다고 들었다. 학교가 '온라인'인 원격대학교이기 때문에 직업을 갖는 것이 공부에 방해가 되지 않았다. 남편과 사별하는 것과 같은 그녀에게 닥친 비극은 타카코가 장래의 직업선택에 변화를 줄 것이 틀림없다. 서울 근교에 살며 한국 남자와 결혼한 그녀의 여동생이 위안을 줄 것으로 믿는다. 남편이 사망한 이후 타카코가 무엇을 할지는 현재로서는 알 수가 없다.

지금까지 토모코에 대한 자세한 생애사와 그 비교를 위해 타카코에 관한 짧은 버전의 이야기를 썼다. 생애사는 사람마다 다른 것이며, 교회의 중매를 통해 결혼한 두 사람 사이에도 차이가 있기 마련이다. 그리고 두 일본 신부의 생애사는 한국 남자와 결혼한 5,326명의 일본 신부 전체를 대변할 수도 없다. 더구나 이 두 사람의 이야기는 종교단체의 중매로 결혼한 모든 국제결혼가정을 대변할 수도 없다. 사실은 그와 정반대이다. 내가 이 장에서 보인 것처럼, 각 신부들은 아주 중요한 면에서 각자가 너무 다르다. 나는 이들이 한국에서 외국신부들로서 살아가는 인간적인 조건을 쓰도록 모든 노력을 다 했다. 내가 이 책의 서두에서 인용했듯이 원숙한 인류학자들이 이해했듯이 생애사라는 것은 인간의 일반적인 가치를 이해하고 문화적인 관심에 초점을 두고, 사회적이고 자연적인 관계에 대한 인식을 하는 데 도움이 된다는 것이다.[28]

외국신부들이 좋은 어머니로, 남편을 사랑하고, 정숙한 며느리의 역할(전통적인 한국의 규범이 원하는 것과 같은)을 하는 한 외국신부들은 대접을 받을 것이다. 그러나 그들이 가정이나 사회를 위해서 그네들의 재능을 쓰지 않는 것도 딱한 일이다. 외국신부들 중에는 많은 재능을 가진 사람들이 많아서 그들의 그 재능을 발휘하여 전문적인 분야의 전문가가 될 수 있고 그들이 선택한 제2의 조국을 위해서 공헌할 일들이 많다고 하겠다.

6

한국 남자와 사랑하게 되어 결혼한 외국신부들의 이야기

앞장에서는 전문적인 국제결혼 중매업체의 중매나 종교단체의 주선으로 결혼한 외국신부들의 이야기를 했다. 이 장에서는 외국신부들이 한국 남성과 사랑에 빠져 결혼한 경우의 이야기를 해 보기로 하겠다. 거의 대다수의 많은 외국신부들이 국제중매업체들의 중매로 결혼했으며, 그런 결혼에 대한 비판이 주류를 이루다 보니 사랑해서 결혼하게 된 경우는 거의 간과되거나 무시되어왔다. 형평성을 고려하여, 이 장에서는 낭만적인 사랑이 결실을 맺어 결혼하여 한국에 적응하여 살고 있는 외국신부들의 이야기를 말해 보기로 하겠다.

중국 훈춘에서 온 한 중국 신부의 이야기

내가 33세의 중국에서 온 신부 왕춘(가명)을 고려사이버대학교 회의실에서 처음 만난 것은 2007년 6월 16일이었다. 그날은 우리 학교가 외국신부들의 자전적인 수필 공모에서 입상한 사람들을 시상하는 자리였다. 이 공모전은 고려사이버대학교가 추진하는 다문화가정 e-배움 캠페인의 일환으로, 왕춘의 수필이 우승을 했다. 왕춘의 자전적인 수필은 이렇게 시작했다.

> 한국에서 8년 동안 살면서 처음 한국에 올 때 가졌던 슬픔과 외로움이 기쁨과 행복으로 변하는 것을 오늘 느낀다. 나는 1999년 10월에 대한민국이라는 땅을 밟게 됐다. 졸업하던 해인 1995년, 중국 사람으로서 러시아에 유학 중, 한국인 선교사와 만나 결혼이라는 약속을 했다. 졸업 후 러시아 파견근무를 하다가 남편과의 약속이 있기에, 난 그 직장을 포기할 수밖에 없었다. 그 약속은 남편이 어떤 낙후지역으로 선교를 가든지 나는 남편과 기쁨이나 어려움을 함께 할 것을 다짐했기 때문이다. 이 선택은 결코 쉬운 선택은 아니었다. …(중략) 한국 사람은 예의도 바르고 마음이 참으로 따뜻하다. 정말 나는 편견이 없고 사랑이 넘치는 동방에 뜨는 해인 대한민국에서 사는 이주여성으로서, 한국을 나의 모국에 가서도 떳떳이 자랑한다면 세계 속에서도 인정받는 대한민국이 되지 않을까 싶다.

왕춘은 결국 한국에 귀화하여 한국시민권을 획득했다.

왕춘은 내가 지금까지 만나본 중국 여인 중에서 가장 아름답고, 우아하고, 기품이 있는 여인이었다. 그녀의 한국어 구사능력은 완벽했으며, 특히 그녀의 정확한 발음, 적절한 단어의 선택, 그리고 그녀의 구문론상으로 정확한 문장작성 능력은 뛰어났다. 말할 때 가끔 북한 발음이 있기는 해도 그녀의 한국어 구사능력은 나보다 훨씬 나은 것 같았다. 그녀와 함께 온 그녀의 남편 이종오(가명)는 44세였으며, 미남이었다. 수상식에는 예쁘게 생긴 8살짜리의 아들도 대동하고 왔다. 그들은 이상적인 부부로 보였다.

수상식을 할 당시 왕춘은 전라남도 천도(가명)에서 러시아어와 중국어 통역으로 근무하고 있었다. 남편인 종오는 천도시에 있는 순복음교회 목사로 있었다.[1] 천도는 한국에서 세 번째로 큰 섬이며, 인구는 2009년에 34,119명이었다. 그러나 그 섬은 인구가 연 600 내지 700명씩이나 감소하는 추세를 보이고 있다.

왕춘은 동러시아와 북한으로 가는 관문지역의 태생

왕춘은 대졸 출신의 아버지와 고졸 출신인 어머니 사이에서 둘째로 태어났다. 2010년에 69세인 아버지는 지방정부의 공무원이었으며, 68세의 어머니는 일생 동안 전업 가정주부였다. 왕춘의 가정은 부유하지는 않았지만, 자녀들을 대학교에 보낼 정도의 여유는 있었다. 심지어 왕춘의 부모는 왕춘을 러시아의 블라디보스토크에 있는 대학에 유학을 보낼 정도였다.

왕춘이 한국어에 능통하고 한국 남자와 결혼을 하게 된 것은, 그녀가 태어난 곳이 훈춘이라는 것과 직접적으로나 간접적으로 관련이 있는지도 모른다. 군청 소재지 정도의 소규모도시인 훈춘은 중국 동북부 성 중의 하나인 길림성 연변조선자치구 내에 있다. 그

곳은 북한의 함경북도와 러시아의 프리모스키 크래이(Primorsky Krai)와 인접해 있으며, 인구는 25만 명 정도이고 면적은 5,145제곱킬로미터나 된다. 연변은 흑룡강의 남쪽이고, 길림의 백산(Baishan City)의 동쪽이며, 함경북도의 북쪽이고, 러시아의 동쪽에 위치해 있다. 연변에는 2007년도의 통계에 의하면 867,048명이나 되는 많은 한인 후예들이 살고 있기 때문에 중국정부는 이곳을 조선족 자치지구로 지정했다.[2]

한국 이민자들이 이 지역으로 이주하기 시작한 것은 19세기의 말엽이다. 그곳으로 이주한 사람들의 대부분은 한국에 대한 일본의 경제적인 수탈이 심해서 경제적인 어려움을 피해서 간 사람들이다.[3] 이 지역에는 한국말을 하는 조선족이 왕춘의 주위에는 많았기 때문에, 그녀가 한국말을 하는 친구로부터 한국어를 배우는 것은 자연스러운 일이었다. 또 훈춘은 세 나라가 인접해 있었기 때문에 왕춘은 한국말을 자연스럽게 배우듯이 러시아어도 자연스럽게 배울 기회가 있었다. 왕춘의 주위에는 한국 사람들이 많았기 때문에 그녀에게 한국 사람들은 외국 사람 같이 이상하게 느껴지지 않았을 것이다.

고등학교를 마친 후 왕춘은 연변대학교에 입학하여 러시아어를 전공했다. 연변대학교는 1949년에 설립된 대학교이다. 연변대학교는 중국인민공화국의 지방 국립대학교이며, 길림성 연변조선족자치지구가 있는 연길(Yanji)시에 있다. 연변대학교는 중국의 동북부에 있는 소수민족인 조선족을 교육시키기 위해서 설립된 대학이며, 중국에서는 유일하게 한국어와 중국어를 다 같이 공식적으로 사용하고 있는 대학교이다. 학생 수는 16,000명 정도이다. 러시아어를 잘하면 장래에 러시아어를 사용하여 할 수 있는 일이 많을 것이라는 긴 안목을 가지고, 왕춘은 러시아에 있는 대학교에 가서 러시아어를 공부하기로 결심했다. 왕춘은 지리적으로 거리가 멀지 않는 블라디보스토크에 있는 대학교를 택하기로 했다. 그 당시 많은 중국 상인들과 기업인들이 러시아, 특히 블라디보스토크에 왕래를 했다. 블라디보스토크는 태평양에 면한 러시아의 최대도시이자 프리모스키 크래이의 행정중심지였다. 그곳은 골든 혼 만(Golden Horn Bay)에 위치해 있으며, 러시아와 국경을 접한 중국과 북한과 멀지 않는 곳에 위치해 있다. 이곳은 러시아 태평양함대의 모항이기도 하다.[4]

연변대학교를 졸업하기 전에, 왕춘은 러시아어를 전공하기 위해 블라디보스토크에 있는 국립 극동대학교(Far Eastern National University)로 전학을 했다. 극동대학교는 1899년에 설립된 고등교육기관이었는데, 1930년대 말 스탈린에 의해 폐쇄되었다가 1956년에 다시 문을 연 대학교이다. 현재 이 대학은 러시아에서 우수한 대학교 중의 하나로 꼽히며, 학생 4만명에 교수 4,000명이 있으며, 동러시아에서 가장 오래되었고, 가장 규모가 큰 대학교이다.

낭만의 도시 블라디보스토크에서 한국 선교사를 만나다

1995년 졸업반 학생으로 졸업을 준비하고 있을 즈음, 왕춘은 친구들과 한담을 할 겸 산보도 하려고 블라디보스토크에 있는 '레닌광장(Lenin Square)'에 갔다.[5] 거기서 왕춘은 우연히 종오라는 한국 선교사를 만났는데, 후에 알고 보니 종오는 순복음교회에서 파견된 선교사였다. 그는 러시아 군중에게 한국말로 설교를 하고 있었는데, 한국계 러시아 사람이 통역을 하고 있었다. 통역은 소위 '고려인'인데, 고려인이라는 뜻은 문자 그대로는 한국계로 고려시대(918~1392) 때 러시아로 이민온 사람들을 통칭하는 말이다. 한국 사람들이 러시아, 특히 블라디보스토크를 위시한 연해주로 이민을 한 것은 중국의 청나라 때(1644~1911)이며, 이 시기는 조선조(1392~1910)에 해당하는 시기이다. 더 많은 이민이 시작된 것은 1910년 한·일합병이 있은 이후이다. 그들이 한반도에서 이민을 할 때는 이미 한반도가 고려시대는 아니지만, 그들은 '고려'라는 나라 이름에 익숙하기 때문에 붙여진 이름이다. 한국 독립운동가를 위시한 많은 한국 사람들이 19세기에 일본이 한반도를 점령한 이후에 러시아로 이주했다.

종오의 설교를 통역한 사람은 한국계 러시아 의사인데, 그는 할아버지가 일본이 한국을 점령하던 1900년대 초에 연해주로 이주를 했다고 한다. 왕춘이 한국말을 잘 하고, 또 종오의 설교에 호기심이 있어서 종오에게 말을 붙였다. 종오는 왕춘이 한국말과 러시아말을 잘 할 뿐만 아니라, 블라디보스토크에 관해서도 너무 잘 알기 때문에 반가워서 어쩔 줄 몰랐다. 2010년 2월 내가 종오를 인터뷰할 때, 종오는 나에게, "왕춘을 만난 것이 너무 반가워서 그녀를 껴안고 싶을 정도였다"고 했다. 그때 마침 종오의 통역을 맡아주던 한국계 의사가 다른 지방으로 이사를 가려고 하고 있었다. 실로, 그날이 그 의사에게는 종오의 통역을 하는 마지막 날이었다. 종오가 두 나라 말인 한국말과 러시아말을 할 줄 아는 통역을 구하지 못한다면, 그는 더 이상 그곳에서 선교사업을 할 수가 없게 되었다. 종오는 통역을 구하느라 걱정을 하던 참에 좋은 통역을 우연히 만나게 된 것은 기적 같은 일이었다. 두 사람의 만남은 운명적인 것 같았다.

종오는 다른 통역을 구하기 전까지 더 이상 망설이거나 기다릴 수가 없어서 왕춘에게 당장 다음 설교를 통역해 해 줄 수 있는지를 물어보았다. 왕춘은 조심스러워서 주저하면서 당장 대답을 못하고 망설였다. 러시아로 유학을 오기 전, 왕춘은 중국 학생이 외국 유학을 갈 때 필요한 일련의 '오리엔테이션'을 받아야 한다고 한다. 그 오리엔테이션에서 왕춘은 낯선 사람을 멀리하고, 특히 외국인을 경계해야 한다는 지침을 받았다고 한다. (독자들은 중국이 경제적인 활동에는 외부에 개방정책을 쓰고 있지만 정치제도는 여전히 공산주의국가라는 사실을 염두에 두어야 한다.) 그런 난관이 있음에도 불구하고 종오는 왕춘을 통역으로 쓰기 위해서 집요하게 설득했다.

종오는 왕춘을 통역으로 쓸 수 있게 하기 위해서 왕춘과 잦은 접촉을 했다. 왕춘은 혹 소문에 자신이 외국인과 '데이트'라도 한다는 소문이 날까 걱정스러워서 혼자 종오를 만나기를 꺼렸다. 이런 일 때문에 왕춘은 외부에서 만나기보다는 자신이 나이든 러시아 부인과 함께 방을 쓰고 있었기 때문에 종오가 자기집으로 방문해 주는 것이 안전하다고 했다. 그러면 그 늙은 노인을 통해 두 사람이 만나는 것은 업무 때문이지 연애를 하는 것은 아니라는 것을 입증하고 싶었기 때문이다. 종오가 왕춘을 그렇게 자주 방문했기 때문에 그 러시아 여인은 두 사람 사이의 관계를 의심했을지도 모른다. 그러나 그때는 종오나 왕춘 두 사람이 다 사랑 같은 감정은 갖지 않았다고 했다. (그래도 내 짐작에는 왕춘이 아름다운 여인이었기 때문에 종오가 그녀에게 끌렸지 않을까 하고 의심도 해 보았다.) 종오가 그렇게도 끈질기게 사정을 했기 때문에 왕춘은 종오의 설교를 통역해 주기로 허락을 했다.

첫 번째, 왕춘은 설교를 통역하기가 어렵다는 것을 알았다. 왕춘이 한국어에는 능통했지만, 기독교에 대한 지식이 없었고, 성경에 대해서는 더더구나 아무런 지식이 없었다. 종오가 설교 도중에 예를 든 것들에 대해서 왕춘은 적절하게 통역을 할 수가 없었다. 왕춘은 나와 인터뷰를 할 때, 종오의 설교를 통역할 때 일생을 통하여 그토록 당황하고 굴욕적인 모멸감을 느껴본 적이 없었다고 했다. 그 순간 이후부터, 왕춘은 성경을 집중적으로 공부했다는 것이다. 그녀가 성경을 읽으면 읽을수록 성경에 관심이 생겼다고 했다. 그녀가 그 사실을 느끼고 있었는지 아닌지 간에, 그녀 자신이 기독교사상에 몰입하게 됐다. 동시에 두 사람은 자주 접촉을 했기 때문에 두 사람은 서로가 함께 하는 것이 좋아지게 되었다. 그러나 두 사람은 다 그 당시에 사랑에 빠진 것은 아니라고 했다. 두 사람은 나에게, 두 사람이 서로 사랑을 하고 있다는 것을 느낀 것은 종오가 귀국한 후 서로 떨어져 있은 후에 서로 사랑하고 있다는 것을 느꼈다고 했다.

1996년, 이런 일들이 일어나고 있을 즈음, 왕춘은 극동대학교를 졸업하고 중국으로 돌아갔다. 종오도 교회에서 한국으로 돌아오라는 지시를 받았다. 그들은 다 블라디보스토크를 떠나 서로 헤어지게 되었다. 훈춘으로 돌아온 왕춘은 중국의 외무성 소속으로 중국 기업인들이 블라디보스토크에서 사업을 하는 일을 도와주는 좋은 직책을 얻었다. 월급도 많았고, 중국의 유수한 기업인들도 많이 만날 수 있는 기회를 가졌다. 왕춘이 다시 블라디보스토크로 돌아왔을 때, 블라디보스토크에 있는 한인 장로교회에 다니면서, 독실한 기독교신자가 됐다. 한국으로 귀국한 후에는 종오는 왕춘에게 거의 매일같이 전화를 했다. 당시 국제전화요금은 놀랄 정도로 비쌌다. 두 사람은 다 나에게 말하기를 전화요금이 너무 비싸서 돈은 모두 전화비용으로 나갔다고 했다. 이 때 두 사람은 서로 사랑하고 있다는 것을 알았다고 한다.

인터뷰를 하는 중에 나는 왕춘에게 종오의 어떤 면이 그렇게 매력적이었고, 그래서 결혼까지 하게 되었느냐고 물어보았다. 왕춘은 대답하기를, "물론 그 사람은 잘 생겼지만(실로 잘 생겼다), 그의 외모보다는 그의 불굴의 용기에 감탄했다"는 것이다. 왕춘의 말에 의하면, 종오가 블라디보스토크에 살 당시 그곳의 법질서는 무척 문란한 상태여서 거의 무법천지를 방불케 했다는 것이다. 갱 집단과 마피아 집단이 시를 지배했다는 것이다. 아파트 빌딩의 입구에 숨어있던 강도들이 들어오는 사람들의 돈을 강탈했다는 것이다. 이런 범죄는 임대료가 저렴한 아파트에서는 더 자주 일어난다고 했다. 공격대상은 외국인이고, 아시아 사람들이 주며, 특히 한국 사람들에게 더 심했다고 한다. 그런 값싼 아파트에 사는 것이 위험한 줄은 알지만, 선교사 신분인 종오는 안전이 보장되지 않은 그런 아파트 이외에는 어떻게 할 방법이 없었다. 하루는 아파트 계단에서 몇 명의 갱 단원이 종오에게 칼을 들고 공격을 했다. 종오는 심하게 상처를 입어 상당히 많은 피를 흘렸다. 그의 얼굴은 찢어져서 병원에서 여러 바늘 꿰매어야 했다. 왕춘은, 그럼에도 불구하고 종오는 거의 관심을 기울이지 않는 청중들을 향해 지칠 줄 모르는 설교를 하면서 선교사업을 중단하지 않고 지속적으로 했다는 것이다. 그래도 그런 조직폭력배들을 좋지 않게 말하지 않았다고 한다. 병원의 병상에서도, 종오는 자기를 폭행한 폭행범들에게 야속한 감정을 드러내지 않았다고 한다.

다른 면에서 왕춘이 종오를 존경하는 이유는 높은 기준의 도덕성이라고 했다. 종오가 경제적으로는 비록 초라하고 가난한 선교사에 불과했지만, 도덕적인 면에서나 영적으로는 자신이 만난 사람 중에서 가장 '부유한' 사람이라고 했다. 왕춘이 블라디보스토크에서 통역을 해 준 중국 기업인들과 비교해 보면 종오는 특별히 고결한 사람이라는 것이다. 왕춘은 충격적인 사생활을 하는 사람들을 본 일이 있기 때문이다. 소문이 파다하고, 실제로도 사업가들이나 정부관리들 사이에 성적으로 문란한 사람들의 일들이 실제로도 있었다고 한다. 대학교에 다닐 때나 졸업 후에도, 왕춘은 기업의 간부직책이나 정부의 고급관리직에 대해 동경을 했다. 그러나, 그런 자리에 있는 사람들의 난잡한 행동을 보면서, 왕춘은 높은 도덕성과 윤리적인 기준을 가진 성직자들의 생활을 부러워하게 됐다고 한다. 기업이나 정계에서 일하는 사람들의 세계를 이해하면 할수록, 종오를 더욱 더 좋아하게 됐다. 왕춘은 나에게, 자신은 성직자의 부인이 되고 성직자의 부인으로서의 생활을 하기로 작정했다고 했다.

1998년 종오는 교회의 지도층의 변동으로 인해 한국으로 돌아오게 되었다. 종오는 교회 지도층의 권력투쟁에 휘말리게 된 것이다. 귀국 후에는, 그는 오스트레일리아에 유학을 가서 공부를 더 하기로 했다. 그는 자신의 인생방향을 바꾸어보기로 했다. 그러나 오스트레일리아에서의 생활은 쉽지 않았다. 언어문제가 가장 큰 장애였다. 또 재정적으로도 살아가기가 어려웠다. 그러나 그는 나에게 말하기를, 그런 어려움 속에서도 끼니를 건너는 한이 있더라도 왕춘에게 전화를 하는 것은 거르지 않았다고 했다. 그때는 요즈음처럼 인터넷을 통해 전화를 하는 수단이 없어서 국제전화의 가격은 매우 비쌌다. 종오는 오스트레일리아에 공부를 더 하려고 갔지만, 그 자신이 인정하듯이, 공부에 열중할 수가 없었다. 마침내, 종오는 1년도 채 못되어서 한국으로 돌아왔다.

다행스럽게도 한국으로 귀국했을 때, 그는 교회에 복귀가 되었으며, 한반도 최남단의 천도라는 섬에 있는 개척교회에 배정되었다. 그 섬에는 교인이 몇 명 되지 않았으며, 헌금함은 언제나 텅 비어 있었다. 더욱이, 종오는 여유가 있는 개인으로부터의 헌금도 기대할 수가 없었다. 그 교회에서 하는 예배에 참여하는 사람들은 정규교인이 아니고, 그들은 경제적으로나 사회적으로 불우한 사람들이었다. 교회에 나오는 사람들 중에는 한국 남자들과 결혼한 외국신부들이 있었다.

이런 어려움에도 불구하고, 종오는 왕춘에게 전화를 하고 자신의 사랑을 표현하는 일을 게을리하지 않았다. 마침내, 전화로 둘은 결혼하기로 합의를 했다. 1년 정도 떨어져 있으면서, 그들은 자신들의 사랑을 확인했고, 일생을 동반자로 지낼 것을 재확인했다. 단지 두 과정이 남아 있었다. 하나는 부모의 축복은 아니라도, 최소한 양가 부모들의 허락을 받는 일이고, 다른 하나는 양 국가로부터 허락을 받는 일이 남아 있었다. 이것은 왕춘에게는 필수적인 요건이었다. 왕춘은 중국정부로부터는 출국비자를 받아야 하고, 한국에 입국하기 위해서는 한국정부로부터 입국비자를 받아야만 했다.

장애물은 여러 곳에

왕춘이 부모들에게 자신의 결혼을 허락해 주기를 원했을 때, 부모들은 단호하게 반대했다. 아버지의 반대가 어머니보다 더 심했다. 아버지는 국제결혼이 문화적인 차이에서 오는 많은 잠재적인 문제를 내포하고 있다는 점을 계속해서 설명했다. 더구나, 아버지는 종오의 직업이 재정적으로 가난하기 짝이 없는 성직자란 점이 못마땅했다. 만일 왕춘이 종오와 결혼을 한다면, 재정적인 부담이 고스란히 왕춘의 어깨에 지워진다는 것이었다. 공산주의 체제하에서 오랜 영향을 받고 산 왕춘의 아버지가 종오를 좋게 생각할 리가 없었다(공산주의자들이 갖는 종교에 대한 편견). 표면적으로 내놓고 말하지는 않았지만, 그가 자신이 사는 성에 거주하는 중국 거주 한국인 거주자들이 소수민족으로 제 2차적인 신분을 유지하며 사는 것을 본 경험 때문에, 왕춘의 아버지가 보는 한국 사람들에 대한 인상은 특별히 긍정적이지만은 않았다. 왕춘의 아버지는 딸에게, "나는 너에게 외국 사람과 결혼하라고 좋은 교육을 시킨 것이 아니다"라고 했다. 그가 딸을 러시아의 대학에서 공부하도록 유학을 보낸 사실을 상기시키는 것을 잊지 않았다. 왕춘의 어머니도 왕춘의 결혼을 지지하지는 않았지만, 아버지의 생각보다는 좀 더 딸에게 동정적이었다. 왕춘은 자기 어머니를 설득하면 자신의 편이 될 여지가 있다고 판단했다. 왕춘은 어머니가 자신의 결혼을 지지해 주도록 집요하게 설득했다.

종오 부모의 경우도 다를 바가 없었다. 그들의 국제결혼에 대한 반대는 왕춘의 부모의 경우와 다를 바가 없었다. 그들의 반대에는 또 다른 면이 있었다. 한국 남자들과 결혼한 외국신부들에 대한 부정적인 면이었다. 한국에는 전에도 그러했지만, 요즈음에도 남아 있는 것으로, 외국신부들에 대한 나쁜 고정 관념으로, 외국신부들이 집안의 분란을 일으켜서 물리적인 폭력이나 언어폭력을 일으키며, 심지어 이혼으로까지 이어간다는 부정적인 견해이다.

무엇보다도 외국신부들이 그들의 남편들에게 돈을 뜯어가려고 끊임 없이 불평불만을 한다는 평판 때문이다. 실제로도 상당수에 달하는 외국신부들이 고국에 있는 자기네 친정부모들의 생활비를 지원하고 있는 것이 사실이다. 상당수의 한국 신랑들이 결혼할 때 처가 가족들의 생활비를 보조하겠다고 약속을 했으면서도 그것을 이행하지 않아서 가정 불화가 일어나고, 그로 인해 심지어 이혼까지 하는 경우를 나 자신도 직접 목격했다. 어떤 경우에는, 결혼 전에 그런 약속을 했지만, 실제로는 그렇게 하지 못하는 경우도 있다. 종오의 부모는 자기네 며느리가 돈 때문에 결혼한 사람이라고 보이는 것이 싫었다. 종오의 부모는, "우리 며느리는 돈 때문에 결혼을 한 그런 사람들과는 다르고, 그들은 서로 사랑했기 때문에 결혼했다고 다른 사람들에게 일일이 설명할 수가 없다"고 했다. 종오도 자기 부모들을 설득시켜 결혼을 축복해 주도록 설득하는 일이 쉽지 않았다.

왕춘의 생각으로는 종오가 자기 부모를 직접 만나서 개인적으로 설득을 한다면, 비록 그들이 두 팔을 벌려 환영하고 마음을 열지 않더라도 허락은 해 줄 것으로 믿었다. 왕춘은 자기 부모가 종오를 보면 잘 생겼고 성격도 좋기 때문에 종오를 좋아할 것으로 생각했다. 1998년에 왕춘은 자기 둘째 동생이 훈춘에서 결혼식을 할 때, 종오가 결혼식에 참석하면 부모의 허락을 받을 좋은 기회라고 생각했다. 그러나 왕춘의 부모는 "감히 그가 어떻게 우리의 허락도 없이 결혼식에 참석할 수 있는가"라는 태도였다. 종오와 왕춘이 저지른 가장 큰 실수는 종오가 왕춘과 결혼해도 된다는 한국 정부의 서류를 가져가서 왕춘의 부모에게 보여준 것이었다. 두 사람의 작전은 역효과를 냈으며, 왕춘의 부모는 그 문서를 보고 몹시 화가 났으며, 결혼을 단호하게 반대했다.

추가적으로 결혼에 방해가 되는 요인은 블라디보스토크에 있는 왕춘의 직장에서의 유혹이었다. 왕춘이 결혼을 하면 직장에 사표를 낼지 모른다는 이유로, 왕춘의 직장에서는 그녀의 월급을 세 배나 인상해 주겠다고 제의했다. 이런 제의는 전례가 없었으며 파격적인 제의였다. 대부분의 사람들은 이런 제의를 거절하기 힘든 것이었다. 왕춘의 아버지는 자기 딸이 외국 사람과 결혼하기 위해서 그런 예외적인 제의를 거절할 것이라는 것을 믿을 수가 없었다. 블라디보스토크를 떠난 이후에 두 사람이 처음으로 만난 재회였지만, 그 재회는 고통스러운 만남으로 끝났다. 아버지의 반대에도 불구하고, 왕춘은 부모의 동의를 얻기 위해 지속적인 노력을 했다.

내 지금까지의 경험에 의하면, 대부분의 부모들은 자신의 자녀들이 남들보다 월등하다고 생각하는 것 같다. 그 때문에, 자녀들의 결혼 상대가 자기의 자녀들에 비하여 늘 흡족하지 않다고 생각한다. 또한, 양보를 하는 과정에서도 대부분의 어머니들은 자기 자녀들이 장래의 배우자를 선택하는데 아버지들보다는 어머니들이 더 동정적인 것 같다. 아버지와 어머니 사이에 의견이 일치하지 않을 때는, 대부분의 경우에는 어머니가 이기는 것 같다. 이 결정 과정에서 아버지가 큰 소리는 치지만, 나중에는 결국 조용한 어머니가 이긴다. 종오와 왕춘의 경우에도 예외는 아니다. 왕춘의 어머니는 딸의 결혼에 그토록 반대하는 남편을 설득시켰다. 왕춘의 아버지가 허락을 하지 않는 것 같이 하는데도, 어머니는 딸과 같이 출국비자 신청을 하기 위해 베이징으로 가겠다고 했다.

중국정부로부터 출국비자를 얻는 것은 부모의 결혼 승낙을 받는 것 못지않게 쉬운 일이 아니었다. 출국비자를 받기 위해서는 왕춘이 독신이며 전에 결혼한 일이 없다는 증명서를 위시한 상세한 서류가 첨부되어야만 했다. 또 그 서류에는 왕춘이나 약혼자의 결혼 의지와 결혼에 관한 자세한 계획 등을 포함했다. 만일 왕춘이 이 모든 요구조건을 충족시키지 않는다면, 출국비자를 신청할 수가 없다. 또 출국비자를 받지 못한다면, 한국 영사관으로부터 입국비자를 신청할 수가 없다. 왕춘이 베이징을 간 김에 베이징에 있는 한국 영사관에 입국비자를 신청할 수가 있었다.

왕춘과 그 어머니가 베이징에 갔을 때 그들은 모든 서류와 절차를 밟는 데는 상당한 시간이 소요되고, 수속도 까다롭다는 것을 알았다. 어떤 때는 수개월이 소요되기도 한다는 것이다. 수속하는데 장시간이 소요되므로, 대부분의 사람들은 경제적인 부담 때문에 호텔이나 모텔에 머무를 수가 없었다. 대신 대부분의 사람들은 미국에서 잠자리와 아침을 제공하는 소위 '잠자리와 아침을 제공하는(bed and breakfast)' 것과 같은 여관 형태의 방을 빌리곤 했다. 그러나 베이징에 있는 그런 숙식을 제공하는 시설은 미국의 것들과 비교가 되지 않았다. 가격이 저렴하기는 했지만, 그런 시설은 여러 사람이 한 방을 공유하는 지저분하고 옹색한 것이었다.

왕춘의 서류는 처음 제출되자마자 거부당했다. 그들은 많은 중국 사람들이 출국비자를 기다리고 있다는 것을 알았다. 어떤 사람들은 기다리는 동안에 좌절감과 실망으로 인해 술도 마시고 담배도 피우는 등 난잡한 행동도 했다. 왕춘과 그녀의 어머니는 베이징에 얼마나 머무르며 기다려야 할지를 걱정했으며, 그렇게 기다리는 동안 무슨 일이 일어날지 걱정을 했다. 두 번째 서류를 제출했을 때 그들에게 행운이 찾아왔다. 제출한 서류는 통과되었다. 왕춘과 그 어머니는 위험한 상황과 불결한 생활 환경에서 벗어날 수 있었지만, 방탕하고 낙담한 사람들은 그곳에 머물러야만 했다. 왕춘과 그 어머니의 경우는 첫 번에만 거절 당한 후 그렇게 빨리 허가를 받은 것이 놀라웠다. 허가를 기다리는 모든 사람들의 부러움을 샀다.

왕춘과 그 어머니는 이 허가를 받는 과정에서, 종오가 한국에 있는 모든 인맥을 동원한 덕에 허가를 쉽게 받을 수 있었다는 사실을 알았다. 이제 왕춘은 베이징에 있는 한국 영사관에 입국비자를 신청할 준비가 다 되었다. 이때도 종오는 왕춘의 입국비자를 받는데 자기의 모든 인맥을 동원했다. 이 과정은 오랜 시간이 걸렸고 복잡했지만, 왕춘은 이제 조국인 중국을 떠나 자신이 선택한 제2의 조국인 한국에서의 생활을 할 수 있게 되었다.

결혼과 한국에서의 신혼생활

왕춘은 1999년 9월 28일 인천공항을 통하여 입국했다. 공항에서부터 왕춘은 다음 날 결혼하기로 되어 있는 전라남도 목포까지 긴 여행을 했다. 처음에 왕춘은 왜 결혼식을 신랑이 교회를 맡고 있는 천도에서 하지 않고 목포에서 하는지가 궁금했다. 결혼식은 소규모의 교회결혼식이었지만, 친척들과 교인들의 축복은 충만했다.

목포는 한반도의 서남단에 위치한 항구도시이다. 이 시는 수많은 우수한 예술인, 음악가, 작가들을 배출했다. 그래서 목포는 '예향(藝鄕)'이라고 알려져 있다. 왕춘은 처음에는 자기가 목포에서 사는 것으로 알았다. 결혼식을 목포에서 하게 된 것은, 목포가 신혼 부부가 살 곳인 천도에서 가장 가까운 제일 큰 도시이기 때문이었다. 결혼식을 마쳤을 즈음에 이미 날은 저물어서 왕춘은 어디로 가는지 알 수가 없었다. 목포서 천도까지는 자동차로는 보통 55분에서 한 시간이 소요되는 거리다. 그러나 도중에는 긴 다리를 건너야 했다. 교량이 건설되기 전에는 천도는 육지와 떨어져 있었으며, '페리 보트'나 나룻배를 타야 건널 수 있었다. 인터뷰 도중 왕춘은 결혼 후 천도로 오면서 자기가 느꼈던 감정을 농담으로, "그날 저녁 내 생각으로는 남편이 나를 어느 사람에게 '팔려고' 가는 줄로 알았다"고 했다. 왕춘은 가난에 시달리는 작은 농·어촌의 조그마한 집들을 보면서 대단히 실망했다고 했다. 이 광경은 목포시의 광경과 달랐다.

왕춘은 종오가 살고 있는 오막살이 집에 도착했을 때 더 큰 충격을 받았다. 종오가 기거하는 방은 결혼 후 신혼부부가 살림을 차리기에는 적합하지 않은 방이었다. 왕춘은 종오가 목사이기 때문에 교회가 마련한 사택이 있을 것으로 짐작했다. 그러나 종오가 담당한 교회는 개척교회였으므로 목사에게 주는 그런 혜택은 없었다. 단칸방에 침대 하나만 있었고, 침대에 앉으려니 삐걱거리는 소리가 났다. 침대 외에는 사람이 앉을 의자나 소파도 없었다. 실로 그 방은 너무 작아서 의자나 소파나 차를 마실 탁자 하나도 더 들여놓을 수가 없을 정도로 옹색했다. 화장실도 좁고, 낡아서 수리가 필요한 지경이었다. 왕춘은 쥐가 여기저기 다니는 것도 볼 수 있었다. 왕춘은 결혼 전에 성직자의 부인으로 검소한 생활을 할 각오는 했다. 그녀는 그런 검소한 생활에 도전할 정신적이고 정서적인 준비가 되어 있다고 생각은 했었지만, 그 정도로 끔찍한 상태일 것이라고는 생각하지 못했다.

그러나 얼마나 힘들게 결혼을 하게 되었는지를 생각하면, 그런 환경에서 도피할 수는 없었다. 가난이 그들의 결혼생활에 장애물이 되어서는 안 된다고 생각했다. 가난한 생활과 비참한 일상생활을 꾸려가면서, 왕춘은 장기적인 생활계획을 세웠다. 첫째로, 기독교 교회의 목사의 부인이 되기 위해서 그녀 자신이 기독교에 대해서 좀더 공부를 해야 한다고 생각했다. 기독교에 대해 독학을 한 것으로는 충분하지 않다고 생각했다. 기독교 신학에 대한 정식교육을 받기 위해 그녀는 지방의 신학교에 통신교육을 받을 수 있도록 등록을 했다. 동시에 종오가 하는 선교사업이 직접적으로나 간접적으로 사회봉사와 관련이 있기 때문에, 그녀는 종오에게 사회복지에 관한 대학원과정을 시작하도록 권했다. 그렇게 하여 결국은 후에 종오가 사회복지분야의 석사학위도 취득했다.

그런 중에, 왕춘은 남편을 돕기 위해 자기 스스로가 부수입을 벌 수 있는 방법을 찾아보았다. 왕춘은 자신의 자격이나 자질을 평가한 후, 자기의 특기를 자기 주변의 환경에 활용할 수 있는 방법을 모색했다. 천도는 230개의 작은 섬으로 구성되어 있으며, 그 중에 185개의 섬은 무인도이다. 단지 45개의 섬에만 사람들이 살고 있다.

천도는 세 가지 사실로 세상에 널리 알려져 있다. 그 하나는 역사적인 유적지로 이순신 장군이 전라좌수사로 일본 함대들을 격파한 곳으로 유명하다. 1597년 토요토미 히데요시가 2차 침략을 해왔을 때, 이순신 장군이 울돌목의 특별한 해류를 잘 이용하여 전공을 세운 곳이다. 이순신은 철갑선인 거북선으로 일본함대를 격파하여 일본군의 북상을 막고 일본의 육군과 합세하는 것을 막은 곳이다. 천도는 명량해협(鳴梁海峽)을 사이에 두고 육지와 단절되어 있는데, 이 해협에서의 승리를 표현할 때 그 이름을 명량대첩(鳴梁大捷)이라고 한다. 천도는 지금 484미터의 천도교로 육지와 연결되어 있다. 이순신 장군은 한국 역사에서 가장 존경 받는 해군제독이다. 천도대교 입구의 이순신장군 동상이 그의 승리를 기념하고 있다. 또, 그를 기념하는 동상은 서울의 중심부인 광화문 세종로 거리에도 있다.

또한, 천도는 매년 음력으로 3월 중순에 '모세의 기적'이라는 것이 일어나는 곳이기도 하다.[6] '모세의 기적'이라는 표현은 1971년에서 1975년 사이에 주한 프랑스 대사를 지낸 삐에르 랜디(Pierre Randy)가 1971년에 그 광경을 목격하고 붙인 이름이다. 그 기적이라는 것은, 3월 중순에 전장 2.8킬로미터이고 폭이 40미터가 되는 바닷길이 생기는 것을 말한다. 이는 모도리와 회동마을 사이에 바닷길이 생기는 것을 말하는데, 조수의 간만으로 바닷물이 갈라져 생기는 것이다. 이 바닷길은 바다의 바람에 영향을 받지만 보통 10분에서 20분 안에 형성된다. 그리고 그 바닷길은 한 시간 내지 두 시간 동안 지속한다.

이 때, 이 형성된 바닷길 위를 걸어 다니면서 조개, 작은 문어,

그리고 해삼 등을 채취할 수 있다. 1975년 이후에 이것이 널리 선전되어서 이 기적을 보기 위해 많은 관광객들이 몰려온다. 천도는 관광객을 유치하기 위해서 바닷길이 형성되는 기간에 매년 축제를 한다. 이 축제는 국내 관광객은 물론 중국과 일본 등을 위시한 세계 여러 나라에서 관광객이 온다. 천도가 1년에 1백만명 이상의 관광객을 유치한다는 것을 들으면 놀랄 것이다. 왕춘은 이런 사실을 염두에 두고, 자신이 이 섬의 관광산업을 위해 외국 관광객들, 특히 중국 사람들과 러시아 사람들에게 통역 겸 안내자로서의 역할을 할 수 있을 것으로 생각했다.

더구나, 천도에서 가까운 거리에 3,300명을 고용하고 또 6,639명의 하도급업체의 사람들이 드나드는 현대중공업의 조선소가 있어서 많은 외국 기업인들이 찾아온다. 외국 기업인들과 기술자들 사이에는 러시아 사람도 상당히 있었다. 2010년 2월 22일에 왕춘을 만나고 돌아오는 길에 현대호텔에서 일박을 했을 때, 그 호텔로비와 커피숍에서 러시아 기업인들과 기술자들을 보았다. 그곳에 조선소가 없었다면, 그 조그마한 도시에 그렇게 많은 외국인들이 있으리라고는 생각할 수가 없을 것이다. 왕춘은 자기의 한국어, 중국어, 러시아어 능력을 이용하여 자기가 할 역할이 있을 것으로 보았다.

그런데, 천도는 또 그곳의 토종 개(犬)로도 잘 알려진 곳이다. 그 개는 겉모양이 독특한데, 귀와 눈이 삼각형이다. 자세가 바르고, 지능이 높으며, 용감하고, 주인에게 충성심이 강한 것으로 알려져 있다. 거기 사람들의 말로는 "개라고 하기에는 너무 영리하다"고 한다는 것이다. 천도의 개는 너무 소중해서 그 개를 천연기념물 53호로 지정했다. 그리고 군은 향후 10년간 그 종을 유지하도록 번식시키고 보호하는 데 2억원의 예산을 할애하고 있다. 그 예산 중의 일부로 천도 개를 돌보기 위해 특별한 개 병원을 마련하고 있다. 누구나 천도를 지나가면서 거의 모든 집에 천도개 한 두 마리가 있는 것을 보지 않을 수 없다.

왕춘이 자신의 소질과 역량을 검토한 결과 자신이 중국어, 한국어, 러시아어를 잘 할 수 있다는 외국어 능력이 그녀만의 특성이라고 생각했다. 왕춘은 자기의 재능과 지역사회의 특성이 잘 맞는다고 생각은 했지만, 아직 그 지역사회 사람들이 자신의 언어능력을 모르고 있기 때문에 그런 기회를 자신이 만들어 가야 한다고 생각했다.

그런 오랜 꿈을 실현시키기 위해, 왕춘은 그곳 초등학교를 접촉해 보았다. 왕춘은 학생들에게 중국어를 가르치겠다고 했지만, 학교에서는 확실한 답변을 주지 않았다. 그러는 중에 소문이 돌아, 왕춘은 중국어를 배우고 싶어하는 사람들에게 중국어를 가르치겠다고 해서, 군(郡)에 사는 몇 사람에게 중국어 개인지도를 시작했다. 갑자기 천도 근처에 있는 더 작은 섬에 있는 학교에서 중국어를 가르쳐 달라는 부탁을 받았다. 왕춘은 어느 학교가 자기의 어학실력을 인정해 준다는 것이 놀라웠다. 그러나 월급은 보잘 것 없었고, 그 섬으로 출근하기 위해서는 아침에 일찍 일어나 페리 보트를 타야만 했다. 그렇다고 하더라도, 이것은 새로운 시작이었다.

왕춘이 다른 섬 학교에서 가르친다는 소문이 나자, 왕춘이 사는 곳에서도 알게 되었다. 급기야는 그곳 학교에서도 왕춘이 가르쳐 주기를 원했다. 이것은 그 군에 사는 사람들이 왕춘의 배경을 알 수 있는 좋은 기회가 되었다. 군에서 가르치는 것은 왕춘에게 도움이 되었다. 페리 보트를 타려고 아침 일찍 나갈 필요도 없었고 월급도 나왔다. 이 때 군의 관광부서에서도 왕춘의 외국어 능력이 큰 도움이 되겠다고 생각했다. 임시직이기는 하지만 왕춘은 군의 통역 겸 안내자로 일하게 되었다. 이로 인해 왕춘은 다른 사람들의 존경도 받았다. 왕춘이 고려사이버대학교의 글짓기 대회에 입선을 했을 당시인 2006년 1월 16일에는 왕춘은 군에서 이런 일을 하고 있을 때였다.

경제적으로는 어려운 시기였지만, 왕춘은 정상적인 가계를 꾸려가고 있었다. 그녀는 남편을 도와 수입원을 늘려야 한다고 생각했다. 그럼에도 불구하고, 왕춘은 남편에게 그런 어려운 경제사정에 대해 불평을 한 일이 없다. 그녀는 나에게, "나는 가난하게 살았고, 지금도 그렇지만, 나 자신은 내가 가난한 사람이라고 생각해본 일이 없으며, 사실 나는 정신적으로 부자라고 생각한다"고 했다. 놀랍게도 왕춘이 집안에 보탬이 되려고 수입을 올리는 일을 하고 있는 중에도, 1999년에 결혼한 지 한 해 뒤에 첫째 아들을 낳았다. 그리고 2006년에는 둘째 아이인 딸을 낳았다. 두 아이를 키우면서도, 사회활동을 해 나갈 수가 있었다.

아마 가장 궁핍한 것은 자동차가 없이 사는 생활이었다. 한국의 농어촌에서 생활해 본 사람이면 알 수 있듯이, 농어촌에서 자동차 없이 사는 것이 얼마나 불편한 것인지 알 것이다. 대도시에서와 같은 대중교통수단이 없다. 그래서 이런 시골 마을에 사는 사람들은 걸어다녀야만 한다. 두 아이를 양육해야 하고, 여러 가지 잡일, 그리고 성직자의 부인으로서 해야 할 일들을 자동차가 없이 해야 한다는 일은 여간 어려운 일이 아니었을 것이다.

종오는 시간과 정력을 개척교회에 받친 이래, 그는 마침내 2009년에 천도시의 외곽 언덕 위에 작은 교회건물을 지었다. 교회건물은 작은 규모였지만, 신도 100여명은 수용할 수가 있었다. 종오는 자랑스럽게 그 교회를 나에게 보여 주었으며, 그는 나에게, "내가 이 부지를 확보한 후에, 이 교회는 나와 왕춘 둘이서 지었다"고 했다. 교회건물은 밝은 오렌지 색의 점토로 지었으며, 이색적이고 우아하고 매력적이었다. 멀리서도 확실히 드러나 보이는 건물이었다. 내부는 잘 갖추어져 있지 않았지만, 긴 의자, 탁자, 강단(dais), 전기 장치 등 필요한 것은 다 갖추었다. 그러나 재정적인 사정으로 난방시설은 갖추지 못했다. 교회를 둘러 보았을 때 2월말 경이었지만, 교회 안은 한기가 가득했다. 교회 안을 덥히기 위해 조그마한 포터블 히터들이 몇 개 있었다.

왕춘과 종오는 그 교회가 개척교회이기 때문에 교인들의 대부분은 경제적, 사회적, 그리고 여러 다른 면에서 혜택을 받지 못한 계층 사람들이라고 한다. 상당수가 여러 나라에서 결혼해 온 다문화가정 사람들이라고 한다. 종오와 왕춘은 내가 다문화가정 e-배움 캠페인을 하고 있는 것을 알고 있기 때문에 그들은 내가 하는 일에 협조적이었다. 우리는 서로 잘 이해할 수가 있었다. 거의 모든 교인은 교회의 도움을 필요로 하는 사람들이기 때문에, 그들은 교회를 위해서는 정신적인 지원만을 할 수밖에 없다고 했다. 헌금을 하고 싶은 사람이 하는 헌금함은 텅 비어 있는 것 같았다. 내가 봉투를 집어 넣었더니 빈 소리가 났다. 그 함은 상당기간 비어 있었던 것 같았다. 그러나 왕춘과 종오는 그들 자신의 노력으로 세운 교회를 자랑스럽게 생각했다.

우리가 시내 음식점에 저녁식사를 하러 갔을 때, 종오가 승합차를 운전하고 온 것을 보았다. 식사 중에 종오는 자기가 승합차를 운전하게 된 내력을 설명했다. 내외가 자기들이 결혼한 목포에 가서 렌터카를 하려고 딜러에게 갔었다. 그런데 그곳에서 우연하게도 전에 블라디보스토크에서 사업을 하던 사람을 만났다. 서로 잘 아는 사이였다. 그런데 그 사람이 바로 차 딜러였다. 그들은 지난 이야기들을 나누었다. 그 때 그 딜러는 종오가 선교사업을 하는 데 승합차가 필요할 것이라고 하면서 승합차 한 대를 가져가라고 했다는 것이었다. 그들은 나에게 자기네는 그동안 자기들을 기꺼이 도와주려는 많은 사람들을 만났다고 했다. 그들은 결국 "신은 자신을 도우려는 사람을 돕는다는 말이 맞는 것 같다는 점을 확실히 믿는다"고 했다.

한국 시민권을 획득한 이후, 왕춘은 지금 군의 공무원으로 관광객과 외국 투자자들을 위시한 외국 방문자의 일을 담당하고 있다. 여가에 왕춘은 다문화가정, 특히 외국신부들을 돕는 일을 하고 있다. 때로는 그 지방 토박이들이 왕춘을 시기하여 근거 없는 비난을 하기도 한다고 했다. 다문화가정에 대한 논의가 인기가 있고 세상 사람들의 관심을 모으고 있기 때문에, 여러 단체들이 이들을 돕기 위한 지원금 신청을 경쟁적으로 벌이기도 한다고 한다. 왕춘과 종오는 전에 일간지 기자 출신인 어느 사람에게 잘못 고소를 당한 일도 있었다고 한다. 다만 그 사건이 재판정에 가기 전에 문제가 해결되었다고 한다.

성공적인 외국신부와 천도에서 처음으로 귀화한 중국인

교회까지 지은 지금, 왕춘은 다른 일보다는 교회 일에 전념을 하고 싶어했다. 왕춘은 나에게, 교회에 더 많은 시간을 쏟기 위해 지금 하고 있는 공무원의 일을 그만두고 싶다고 했다. 그러나 그 군이 왕춘의 헌신적인 봉사를 받고 있기 때문에, 군에서 왕춘이 그만두게 할지가 의심스럽다. 왕춘이 군에 있는 사람들이나 주변 사람들에게 잘 받아들여지고 있을 뿐만 아니라, 왕춘은 거의 명사로 취급받고 있다. 내가 그 지역문화회 회장과 저녁식사를 하고 있을 때, 그 회장은 왕춘을 높이 평가하고 있었다. 그 회장은 종오에게, "어떻게 당신은 저토록 아름답고, 우아하고, 기품이 있으며, 매력적인 여인과 결혼을 하게 되었느냐?"고 물었다. 종오는 자랑스럽게 웃기만 했다.

왕춘이 공무원직을 그만 두는 한이 있더라도, 천도에서 처음으로 귀화한 중국계 한국인으로 남을 각오가 되어 있었다. 그녀는 교회와 신도들에게 봉사를 하기를 원했다. 그녀가 여러 언어에 능통한 점 때문에 큰 도시에서 월급을 많이 받는 직업을 얻을 수도 있겠지만, 그녀는 도시로 옮길 뜻이 없었다. 이런 면에서 그녀는 특별한 외국신부인지도 모른다. 그녀는 도시에서 살고 싶은 생각도 없고, 부를 축적할 욕심도 없고, 유명해지는 것에도 관심이 없다. 그녀는 그녀의 말대로 정신적으로 행복하며, 그녀가 할 수 있는 환경에서 최선을 다할 뿐이다.

왕춘이 시골생활에 성공적으로 적응할 수 있었던 이유는 다음과 같은 점일 것이다. 첫째로, 왕춘이 종오와 결혼한 이유가 재정적으로 이득을 보기 위한 것이 아니라는 점이다. 종오와 왕춘은 조건 없는 사랑에 바탕을 두고 결혼했기 때문이다. 또한, 왕춘의 친정도 여유가 있기 때문에 러시아 유학까지 시킬 정도였다. 그녀의 아버지는 전에 공무원이었으며 존경할 만한 사회적인 지위를 유지하고 있다.

둘째로, 왕춘의 성공은 종오의 장래 전망에 대해서 비현실적인 기대를 하지 않은 점에 있다. 어떤 외국신부들은 자신들의 장래에 대해서 복권에 당첨되는 것이나 그와 비슷한 황당한 꿈을 가지고 있는 반면, 왕춘은 처음부터 종오가 성직자로 수입이 적을 것이라는 것을 알고 있었다. 왕춘은 남편의 굳건한 도덕성을 선택했다. 종오와 결혼한 이래 왕춘은 다른 사람을 사랑하고 돕는 기독교인이 된 것이다. 그녀는 남편만큼 착실한 기독교인이 되었다.

셋째로, 왕춘과 종오는 사랑하고 화목한 가정을 유지해 왔다. 그들은 사랑스러운 아들과 귀여운 딸이 있다. 두 아이들은 쾌활하고 예의가 바르며 명랑하다. 옛말에, “수신제가하면 치국평천하” 라는 말이 있는데, 바로 이 경우에 들어맞는 것 같다. 왕춘은 이 옛말이 맞는다는 것을 입증하는 것 같다. 수입이 어떻든지 재정상태가 어떻든지 간에, 왕춘과 종오는 화목한 가정생활을 하는 것 같았다.

넷째로, 충분한 교육을 받은 대학 졸업자답게 자신에게 주어진 사회적이고 문화적인 환경에 적응시킨다. 그녀는 자기의 재능이나 지식을 자신이 처한 환경에 맞추어 보려고 노력했다. 그렇게 함으로써 지역사회의 존경을 받게 됐다. 그녀 자신도 그렇게 하는 것이 지역사회에 공헌하는 길이라고 생각했다. 궁극적으로, 그녀는 전문가가 되었고, 지역사회에서 명사의 지위도 획득했다.

다섯째로, 왕춘의 성공은 자신의 자발적인 동기부여가 가장 중요한 요인이 되었다. 왕춘은 남편이나 다른 조직이나 정부 주도에 의해서가 아니고, 자기 스스로가 동기부여를 한 것이다. 왕춘은 자기 특유의 적응전략을 개발한 것이다. 1960년대 말에, 조지아주 애틀랜타 시에서 반빈곤퇴치(反貧困退治) 프로그램의 평가단으로 일할 때, 정부의 지원금을 받는 사람들은 대부분이 스스로 동기부여가 된 사람들이 아니라는 사실을 알았다. 그런 경우에 정부가 개인들에게 동기부여를 할 수는 없는 것이다. 사람들은 자기 스스로 동기를 찾아야 한다. 그와 비슷하게, 외국신부들이 한국 사회에 적응하도록 도와주려는 각종 프로그램이 있지만, 외국신부들이 스스로 해보려는 동기가 없을 때는 효과를 기대할 수가 없다. 왕춘의 이야기는 외국신부들이 자신의 의욕이 얼마나 중요한지를 보여준다. 이와 관련하여, 스스로 동기부여가 된 외국신부의 수가 늘어나는 것이 한국 정부나 비정부단체, 그리고 각종 자원봉사단체들이 맹목적인 지원을 하는 것보다는 훨씬 더 프로그램이 성공할 가능성이 큰 것이다. 대신, 그들이 자신들의 기술이나 능력을 발휘할 수 있는 분야에 특수한 도움을 요청하는 것이 바람직하다.

마지막으로, 우리는 외국신부들의 한국 남편의 성격, 인간성, 그리고 교육배경이 대단히 중대하다는 사실을 간과해서는 안 된다. 왕춘의 성공에 남편 종오가 적지 않은 역할을 한 점을 인정해야만 한다. 옛날 한국 속담에 "초지장도 맞들면 바르게 들기 쉽다"는 말이 있다. 이 말을 다시 말한다면, "한 손으로 손벽을 치면 소리가 나지 않는다(孤掌難鳴)"는 말과 같은 의미가 될 것이다.

나는 왕춘의 생애사의 특성을 일반적으로 모든 외국신부들에게 적용할 수 있다고 믿지 않는다. 어떤 사람은 왕춘이 한국 생활에 잘 적응할 수 있는 것은 그녀가 대학교육을 받았고 전문적인 지식이 있었기 때문이라고 할 수도 있을 것이다. 또, 그녀가 한국어에 능통하고 한국 문화에 대한 이해도 있다는 점을 간과할 수 없을 것이다. 결국 그녀는 조선족 자치지역에서 살았고, 중국어와 한국어 두 언어를 사용하는 연변대학에도 다닌 점도 고려해야 한다. 왕춘은 경제적인 이유 때문에 결혼을 한 것이 아니고 사랑했기 때문에 결혼한 것이다. 이런 요인들이 다 중요하지만, 외국신부들이 한국에서 성공적인 삶을 사는 데 '필요 충분한 조건'은 아니다.

왕춘의 이야기와는 달리, 여기에 두 외국신부의 이야기를 간단하게 해 보겠다. 한 이야기는 몽골에서 온 신부의 이야기이고, 다른 한 이야기는 한국계 중국인인 '조선족'의 이야기를 해 보겠다. 이 두 신부는 모두 서로 사랑해서 결혼한 연애 결혼이다.

몽골에서 온 의사

이 이야기는 비록 신부가 대학교를 졸업하고 전문적인 수련을 마친 사람(의사)이며, 두 사람이 사랑해서 결혼한 경우이지만, 행복한 가정생활을 하고 있는 것은 아닌 경우이다. 내가 현지조사를 할 때, 나는 우연히 43세의 몽골에서 온 트센덴고르(가명이며, 이 후로는 '트센드'라고 부르겠다)를 만났는데, 그녀는 몽골의 수도인 울란바토르(Ulan Bator)에서 몽골의 한 의과대학을 졸업한 후, 몽골에서 면허를 받은 의사이다.

2008년에 트센드는 한국 대학에서 공부하기 위해 학생으로 입국했다. 그 후 트센드는 46세의 고등학교 졸업자로 지방기업체의 간부로 있는 한국 남자를 만났다. 트센드는 그 한국 남자와 사랑에 빠졌다. 결국 트센드가 입국하던 해에 그 한국 남자와 결혼을 했다. 지금 이 내외는 두 살짜리 아들이 있으며, 부부는 충청북도 박천(가명)에 살고 있다. 남편이 일정한 직업이 있고 수입도 시골수준으로는 상위권이어서 생활하는 데는 별 어려움이 없다. 그러나 트센드는 교육을 전혀 받은 적이 없는 80세의 시어머니와 문제가 많다. 시어머니와의 문제의 발단은 언어소통문제와 문화의 차이에서 생기는 문제다.

트센드의 문제는 한국어를 잘못 사용하는 것에서 시작했다. 한국어에는 두 개의 표현 방법이 있는데, 자기보다 손위의 사람에게는 존칭을 쓰고, 손아래 사람에게는 존칭을 쓰지 않는다. 손위의 사람에게 쓰는 말을 존댓말이라고 한다. 존댓말은 영어에서 미스터나 미시즈 같은 칭호가 아니고, 아주 다른 '한 벌(set)'의 표현법이 있다. 예를 들어서 어른이 아이들에게는 "밥 먹어"라고 하는 반면, 손위의 어른들에게는 "진지 잡수세요"라고 한다. 이런 존댓말을 모르는 트센드는 존댓말과 하대하는 말을 구별하지 않고 써서 나이 많은 시어머니에게 아이들에게 하는 그대로 "밥 먹어"라고 했다는 것이다. 트센드의 시어머니는 트센드가 한국어의 미묘함을 으레 알고 있는 것으로 생각했다. 외국인을 대해본 경험이 전혀 없는 시어머니는 며느리가 그런 차이를 알면서도 늙고 교육을 받지 못했다고 업신여긴다고 생각했다. 그러나 트센드가 어쩔 수가 없는 것은 그녀가 한국에 오기 전에는 한국어를 배운 일이 없기 때문이다. 그녀가 한국말을 배우는 기회라고는 시어머니가 손자에게나, 남편이 아들에게 하는 하대 말만 듣고 그대로 흉내 내는 것이 고작이었기 때문이다.

이런 일이 극도에 달했을 때, 시어머니는 며느리를 지팡이로 때리기도 했다. 그런 매질은 계속되었고, 점차 더 심해졌다. 마침내 트센드는 이혼소송을 제기했다. 내가 궁금한 것은 이런 고부간의 충돌이 일어나고 있는 중에 남편은 어디에 있었는지가 궁금할 지경이었다. 그들은 사랑해서 결혼했는 데도 말이다. 이런 고부간의 갈등에 남편은 개입하지 않은 것 같다.

상황이 심각한 것을 알고, 박천에 있는 전국 조직인 박천지부 다문화가정지원센터가 중재에 나섰다. 근 1년간 박천의 다문화가정지원센터의 소장이 열심히 노력한 끝에, 현재로서는 이혼을 모면했다. 그 센터 소장은 트센드의 시어머니에게 문화의 차이를 설명하기 위한 노력을 했다. 또 소장은 트센드에게 적절한 한국말을 쓰는 방법을 가르쳐 주었다. 이런 분란의 씨는 트센드가 외부 사람들과 접촉을 하지 않는 점에 있다. 이런 일은 거의 모든 외국신부들에게 일어나는 일인데, 가족들은 외국신부들이 외부 사람들과 접촉을 하면, 가정의 나쁜 소문이나 내고, 아니면 좋은 직장을 찾아 남편을 떠날까 해서 외부 사람들과의 접촉을 싫어하고 기피하게 만든다. 트센드가 한국말을 배울 기회가 없었기 때문에 다문화가정지원센터는 트센드가 한국말을 배우도록 도와주고 있다. 트센드는 고려사이버대학교가 벌이고 있는 캠페인에 합류했다. 트센드가 시어머니에게 존댓말을 하기 시작하자마자, 시어머니는 트센드를 좋아하기 시작했다. 내가 들은 바에 의하면, 근래에는 트센드의 시어머니가 며느리 자랑을 늘어놓는다고 했다고 들었다.

그럼에도 불구하고 트센드의 문제가 완전히 해결된 것은 아닌 것 같다. 트센드의 문제는 그녀의 시어머니가 물리적인 학대를 하던 것이 사라졌다고 해서 다 해결된 것은 아니다. 그녀의 고민은 의사로서 의료에 관계되는 일을 하지 못하는 것에 대한 것이다. 그녀는 비록 몽골에서는 면허를 가진 의사이지만, 한국에서는 의료활동을 할 수가 없기 때문이다. 한국 정부는 외국 의과대학의 자격을 인정하지 않고 있다. 더구나, 그녀는 한국어에 서투르기 때문에 의료와 관계되는 다른 업종에도 일을 할 수가 없다. 그로 인해 지난 3년간 그녀의 좌절감은 커가기만 했다. 그녀가 이혼을 결심한 것도 좌절된 그녀의 사회생활에서 오는 좌절감 때문인지도 모른다.

한정된 한국어 실력은 트센드가 전업주부 이외의 다른 일을 할 수 없게 만들었다. 첫아들을 출산했지만, 그녀의 공허한 감정을 메우지는 못했다. 한국어 실력을 배양하지 않는 한 한국인으로 귀화하기 위한 시험에 합격을 할 수도 없다. 아직도 트센드는 몽골 국적을 소유하고 있다. 한국어를 알아야 한다는 강박관념에 차 있는 트센드는, 내가 "어느 몽골출신 신부가 한국 남자와 결혼을 하겠다고 한다면, 추천하겠느냐"고 물었을 때, 즉각적으로 추천하지 않겠다고 했다. 한국 사람들은 몽골 사람들에게 친절하고, 경제적으로도 몽골 사람들보다는 잘 산다. 그리고 몽골 사람들은 한국 사람들과 외모가 너무나 비슷해서 차별대우도 받지 않는다고 했다. 그러나 몽골 신부가 한국 남자들과 결혼하는 것을 반대하는 이유는 언어장애 문제 때문에 몽골 신부가 한국에 오기 전 한국말을 배우지 않은 한 반대한다는 것이다.

공교롭게도, 고려사이버대학교가 다문화가정 e-배움 캠페인을 시작했을 때, 고려대학교에 재학 중인 몽골학생이 몽골에서 온 신부들을 도와주었을 때, 그 몽골학생은 한국말을 너무나 유창하게 잘 했다. 그 학생은 너무나 한국말을 한국 사람처럼 잘 했기 때문에 나는 그 학생이 한국 학생인줄 알고, "당신은 어디서 몽골말을 그렇게 잘 배웠느냐"고 물은 일이 있다. 그 학생은 내가 농담을 하는 줄로 알았다. 그러나 내가 학생일 때 인류학적인 언어학 시간에 선생님이 한국어와 몽골어가 같은 우랄알타이 언어계에 속한다고 한 기억이 났다. 그렇기 때문에, 한국 사람들이 몽골어를 공부하면 중국어나 다른 언어를 공부하기보다는 쉬울 것이다. 영어와 독일어 간의 관계에 비유할 수 있다. 트센드에게 유독 한국말을 배우기가 힘드는 것은 개인적인 어려움일 것이다.

다문화가정센터 박천지부 소장과 논의를 한 후, 나는 그녀가 한국에서 의학 이외의 다른 분야의 새로운 직종을 공부해 볼 수 있도록 주선을 했다. 그 소장의 권유와 격려로 트센드는 2010년 봄 학기부터 고려사이버대학교의 평생교육학과에서 교육학을 공부해 보기로 해서 지원하고 입학허가를 받았다. 간접적으로 들은 바에 의하면, 한국어 능력부족으로 공부하는 데 어려움이 많다고 들었다. 학교에서는 그녀의 학업성취도를 충분히 평가하지 않았기 때문에 자세히 알 수는 없고, 그녀의 장래 학업의 성취도도 아직은 알 수가 없다. 나는 고려사이버대학교가 추진하는 캠페인을 통해 외국신부들이 한국 생활에 성공적으로 적응하도록 노력을 하고 있다. 만일 트센드가 학교에서 공부하는 것을 포기한다면, 내 생각으로는 그녀의 한국생활은 진전이 없지 않을까 걱정스럽다.

트센드의 경우를 통해, 나는 성공적인 국제결혼은 중매결혼이나 연애결혼과 같은 결혼 형태(mode)에 딸린 것이 아니라는 사실도 배웠다. 앞에서 베트남의 박지앙현에서 중매결혼을 해 시집온 후앙의 경우에 대해서 언급했듯이, 그녀는 중매결혼이었지만, 새로운 나라에서 순조롭게 적응을 하고 있다. 왕춘이 천도에서 적응을 잘 하는 것으로 미루어, 사람들은 외국신부가 대학교육을 받은 것이 성공적인 적응을 하는 데 결정적인 요인이라고 생각할지도 모른다. 그러나 대학을 졸업한 트센드가 어려움을 겪고 있는 것을 보면 그렇지만은 않은 것 같다. 의사면허증까지 소지한 트센드 같은 사람도 한국에서 그녀의 자리를 찾지 못하고 있다. 또한, 외국신부들이 친정에 송금하는 것이 성공적인 국제결혼에 부정적인 요인으로 생각되는 경우도 많다. 그러나 몽골에서 온 트센드의 경우를 생각하면 반드시 그런 것만도 아닌 것 같다. 트센드는 그런 금전적 요구를 한 일도 없으며, 남편도 사전에 그런 약속을 한 일도 없는데, 그녀의 결혼은 특별히 행복해 보이지는 않는 것 같다.

어느 '조선족' 신부

올해 30세인 이아림(가명이며 지금부터는 '아림'이라고 부르기로 한다)은 한국계 중국인으로 중국국적을 가진 '조선족' 출신이다. 중국은 이중국적이나 복수국적을 인정하지 않는 나라이다. 현재, 아림은 경상북도 학촌이라는 곳에 살고 있으며, 학촌은 POSCO의 주제철소가 있는 곳에서 멀지 않은 곳이다. 아림은 증조부가 포항 출신이다. 증조부는 일본이 한국을 합병하던 1900년대 초에 만주로 이민을 갔다. 아림이 한국으로 온 것은 어떤 의미에서는 귀향인 셈이다.

아림은 1980년에 중국의 동북부 요령성의 수도이자 지방도시인 심양에서 차로 두 시간 거리인 철령이라는 농촌마을에서 태어났다. 심양은 중국 동북방지역의 교통과 상업의 중심지이다. 아림은 주로 농촌 마을에서 자랐기 때문에 외부의 세계에 대해서는 잘 모르고 있었다. 그곳에도 조선족이 약간 살고 있기는 했지만, 길림성처럼 수가 많지는 않았다. 아림은 자라면서 한국의 정체성을 지녔다기보다는 중국 사람으로 자랐다. 아림은 한국 3세이기 때문에 누구나 아림과 대화를 나누면 아림이 중국 여인이지 한국계로 여겨지지 않는다. 아림의 억양은 한국 단어를 발음할 때 성문음(glottal pronunciation)으로 들린다. 중국 사람들이 한국말을 할 때 내는 전형적인 발음이다. 우리가 대화를 나눌 때, 아림은 한국 대신 중국을 "우리 나라"라는 표현을 했다. 이런 표현은 내가 테네시대학교에서 가르치던 기억을 회상시켜 주었다. 내가 가르치는 동아시아 과목 수업에서, 내가 "우리 사회에서"라는 말을 할 때 학생들은 내가 한국사회를 말하는 것인지 미국사회를 말하는 것인지 혼란스러워 했다.

내가 아림의 이야기를 택한 것은 사랑에 빠져 연애결혼을 한 경우의 예를 들기 위해서이다. 아림의 이야기는 보통 사람들이 생각하기에 해외 한국동포는 모두 한국의 정체성을 가지고 있고, 한국말을 위시한 한국 문화에 익숙하며, 한국에 살기를 원한다는 통념에 반하는 예를 들기 위해서이다. 아림과의 긴 인터뷰와 또 그녀와의 집중적인 접촉을 통해 위에서와 같은 그런 가정이 맞지 않는다는 점을 알게 되었다.

아림은 한국 남자인 35세의 김기수(가명)와 5년 전에 결혼했다. 2004년 포항에 거주하는 기수의 고모할머니가 되는 사람이고 또 심양에서 가까운 철령에 친척이 살고 있는 사람이 있었다. 그 할머니가 철령을 방문했을 때, 아림이 10년 위인 기수의 좋은 배필이 될 것으로 생각했다. 귀국한 후, 기수 부모에게 아림에 대한 이야기를 했다. 그렇게 주선을 해서, 기수가 중국에 가서 아림을 만났다. 학촌에 사는 외국신부 출신인 아림의 친구들이 나에게 한 말에 따르면, “기수는 아림을 보자마자 첫눈에 아림에게 반해버렸다”고 했다. 내가 아림에게 그것이 사실이냐고 물었을 때, 아림은 웃기만 하고 직접적인 대답을 피했다. 그러나 아림에 따르면, 기수는 근 1년 동안 아림에게 구애를 했다고 한다. 그리고 아림의 부모들도 그 혼인에 반대할 이유가 없었다. 비록 기수는 보통 신랑감보다 나이가 많았지만, 잘 생겼으며, 기수의 부모들은 농토도 많이 보유하고 있었고, 꽤 큰 사과과수원도 소유하고 있었다. 아림의 말에 따르면, 친정 부모들은 기수가 건강하게 보이지 않고 약하게 보이는 점을 미흡하게 생각했었다고 한다. 지금도 기수는 심한 육체노동을 하기 힘들며, 몸이 쉽게 지친다고 했다.

국제전화를 통해 그들의 사랑은 무르익어갔다. 그러나, 아림보다는 기수가 더 적극적이었던 모양이다. 마침내, 2005년 12월에 아림은 학촌으로 왔다. 결혼식은 2006년 3월 26일에 학촌에서 거행됐다. 지금은 4살된 아들이 하나 있다. 그들은 경제적으로 여유가 있기 때문에 아림은 자기 자신만이 쓰는 자동차도 있다. 그 때문에 자기가 가고 싶은 곳은 어디에나 갈 수가 있다. 옷도 좋은 옷을 입고 있었으며, 소지하고 있는 장식품도 고급이었다. 아림은 어느모로 보나 시골 여인같이 보이지 않았다. 오히려, 잘 사는 서울 사람과 같았다.

이런 좋은 조건에도 불구하고, 아림에게 어려운 문제가 없는 것은 아니다. 그녀의 어려움은 한국어에 미숙한 점이다. 그녀가 내게 말하기를 자신이 조선족이기 때문에, 사람들은 자기가 으레 한국 말을 유창하게 할 것으로 기대한다고 했다. 이런 가정은 근거가 없는 기대가 아니다. 2010년 한국정부가 시행한 조사에 의하면,[7] 조선족의 대부분(96.6퍼센트)은 한국말을 유창하게 한다고 한다. 아림은 한국말을 유창하게 하지 못하는 극소수(3.4퍼센트)에 속한다고 하겠다. 아림은 나에게 거의 변명하듯이 말하기를, "내가 철령에서 자랄 때, 내 친구는 모두 중국 사람들이었으며, 나는 모든 사람이 다 중국말만 하는 학교를 다녔기 때문"이라고 했다. 그리고, "나는 한국계 3세로서 한국과 한국 문화에 노출되지 못했다"고 했다. 아림은 점진적으로 한국어의 기초를 배우고 있지만, 학촌 근처에 있는 2년제 대학에서 공부를 시작하면서부터는 강의를 따라 가기가 어렵다고 했다. 아림은 읽고 쓰는 데 문제가 많다고 했다. 아림은 저녁시간의 대부분을 한국어 공부에 할애하고 있다고 했다.

근본적인 문제는 문화의 차이에 있다고 했다. 그녀의 가족과 친척들을 포함한 대부분의 한국 사람들은 아림이 한국 문화를 이해하는 데 아무런 문제가 없다고 생각하며, 아림이 다른 한국 사람처럼 한국 관습에 따라 행동하기를 바라고 있다. 아림은, "내가 만일 필리핀이나 베트남에서 왔다면, 내게 그런 기대는 하지 않을 것이다. 그러나 내가 한국인 자손이라고 나에게 기대하는 바는 다른 것 같다. 나는 중국 사람인데, 한국 사람의 후예라는 것뿐이다"라고 했다. 그녀는 또, "내가 당면한 문제 중에서 가장 어려운 문제는 맏아들의 아내로 제사를 준비해야 하는데, 나는 [중국에 있는] 우리 집에서 그런 제사를 지내는 것을 본 일이 없다. 중국 사람들은 제사를 지낼 때 한국에서처럼 하지 않는다. 중국에서 제사를 지낼 때는 중국식 빵과 간단한 음식을 준비하여 일년 중 특별한 때에 제사를 지낸다. 나는 제사를 지낼 때 제사상에 어떤 음식을 어디에 놓는지를 모른다. 우리 가족들을 위시하여 대부분의 한국 사람들은 내가 중국이 아닌 다른 나라에서 결혼해 온 다른 외국신부들과 꼭 같다는 사실을 모르고 있는 것 같다"라고 했다. 아마 대부분의 한국 사람들은 조선족을 아림의 시집 가족들이 생각하는 것과 같이 생각하는 것 같다. 외국신부들 중에서 조선족이 차지하는 비중은 상당히 크다. 전체 120,146명의 외국신부 중에서 조선족의 수는 36,051명(총 외국신부의 30퍼센트)이나 된다.[8]

아림은 점차적으로 한국말과 한국 문화를 배우고 있다. 그러나 아림은 손위의 시누이가 있고, 손아래의 시동생이 있는 큰 아들의 아내로서의 역할이 생소한 모양이다. 그녀는, "나는 한국에서 큰 아들의 부인은 집안에서 어머니 같은 역할을 하는 것으로 알고 있다. 그런 역할이 나에게는 아직은 서툴다"고 했다. 그러나 그녀는 제일 큰 과제가 한국어를 습득하는 일이고 맏며느리의 역할에 대해서 배우는 것은 다음의 과제라고 생각한다고 했다. 아림은 고려사이버대학교가 전개하는 한국어 프로그램의 기초와 중급을 끝마쳤다. 그리고 지금 지방의 2년제 대학에서 고급한국어를 배우고 있다. 그녀는, "한국어를 배우는 가장 좋은 방법은 대학에서 과목을 택하여 배우는 것이다. 그렇게 함으로써, 반의 다른 학생들이나 교수에게 말할 기회가 있고, 내가 과제물을 제출하면 그들이 고쳐 주기 때문이다"라고 했다.

아림은 개방적이고, 활동적이어서 친구를 사귀는 것을 좋아한다. 그렇게 할 수 있는 것도 아림이 다른 외국신부들보다는 경제적으로 여유가 있기 때문인 것 같다. 그녀는 다음과 같이 말했다.

> 내가 가족 구성원들이나 친척들을 위시한 많은 사람들과 접촉을 해야 한다고 생각하고 있지만, 나는 다른 외국신부들과 접촉을 하는 것이 편하다. 나와 가장 친한 친구는 일본에서 온 신부이며, 그녀는 내가 사는 곳에서 멀지 않은 곳에 살고 있다. 일본에서 온 그 신부는 나보다 8살이나 많기 때문에 나는 그녀를 언니라고 부르며, 그녀 역시 언니같이 행동한다. 내가 한국 사람들보다 외국에서 온 신부들과 더 가깝고 친하게 지내는 이유는, 다음과 같다. 첫째, 우리는 좋은 것이든 나쁜 것이든 간에 같은 경험을 하고 있으며, 우리는 서로의 입장을 이해하고 서로 동정도 하며, 우리는 한국어만이 우리 사이에 공통으로 통하는 언어이기 때문에 한국어 능력을 발전시킬 수 있다. 이해하기 힘들겠지만, 이것이 사실이다. 내가 한국 사람들과 대화를 할 때 좀 어색한 억양으로 말을 하고 어떤 단어를 말할 때 더듬거리면, 그들은 내 이야기를 듣기가 힘이 들기 때문에 나와 긴 대화를 하기를 싫어하는 것 같다.

아림이 내게 솔직하게 이야기해 주는 것을 고맙게 생각했다. 그녀의 말은 내가 조지아주 애틀랜타시에 있는 에모리대학교(Emory

University) 시절의 일을 연상시켜 주었다. 나는 내가 만일 기숙사에서 미국 학생을 룸메이트로 하면, 영어실력을 키울 수 있을 것으로 생각하고 미국인 룸메이트를 원했다. 그러나 내 룸메이트는 나와 내가 하는 서툰 영어에 지쳤다. 결과적으로, 그와 내가 나눈 영어 대화라고는 아침에 일어나서 "좋은 아침"이라는 인사와 저녁에 침대에 들 때 "좋은 밤" 정도의 대화에 그쳤다. 나는 내 룸메이트에게서 영어를 배울 기회가 없었다. 다음 학기에는 나는 중국에서 온 학생과 룸메이트를 했다. 우리 둘은 상대방 나라의 말을 할 수 없었기 때문에 영어로 하는 수밖에 없었다. 나는 영어연습을 미국 학생들과 하기보다는 중국학생과 하게 됐다. 아마 아림도 나와 거의 같은 경험을 하는 것 같았다.

아림은 문화차이를 극복하는 방법으로 사람들에게 그 차이를 말하기로 했다고 한다. 그녀는 "처음에는 나는 문화의 차이에서 오는 모든 책임을 혼자 떠 안았다. 그렇게 하면, 사람들은 내가 알면서도 잘못을 저지르는 것으로 알고 있다. 그래서 지금은, 애도 낳았고, 오래 살았기 때문에, 나는 내가 그런 실수를 하는 것은 한국 문화를 잘 모르기 때문이라고 말하기 시작했다. 한국 사람의 후예라고 해서 한국 관습과 예절을 다 습득하라는 법이 없다고 말했다"고 한다. 아마 대부분의 한국 사람들은 그렇게 생각하고 있을 것이다. 아림은 다른 조선족보다 좀 다른 것 같다. 조선족 및 북한 선교연구원의 상담 코너의 상담결과에 따르면, 대부분의 조선족 출신들은 그들의 문화적인 성향(cultural orientation) 때문에 그들의 사연을 다른 사람들에게 말하기를 꺼려한다고 한다.

아림은 아름답게 생긴 여인이기 때문에 왜 남편인 기수가 반했는지 알 수 있을 것 같다. 그녀는 조용하면서도 상냥한 여인이다. 그녀는 나직한 목소리로 말을 하지만 진지한 면이 있다. 그러나 그녀는 자신의 의지를 관철시키려는 의지가 강하다. 그녀는 한국어를 '온라인'으로 공부하면서도 대학에서 과목을 택하고 있다. 저녁에 아이가 잠자리에 들면 한국어 공부를 한다고 했다. 무엇보다도 그녀의 친정 아버지(61세)와 어머니(60세)는 학촌에 살고 있다. 아림은 학촌을 자신의 집이자 친정 부모의 영원한 집으로 만들 작정이다.

결과적으로 종합한다면, 외국신부들이 사랑하게 되어 연애결혼을 한 경우가 상대적으로 다른 결혼의 경우보다는 성공적인 결혼생활을 하는 것 같이 보인다. 그러나 트센드의 경우와 같이, 연애결혼이 자동적으로 성공적인 결혼이 되는 것은 아니다. 위의 여러 경우를 볼 때, 성공적인 결혼이 되기 위해서는 두 가지를 겸해야 된다고 생각한다. 하나는 외국신부들 자신들의 자주적인 노력과 자신들의 동기부여에 의하여 스스로 노력을 해야 한다는 점이다. 다른 사람이 이런 일을 대신해 줄 수는 없다. 둘째로는, 한국의 남편과 시댁 가족구성원들이 외국신부들을 잘 수용(accommodate)하여야 한다. 외부의 지원이나 원조는 자기의존도나 독자적인 능력을 약하게 만들 수도 있다. 한국정부나 자원봉사단체들도 현실세계에서 스스로 헤쳐나가려는 능력을 육성해 주어야 할 것이다.

7

한국 다문화주의의 특성과 장래에 대한 전망

한국에서 다문화주의는 아직도 말로만 떠드는 단계에 머물고 있으며, 또한 다문화주의는 주로 다문화가정에 있는 외국신부들에게 그 초점이 맞추어져 있다. 이 장에서는 한국의 다문화주의의 특성과 장차 한국에서 다문화주의에 대한 전망에 대해서 논의해 보기로 하겠다.

현재 한국의 인구통계의 변화를 가져온 외국인들

현재 한국의 인구통계는 1990년 말부터 세계 180여 국가에서 몰려온 1백 13만명의 외국인 때문에 변화하기 시작했다. 이 외국인 이주자들은 180개 국가에서 온 55만 7천명의 합법적이거나 불법적인 외국인 노동자들, 67개국에서 온 18만 1천 671명의 한국인의 배우자들, 175개국에서 온 8만 2천명의 외국 유학생들, 1만 8천명의 탈북자들,[1] 그리고 12만 1천 935명의 다문화가정의 자녀들을 포함하고 있다.[2] 이 각 그룹에 대한 한국의 정책이나 처우는 각각 다르게 전개되고 있다.

외국 노동자

한때는 '노동수출국'이던 한국이 1988년 서울에서 하계 올림픽을 개최한 이후부터는 별안간에 '노동수입국'이 되었다. 한국은 점증하는 외국인을 수용할 준비를 갖추지 못했다. 그래서 1987년부터 1991년까지는 외국노동자를 위한 아무런 정책도 없었으며, 1991년부터 2006년까지 정부는 고용허가제와 산업연수생제도를 채택했다. 그리고, 2006년 이후에는 고용허가제와 산업연수생제도를 통합하여 외국인근로자의 고용 등에 관한 법률(Employment of Foreign Workers Act)로 일괄적인 규정을 정하고 있다.[3] 이 법은 외국 근로자가 한국에 합법적으로 입국할 수는 있지만 노동을 할 목적으로 3년 이상 연속해서 한국에 거주할 수 없는 점을 명확히 하고 있다. 그 법의 18조에 명시한 바와 같이 특정한 자격요건을 갖춘 사람에게는 2년을 더 연장시켜 주지만, 다 합쳐서 5년을 넘길 수는 없다. 5년이 경과된 외국인 근로자는 일단 귀국한 후 6개월이 경과한 이후에 재입국을 신청할 수 있다.

5년이라는 기간을 정한 것은 외국인들이 영주권을 신청하는 것을 제한하기 위한 것이다. 그리고 외국 근로자는 한국에 입국할 때 그들의 배우자나 자녀들을 동반할 수가 없다. 이 조항은 외국인 근로자들이 한국의 시민이 되는 것을 금지하기 위해서 취해진 것이다. 어떤 외국인 근로자들은 한국에 주재하는 기간에 결혼을 하고 자녀들을 갖기도 한다. 그럼에도 불구하고 그들은 최대 5년 이상을 거주할 수 없다. 때로는 이런 제한조치가 심각한 인권 침해를 야기하기도 한다.[4] 이런 제한적인 조치로 인해 2005년부터 2010년 사이에 한국으로 이주해온 외국인의 수는 1만 명이나 감소했다.[5]

5년의 제한된 기간이라는 것이 공평하지 않는 점을 감안할 때, 어떤 정책이나 요구는 불법이든 합법이든지 간에 한국에 거주하는 모든 외국인들의 인권을 존중할 의무가 있다.[6] 그러나 윤인진과 같은 일부 사회학자들은 현재 한국의 내수 직업시장을 외국인이 아무런 제한이 없이 무상출입하는 것은 현명하지 않다고 생각한다.[7] 한국 사람들 사이에는 외국 이민자들이 한국 사람들이 할 수 있는 일들을 해서 번 돈을 자기의 본국으로 송금하고 있다는 소문이 파다하게 퍼져 있다. 2010년 5월 13일자, 한국개발원(Korea Development Institute)은 1백 16만 8천명의 외국인들 중 69만명의 외국 노동자들이 한국의 직업시장을 '잠식'하고 있다고 보도했다.[8] 잠식이라는 말은 '먹어 삼킨다'는 뜻으로 이민자들에 대한 편견과 차별감을 불러일으킬 수 있다. 그러나 한국에 외국 노동자들이 있지만, 지저분하고, 위험하며, 힘이 드는 소위 3D(dirty, dangerous, and difficult) 직종에는 인력이 절대적으로 부족하다. 이민자들이나 직장에 관한 문제에 관한 한 민심과 인구통계학적인 정보 간에는 모순되고 반대되는 현상이 있다.[9] 그리고 출산율의 감소에 대한 예상이 맞는다고 한다면 이런 노동력의 부족현상은 지속적으로 더 심해질 것이다.[10]

불법체류 외국인 노동자

한국에 거주하는 불법체류 외국인 노동자 수가 17만 4천 49명에 이르자 한국 사람들의 정서는 그들에 대해 부정적이다. 불법체류 외국인들은 사회의 편견이나 차별대우에 대해 법률적인 보호를 받지 못하고 있다. 그들을 합법적인 체류자들과 동등하게 대우를 하려는 노력은 일반 한국사람들의 지지를 받지 못하고 있다.

불법이민자들이 다문화정책의 혜택에서 배제되는 것은 한국에만 국한되는 문제가 아니다. 윌 킴리카(Will Kymlicka)에 따르면, 대부분의 북유럽 여러 나라는 상당수의 불법이민자들과 정치적인 망명자, 산업연수생들을 포함하고 있지만, 그들은 다문화주의나 다문화정책의 대상이 되지 않고 있다.[11]

이중 기준

한국은 외국인 노동자들의 고용에 대해서 상당히 엄격한 제재를 가하면서도 해외에 거주하는 한국인들 중 그들이 한국인의 후손이라는 사실을 증명할 수 있는 해외거주 한국인계에 대해서는 비교적 진보적인 정책을 펴고 있다. 해외거주 한국계들을 다루는 데 있어서, 재외동포의 출입국과 법적지위에 관한 법률(Immigration and Legal Status of Overseas Koreans Act)에 따르면, 한국정부는 비록 해외 거주 한인들이 외국 국적이나 외국의 영주권을 소지했더라도 그들이 한국에 입국을 하면, 정치에 참여하는 권리나 참정권 및 투표를 행사하는 권한을 제외하고는 한국시민과 같은 권리를 가지게 된다. 그 법의 혜택을 받는 범위는 1999년 9월 2일에 통과한 원래의 법에서는 해외동포 중에서 대한민국이 수립된 1948년 이후에 한국을 떠난 사람과 그들의 직계가족에 해당되는 것으로 되어 있었다. 해외동포 중에서 미국과 서구 유럽에 사는 사람들만이 이 혜택을 볼 수 있었는데, 그들의 대부분은 1948년 이후에 한국을 떠났기 때문이다. 그러나 해외동포 중에서 중국, 러시아, 그리고 중앙 아시아에 살고 있는 교포들은 이 법이 2003년에 개정되기까지는 이 법의 혜택에서 제외되었었다.[12]

해외 한인동포들에 대한 특혜 때문에 방문취업(H-2 비자)이라는 명목으로 297,756명의 한국계 외국 거주자들이 한국시민권이 없으면서도 3년간의 기간에 구애받지 않고 일하고 있다. (그러나 이 범주에 속하는 사람들도 매 3년마다 비자를 연장하여야만 한다.) 이들을 국적별로 보면, 중국에서 290,710명, 우즈베키스탄에서 4,419명, 러시아에서 2,069명, 카자흐스탄에서 418명, 그리고 여타 다른 나라에서 온 사람들이 140명이다.[13]

2010년에 개정되어 2011년 1월 1일부터 그 효력이 발효된 한국 국적법(Korean Nationality Act)은 특정한 나라의 국적을 가진 외국인들은 '복수국적'을 신청할 수 있도록 허가하고 있다.[14] 이런 국적법의 개정은 국가가 필요로 하는 인재를 확보하기 위한 노력의 일환인 것이다. 근본적으로 개정된 국적법은 좋은 자격요건을 갖추고, 유능하며, 능력이 있는 외국인들은 자기네들의 원국적을 포기함이 없이 한국국적을 취득하도록 하기 위한 조치였다.[15] 그런 편의를 제공한다고 하더라도 얼마나 많은 외국인들이 이 법이 자신들에게 유리하다고 생각하여 복수국적을 취득할지 그 결과는 좀 두고 봐야 할 것 같다. 지금까지는 특수한 기술이 없는 일반노동자들이 한국에 왔으며, 특수한 기술을 가진 유능한 외국인이 한국에 온 수는 한정되어 있다. 현재 한국에서 일하고 있는 557,000명의 외국인 중에서 영어강사를 제외하고 단지 19,917명(3.5%)이 교수, 예술인, 음악가, 그리고 다른 직종의 전문인력인 셈이다.[16] 개정된 한국 국적법은 한국의 실리적인 관점을 나타낸 예라고 할 수 있다.[17]

여러 나라 중에서 한국만이 이중국적을 부여하고 특별한 이민자들에게 우선권을 부여하는 것은 아니다. 두 사람 다 정치학자인 피터 크라우스(Peter Kraus)나 캐른 쇈벨더(Karen Schönwälder)는 독일의 경우에 대해서 보도한 일이 있다. 그들에 의하면, "이중국적 제도는 공식적으로는 원하는 바가 아니며, 현 시민권법은 그 확대에 대해서 엄격하게 제한한다. 그러나 예외의 경우도 있는데, 예를 들면 독일계의 폴란드 사람들에게는 폴란드의 국적을 유지하도록 하고, 이란 사람과 터키 사람 중에 자기의 국적을 포기하지 않은 사람에게 독일국적을 주며, 독일 사람 중에 다른 나라의 국적을 소유한 사람이 수십 만은 된다"고 한다.[18] 또, 독일 철학자인 위르겐 하버마스(Jürgen Habermas)는 말하기를 "외국 사람들 중에 독일에서 최소한 15년 이상을 거주한 사람들 중 자신들이 소유한 시민권을 포기한 사람은 독일에 귀화할 수가 있다. 그와는 달리, 소위 종족적으로 독일 사람들, 주로 폴란드와 러시아에 거주하는 종족적으로 독일인인 사람들은 그들이 독일사람들의 후손이라는 사실만 입증을 하면 독일에 귀화할 수 있는 헌법상의 권리를 가지고 있다"고 한다.[19] 더구나 이민자녀들이 독일에서 태어났다 하더라도 그들의 조상이 독일인이라는 사실을 입증하지 못하면 자동적으로 시민권을 부여받지는 못한다.[20]

한국 역사를 되돌아 보면, 외국 이민자들을 적극적으로 유치한 시대가 있었던 것을 알 수 있다. 고려 초기에 고려사람들은 중국의 왕조를 본떠서 야심찬 왕조를 건설하기 위해서 유능한 이민자들을 유치하려는 모든 노력을 다 했다. 유능한 이민자들이란 문사, 학자, 관료, 작가, 통역을 담당하는 역관, 그리고 여러 기능을 보유한 장인들을 포함했다. 심지어 일반인들도 유치하여 북쪽의 국경방위를 위하여 전략적인 요충지에 배치했다. 또한, 몽골이 당시 고려 전체인구 2백 10만명 중에서 그 인구의 거의 10퍼센트에 해당하는 206,800명을 몽골로 데려 간 후 그만한 인구의 유실을 보충하기 위한 수단으로 고려는 외국의 이민자들을 유치했다.[21] 근래 한국의 인구통계학상의 요인과 경제적인 여건이 고려시대의 상황과 매우 유사한 것 같다.

외국 이민자들을 유치하는 과정에서, 한국 사람들은 서로 상충되고 이중적인 기준을 유지하는 것 같다. 한국 사람들은 유능한 외국 이민자들을 유치하는 데는 개방적이고 적극적이지만, 특별한 기술이 없는 일반노동자들에게는 그렇지 못하다. 한국 역사를 통해 볼 때 이민자들의 대우에서 한족 출신의 중국사람들은 북방의 유목민들과는 다르게 대접을 했다. 한족 출신의 중국사람들은 상류사회의 문사나 학자, 관리, 그리고 다른 특기를 가진 사람들이었기 때문이다. 한근수에 의하면, "한국에서 인종이 다른 사람들을 다루는 행렬에서 국적과 사회계급이 가장 중요한 요인이 되고 있다는 것이다. 결국은 한국의 다문화 '풍경(landscape)'은 각종 사회계급과 참여자의 성별에 따라 여러 겹으로 구성되어 있다. 다문화의 환경은 각 층마다 다르게 형성하고 있다"는 것이다.[22] 중국과 일본에서 온 신부들과의 면접에서 얻은 정보에 의하면, 그들의 자녀들은 다른 나라나 북한에서 온 탈북자들의 자녀들보다는 편견이나 차별대우를 덜 받는다고 했다.

외국 유학생과 북한에서 온 탈북자들

한국사회를 다문화 다인종 사회로 만드는 다른 그룹의 사람들은 외국 유학생인 것이다. 현재 한국에는 175개국에서 유학을 온 82,000명의 외국 학생들이 있다. 중국 유학생이 최다수로 63,161명이고, 몽골 유학생이 다음으로 3,965명이며, 베트남에서 온 학생들이 2,909명이며, 일본에서 온 유학생이 1,825명이며, 나머지는 다른 여러 나라에서 왔다. 2003년에서부터 2010년 사이에 외국 유학생 수는 8배나 늘었다. 유학생들은 여러 종류의 학위를 받기 위해 공부하는데, 41,000명이 학사학위를 위해 공부하고, 11,000명이 석사학위를, 그리고 3,000명이 박사학위를 위해 공부하고 있다.[23]

북한에서 온 탈북자(혹은 새터민)들은 남한 사회를 다양화하게 만드는 또 하나의 그룹이다. 북한 사람들은 이민자 그룹 중에서 독특한 위치를 점하고 있다. 그들은 다른 정치적인 망명자들과 다를 것이 없지만, 어떤 의미에서는 그들이 남한으로 탈출할 때 그들은 자신들의 나라 안에 있는 것이다. UN은 남한과 북한을 각각 주권을 가진 독립한 국가로 인정하는 반면, 한국의 헌법은 남한과 북한을 통틀어서 하나의 영토로 인정하고 있다. 한국의 헌법상 탈북자들은 남한에서 살기 위해 시민권을 신청할 필요가 없다. 그들의 법적 신분은 참으로 양면적이다. 한국의 이민자들의 처우에 대한 복잡성과 모순성을 정부의 탈북자 처우가 실증적으로 보여준다.

외국신부들

거의 161,991명의 한국 남성들이 외국신부들과 결혼하여 구성한 가정을 보통 '다문화가정'이라고 말한다. 외국신부들이 한국 남성과 결혼을 했을 때 그 외국 여성들을 '시집온다'는 표현으로 그들은 '우리'와 같은 사람들이라고 생각한다. 반대로, 한국 여성이 외국 남자와 결혼하면 '시집간다'는 표현을 써서 '그들'은 집을 떠나 다른 가정이나 외국으로 간다고 생각하는 경향이 있다.

전통적으로, 한국 사람들은 특히 가정과 동성집단을 통해 단일성과 한 통속임을 주장하고 한국인이라는 '한국'성을 강하게 주장한다. 그러나 한국 사람들은 필요하다면 자기와 같은 통속집단을 형성하는 범위를 자기네들이 속하는 '지역'의 범위로 확대하고 때로는 같은 학교를 그 테두리의 범주로 확대하기도 한다. 이런 범주를 '의사(擬似)적인 혈친(血親)(fictional kin)'이라고 한다.[24] 외국신부들이 한국 남성과 결혼한 경우에는 한국인이나 우리 나라라는 문화의 경계 안에 속하거나 적어도 의사 혈친의 범주에 속하지만, 외국 노동자나 외국 유학생, 그리고 심지어 북한에서 온 탈북자들은 문화적인 경계인 '같은 사람'이라는 범주에 속하지 못하기 때문에 의심과 차별대우의 대상이 되는 것이다.

외국신부들을 위한 한국의 다문화 프로그램

오스트레일리아나 캐나다 그리고 뉴질랜드와 같은 전통적인 이민국가에는 중앙정부에 공식적인 다문화정책이 있는 반면에, 영국과 미국은 연방정부 수준에서 범국가적인 다문화정책이 따로 없다.[25] 한국에는 국가적인 차원에서 명확한 다문화정책이 존재하지 않는다. 그러나 한국 대통령은 2005년 5월에 발표한 성명에서 "한국은 다혈통과 다문화주의를 향해 가고 있으며, 우리는 이런 대세에 역행할 수 없다"고 했다.[26] 덧붙여서, 2010년 3월 19일에 다문화가정이 안정적인 가정생활을 할 수 있도록 돕고, 그들의 삶의 질을 개선하며, 사회적인 통합과 화해를 위해 다문화가정지원법(Multicultural Families Support Act)이 제정되었다. 또한, 2007년 12월 14일에는 국제결혼 중매업자를 규제하고 허위 정보의 제공을 금지하는 것을 목적으로 하는 결혼중개업의 관리에 관한 법률을 통과시켰다. 게다가 2008년 6월 11일에는 결혼중매업자를 단속하는 대통령령이 발표되었다.

모든 입법이나 행정명령이나 프로그램들은 외국신부에 관한 것들이기 때문에, 한국의 지성인들은 한국의 다문화주의는 외국신부들을 돌봐주는 운동으로 알고 있다.[27] 외국신부들에게는 귀화요건이 완화되어 있으며, 그들은 정부로부터의 보조도 받고 있다.[28] 다른 이민자들에 대해서는 다문화정책에 관한 것이 거의 없기 때문에 한국에서의 다문화정책은 외국신부들에게 한정되어 있다고 하겠다. 일부 한국 학자들은 한국에서의 외국신부들을 위한 다문화정책은 정부주도형이라고 한다.[29] 그러나 윤인진은 한국의 다문화정책이 전적으로 정부주도나 시민주도가 아니라 정부와 NGO들 간의 정책 네트워크에서 자라나온 것이라고 한다.[30] 한근수와 같은 다른 학자들은 한국에서의 다문화주의를 일축하면서 한국에서 다문화주의는 '수사적인 개념(rhetorical concept)'이며 '정치적인 슬로

건(slogan)'이라고 했다.[31]

만일 한국의 다문화주의가 정부주도라고 한다고 하더라도 정부의 정책은 대단히 느슨한 셈이다. 확실히, 2010년까지 한국 정부는 외국신부들에 대한 정확한 통계도 갖지 못했다. 이전에는 정부의 각 부처들은 각기 다른 통계들을 가지고 있었다. 결과는 참조할 수 없는 정보였다. 외국신부들에 관한 업무는 처음에는 여성부에 속했었다. 그러나 그 후에, 정부의 조직개편에 따라, 외국신부에 관한 업무는 다시 보건복지가족부에 할당되었다. 심지어 이 업무가 어떤 부처에 지정되었다고 하더라도, 그 업무는 여러 부서에 속해 있다. 업무에 관계되는 부서로는 교육과학기술부, 문화체육관광부, 농림수산식품부, 법무부, 그리고 행정안전부 등이다. 외국신부들에 대한 업무가 정부 각 부처의 여러 부서에 나누어져 있기 때문에 중앙정부는 그 업무를 총리실로 통합하려고 했었다. 그러나 어떤 이유에서인지, 그 업무는 가족에 관한 업무를 사회복지가족부에서 떼어 여성부로 통합한 후 여성가족부라는 이름 아래 그 부로 이관했다.[32]

고려사이버대학교 다문화가정 e-배움 캠페인 중에 지방자치단체의 협조를 구하기 위해 팀이 지방자치단체 — 도, 시, 군, 면 — 등의 사무실을 방문할 때도 팀은 여성부나 여성계에 소개되었다. 대부분의 경우에는 그 과에 속한 사회복지사들이 우리 팀을 현장으로 안내했다. 우리를 안내하는 대부분의 공무원들은 우리 팀에 대단히 친절하고 도움을 주었지만, 때로는 그들로부터 냉대를 받을 때도 있었다. 때로는 불청객 취급을 받기도 했다. 그들은 "이것은 우리의 일이고, 우리 영역인데, 왜 대학이 참견을 하느냐"는 것이다. 우리도 그들에게 한국말을 가르치고 있으며, 한국 교사들이 각 가정을 방문하여 1대 1로 가르치고 있다는 것이다. 한 도청의 어느 공무원은 우리를 따라다니면서 우리의 교육방식에 의문을 표시했다. "어떻게 외국신부들이 인터넷을 통해 언어를 배울 수 있느냐? 되지 않는다"는 것이었다. 그러나 우리는 전통적인 면대면 교육 자체도 어려움이 있다는 사실을 알고 있다. 각 가정을 방문하면서 한국어를 가르칠 교사가 많지 않다. 뿐만 아니라 가르칠 시간도 외국신부 한 명당 할당된 시간은 80시간으로 한정되어 있다. 그런 한정된 시간의 언어교육은 외국신부들이 귀화시험을 칠 수 있을 정도로 충분한 어학교습이 될 수 없다.

각 부서에 근무하는 요원들간에는 자신들이 사회봉사를 제공하는 사람이나 지역에 대한 소위 '영역(turf)'감에 젖어 있는 것 같다. 이런 정서를 설명하기 위해 우리가 기부하려는 것을 거절당한 예를 들어보기로 하겠다. 대부분의 한국 가정에는 컴퓨터가 한 두 대는 있다. 그러나 어떤 가정은 그렇지 못하다. 개인 컴퓨터가 없는 가정은 자기가 거주하는 지역의 공공용 컴퓨터를 써야만 한다. 고려사이버대학교의 캠페인을 지원하는 POSCO와 논의하여 POSCO가 쓰지 않는 사양이 낮은 헌 컴퓨터를 수리하여 시골에 거주하는 외국신부들에게 보내기로 주선을 했다. POSCO는 헌 컴퓨터를 수리하여, 무료로 이 컴퓨터들을 우리가 캠페인을 시작한 두 도의 도청사무실로 보냈다. 그러나 한 도의 도청에서는 POSCO가 수리했고, 그 과정을 고려사이버대학교 캠페인 팀이 주선한 컴퓨터를 수령하기를 거부했다. 그 이유는 첫째, 고려사이버대학교는 사회복지사업을 할 수 있는 기관으로 허락을 받지 않은 기관이고,

둘째로는 고려사이버대학교의 학교 주소가 그 도에 속하지 않는다는 이유였다.[33] 어느 도청은 고려사이버대학교의 역할에 대해서는 언급을 하지 않고, 수리한 컴퓨터를 필요로 하는 사람들에게 배포했지만, 다른 한 도청은 컴퓨터 수령을 아예 거부했다. 이는 자신들의 영역을 확보하기 위해서 관료조직의 기술적인 면을 들먹이는 전형적인 예라고 볼 수 있다.

외국신부들을 도와주는 정부의 가장 큰 기구는 다문화가족지원센터인데, 이 센터는 정확하게 말하여 정부의 지원을 받는 기구는 아니지만, 다문화가정을 위한 정부의 프로그램과 정책을 수행하는 정부의 위탁기관인 셈이다. 이는 2010년 3월에 제정된 다문화가정지원법에 근거를 두고 있다. 다문화지원센터는 외국신부들을 돕기 위한 여러 가지 프로그램을 지원하고 있다. 현재 159개의 센터가 도, 광역시, 그리고 군 등 전국에 산재해 있다. 센터가 하는 일은 여러 가지가 있고, 종류도 다양하다. 직업훈련, 다문화가정에 대한 이슈나 뉴스 등을 알리는 잡지나 소식지의 출간, 홍보, 각 센터와 기관 간의 소통의 협력 등을 하고 있다. 시나 군 단위의 지역센터에서는 한국어 교육, 다문화사회에 대한 강연, 자조적(自助的)인 모임, 상담, 그리고 직업훈련 등을 하고 있다.

센터를 통해 지원하는 여러 정부 프로그램 외에도 외국신부들을 돕는 20여 개 이상의 비정부기구(NGO)들도 있다. 한국어 교육과 같이 NGO 그룹들에 의하여 제공되는 각종 프로그램은 센터가 하는 일과 겹쳐지는 것도 많다. 이런 그룹들은 그런 프로그램을 하기 위해 필요한 재원을 확보하기 위한 경쟁도 한다. 종교단체의 지원을 받고 있는 NGO 그룹의 한 관계자는 고려사이버대학교가 하고 있는 것이 자신들의 영역을 침범하고 있다는 식으로 고려사이버대학교의 프로젝트에 대해서 거의 적대적이었다.

외국신부들을 위한 다문화정책의 내용과 성격

고려사이버대학교의 캠페인 기간 동안 현지조사(fieldwork)를 통해서, 나는 한국 여성과 외국 남자들 간에 이루어진 국제결혼의 경우를 만나지 않았다. 그런 결혼은 다문화가정문제를 다루는 데 부차적인 문제이기 때문이다.[34] 대부분의 프로그램들은 외국신부들을 어떻게 한국여인으로 동화시킬 것인가 하는 것들인데, 즉 겸손하고 요리도 잘 하는 온순한 가정주부가 되도록 돕는 것이다.[35] 올바른 한국 부인의 상이라는 것은 온정적이고 가부장적이며 맹목적인 사상에 그 기반을 두고 있다.[36] 오경성이나 다른 사람들이 목격한 것과 같이 한국의 다문화정책을 입안한 사람들은 외국신부들을 문화적인 합병의 대상이라고 생각하는 것 같다.[37] 한국어를 가르치는 것 이외에, 대부분의 프로그램은 외국신부들이 가진 그네들의 고유문화를 인정하고 존중하기보다는 한국 문화로의 동화를 강조한다. 프로그램들은 외국신부들에게 다도와 한복을 입는 방법, 전통적인 예절을 따르도록 하는 교육을 포함한다.[38]

동화주의 접근방식에 대한 예를 들어 설명할 수 있다. 2010년 12월에, 정부산하 국가홍보기관인 대통령직속 국가브랜드위원회(Presidential Council on National Branding)는 외국신부들이 쓴 요리책을 법무부에 증정한 일이 있다. 이 요리책은 대우증권의 재정적인 지원으로 7개국어로 되어 있는데 외국신부들에게 배포하기 위해서 출판한 책이다.[39] 국가브랜드위원회는 이런 책은 외국신부들이 부엌 살림살이를 하는 데 귀중한 참고자료가 될 것으로 생각한 것 같다. 그러나 외국신부 중에서 내 연구에 정보를 제공해 주는 사람의 말에 따르면 그런 도서의 출간은 진정한 의미에서의 다문화정책의 진전을 위해서 그렇게 절박하게 중요한 것은 아니라고 했다. 이 제보자의 생각으로는 이런 노력은 외국신부들을 한국 시골가정의 가정주부로만 생각하도록 하는 인상을 장려하고 있다는 것이다. 그 제보자는 다문화정책은 외국신부들이 한국 사회에서 인종적으로나 민족적으로 소수계 사람으로 취급되는 심한 부담을 덜어주는 데 주력을 해야 한다고 언급했다.

그런 부담을 덜어주는 정책은 결여되어 있다. 차별대우와 편견은 신부들의 출신국이 경제적으로 열악하고 피부색이 짙은 사람일수록 더 절실하게 느낀다. 이런 신부들은 종종 '서비스'업에 종사하는 사람이거나 아니면 가정부 등으로 생각된다.[40] 이런 틀에 박힌 부정적인 인상이 다른 분야에서처럼 철저하고 영원하게 남아있지 않기를 바랄 뿐이다.

고려사이버대학교의 다문화가정 e-배움 캠페인을 홍보하러 다니는 중에, 외국신부들의 남편들이 가지는 특성을 관찰할 기회가 있었다. 대부분의 남편들은 일정한 직업이 없고, 대체로 수입이 낮으며, 부인들보다 나이가 훨씬 많고, 상당수는 병이 든 부모가 있었으며, 일부는 신체적으로나 정신적으로 장애가 있고, 다른 일부는 전의 결혼에서 낳은 자녀들이 있다.[41] 부인들의 입장에서 보면, 다음과 같은 패턴이 있는데, 대다수가 남편들보다 나이가 적으며, 상당수가 전문대나 4년제 대학교의 학위를 가지고 있으며 특별한 기술도 가지고 있다. (특히 필리핀 신부 중에 고등교육을 받은 수가 많으며, 시골 학교가 절대적으로 필요한 원어민 영어교사로 영어를 가르치고 있다.) 외국신부들이 필요한 분야는 다 같지 않기 때문에 외국신부들을 위해서 재평가되어야만 한다. 외국 출신 신부들은 한국인 남편들보다 교육수준이 높기 때문에 고려사이버대학교는 외국신부들이 대학과정의 공부를 할 수 있도록 도움을 주는 일에 최선을 다하고 있다.

공교롭게도 대부분의 외국신부들은 농촌이나 어촌 등 한국에서 가장 보수적인 지역에 많이 살고 있다. 여러 종류의 인종과 종족적인 집단이 살고 있지만, 이런 지역은 전통적이고, 부권주의적이며, 가부장적인 가치나 규범을 지니고 있다. 젊은 한국 여인들이 전통적인 한국의 규범이 덜 강조되는 도시나 공단으로 떠난 자리에 외국신부들이 전통적인 한국의 여인의 역할을 하도록 강요당하고 있는 셈이다. 외국신부들은 한국의 전통적인 성 차별을 인종이나 종족적인 소수계로서 당하는 고통 이상으로 당하고 있다.

비정부단체(NGO)의 딜레마

현재 한국에서 다문화주의에 관심이 있는 비정부단체(NGO)는 20여 개 이상이다. 이들은 외국신부들에 초점을 맞추어 다문화주의운동에 활발하고, 목소리도 크며, 다문화주의를 실현시키려는 열정도 많다. 그러나 그들의 높은 희망과 기대에도 불구하고, 대부분의 단체들은 재정적으로 열악하거나 아예 재정적인 능력이 전혀 없다. 그들의 프로그램을 실천하기 위해서는 그들은 정부의 재정적인 지원금을 신청하여야만 한다. 정부는 2010년에 미화로 약 5천만 달러를 배정했다. (이 예산편성 액수는 2007년에 비해서 5.5배나 증가한 액수이다.)[42] 외국신부의 수는 2007년에 126,000명으로 예산이 9백만 달러이던 것이 2010년에는 외국신부 수가 181,671명으로 늘었으며 예산은 5천만 달러로 인상됐다.

정부기금을 수령하기 위해서 NGO 그룹들은 한정된 기금을 배정받기 위해 경쟁을 해야만 한다. 정부의 예산이 다른 그룹의 외국이민자들에게는 배정되어 있지 않기 때문에 정부지원금을 받기 위해서는 외국신부들을 맞이한 다문화가정에 관심을 갖게 된다.[43] 재정적인 문제는 장기적인 프로젝트와 관련이 있다. NGO는 지원비를 매년 신청해야 하기 때문에 재정지원금을 수령하지 못하면 진행 중에 있는 장기적인 프로젝트를 지속적으로 할 수가 없다. 결과적으로, 대부분의 프로젝트는 일회성이며, 장기적인 프로젝트에 거의 사용할 수가 없다.[44] 더욱이, 정부가 지원하는 프로젝트일 때, 정부가 그 프로젝트에 간여하려는 유혹을 배제할 수가 없다.[45]

일부 국내학자들은 NGO의 다문화관련 계획에 대해 서구자유민주주의 형태와는 반대되는 동화를 위한 노력에 대해서 비판적이다.[46] 또 다른 문제는 한국에서 다문화주의 운동의 역사가 아직 얼마 되지 않는다는 것이다. 그런 운동이 한국에서 일어난 것은 단지 10여 년 정도를 넘지 못하기 때문에 이런 미묘한 쟁점들을 처리할 통문화에 대한 이해가 많은 자격을 갖춘 인재를 확보하지 못하고 있다는 점이다. 윤인진에 따르면, 다문화가정에 관한 일들을 다루는 사람들 중에 상당수가 문화의 차이점에 대해 둔감하다는 것이다. 그렇기 때문에 그들의 프로그램은 자신들의 가치인 전통적인 한국의 가치기준에 따르고 있다는 것이다. 가부장적, 부권중심적, 그리고 인종적인 동질성 등이다. 외국 부인들의 성적(性的) 평등에

대해 말하는 사람은 거의 없다.[47]

중앙정부건 지방정부건 간에, 정부가 지원하는 프로그램, NGO, 그리고 각종 자원봉사 그룹들은 외국신부들이 가장 근본적으로 필요한 것이 무엇인지를 모르면서 서로 경쟁을 하고 있다. 인류학자들은 이런 오보(misinformation)를 내부자적인 관점(*emic*)에 의한 것이 아니고 외부자적인 관점(*etic*)이라고 한다.[48]

외국인 신부들

현지조사를 하는 중, 나는 많은 외국신부들을 만났고, 면접도 했으며, 장시간의 대화도 나누었다. 2009년 12월 21일, 내가 지역 다문화지원센터를 방문했을 때, 그 센터 소장이 어느 중국 출신의 신부가 쓴 수필을 내게 건네 주었다.[49] 그 수필의 저자는 자신을 소개하기를 자신은 중국 동북부의 헤이룽장성의 하얼빈에서 왔다고 했다. 그녀가 한국에 온 해는 1998년이며, 2008년부터 어느 지역 다문화센터에서 일하고 있다고 한다. 그녀는 그 수필을 쓴 날자는 기입하지 않았지만, 2009년 후반에 쓴 것 같다. 중국에서 온 그 신부는 자신의 의견을 강하게 표현했다. 그녀가 자신의 견해를 잘 표현했기 때문에 나는 그녀의 글을 상당부분 인용하기로 한다.

> 한국의 지방정부나 중앙정부와 각종 자원봉사단체들은 동정심에서 외국신부들이 재정적인 도움이 필요하다고 믿는 것 같다. 결과적으로 상당한 금액을 그들을 돕는 데 쓰고 있는 것은 좋은 일이다. 그

러나 그런 돈이 그렇게 쓰여짐으로 인해 일반 사람들은 정부나 기관이 세금으로 거둔 돈을 거리낌 없이 퍼주는 것 같은 인상을 줄 수 있다. 이런 것은 외국신부들에 대한 나쁜 인상을 만들어내고 있다. 가정방문교육이라는 프로그램이 있는데, 이 프로그램은 그런 도움을 주는 단체사람이 외국신부들의 가정을 방문하고 육아교육법 등을 위시한 여러 가지의 조언을 주고 있다. 도움이 되지 않는 것은 아니다, 그렇지만 이런 것이야말로 공금을 낭비하는 전형적인 예인 것이다. 만일 외부기관이 다문화가정을 운영한다고 한다면, 외국신부들은 독립된 가정생활을 하는 기능을 잃어버릴 수도 있다. 이런 일은 장기적인 안목으로 보았을 때 외국신부들에게 도움이 되는 것이 아니다. 무엇보다도, 그 중에는 경제적으로 어려움을 겪는 사람들도 있지만, 우리 외국신부들은 불쌍한 존재는 아니다. 외국신부들은 정부의 구호기금에 의존할 생각은 없다. 우리는 스스로 독립된 생활을 할 자신이 있다.

그녀의 글에서는 그녀는 외국신부들을 돕기 위한 기존의 정부프로그램에 대해 대단히 비판적이다. 현금의 정책에 대해 의문을 제기하면서, 그녀는 한국 정부가 외국신부들이 생각하고 원하는 바가 무엇인지를 알려고 하는 적극적인 노력이 없다고 했다.

그녀에 의하면, 대부분의 현존하는 정책은 외국신부들이 실제로 원하는 바와는 거리가 멀다는 것이다. 어떤 정책은 비현실적이며, 어떤 것은 특히 도움이 되지 않는 것이라고 했다. 대부분의 프로그램은 하면 좋은 것이기는 하지만, 꼭 없어서는 안 되는 것은 아니라고 했다. 특히 그 중에 '멘토'를 정하는 프로그램으로 "'양어머니', '양 언니' 등을 맺어주어서 그들이 외국신부들에게 친 시어머니나 언니 역을 하도록 맺어주는 제도"라는 것이 있는데, 그녀에 따르면 "이 프로그램은 '우스꽝스러운' 제도"라는 것이다. 그녀는 반문하기를, "누가 우리가 양 어머니와 양 언니가 필요하다고 했느냐?"는 것이다. 실로 현재 상황으로 본다면 외국신부들은 그들의 시어머니와 시누이와 사이의 충돌만 해도 골칫거리라는 것이다.[50]

그녀는 계속해서 "한국정부나 한국 사회는 한국 일반대중에게 외국신부들을 인간으로 존경하는 법을 가르쳐야지 한국의 저출산율로 인해 인구 감소를 막기 위한 수단으로 외국신부들을 아이들을 낳는 '인간 기계'로 만들지 말도록 가르쳐야 한다"고 했다. 또, 한국정부나 한국 사회는 외국신부들을 동화시킬 목적으로 한국어와 한국문화를 일방적으로 강요하지 말아야 한다고 했다. 대신 한국사람들은 외국 문화에 대해 배워서 통문화적 이해(cross-cultural understanding)를 가질 때 한국 사람들은 진정한 다문화사회를 건설할 수 있는 것이다. 그녀는 "우리는 많은 것을 원하는 것이 아니다. 우리는 우리가 기이한 문화를 가진 낯선 희귀한 존재가 아니고, 한 인간으로 존경받기를 원할 뿐이다. 편견이나 차별대우, 그리고 한국 사회 여러 분야에 특별한 처우를 하는 것 등을 철폐할 수 없다면 적어도 그런 것을 줄여 보려는 것이 외국신부들을 한국사회에 적응하도록 할 것이다"라고 했다. 그녀의 글을 통해볼 때 이 외국신부는 진정한 인류학자 같이 보였다.

외국신부들을 위한 정부의 보조와 관련하여, 필리핀에서 온 33세인 마리아 리(가명)는[51] 기자에게 한번은 자신이 동사무소에서 20킬로그램의 쌀을 무상으로 받은 일이 있다고 했다. 필리핀에서 마리아 리는 부유하고 큰 백화점 사장의 딸이었다. 그녀는 안테네오 디 다바오 대학(Anteneo de Davao University)의 의과대학생이었으며, 학교 밴드의 가수였으며, 1994년 미스 필리핀대회에서 3등을 차지했었다. 1994년, 마리아는 19세일 때 이동호(가명)라는 한국 남자가 자기 아버지가 경영하는 백화점에 고객으로 왔을 때 처음 만났다. 동호는 한국상선의 항해사였는데 그 배가 남부 필리핀 민다나오 섬에 있는 다바오 항에 정박했을 때였다. 동호는 마리아에 반해서 항해사직을 포기하고 마리아에게 구애를 하기 위해 필리핀으로 갔다. 그의 끈질긴 노력으로 마리아의 마음을 샀으며, 마리아는 의과대학을 포기하고 1995년에 결혼했다. 한국에 온 지 3년 후인 1998년에 마리아는 한국시민이 됐다. 지금 그녀는 아들과 딸 남매를 두고 있다.

근래, 마리아는 영화와 텔레비전 프로그램에 등장하고 있다. 또, 그녀는 2010년에 여성부의 지원으로 운영되는 한국여성정치센터의 임원으로 이주여성의회 위원으로 일하고 있다. 2010년 6월 2일에 있은 지방선거에서 그녀의 이름은 여당인 한나라당 서울시의 회의원 후보자명단에 있었다. 그녀가 최종 명단에 후보자로 선택되지는 않았지만, 그녀는 정치에 관심이 있다. 그녀는 다문화가정의 아이들이 장래에도 지속적인 편견 속에 지내지 않을 수 있는 아이들을 위한 더 좋은 사회를 건설하는 노력의 중심에 서 있다.[52]

마리아는 다문화가정이라는 말에 특히 불만이 많은데, 그 이유는 그 말이 일반 한국가정과 국제결혼을 한 가정 간에 차별을 만든다는 것이다. 그 말은 소외되고, 하류이며, 정부의 보조나 받는 것 같은 뜻을 내포하고 있는 것 같다.[53] 그녀 자신도 그녀가 외국신부라는 신분을 알게 되면 때로는 식모나 청소부로 오인된다고 했다.

그녀는 말하기를, "내 가족과 내가 한번은 사회의 통합과 조화를 도모하기 위한 다문화가정 프로그램에 참가한 일이 있다. 참가자가 다른 장소로 이동을 할 때 그 프로그램을 진행하는 직원이, 다문화가정 출신들은 이 버스를 타고 한국 가족들은 저 버스를 타시오!"라고 했다는 것이다.[54] 마리아에 따르면, 이 프로그램을 위해 들인 모든 노력에도 불구하고, 이런 간단한 한마디가 모든 것을 다 망쳐버렸다고 한다. 마리아에게, '다문화가정'이라는 말은 사회의 통합과 조화를 강조하는 모임 같은 경우에는 역효과를 낸다는 것이다.

한국 다문화주의의 현상

다문화주의에 대한 여러 가지 미사여구(rhetoric)에도 불구하고, 말과 행동 사이에는 간격(gap)이 있다. 다문화 업무에 관계되는 기관들은 전형적인 관료기관이며, 그에 종사하는 사람들 자신도 강한 관료적인 태도를 지닌 사람들이다. 다문화 노력에 관계되는 모든 기관들은 경쟁적이며, 프로그램도 중복이 되고 있다. 외국신부들을 위한 프로그램들은 그들의 문화의 차이를 인정하고 존중한다기보다는 동화시키려는 계획들이다. 다문화가정에 맹목적인 도움을 주는 프로그램은 비효율적이고 비능률적이다. 무엇보다도 다문화가정들을 위한 문화인식에 관한 프로그램이 없다. 한국은 다문화프로그램을 효과적으로 운영하기 위해서는 통문화에 대한 이해를 가진 고급인력이 절실히 필요하다.

다문화정책에 관한 한국의 서열(ranking)

퀸(Queen)대학교 공공정책 교수인 키스 밴팅(Keith Banting)과 그의 동료들은 21개국의 다문화정책에 대한 평가점수를 발표했다.[55] 연구자들은 각 나라의 점수를 8개의 기준으로 구분했다는데, "1) 중앙정부나, 지역, 혹은 시 수준에서 헌법이나, 입법이나, 의회를 통한 다문화주의에 대한 확고한 지지; 2) 학교 교과과정에서 다문화주의의 채택; 3) 공공 미디어나 미디어 면허권의 특허에서 종족대표자를 포함시키는 것; 4) 법규나 법원의 결정 등으로 복장규제나 일요일 폐쇄법에서부터의 면제; 5) 이중국적의 허용; 6) 문화사업을 지원하기 위한 종족집단의 기금지원; 7) 이중언어 교육이나 모국어 강의를 위한 재정지원; 8) 불우한 이민그룹을 위한 차별철폐조처" 등이다.[56] 각 나라별 평가는 0에서 8로 가능한 점수로 계산되었다. 포함된 국가의 점수는 다음과 같다: 오스트레일리아 7.0; 오스트리아 0.5; 벨기에 3.5; 캐나다 7.5; 덴마크 0.0; 핀란드 1.0; 프랑스 2.0; 독일 0.5; 그리스 0.5; 아일랜드 1.5; 이탈리아 1.5; 일본 0.0; 네덜란드 4.5; 뉴질랜드 5.0; 노르웨이 0.0; 포르투갈 0.0; 스페인 1.0; 스웨덴 3.0; 스위스 1.0; 영국 5.0; 미국 3.0.[57]

한국은 여기에 포함되어 있지 않지만, 한국의 점수는 어떨까? 한국은 대통령령을 제외하고는 모든 이민자들(첫째 항목)을 위한 국가차원의 정책이 없지만, 결혼이민자들에 한하는 법이기는 하지만 다문화가정지원법 때문에 좀 점수를 받지 않을지 모르겠다. 또한, 다섯째 항목과 관련하여, 한국은 2011년 1월부터 일정한 자격요건을 갖춘 외국인들에게는 복수국적을 인정하고 있다. 또, 외국신부들에게는 다문화가정지원센터를 통해 외국신부들을 지원하는 프로그램이 있다. 한국이 몇 점을 받을지를 계산하기는 힘들겠지만, 한국이 받을 수 있는 점수는 아무런 점수를 받지 못한 나라보다는 더 많은 점수를 받을 수 있을 것이다. 한국의 다문화정책은 아직도 갈 길이 멀기는 하지만, 다른 몇 나라들보다는 낫다고 할 수 있다.

한국 다문화주의의 특성

대체로 말로만 떠드는 다문화주의를 따라 잡을 수 있는 다문화정책을 시행하는 데 두 가지의 장애요인이 있다. 그 하나는 한 세기에 걸친 순혈주의에 대한 신화이다. 이런 신화적인 믿음은 어렸을 때부터 이런 사상에 젖어온 나이 많은 사람들 중에 더 심하다. 정책을 입안하는 사람들을 포함한 일부 한국 사람들은 이러한 단일민족주의사상에 입각하여 외국신부들을 한국문화에 동화시켜야 한다고 주장하는 것이다. 이런 옛 신화에 물들지 않은 젊은 사람들은 다문화주의의 의제(agenda)를 적극적으로 지지한다.

두 번째의 장애요인은 유교사상이다. 한건수는 한국에 뿌리 깊이 박힌 유교사상을 지적하면서, 지금의 한국 다문화정책을 '가부장적(paternalistic)'이라고 한다.[58] 유교에는 오륜(五倫)이라는 강한 계층적인 사회질서가 있는데, 군주와 신하(君臣有義), 아버지와 아들(父子有親), 남편과 아내(夫婦有別), 어른과 어린이(長幼有序), 친구간(朋友有信) 관계라고 한다. 이런 계층적인 양자간의 관계는 외국신부들을 싸고도는 생각에도 영향을 준다. 즉, 가정을 중요시하는 유교문화에서 가끔은 불복하는 경우도 있지만, 소수계는 (나이 어린) 동생으로 보여진다. 유교에서의 복종관계는 단합과 올바른 관계를 설정하는 유교의 규범에 부합하기 위해서 소수계 그룹이 복종하는 것과 같다고 보는 것이다.[59] 중국의 소수민족정책은 유교사상의 영향을 받았다고 한다. 즉, 한계의 중국 사람들이 지배자이고, 야만인과 이방인들은 그들의 신하들이라는 것이다. 바오갱 헤(Baogang He)에 따르면, 마르크스주의자(Marxists)들도 그런 계층적인 질서를 폐지하지 않았으며, 대신 전통적인 계층제도적인 양상을 답습했다.[60]

유교는 중국(551~479 BC)에서 기원했으며 한국에 소개된 것은 삼국시대다(37 BC~AD 935). 그러나 유교의 교리에 대한 한국 사람들의 집념은 중국 사람들보다도 더 유교적이라고 할 수 있으며, 성리학에 관한 한 더욱 그러하다.[61] 하버드대학교에 있는 유교학의 권위자인 웨이밍 투(Wei-ming Tu)는 "예를 든다면, 유교는 한국에서 그 특성을 잘 부각시켰다. 특히 이(조선)조 시대인 14세기 말에서부터 최근인 20세기까지 한국 문화는 유교사상에 의해서 크게 형성되었다"[62]고 하고 있다.

한건수의 보고에 따르면, "유교의 영향으로 인해, 국제결혼은 시어머니와 며느리 사이를 주인과 종과 비슷한 관계로 바꾸어 놓는다. 어떤 한국의 남편이나 시부모들은 그들이 [외국] 신부들을 '사오기' 위해서 많은 돈을 들였기 때문에, 이런 관계는 정당성을 갖는다고 믿고 있다. 이런 관계는 결혼이민 여성들에 대한 가정폭력이나 인권침해 등의 부당한 대우에 대한 죄책감을 줄여주고 있다"는 것이다.[63] 내가 관찰한 바에 의하면, 외국신부들이야말로 한국에 영구적으로 오래 남아 살 이민자들이며, 한국문화에 동화하도록 강한 요구를 받을 사람들인 것 같다. 한건수는 "여러 조사에 따르면, 외국신부들은 지금 자기네들이 살고 있는 나라(한국)에서 일상 생활을 하면서 자신들의 모국 문화를 즐길 기회가 없다. 어떤 시어머니는 외국 며느리가 준비한 외국 음식접시를 부엌에서 집어 던졌다"는 것이다.[64]

내 판단으로는 한국의 다문화주의는 전통적인 인종적 민족주의나 동화정책에서 진정한 서구자유주의형태의 다문화주의를 모방하는 형태로 변하고 있다. 한국 사람들은 다문화주의가 문화의 다양성을 이해한다는 상태에까지는 도달한 것 같지만, 상당수의 한국 사람들은 다문화주의를 지지한다는 것은 소수계들이 자신들의 고유문화를 버리고 한국문화에 동화되지 않도록 하는 권리를 존중하는 수준에까지는 미치지 못한 것 같다.[65] 이런 이유 때문에, 한국의 다문화주의는 변화하고 있는 단계에 있다. 내가 독일의 초기 다문화주의에 대한 피터 크라우스와 캐른 쇈벨더의 글을 읽으면서 느낀 바가 있다. 그들이 쓴 바에 의하면, "독일에 있어서의 다문화주의는 주로 담론 수준에 있을 정도이며 일관된 정치 프로그램으로 존재하지 않는다. 현재나 과거의 연방정부나 지방정부도 다문화에 대한 의제를 신청한 일이 없다. 그리고, 아직도 다문화주의 정책에 대한 요소들이 존재하지 않는다."[66]

한국은 이민으로 된 나라가 아니며, 다문화주의라는 말이 대중의 담론으로 소개된 것도 최근의 일이다. 그러나 한국은 여러 곳에서 이민자들과 함께 평화롭게 공존한 전통과 역사를 가지고 있다. 이런 역사적인 근거와 현금의 지구촌화의 추세에 근거해서 볼 때, 한국은 자유적인 서구다문화주의 모델을 지향하고 있다. 한국 사회에 그런 변화가 발생할 것이라는 몇 가지 긍정적인 조짐이 보이고 있다.

한국에서 서구자유주의적인 다문화주의에 대한 장래의 전망

오늘날 많은 한국인들, 특히 학자, 지성인, 여러 NGO 등에서 활동하는 사회운동가, 그리고 보도기관들은 한국에 서구모델에 바탕을 둔 자유주의적인 다문화주의를 실현시키기 위한 결의가 되어 있다.[67] 현재 한국에 있어서 다문화주의는 아직도 주로 담론수준에 머물러 있으며, 외국신부들에 관한 일부 한정된 정책 이외에는 정책적인 실천에는 한계가 있다. 그러나 다문화주의를 실현시켜 보려는 한국 사람들의 노력은 성실하고 진지하다. 비록 한국이 전통적으로 이민으로 된 나라가 아니라고 하더라도, 한국 문명 초기부터 일본의 침략으로 민족주의사상이 대두하게 된 19세기 후반까지는 한국은 여러 잡다한 인종과 종족들을 수용하는 역사를 지니고 있다. 지금은 여러 종족으로 이루어진 잡다한 사람들 간에 시민화합을 위한 기풍으로 돌아가야 하는 데 대한 소리가 있다.

상당수의 한국 사람들은 한국은 서구형의 자유주의적인 다문화사회를 건설할 좋은 기회가 있다고 생각하고 또한 그렇게 주장하기도 한다. 윌 킴리카에 따르면, 한 나라가 그러한 서구식모델을 실현시키기 위해서는 다양성을 수용하기 위한 다섯 가지의 기초적인 여건을 갖추고 있어야만 한다고 한다.

> 인구학적인 것, 바른 의식, 왜 피지배그룹들이 다문화적인 요구를 더 강렬하게 요구하게 되는가를 설명할 수 있는 안전한 정치적이고 다원적인 접속, 그리고 인종관계와 인권에 대한 합의 등의 비안보화(desecuritization)[68]가 지배계급이 이런 주장을 받아들이는 데 위험을

느끼게 하지 않는 것 등이다.[69]

킴리카는 "이런 5개의 여건이 갖추어져 있을 때, 인종문화적인 다양성을 확보하기 위한 노력이 결실을 맺기 쉽다"고 한다.[70]

한국이 킴리카가 열거한 조건들을 충족시키는지를 보기로 하자. 첫째로, 인구통계학적으로 볼 때, 이 책 앞에서 말한 바와 같이 한국은 세계 193개국 중에서 출산율이 제일 낮은 나라이다. 그리고, 기대수명 연령이 8년이나 더 연장된 이래, 노년층 인구의 증가로 인해 한국의 경제발전과 급속한 산업발전을 지원하기 위해서는 외국 이민이 필요하다는 것을 의미한다. 한국의 인구통계학자들은 2050년에는 한국은 매년 1백만에서 3백만의 외국 이민자들이 필요할 것이며, 수천 내지 수만의 외국신부들이 한국 남성과 결혼하여 시골에 살게 될 것이라고 추정하고 있다.[71]

시골 농부에서 도시의 지식인과 보수나 진보진영의 정치인에 이르기까지 한국 사람들은 다문화주의의 필요성을 이해하고 있으며 근본적으로 그 취지에 찬동을 한다. 실제로 한국정부, 특히 지방 및 시 등의 지방자치단체들은 국제중매업체와 협력하여 국제결혼을 장려하는 데 중추적인 역할을 했다. 일부 지방자치단체는 국제결혼을 돕기 위한 기금을 지원하기 위해서 지방자치단체의 조례(條例)를 통과시키기도 했다.[72] 또, 각종 민간단체들도 이민자들의 강력한 인권옹호자들이 되었다. 한국의 유수한 신문과 텔레비전 방송국들도 다문화주의를 홍보해왔다. 선정적인 출판물에서 시작하여 사려 깊은 학술적인 것에 이르기까지 많은 출판물은 가판대와 서점 등에 널리 전시되어 있다.

민주주의와 관련하여, 1993년 이래 한국은 보수정당과 진보정당 사이에 평화적인 정권교체를 하는 등의 성숙한 민주주의를 즐기고 있다. 한국에서 활동적인 NGO그룹들은 인권옹호를 위해 적극적이다. 그들이 정부가 다문화주의를 공식적으로 채택하도록 주장한 것이다.

비안보화(desecuritization) 문제가 한국에서는 상관 없는 문제인 이유는, 한국에는 일본의 재일본 한국교포나 오키나와 사람들이나 중국에 사는 위구르(Uighurs) 같은 소수민족이 없기 때문이다.[73] 실제로, 2009년 7월에 8백 30만명의 터키어를 사용하는 중앙 아시아인인 위구르계 소수민족과 1백 60만 제곱킬로미터에 달하는 신장지역에 사는 한계 중국사람들 사이에 인종 갈등이 있었다. 이 지역은 중국 영토의 6분의 1에 해당하는 지역이며 중앙아시아로 연결되는 곳이다.[74]

킴리카가 서구 자유주의 모델인 다문화주의를 실현시키기 위해서 그 전제가 되는 요인을 제시한 여건 이외에도, 한국의 경제는 많은 외국 이민자들과 결혼 이민자들을 수용할 충분한 능력이 있다. 가장 중요한 요인으로는 한국 사람들이 19세기 말에서 20세기까지는 외국 이민자들에 대해서 개방적이며 관대했던 문화적인 유산과 전통을 가졌다는 것이 다문화사회를 건설하는 노력을 수월하게 할 것이다.

또한, 일부 대기업과 시민단체의 참여가 성공적인 다문화사회를 건설하는 데 큰 도움이 된다. 이런 것에 대한 신호로, 2010년 10월 7일 한국의 최대기업인 삼성그룹이 다문화가정교육과 지원을 전담하는 두 개의 회사를 설립한다는 발표를 한 바 있다. 또 다른 큰 기업인 LG 전자가 외국신부들의 본국 가족재회 프로그램을 돕기로 했다. 또, 한국 최대 은행그룹 중의 하나인 하나은행 그룹도 다문화가정을 돕기 위한 프로그램을 시작했다.

덧붙여서 큰 시민단체도 그 역할을 담당하고 있다. 2010년 9월 4일, 한국에서 가장 활동적이며 재정적으로 튼튼한 시민단체인 로터리 클럽이 다문화가정을 돕기 위한 사업을 한다고 발표했다. 만일 대기업과 민간단체들이 외국 이민자들을 동화시키는 일에 열중하지 않는 진정한 다문화주의를 이해하기만 한다면, 한국에서 다문화주의를 실현시키는 것을 계획된 과정보다 앞당길 수 있을 것이다. 어차피, 기업이나 민간단체들은 때로는 정부보다는 더 효과적이고 효율적으로 움직일 수 있기 때문이다.

또 다른 요인으로는 한국의 국민성으로, 매사를 '빨리빨리' 하려는 성격이 한국의 다문화주의의 실천을 재촉할 것이라고 생각해 볼 수 있다. 한국은 공정(工程)을 앞당겨 실현한다는 국제적인 명성을 얻고 있다.[75] 한국의 산업화도 그런 맥락에서 이루어졌다. 리처드 스티어(Richard M. Steers)와 그의 동료들에 의하면, "미국은 농경사회에서 산업사회가 되는 데 100년의 시간이 걸렸고, 일본도 같은 과정을 밟는 데 70년이 걸렸지만, 한국은 30년 이내에 그 과업을 완수했다"고 한다.[76] 심지어 어떤 사람이 생각하는 것보다 더 오랜 시간이 걸리는 한이 있더라도, 한국은 진정한 서구모델의 다문화사회를 지향하는 것 같다.

주

서문

1. Will Kymlicka, *Multicultural Citizenship*(New York: Oxford University Press, 1995), p. 1; see also Ted Gurr, *Minorities at Risk: A Global View of Ethnopolitical Conflict*(Washington, D.C.: Institute of Peace Press, 1993); Leslie Laczko, "Canada's Pluralism in Comparative Perspective," *Ethnic and Racial Studies* 17(1994): 20-41; Gunnar Nielsson, "States and 'Nation-Groups': A Global Taxanomy," in *New Nationalism of the Developed West*, Edward Tiryakian and Ronald Rogowski, eds., pp. 27-56(Boston: Allen & Unwin, 1985).

2. Kymlicka, *Multicultural Citizenship*, p. 196, n. 1.

3. Will Kymlicka, *Multicultural Odysseys: Navigating the New International Politics of Diversity*(New York: Oxford University Press, 2007), p. 62.

4. Hyung Il Pai, *Constructing "Korean" Origin: A Critical Review of Archaeology, Historiography, and Racial Myth in Korean State-Formation Theories*(Cambridge: Harvard University Asia Center, 2000), p. 1.

5. Ilyon [Iryŏn], *Samguk yusa: Legends and History of the Three Kingdoms of Ancient Korea*, trans. by Ha Tae-hung and Grafton K. Mintz(Seoul: Yonsei University Press, 2007), pp. 158-73.

6. 자료출처: 행정안전부 보도자료, 2010년 6월 11일. 또, 이성미, 『다문화 코드: 코리언 드림 해법 찾기』(서울: 생각의 나무, 2010), pp. 23-35.

7. 이성미, 『다문화 코드』, p. 25.

8. 이런 논의는 전세계적이 되고 있다고 한다(Will Kymlicka and Baogang He, eds., *Multiculturalism in Asia* [New York: Oxford University Press, 2005], p. 2).

9. Kim Hyun Mee, "The State and Migrant Women: Diverging Hopes in the Making of 'Multicultural Families' in Contemporary Korea," *Korea Journal* 47(2007): 100-22, p. 103; Han Geon-Soo, "Multicultural Korea: Celebration or Challenge of Multiethnic Shift in Contemporary Korea," *Korea Journal* 47(2007): 32-63, p. 37.

10. '이믹'(*emic*) 접근법이라는 개념은 문화인류학자들이 사용하는 접근방식을 말하는데, 원래 이 용어는 언어학자인 Kenneth Pike가 음소학(phoneme)이라는 영어단어의 끝 세 글자 'emic'을 따서 붙인 말로, 사람들의 사회적 행태를 설명할 때 내부자의 관점을 나타내는 말을 뜻하고, 주관적일 수 있다. 그러나 이와는 반대로, 음성학(phonetic)의 세 글자를 딴 '*etic*'이라는 개념은 외부자의 관점을 말하는 접근법으로, 객관적일 수 있다(Kenneth Pike, *Language in Relation to a Unified Theory of the Structure of Human Behavior*, vol. 1[Glendale, CA: Summer Institute of Linguistics, 1954]. See also Marvin Harris, *Theories of Culture in Postmodern Times* [Walnut Creek, CA: AltaMira Press, 1999], pp. 31-33).

11. 킴리카는 "다문화주의에 대한 후퇴는 나라마다 다 같지는 않다; 예를 들면, 그런 현상은 북미에서보다는 서구 유럽에서 더 두드러지게 나타난다"고 한다(Kymlicka, *Multicultural Odysseys*, p. 124).

12. 한국의 출산율에 대한 정보는 출처(source)에 따라 다소 다른 통계를 나타내고 있다. 어떤 출처는 한국의 출산율을 2010년에 1.24명으로 보고 있으며, 이런 출산율은 186개국 중에서 세 번째로, 홍콩(1.01)과 보스니아 헤르체코비나(1.22)와 함께 3대 저출산국 중의 하나이다. 경제협력개발기구(The Organization for Economic Cooperation and Development: OECD)는 한국의 기대 인구는 2010년보다 2011년에는 0.02% 감소할 것으로 내다보았다(*The Korea Herald*, 21 May, 2010, p. 5).

13. 한국의 기대 수명치는 1970년에 61.83(남 58.67; 여 65.57)에서 2010년에는 79.60(남 76.15; 여 82.88)으로 늘어났다(출처: 한국통계청, 2010년 11월 17일).

14. 보건복지부 노인정책관인 장재혁에 의하면, 한국은 2000년부터 고령화사회로 가고 있으며, 2018년에는 고령화사회가 되고, 2026년부터는 초고령화사회가 된다는 것이다. 이렇게 초고령화사회가 되어 가는 속도로 친다면, 일본은 36년이 걸렸고, 미국은 88년이 걸렸으며, 프랑스는 155년이 걸렸는데, 한국은 단지 26년이 걸린다는 것이다(장재혁, "노인보건복지정책의 방향과 과제," 고려사이버대학교 2010년 온라인대학 학술포럼: 고령사회, 사회복지와 돌봄 학술포럼 기조연설, 2010년 11월 17일, 서울: 고려사이버대학교, pp. 7-37).

15. 한국에서 농가인구의 비율은 1980년대에 29.8%에서 2010년에 6.1%로 감소했다(자료 출처: 한국통계청, 2010년 11월 17일).

16. Han Kyung-Koo, "The Archaeology of the Ethnically Homogeneous Nation-State and Multiculturalism in Korea," *Korea Journal* 47

(2007): 8-31.

17. 위의 책, p. 32-63.

18. 오경석 외, 『한국에서의 다문화주의: 현실과 쟁점』(서울: 한울 아카데미, 2007), pp. 37-38.

19. Kymlicka, *Multicultural Citizenship*, p. 198, n. 9.

20. Alain Finkielkraut, *La Défaite de la Pensée* [*The Undoing of Thought*], trans. by Dennis O'Keeffe(London: The Claridge Press, 1988), pp. 91-92.

21. Kymlicka, *Multicultural Odysseys*, p. 7.

22. 위의 책, p. 17.

23. 위의 책, p. 18.

24. Charles Taylor, with commentary by K. Anthony Appiah, Jürgen Habermas, Steven C. Rockefeller, Michael Walzer, and Susan Wolf, edited and introduced by Amy Gutmann, *Multiculturalism: Examining the Politics of Recognition*(Princeton: Princeton University Press, 1994), p. 68.

25. Finkielkraut, *La Défaite de la Pensée*, p. 64; see also Richard Caputo, "Multiculturalism and Social Justice in the United States: An Attempt to Reconcile the Irreconcilable with Pragmatic Liberal Framework," *Race, Gender and Class* 8(2001): 161-82, p. 164.

26. David Miller, "Multiculturalism and the Welfare State: Theoretical Reflections," in *Multiculturalism and the Welfare State: Recognition and Redistribution in Contemporary Democracies*, Keith Banting and Will Kymlicka, eds., pp. 323-38(New York: Oxford University Press, 2006), p. 326; see also David Miller, *On Nationality*(Oxford: Oxford University Press, 1995).

27. Charles Taylor, *Multiculturalism and "The Politics of Recognition": An Essay*(Princeton: Princeton University Press, 1993).

28. Charles Taylor, "The Politics of Recognition," in *Multiculturalism: Examining the Politics of Recognition*, edited and introduced by Amy Gutmann, pp. 25-85(Princeton: Princeton University Press, 1994), p. 65.

29. Susan Wolf, "Comment," in *Multiculturalism: Examining the Politics of Recognition*, edited and introduced by Amy Gutmann, pp. 75-98(Princeton: Princeton University Press, 1994), pp. 75-98.

30. Keith Banting, Richard Johnston, Will Kymlicka, and Stuart Soroka, "Do Multiculturalism Policies Erode the Welfare State? An Empirical Analysis," in *Multiculturalism and the Welfare State: Recognition and Redistribution in Contemporary Democracies*, Keith Banting and Will Kymlicka, eds., pp. 49-91(New York: Oxford University Press, 2006), p. 51.

31. Kymlicka, *Multicultural Citizenship*, p. 18.

32. '리버럴'(liberal)이라는 말의 사용에 대해 킴리카는 "나는 자유민주적이라는 말에 특별한 의미를 부여한다기보다는 서구민주사회제도에서 파생하는 것을 의미하는 것 이외에 별다른 뜻은 없다"고 했다(Kymlikca, *Multicultural Odysseys*, p. 85).

33. Kymlicka, *Multicultural Odysseys*, p. 18.

34. 밴팅(Banting), 존스톤(Johnston), 킴리카(Kymlicka), 그리고 소로카(Soroka) 등은 말하기를 불행하게도 기존의 문헌들은 다문화정책이라는 용어에 대한 정의를 내리는 데 의견의 일치를 보지 못하고 있다. 이 말은 각 나라마다 제 각각 다른 의미를 내포하고 있다. 많은 저자들은 다문화정책에 대한 정의를 내리지 않고 사용하고 있으며, 정의를 내리려고 노력한 저자들도 다문화정책이라는 말 중 '정책'이라는 말에 대한 충분하고 필요한 설명을 하지 않고 있다(Banting, Johnston, Kymlicka, and Soroka, "Do Multiculturalism Policies Erode the Welfare State?" p. 51).

35. 위의 문헌, pp. 49-91.

36. Kim, "The State and Migrant Women," p. 103.

37. Han, "Multicultural Korea," p. 37.

38. Han, "The Archaeology of the Ethnically Homogeneous Nation-State and Multiculturalism in Korea," p. 9.

39. Kim, "The State and Migrant Women," pp. 103-4.

40. Han, "The Archaeology of the Ethnically Homogeneous Nation-State and Multiculturalism in Korea," p. 9.

41. Kim, "The State and Migrant Women," p. 109.

42. 1970년대 초반부터 시작하여 한국은 정부주도로 농촌 30,000마을을 대상으로 농촌 사람들의 복리증진을 위한 '새마을운동'이라는 거국적인 운동을 전개했다(In-Joung Whang, *Management of Rural Change in Korea: The Saemaul Undong* [Seoul: Seoul National University Press, 1981]).

43. 자료: 2010년 12월 13일, 한국통계청 사회통계국 보도자료.

44. 이에 관한 자세한 내용은 Choong Soon Kim, *Kimchi and IT: Tradition and Transformation in Korea*(Seoul: Ilchokak, 2007), pp. 167-70을 참조할 것.

45. Kymlicka, *Multicultural Citizenship*, p. 18.

46. Wolf, "Comment," pp. 75-98.

47. 전국적인 시스템으로는 비대칭디지털회선(Asymmetric Digital Line: ADSL)과 초고속 인터넷망(Wireless Broadband Internet: WiBro)을 들 수 있다. 놀라울 정도로 시골과 도서지역에까지도 대부분의 한국 가정은 인터넷에 연결된 개인 컴퓨터 한 대 이상을 가지고 있다. 개인적으로 컴퓨터를 가지고 있지 않은 사람들도 마을이나 읍·면 사무실에 설치된 공용 컴퓨터를 이용할 수 있다. 현재 한국어교과목 강의는 7개국어로 준비되어 있다.

48. 전통적으로 한국에서는 만혼(晩婚)에 대한 부정적인 견해 때문에 조혼(早婚) 풍속이 있었다. 예를 들면, 1925년에 대부분의 여성들은 16세 정도에서 결혼을 했다. 1925년부터 1940년 사이에는 여성의 평균 결혼연령이 1년 내지 1년 반씩 늘어났다. 1925년에 남자의 평균 결혼연령은 21세였다. 그러나 1940년까지 매년 반년 정도 늘어났다. 1970년 통계청이 통계를 기록한 이후, 한국인의 결혼연령은 점차 늘어났다. 1972년의 예를 들면, 남자의 평균 결혼연령은 26.7세였고, 여성은 22.6세였다. 2004년에는 남자의 평균 결혼연령은 30.4세이고, 여성은 27.5세였다(Kim, *Kimchi and IT*, p. 121).

49. 외국신부의 증가추세는 주목할 만하다. 1990년에는 1.2% 증가, 2002년에는 3.4%, 2003년에는 8.4%, 2004년에는 11.4%, 2005년에는 13.6% 증가했다. 숫자로 보았을 때, 1990년부터 2004년까지 66,000명의 한국 남자가 외국여성과 결혼을 했다(자료: 2008년 7월 행정안전부 통계). 2010년에 발행한 통계에 의하면, 120,146명의 외국신부들이 한국남성과 결혼을 했다(김승권 외, 『2009년 전국 다문화가족 실태조사 연구』, p. 133).

50. 자료: 2010년 6월 11일 행정안전부의 보도자료.

51. 한국 사람들이 해외동포를 말할 때, 러시아와 중앙 아시아에 살고 있는 동포를 '고려인'(고려시대에 간 사람이라는 뜻)이라고 부르지만, 중국과 만주에 거주하는 동포는 '조선족'(이조 때의 국호가 조선이기 때문에 조선에서 간 사람이라는 뜻)이라고 부른다. 한국에서만 그렇게 부르는 것이 아니고 그들 자신들도 그렇게 부른다. 이렇게 부르는 것은 특별한 정의나 분류법에 의한 것이라기보다는 습관적으로 부르는 이름이다. 사실, 한국 사람들이 러시아 특히 연해주나 주로 만주인 중국 북부로 이민을 시작한 것은 거의 동시대인 것이다. 1937년, 조셉 스탈린(Joseph Stalin)이 인종말살

(ethnic cleansing)을 기도하면서 극동 러시아 연해주에 거주하던 한국인 후예들은 그곳에서 6,000킬로미터나 떨어진 황무지인 중앙아시아로 강제이주를 당했다. 이때 강제이주를 당한 정치적인 희생자인 한국인의 총수는 180,000명이나 된다. 이 책에서 '조선족'이라는 표현을 쓴 것은 긍정적인 의미나 부정적인 의미를 내포하고 있지 않다. 단지 일반적으로 쓰는 표현을 따랐을 뿐이다.

52. 이성미, 『다문화 코드』, p. 49.

53. 자료: 2005년 7월 13일, 보건복지가족부 보도자료, p. 3.

54. 2008년 8월 12일 AP 리포터가 보도한 기사를 *The Korea Herald*에서 간접인용(*The Korea Herald*, 12 August, 2008, p. 4).

55. 한류의 인기스타인 배용준이 출연한 『겨울 연가』는 40억 달러($4 billion)의 수입을 올렸으며(2005년 11월 4일자 『경향신문』 인터넷판), 이영애가 출연한 『대장금』은 중국, 대만 등 동남아시아 여러 나라에서 인기가 대단해서 수차에 걸쳐서 재방영을 하기도 했다. 이런 인기에 편승하여 아시아나 항공사는 아시아 여러 나라를 내왕하는 '보잉 767' 항공기에 대장금의 그림을 붙였고 항공기 꼬리에는 이영애의 사진을 붙여 넣기도 했다(Kim, *Kimchi and IT*, p. 7).

56. 한국 인구에 비교해 보았을 때 해외거주 한국 교포는 중국이나 일본보다도 그 비율이 상대적으로 가장 높다. 현재 남한 전체 인구 4천 9백만 중에서, 그 14%에 해당하는 많은 한국 사람들이 해외에 거주하는 반면, 중국은 본국 인구 13억 중에서 단지 1.8%에 해당하는 중국 교포들이 해외에 거주하고 있고, 일본은 1억 2천만 전체 일본 인구 중에서 단지 1.4%에 해당하는 일본 교포들이 해외에 거주하고 있다(이성미, 『다문화 코드』, p. 289).

57. 이성미, 『다문화 코드』, pp. 42-46.

58. Francis L. K. Hsu, "Intercultural Understanding: Genuine and Spurious," *Anthropology & Education Quarterly* 8(1977): 202-9, p. 206.

59. 클리포드 기어츠(Clifford Geertz)의 저서를 통한 간접인용(Clifford Geertz, *After the Fact: Two Countries, Four Decades, One Anthropologist* [Cambridge: Harvard University Press, 1995], pp. 165-66).

60. James L. Peacock, *The Anthropological Lens: Harsh Light, Soft Focus*(New York: Cambridge University Press, 1986), p. 83.

61. James W. Fernandez, *Bwiti: An Ethnography of the Religious Imagination in Africa*(Princeton: Princeton University Press, 1982), p. xx.

62. Choong Soon Kim, *Faithful Endurance: An Ethnography of Korean Family Dispersal*(Tucson: University of Arizona Press, 1988).

63. 최재석, 『한국가족제도 연구』(서울: 민중서관, 1966); 김두헌, 『한국가족제도 연구』(서울: 서울대학교출판부, 1969); 송준호, 『조선사회 연구』(서울: 일조각, 1987); Edward Wagner, "Two Early Genealogies and Women's Status in Early Yi Dynasty Korea," in *Korean Women: View from the Inner Room*, Laurel Kendall and Mark Peterson, eds., pp. 23-32(New Haven, CT: East Rock Press, 1983).

64. Kim, *Faithful Endurance*; idem, *A Korean Nationalist Entrepreneur: A Life History of Kim Sŏngsu, 1891~1955*(Albany, NY: State University of New York Press, 1998); idem, *One Anthropologist, Two Worlds: Three Decades of Reflexive Fieldwork in North America and Asia*(Knoxville: University of Tennessee Press, 2002), pp. 1-2; L. L. Langness, *The Life History of Anthropological Science*(New York: Holt, Rinehart and Winston, 1965); Pertti J. Pelto, *Anthropological Research: The Structural Inquiry*(New York: Harper & Row, 1970), pp. 98-100.

65. Pelto, *Anthropological Research*, p. 99.

66. 위의 책. 그리고 이러한 점은 John Strands-in-Timber와 Margot Liberty의 책에 잘 나타나 있다(John Strands-in-Timber, *Cheyenne Memories* [New Haven: Yale University Press, 1967]).

67. Oscar Lewis, *Five Families: Mexican Case Studies in the Culture of Poverty*(New York: Basic Books, 1959).

68. Kim, *Faithful Endurance*.

69. Miles Richardson, "Anthropologist - The Myth Teller," *American Ethnologist* 2(1975): 517-33, p. 530.

1. 한국인의 다문화뿌리

1. Choong Soon Kim, *Kimchi and IT: Tradition and Transformation in Korea*(Seoul: Ilchokak, 2007), p. 15.

2. 박기현, 『우리 역사를 바꾼 귀화성씨: 우리 땅을 선택한 귀화인들의 발자취』(서울: 역사의 아침, 2007), pp. 34-35.

3. 원 보고서는 유연숙에 의하여 작성되었지만, 내가 이 보고서를 입수할 수가 없어서 이 보고서를 인용한 이성미의 다문화 코드를 인용했다(이성미, 『다문화 코드: 코리언 드림 해법 찾기』(서울: 생각의 나무, 2010), pp.

42-46; 『국민일보』, 2007년 1월 8일, p. 1, 5).

4. 야마가타현은 도호쿠의 서남쪽에 위치해 있고 동해에 면해 있으며, 남으로는 니카타와 후쿠시마현과 경계를 하고 있고, 동으로는 미야기현, 그리고 북으로는 아키타현과 경계를 하고 있다. 산들이 이 지역들과 경계를 이루고 있다. 인구의 대다수는 중앙평원에 살고 있다. 야마가타현은 일본에서 인구 감소가 가장 큰 현 중의 하나이며, 매년 5.3%의 인구감소율을 보이고 있다. 이 지역 경제는 농산물에 의존하고 있는데, 특히 과일로, 포도, 사과, 복숭아, 멜론, 감, 그리고 수박 등이다.

5. Lam Peng-Er, "At the Margins of a Liberal-Democratic State: Ethnic Minorities in Japan," in *Multiculturalism in Asia*, Will Kymlicka and Baogang He, eds., pp. 223-43(New York: Oxford University Press, 2005), p. 227.

6. Choong Soon Kim, *Faithful Endurance: An Ethnography of Korean Family Dispersal*(Tucson: University of Arizona Press, 1988), pp. 23-26; Changsoo Lee and George DeVos, *Koreans in Japan: Ethnic Conflict and Accommodation*(Berkeley: University of California Press, 1981); Peng-Er, "At the Margins of a Liberal-Democratic State," pp. 223-43.

7. Sarah M. Nelson, *The Archaeology of Korea*(New York: Cambridge University Press, 1993), p. 263; Robert Sayers and Ralph Rinzler, *The Korean Onggi Potter*, Smithsonian Folklife Studies Series, no. 5(Washington, DC: Smithsonian Institution Press, 1987), pp. 58-63.

8. Choong Soon Kim, *One Anthropologist, Two Worlds: Three Decades of Reflexive Fieldwork in North America and Asia*(Knoxville: University of Tennessee Press, 2002), p. xvii; idem, *Kimchi and IT*, p. 18.

9. www.kakamigahara-kimuchi.com/topics.html.

10. 순혈주의에 관해서는 배형일의 저서를 참조할 것(Hyung Il Pai, *Constructing "Korean" Origins: A Critical Review of Archaeology, Historiography, and Racial Myth in Korean State-Formation Theories*(Cambridge: Harvard University Asia Center, 2000), p. 465, n. 30.

11. 김병모, 『김병모의 고고학여행』 2권(서울: 고래실, 2006), vol. 1, pp. 22-25.

12. 몇몇 연구들을 시대적으로 열거한다면 다음과 같다: 이종명, "고려에 내투한 발해인고," 『백산학보』 4(1968): 199-225; 정병완, "우리 나라 외

래성씨의 구보서 비교: 시조고,"『방송통신대학논문집』 13(1991): 91-122; 황운룡, "귀화성씨 시조 동래설,"『부산여자대학사학』 10, 11(1993): 297-320; 이종일, "중국에서 동내 귀화한 사람의 성씨와 그 자손의 신분지위," 『소헌 남도영 박사 고희기념 역사논총』, pp. 321-48(서울: 민족문화사, 1993).

13. 퓰리처(Pulitzer) 상 수상작가인 알렉스 헤일리(Alex Haley)의 책 『뿌리』(*Roots*)의 출판과 1977년 ABC방송의 미니 시리즈의 방영은 미국인들에게 자신의 조상과 족보에 커다란 관심을 갖게 만들었다(Alex Haley, *Roots: The Saga of an American Family* [New York: Doubleday, 1976] 참조).

14. Lee Hee-Soo, "Early Korea-Arabic Maritime Relations based on Muslim Sources," *Korea Journal* 31(1991): 21-32.

15. Ch'oe Sang-su, "Relations between Korea and Arabia," *Korea Journal* 9(1969): 14-17, 20.

16. 박옥걸, 『고려시대의 귀화인 연구』(서울: 국학자료원, 1996).

17. 어떤 사람들은 자신들의 저서에서 한국을 영문으로 표기할 때 'Korea'라고 표기하는 대신, 'Corea' 혹은 'Corée'라고 표기하기도 했다(Maurice Courant, *Bibliographie Coreene* [Paris: E. Leroux, 1894-1896, Supplement, 1901; reprint, New York: B. Franklin, 1968]; Charles Dallet, *Histoire de l'Église de Corée* [Paris: V. Palme, 1874], 2 vols.(reprint, Seoul: Royal Asiatic Society, Korea Branch, 1975]; William Elliot Griffis, *Corea: The Hermit Nation* [New York: Charles Scribner's Sons, 1882]).

18. Bruce Cumings, *Korea's Place in the Sun: A Modern History*(New York: W. W. Norton & Co., 1997), p. 89.

19. 존 프랭클(John M. Frankl), 『한국문학에 나타난 외국의 의미』(서울: 소명출판사, 2008).

20. Andre Schmid, *Korea between Empires, 1895~1919*(New York: Columbia University Press, 2002).

21. Ki-Wook Shin, *Ethnic Nationalism in Korea: Genealogy, Politics, and Legacy*(Stanford: Stanford University Press, 2006).

22. 필라델피아 출신인 그리피스는 선장의 아들로 태어나서 나중에는 석탄 교역도 했으며, 미국 남북전쟁의 참전용사이기도 하다. 러트거스(Rutgers)대학교를 졸업한 그리피스는 1870년 일본에서 에치젠(Echizen)학교를 만들었다. 그가 한국에 관한 책을 저술할 당시에는 한국에 와 본 일조차 없었다. 그의 한국에 대한 경험이라고는, 한국과 가까우며 한국과 일본의 경계를 짓

는 쓰루가(Tsuruga)와 미쿠니(Mikuni)에서 며칠을 보낸 것밖에는 없다. 그가 쓴 한국에 관한 책에 사용한 모든 자료와 한국에 관한 정보를 그에게 제공한 사람들은 다 일본 사람들뿐이다(Griffis, *Corea*, p. ix).

23. 프랭클, 『한국문학에 나타난 외국의 의미』, p. 22.

24. 위의 책, p. 157. 근래 연갑수는 한국의 쇄국정책과 흥선대원군의 역할을 재조명하는 책을 출판했다(연갑수, 『고종대의 정치변동 연구』[서울: 일지사, 2008]).

25. '배타주의(exclusionism)'라는 말은 김기혁이 소개한 용어이다(Key-Hiuk Kim, *The Last Phase of the East Asia World Order* [Berkeley: University of California Press, 1980]).

26. Cumings, *Korea's Place in the Sun*, p. 89.

27. 위 책(p. 37)에서 간접 인용.

28. 이희근의 추측에 의하면 그 때 아랍인의 수는 수천 여명에 달했을 것이라고 본다(이희근, 『우리 안의 그들: 섞임과 넘나듦 그 공존의 민족사: 역사의 이방인들』 [서울:너머북스, 2008], pp. 67-70).

29. 프랭클, 『한국문학에 나타난 외국의 의미』, pp. 22-59.

30. 위의 책, pp. 34-35.

31. 존 프랭클의 『중앙일보』와의 인터뷰 중에서 인용(존 프랭클, 『중앙일보』, 2008년 4월 22일).

32. Han Kyung-Koo, "The Archaeology of the Ethnically Homogeneous Nation-State and Multiculturalism in Korea," *Korea Journal* 47 (2007): 8-31, p. 16.

33. Schmid, *Korea between Empires*, p. 173.

34. 『동아일보』, 2008년 12월 5일, p. A-22; 이희근, 『우리 안의 그들』, p. 8.

35. 위의 책 참조. 그리고 그의 책은 여러 일간지에 소개되었다(『동아일보』, 2008년 12월 5일, p. A-22; 『중앙일보』, 2008년 12월 6일, p. 16).

36. Sarah M. Nelson, *The Archaeology of Korea*(New York: Cambridge University Press, 1993), p. 1에서 간접 인용.

37. Kim, *Kimchi and IT*, pp. 18-19.

38. Nelson, *The Archaeology of Korea*. 김병모도 한반도에 인간이 정착한 것이 40만년 전 내지 50만년 전 정도라고 생각하며, 대체로 넬슨과 같은 추정을 한다(김병모, 『한국인의 발자취』 [서울: 집문당, 1994], p. 42). 근래 경기도 연천군 전곡리에서 발견된 고고학적인 발굴에 의하면, 한반도에 구석기시대의 인간이 산 것은 30만년 전에서 35만년 전 사이일 것으로

추정한다(배기동, “전곡리 구석기 유적의 조사과정의 문제점,” 2002년 5월 3일, 연천에서 있은 한국 구석기시대의 발굴기념 국제세미나에서 발표한 논문).

39. 김병모, 『한국인의 발자취』, p. 91.

40. Ki-baik Lee, *A New History of Korea*, trans. Edward W. Wagner with Edward J. Schultz(Cambridge: Harvard-Yenching Institute by Harvard University Press, 1984), p. 1.

41. 위의 책, p. 3. 기원전 12000년 경 구석기시대에서 신석기시대로 이행하기 전에 비록 짧은 기간이지만 큰 동물수렵과 초기 식물재배로 특징지어지는 중석기시대(中石器時代, Mesolithic period)가 있었다고 한다(Choe Chong Pil and Martin T. Bale, “Current Perspectives on Settlement, Subsistence, and Cultivation in Prehistoric Korea,” *Arctic Anthropology* 39 [2002]: 95-121). 물론 현대적인 의미에서의 국경이라는 것은 무의미했다(Nelson, *The Archaeology of Korea*, p. 109).

42. 일본 북단의 아이누(Ainu), 사할린의 원주민, 그리고 시베리아 동부해안에 거주하는 에스키모들은 ‘구 아시아인’들의 후예다(김병모, 『한국인의 발자취』, p. 92)

43. 청동기시대의 정의는 문자의 발명, 도시, 전문직종의 출현, 기념비 같은 대형건조물 건조, 사회계급의 출현, 강한 왕권의 출현, 중앙집권제 정치제도의 출현 등으로 규정짓는다(Kim, *Kimchi and IT*, p. 345, n. 10).

44. 카터 에커트(Carter J. Eckert)와 그의 동료들에 의하면, 한국에서 청동기시대는 기원전 8세기 내지 9세기에 시작하여 기원전 4세기까지라고 한다(see Carter J. Eckert et al., *Korea Old and New: A History* [Seoul: Ilchokak, 1990], p. 9). 청동기시대의 한국의 문화적인 발전은 중국에서 기원전 1766년에서 1120년 사이에 은나라에서 볼 수 있듯이, 문자를 발명하고 집약적인 농경을 했으며, 청동기를 사용하고 장거리 무역을 할 정도로 발전하지는 못했다(Chang Kwang-chih, *The Archaeology of Ancient China*, 4th ed. [New Haven: Yale University Press, 1986]).

45. 고고학적으로 한국에서의 쌀 경작이 시작된 것을 기원전 1200년 경으로 보았지만(Won-yong Kim, “Discoveries of Rice in Prehistoric Sites in Korea,” *Journal of Asian Studies* 41 [1982]: 513-18), 지금은 쌀 재배를 그보다 오래된 기원전 2400년에서 2100년까지로 거슬러 올라간다(최정필, “인류학상으로 본 한민족기원에 대한 비판적 검토,” 『한국 상고사 학보』 8 [1991]: 7-43, p. 38).

46. Nelson, *The Archaeology of Korea*, p. 116.

47. 김병모, 『허황옥 루트: 인도에서 가야까지』(서울: 역사의 아침, 2008), p. 44. 그러나 새라 넬슨은 어느 한 집단이 한국에 쌀 재배기술을 전파한 기록에 대해서는 확증이 없다고 본다(Nelson, *The Archaeology of Korea*, p. 163).

48. 예를 들면, '벼'라는 단어가 한국어와 드라비디안 두 언어 사이에 같으며, '쌀', '씨', 그리고 '가래'도 같은 발음이며 뜻도 같다. 이처럼 두 나라 말에서 유사한 단어는 400여 개가 넘는다고 한다(김병모, 『김병모의 고고학적 여행』, pp. 50-53).

49. 최정필에 의하면, 고인돌의 분포는 한국의 청동기 문화의 특징이라고 한다(2005년 10월 1일 최정필과의 개인적인 의견교환; 그리고 Kim, *Kimchi and IT*, p. 345, n. 14). 고인돌은 납작하고 널찍한 돌을 양편에 세우고 평평한 돌 한 장을 얹은 분묘의 거석 구조물로 한국 전역에서 많이 볼 수 있으며, 테이블과 판으로 된 두 형태가 있는데, 한강 이북의 것과 한강 이남에 분포되어 있는 것 사이에는 그 형태 면에서 다소 차이가 있다. 북쪽에 흔한 테이블 형태는 몇 개의 위로 향한 돌을 세워서 사각형태로 만들고, 그 위에 평평한 바위를 얹어 놓은 것이고, 한강 이남의 것들은 위에 얹은 돌이 바둑 형태를 취하고 있으며, 큰 돌 벽 위에 작은 돌을 얹어 놓은 형태가 남부 고인돌의 특징이라고 한다(Lee, *A New History of Korea*, p. 12).

50. 김병모, 『한국인의 발자취』, p. 198.

51. 위의 책, pp. 101-17.

52. 김병모, 『허황옥 루트』, p. 45.

53. 김욱, 김종열, 『미토콘드리아 DNA 변이와 한국인 집단의 기원에 관한 연구』(서울: 고구려연구 재단 연구총서, 제13, 2005).

54. The HUGO Pan-Asian SNP Consortium, "Mapping Human Genetic Diversity in Asia," *Science* 236(2009): 1541-45.

55. Yi-gu Kwon, "Population of Ancient Korea in Physical Anthropological Perspective," *Korea Journal* 30(1990): 4-12.

56. 최정필, "인류학상으로 본 한민족기원에 대한 비판적 검토," pp. 7-43; Nelson, *The Archaeology of Korea*, p. 265.

57. 나세진은 현대 한국인의 두개골 크기, 내안각췌피(內眼角贅皮 혹은 몽고주름), 그리고 피부색 등을 포함하는 신체특징을 연구했다(Se-jin Na, "Physical Characteristics of Korean Nation," *Korea Journal* 3 [1963]: 9-29).

58. 최정필은 어느 종(種)이든지 간에 그 종을 동물학적인 종속으로 분류한다는 것은 자의적이기 쉬우며, 그런 분류를 인간에게 적용할 때는 더욱

혼미하고 혼돈스러워진다. 인간은 종분화하고 있지 않다. 또한 적응하지 못하는 신체적인 특질이라는 것은 존재하지 않는다. 표현형(phenotype)은 여러 개의 유전자와 환경 간의 역동적인 상호작용으로 인한 결과라고 보는 것이다.

59. Nelson, *The Archaeology of Korea*, p. 163.

60. 이 방면에 관한 몇 편의 논문을 출판 연대별로 열거해 보면, 이원택, "조선전기의 귀화와 그 성격,"『한국 국제법연구』 8(2001): 225-46; 최양규, "고려-조선시대 중국 귀화 성씨 정책," 2001년, 홍익대학교 석사학위논문; 윤용혁, "정인경가의 고려 정착과 서산,"『호서사학』 48(2007): 35-70; 이성무, "한국 성씨와 족보," 동아시아의 족보 국제학술회의 자료(proceeding), 2008년 11월 21-22; 김범준, "새로운 성씨 증가속도 한국만 매우 느리다,"『과학기술』 10(2008): 51-53; 임학성, "17세기 전반 호적자료를 통해 본 귀화 야인의 조선에서의 생활 양상: 울산 호적(1609)과 해남 호적(1639)의 사례분석,"『고문서연구』 33(2008): pp. 95-128, 특히 p. 103.

61. 김정호,『한국의 귀화성씨: 성씨로 본 우리 민족의 구성』(서울: 지식산업사, 2003); 이수근,『한국의 성씨와 족보』(서울: 서울대학교출판부, 2008); 박기현,『우리역사를 바꾼 귀화성씨: 우리 땅을 선택한 귀화인의 발자취』(서울: 역사의 아침, 2007); 이희근,『우리 안의 그들』.

62. 김정호,『한국의 귀화성씨』, p. 136.

63. 인류학 문헌에서는 씨족(clan)은 일련의 인간집단이 공통된 조상(남자이건 여자이건 간에)으로 내려온 친족집단을 말하는데, 공통된 조상으로 생각하는 사람과 실제적인 친족관계를 증명하지 못하는 경우를 말하는 반면, 그보다는 규모가 작은 친족집단인 혈연공동체인 문중(lineage)은 그들의 공통된 조상과 혈연관계를 실제로 추적할 수 있어야 한다고 한다(Carol R. Ember and Melvin Ember, *Anthropology*, 9th ed. [Upper-Saddle River, NJ: Prentice-Hall, 1999], pp. 504, 507).

64. 이수근,『한국의 성씨와 족보』, p. 80.

65. 위의 책, pp. 80-81.

66. 이수근의 위의 책, p. 96. 예를 들면, 신라(57 BC에서 AD 935) 때인 578년 진흥왕(540-576)이 세운 진흥왕의 순수비에 새겨진 비문에 나타나는 사람의 이름에는 성이 새겨져 있지 않다(앞의 책, pp. 72, 81-82, 96).

67. 이수근의 위의 책, p. 96.

68. 이수근의 위의 책, pp. 5, 100.

69. 원칙적으로는 국가시험(과거)에 합격하는 사람이면 누구나 정부의 관리가 될 수 있지만, 실제로 관리가 되는 사람은 귀족층에 한정되어 있었

다. 양반들은 국가에 대한 일반적인 의무를 이행하는 데 면제되어 있었을 뿐만 아니라, 강제노역이나 군복무도 면제되었으며, 오직 과거시험에만 몰두할 수 있었다.

70. Kim, *Kimchi and IT*, p. 221.

71. 양반과 과학이나 기술방면에 종사하는 중인 다음의 계급이 일반서민인 상민인데, 상민은 농부나 제조업에 종사하는 사람들을 포함했다. 그들 중에 계급을 나눈다면, 농부가 최상위이고, 제조업에 종사하는 공인들이 다음이며, 상인들이 최하위에 속했다. 일반 상민들이 조세와 강제노역 그리고 군무에 복역할 의무를 지고 있었다(위의 책, p. 222).

72. 천민들은 노비, 백정, 무당, 가희, 그리고 광대들이었다. 노비들은 최하위의 위치에 있었을 뿐만 아니라 매매도 되고 기증되기도 했으며, 세습적이었다(위의 책).

73. 고종(1864~1907) 재위 기간인 1894년에 조선의 행정, 경제, 사회, 문화적인 모든 영역에 큰 영향을 미치는 대대적인 개혁이 갑오경장이다. 이 개혁의 하나는 양반과 평민을 구분하는 세습적인 계급을 철폐하는 것이었다. 이 개혁은 한국 근대화의 시작으로 생각된다. 이 개혁 이후, 성을 가진 한국 사람들의 수가 늘어났다(Martina Deuchler, *Confucian Gentleman and Barbarian Envoys: The Opening of Korea, 1875~1885* [Seattle: University of Washington Press, 1977], p. xii; Young Ik Lew, "The *Kabo* Reform Movement: Korean and Japanese Reform Efforts in Korea," unpublished Ph.D. dissertation, Harvard University, 1972; 유영익, 『갑오경장연구』 [서울: 일조각, 1990]).

74. 이수근, 『한국의 성씨와 족보』, pp. 333-34.

75. 위의 책, p. 334.

76. 일본 당국은 창씨를 한국 사람들이 자발적으로 한 것이라고 말하지만, 사실은 강요된 것이며 의무적인 것이었다. 이를 강요하기 위해 경찰력까지 동원했다. 이 정책에 따르지 않는 사람은 반제국주의자로 낙인이 찍혀 취직이나 취학 등에서 차별대우를 받았다. 일부의 격렬한 반대에도 불구하고 이 정책이 발표된 후 4개월 이내에 326,105에 달하는 집안(전체 인구의 87%에 해당)이 성과 이름(姓名)을 일본식으로 바꾸었다(Choong Soon Kim, *A Korean Nationalist Entrepreneur: A Life History of Kim Sŏngsu, 1891~1955* [Albany: State University of New York Press, 1998], p. 202, n. 27). 이런 변화에도 불구하고 일본의 정책은 한국 사람들을 일본 문화에 동화시키지는 못했다(Mark Caprio, *Japanese Assimilation Policies in Colonial Korea, 1910~1945* [Seattle: University of Washington Press,

2009]).

77. 이수근, 『한국의 성씨와 족보』, pp. 194-97. 삼가(Samga)라는 아랍 이름을 장순룡이라고 한다든가 여진 땅에 살던 퉁두란(Tungduran)을 이지란으로 바꾼 등의 예를 제외하고는 대다수 귀화인들의 본명은 잘 알려지지 않고 있다.

78. 『조선일보』, 2009년 8월 22일, p. A-12.

79. 『중앙일보』, 2010년 5월 24일, p. 19.

80. 조선시대 초기나 중기의 족보는 일본 강점기나 해방 후에 출간된 족보보다는 신빙성이 더 있는 것 같다. 해방 이후에는 정확성에 대한 확인 없이 많은 족보가 발간된 것 같다. 어떤 부분은 변조되기도 했고, 선조들의 업적에 대한 허위사실이 기재되기도 했다(이수근, 『한국의 성씨와 족보』, p. 64). 어떤 족보는 모화사상(慕華思想)으로 인해 자신들의 조상이 중국에서 왔다는 사실을 과장한 것도 있다. 중국과의 연관을 강조하는 것은 17세기부터 중국의 성리학(Neo-Confucianism)의 영향인 것 같다(최양규, "고려~조선시대 중국 귀화성씨 정착," 홍익대학교 석사학위논문[2001], p. 1; 박옥걸, 『고려시대의 귀화인 연구』, pp. 37-38).

81. 정병완, "우리 나라 외래성씨의 구보서 비교," pp. 91-122.

82. 황운룡, "귀화성씨 시조 동래설," pp. 297-320.

83. 삼한은 한국의 청동기시대(2000~1000 BC)의 세 개의 한을 말하는데, 삼한은 아직 안정된 국가형태가 아니라 점차 안정된 국가형태를 지향하던 국가이다. 삼한은 마한, 진한, 변한 등의 세 개로 나누어진 소규모의 부족국가들로 한반도의 한강 이남에 위치해 있었으며, 1세기에서 3세기에 와서 점차적으로 국가형태를 갖추었다(Lee, *A New History of Korea*, p. 25의 지도 참조).

84. Arthur Cotterell, *East Asia: From Chinese Predominance to the Rise of the Pacific Rim*(New York: Oxford University Press, 1993), p. 19.

85. 김정호, 『한국의 귀화성씨』, pp. 219-22.

86. 최양규, "고려~조선시대 중국 귀화성씨 정착," p. 51; 박옥걸, 『고려시대의 귀화인 연구』; 이원택, "조선전기의 귀화와 그 성격," pp. 225-46.

87. 김정호, 『한국의 귀화성씨』, pp. 112-12 그리고 pp. 223-27 참조.

88. 박옥걸, 『고려시대의 귀화인 연구』, pp. 77-79.

89. 위의 책.

90. 위의 책, pp. 242-44.

91. Kim, *One Anthropologist, Two Worlds*, p. 35.

92. 김정호, 『한국의 귀화성씨』, p. 225.

93. 이승한, 『쿠빌라이칸의 일본원정과 충렬왕』(서울: 푸른 숲, 2009), pp. 206-60, 370-72.

94. 이기백은 "이렇게 해서 고려는 원나라의 사위 나라가 되었으며, 몽골의 속령(屬領)같이 보였다. 또한 고려의 왕 승계자가 될 왕자는 왕으로 정해서 본국으로 오기까지는 북경에서 볼모로 기거하게 되었다. 이 기간에 고려 왕은 몽골의 이름을 쓰고, 몽골식 머리를 했으며, 몽골의 의상을 입었고, 몽골말을 사용했다. 두 나라의 왕실은 한 가족이 되었다"고 했다(Lee, *A New History of Korea*, pp. 155-56).

95. 김정호, 『한국의 귀화성씨』, p. 226.

96. 이원택, "조선전기의 귀화와 그 성격," pp. 225-46.

97. 김정호, 『한국의 귀화성씨』, p. 227-28.

98. 이구는 1963년에 한국에 와서 대학에서 강의도 했다. 부인과 이혼한 이후에는 한국 생활에 적응하는 데 어려움을 겪다가 일본으로 가서 2005년 아카사카 프린스 호텔에서 죽었다. 얄궂게도 그 호텔이 전에는 병원이었는데 이구는 1931년 12월 29일 당시 병원이었던 그곳에서 출생했다. 이구는 자녀를 남기지 않고 세상을 떠났는데, 그의 사망으로 인해 조선왕조는 마침내 끝을 맺은 셈이다.

99. 아마 이런 것에 대한 예외가 조선시대 일반 여진족의 생활상에 대한 임학성의 기록일지도 모른다. 그러나 이들에 대한 기술도 개인적인 것이라기보다는 집단적인 통계처리의 요약인 것이다(임학성, "17세기 전반 호적자료를 통해 본 귀화야인의 조선에서의 생활 양상," pp. 95-128).

100. 김정호, 『한국의 귀화성씨』, pp. 267-68.

101. 일연의 본명은 김견명인데, 그가 삼국유사를 쓴 정확한 연대는 미상이지만, 1281년에서 1283년 사이인 것으로 짐작된다(Ilyon [Iryŏn], *Samguk yusa: Legends and History of the Three Kingdoms of Ancient Korea*, by Ha Tae-hung and Grafton K. Mintz [Seoul: Yonsei University Press, 2007, orig. 1972], pp. 158-73).

102. 김병모, 『한국인의 발자취』; 김병모, 『허황옥: 김수로 왕비: 쌍어의 비밀』(서울: 조선일보, 1994); 김병모, 『김수로 왕비의 혼인 길』(서울: 푸른 숲, 1994); 김병모, 『김병모의 고고학적 여행』, 2 vols.; 김병모, 『허황옥 루트』. 그리고 또, 『김해 김씨 안경공파 세보』(서울: 김해 김씨 안경공파, 2000), pp. 235-36.

103. Lee, *A New History of Korea*, p. 105.

104. 박기현, 『우리 역사를 바꾼 귀화 성씨』, pp. 38-39.

105. 위의 책, pp. 42-43.

106. Ch'oe Sang-su, "Relations between Korea and Arabia," pp. 14-17, 20.

107. 박기현, 『우리 역사를 바꾼 귀화 성씨』, p. 81.

108. Ch'oe Sang-su, "Relations between Korea and Arabia," pp. 14-17.

109. 박옥걸, 『고려시대의 귀화인 연구』, p. 165.

110. 덕수장씨 종친회 족보편찬위원회, 『덕수장씨 족보』(서울: 덕수장씨 종친회 편집부, 1998), p. 191.

111. 위구르는 몽골, 터키, 아랍, 이란, 그리고 유럽 사람들을 포함하는 다민족, 다인종 집단이다(박기현, 『우리 역사를 바꾼 귀화 성씨』, p. 81).

112. 박기현, 『우리 역사를 바꾼 귀화 성씨』, pp. 201-03; 박옥걸, 『고려시대의 귀화인 연구』, pp. 187, 219.

113. 박기현, 『우리 역사를 바꾼 귀화 성씨』, pp. 92-107.

114. 위의 책, p. 96.

115. 위의 책, p. 104.

116. 김정호, 『한국의 귀화성씨』, p. 227.

117. 이국재 편, 『청해 이씨 무후공파 세보』(서울: 청해이씨 무후공파 중앙회, 2006), pp. 1-89.

118. 박옥걸, 『고려시대의 귀화인 연구』, p. 165.

119. Lee, *A History of Korea*, p. 171.

120. 아산 장씨의 계보에 따르면, 장영실의 출생 연대는 고려 32대 왕인 우왕(1374~1388) 10년 때인 1383년이나 아니면 34대 왕인 공양왕(1389~1392) 2년 때인 1390년으로 추정하고 있다.

121. 박현모, 『세종처럼: 소통과 헌신의 리더십』(서울: 미다스북, 2008), pp. 380-81.

122. Lee, *A New History of Korea*, p. 196.

123. 일본의 기록에는 그런 이름이 없기 때문에 그의 정체성에 대해서는 논란이 있다. 어떤 사람은 그가 스즈키 마이코지라고 하기도 하고, 다른 사람들은 하라타 노부타네라고 생각하기도 한다(박기현, 『우리 역사를 바꾼 귀화 성씨』, pp. 114-16).

124. 위의 책, p. 122.

125. 매년 약 1,000명의 일본관광객들이 우록동을 방문한다고 한다(위의 책, pp. 124-25).

126. 위의 책, p. 142.

127. 강준식, 『다시 읽는 하멜 표류기』(서울: 웅진닷컴, 2002).

128. 박기현, 『우리 역사를 바꾼 귀화 성씨』, pp. 136-49.

129. 박옥걸, 『고려시대의 귀화인 연구』, pp. 143-49.

130. 위의 책, p. 222.

131. Lee, *A New History of Korea*, p. 72.

132. 고구려 멸망 후(668), 전에 고구려의 장수였던 대조영이 고구려 유민들을 규합하여 발해 왕국(698~926)을 건설했다. 그 영토는 북만주의 송화강(Sungari)과 흑룡강(Amur)에서부터 한국의 북쪽 몇 개의 도에 걸쳐 있었다. 발해는 전의 고구려영토를 포함했으며 신라와 대치했다. 그러나 926년 말에 거란족에 점령을 당했다(Kim, *Kimchi and IT*, p. 33; 박옥걸, 『고려시대의 귀화인 연구』, p. 179).

133. 박옥걸, 위의 책, pp. 109-10, 179.

134. 위의 책, pp. 183-85.

135. 임학성, "17세기 전반 호적자료를 통해 본 귀화야인의 조선에서의 생활 양상," pp. 95-128.

136. 위의 논문, p. 103.

137. 위의 논문, p. 121.

138. 위의 논문, pp. 118-19.

139. 위의 논문, p. 113.

140. 위의 논문, p. 114.

141. 『매일경제신문』, 2008년 5월 22일, p. A-6.

142. 임학성, "17세기 전반 호적자료를 통해 본 귀화야인의 조선에서의 생활 양상," pp. 95-128, 특히 p. 122.

143. 이희근, 『우리 안의 그들』, pp. 6-10, 111-20.

144. Kim, *Kimchi and IT*, pp. 221-22.

145. 이희근은 한반도에 유입된 거란인의 수는 수만 여명에 이를 것으로 추정하고 있다(이희근, 『우리 안의 그들』, p. 114).

146. 위의 책, p. 9.

147. 위의 책, p. 6.

148. 위의 책, p. 120.

2. 조상의 뿌리를 찾기 위한 어느 고고학자의 긴 여정

1. 『의성 김씨 종보』, 2009년 4월 1일, pp. 1, 11.

2. 흉노는 기원 전 5세기에서 기원 후 5세기까지 만주와 몽골 일대에 걸친 광대한 지역에 살던 유목민들이다. 그들에 관한 문헌은 많지 않다.

3. 김중환 편, 『의성 김씨 개암공 파보』(서울: 의성 김씨 개암공파 발간, 1991), pp. 27, 67.

4. 김정호, 『한국의 귀화성씨』, pp. 267-68.

5. Haley, *Roots*.

6. 김병모, 『허황옥』; 김병모, 『허황옥 루트』; 김병모, 『김수로 왕비의 혼인 길』; 김병모, 『한국인의 발자취』; 김병모, 『김병모의 고고학적 여행』.

7. 허미경이라는 이름은 가명일 것으로 믿고, 김병모가 그의 저서에서 쓴 이름을 그대로 쓴다(위의 책들 참조).

8. 한국에서 제사를 지낼 때, 여자들은 참배에서 제외되었다(Roger L. Janelli and Dawnhee Yim Janelli, *Ancestor Worship and Korean Society* [Stanford: Stanford University Press, 1982], pp. 13, 65-66, passim).

9. 근친상간 금지는 세계 모든 문화에서 공통적으로 존재하는 것이지만(Bronislaw Malinowski, *Sex and Repression in Savage Society* [London: Kegan Paul, Trench, Trubner, 1927]; Edward Westermarck, *The History of Human Marriage* [London: Macmillian, 1894]; Leslie A. White, *The Science of Culture: A Study of Man and Civilization* [New York: Farrar, Strauss & Cudahy, 1949]), 예외적인 경우로 클레오파트라(Cleopatra)는 다른 시기이기는 하지만, 자신의 두 동생과 결혼을 했다(Russell Middleton, "Brother-Sister and Father-Daughter Marriage in Ancient Egypt," *American Sociological Review* 27 [1962]: 603-11, p. 606). 씨족이나 친족 혈연조직이 발달된 사회에서는 근친상간 금지를 혈연공동체 전체로 확대하는 나라도 많다. 2000년의 한국인구통계에 따르면, 김해 김씨, 김해 허씨, 인천 이씨의 총 수는 4,314,588명이나 된다(김해 김 4,124,934; 김해 허 121,031; 인천 이 68,623명이다).

10. 촌수의 계산에는 산술적인 공식이 있다. 부부 사이의 촌수는 촌수가 없는 무촌(0)이고, 한 세대 사이인 아버지와 어머니는 1촌으로 계산하며, 형제 사이에는 2촌이다. 이 수식에 의하면, 본인과 사촌 사이는 본인과 본인의 아버지 사이의 1촌 더하기 사촌과 사촌의 아버지 사이의 1촌 더하기 자신의 아버지와 삼촌 사이의 2촌을 합산하면 4촌이 되는 것이다(수식은 Kim, *Kimchi and IT*, p. 358, n. 5를 참조).

11. 이광규, 『한국가족의 사적 연구』(서울: 일지사, 1983), p. 71.

12. 위의 책.

13. Kim, *Kimchi and IT*, p. 113. 그리고 특히 친족간의 결혼 등에 관

한 결혼규정은 고려의 10대 왕인 정종(1034~1046) 때에 처음으로 실행했다. 정종 재위 기간에 근친 간의 결혼으로 태어난 소생은 정부의 관직에 임명될 수가 없었다. 그럼에도 불구하고 이런 금지령은 상류 귀족계급에는 영향을 끼쳤지만, 일반 평민에게는 영향을 미치지 못했다. 어떤 사람은 이런 법이 중국의 영향이라고 보지만, 그렇게 생각하지 않는 사람들도 있다. 만일 고려가 중국의 외압에 의해 중국제도를 답습했다고 한다면, 근친상간의 금지를 중국처럼 전체 성씨에 다 적용했을 것이다. 중국의 압력이라기보다는 고려는 단지 가까운 친척간의 혼인을 금지했을 뿐이라고 한다(Kim, *Kimchi and IT*, p. 113과 이광규, 『한국가족의 사적 연구』, pp. 64-65).

14. Martina Deuchler는 이 법령의 도입에 대한 자세한 설명을 하고 있다(Martina Deuchler, "The Tradition: Women during the Yi Dynasty [Joeson]," in *Virtues in Conflict: Tradition and the Korean Women Today*, Sandra Mattielli, ed., pp. 1-47 [Seoul: The Royal Asiatic Society, Korea Branch, 1977], p. 4). 조선의 사대부들은 조선의 토착관습이 개혁에 걸림돌이 된다는 것을 알고 있었기 때문에 법률적인 강제를 하지 않고는 어렵다는 점을 알았다(Kim, *Kimchi and IT*, p. 113). 대명률의 채택은 선한 정치(rule of goodness)를 보강시키기 위해서 법치(rule of law)를 택했다고 볼 수 있다. 그러나 조선은 대명률을 해석하는 데 자구 그대로 해석했기 때문에 배우자의 선택을 자기가 속한 씨족과 친족집단 이외에서 찾아야 하는 족외혼(lineage and clan exogamy)를 택하도록 한 것이 제도화됐다.

15. Deuchler, "The Tradition," pp. 8-9.

16. 그러나 1977년 7월, 헌법재판소는 촌수로 8촌이 넘는 친족 간의 결혼을 금하는 것은 헌법에 위배된다는 획기적인 위헌결정을 했다. 그 후 8촌 이상의 친족 간의 결혼은 합법적이 됐고, 호적에도 결혼한 사실을 기재하도록 하였다. 이런 헌법재판소의 판결 이전에도 먼 모계친족 간에는 근친상간 금지가 적용되지 않았다. 사실 근친상간 금지는 모계친척 간보다는 부계혈통에 더 엄격하게 적용되었다. 2005년 2월 3일 법원의 판결 후 2005년 3월 2일부터 새로운 성씨를 부여하는 제도도 마련되었다. 이런 일련의 변화는 동족간의 '족외혼(族外婚)'제도의 변화를 가져왔다.

17. 김병모, 『허황옥 루트』, pp. 23-26.

18. 위의 책, pp. 26-30.

19. 일연, 번역본 『삼국유사』, pp. 58-173.

20. Nelson, *The Archaeology of Korea*, p. 207.

21. 일연이 불교에 귀의하여 승려가 되기 전의 그의 본명은 김견명이었다.

22. Nelson, *The Archaeology of Korea*, p. 207. 부연한다면, 그런 기대의 표현으로 2007년에 경상남도 창녕군 송현동에 있는 가야고분 제 15기에서 보존 상태가 양호한 16세로 추정되고 주인을 따라 순장한 것으로 추정되는 가야 여인의 인골과 다른 4개의 유골을 통해 가야 여인상을 복원한 것이 그 한 예이다. 유전학-생물학-물리학-인체인류학 등의 방법을 동원하여 복원된 이 여인은 1500여년 전(420~560)에 사망한 것으로 추측된다. 복원된 이 여인의 신장은 151센티미터 정도이며, 야윈 편이고 현재 한국의 동갑내기 여인과 비슷하게 보인다. 복원된 이 여인의 상은 현재 국립고궁박물관에 전시되어 있다(『조선일보』, 2009년 11월 26일, p. A-2; 『중앙일보』, 2009년 11월 26일, p. 17; 『동아일보』, 2009년 11월 26일, pp. A-1, A-2).

23. 한국 사람들은 보통 삼국이라고 말하지만, "삼국은 결국은 4개의 나라를 말하며, 북에는 최초로, 그리고 가장 효율적으로(effectively) 건설된 고구려가 건립되었고, 전통적으로 고구려와 관계를 맺은 백제가 있었다. 가야는 백제와의 인연으로 인해 그 후에 출현했으며, 마지막으로 신라를 들 수가 있다"(Nelson, *The Archaeology of Korea*, p. 207).

24. 일연, 『삼국유사』, p. 158.

25. 수로는 한자로 표기되었는데 한국말로는 '수리'나 '솔'인데, 그 뜻은 '최상'이나 '순능'으로 '신성'하다는 뜻이다(위의 책, p. 172, n. 8).

26. 위의 책, p. 158.

27. 위의 책, p. 163.

28. 위의 책, p. 161.

29. 위의 책, pp. 160-61.

30. 위의 책, p. 162.

31. 위의 책, pp. 162-64.

32. 『삼국유사』에서는 왕세자인 거등은 193년 3월 13일에 왕에 즉위하여 39(55)년간 통치했으며, 232년 9월 17일에 사망했다고 한다. 왕비는 정부경 신표의 딸 모정이었으며, 아들 마품을 두었다(위의 책, p. 169).

33. Nelson, *The Archaeology of Korea*, p. 9.

34. Kim, *Kimchi and IT*, p. 24.

35. Nelson, *The Archaeology of Korea*, p. 9.

36. 사대주의에 관해서는 Roy Richard Grinker, *Korea and Its Futures: Unification and the Unfinished War*(New York: St. Martin's Press, 1998), pp. 125, 142-43, 145 참조.

37. Nelson, *The Archaeology of Korea*, p. 206.

38. 존 프랭클, 『한국문학에 나타난 외국의 의미』, p. 25.

39. 인도총영사가 김병모에게 보여준 지도에는 아요디아(Ayodhia)라고 쓰여 있지만, 우타르 파라데쉬(Uttar Paradesh)의 홈페이지에는 Ayodhya라고 쓰여져 있다(김병모, 『김수로왕비의 혼인 길』, p. 46).

40. 라마(Rāma)는 라마야나(Ramayana)의 영웅이며 비시누(Vishnu) 신의 의인 형태다. 라마야나에서 그는 인도 왕위 계승자이다. 라마는 힌두인들의 모범이었다. 라마는 인도 북부 아요디아 왕국에 살았다고 한다.

41. 김병모, 『김수로왕비의 혼인 길』, pp. 51-52; 김병모, 『허황옥 루트』, pp. 52-53; 김병모, 『허황옥』, pp. 72-73.

42. 그들의 불교식 이름은 김왕불, 김왕동불, 김왕상불, 김왕행불, 김왕향불, 김왕성불, 김왕실공불 등이다(위의 책).

43. 일연, 『삼국유사』, pp. 161-62.

44. 김병모, 『김수로왕비의 혼인 길』, pp. 52-53.

45. 석탈해 이사금(57~80)은 신라의 4대 왕이다.

46. 김병모, 『김수로왕비의 혼인 길』, pp. 57-58.

47. 거의 모든 사람들이 '아요다(Ayodha)'라는 지명을 표기할 때 아유타, 아요디아 등으로 각기 다르게 표기하고 있다. 여기서는 인도정부의 공식표기인 '아요다아(Ayodhya)'로 쓰기로 한다.

48. 김병모의 글을 역자의 말로 바꾸어 표현한 것이다(김병모, 『허황옥 루트』, p. 58).

49. 코살(Kosala)왕국은 기원전 6세기 경에 아리안족들에 의해 수립되었는데, 기원전 1세기에 쿠샨(Kushan)왕조가 세워져서 기원후 5세기 중엽까지 지속되었다.

50. 위의 책, p. 59.

51. 위의 책, pp. 59-62.

52. 위의 책, p. 63.

53. 모헨조다로는 고고학계에 널리 알려진 곳으로 이 지역에는 기원전 2500년 경 인더스문명의 유적이 많이 발굴된 곳이다.

54. 위의 책, pp. 63-72.

55. 위의 책, pp. 73-82.

56. 『삼국유사』를 번역한 하태홍(Ha Tae-hung)과 그래프턴 민츠(Grafton Mintz)는 번역서에 주석을 달고 "한때 태국 왕조의 수도가 아유티아(Ayuthia)인 것은 흥미롭다고 했다(Ilyon, *Samguk yusa*, p. 162; 그리고 또 Arthur Cotterell, *East Asia: From Chinese Predominance to the Rise of the Pacific Rim* [New York: Oxford University Press, 1993], pp. 151-57).

57. 김병모, 『허황옥 루트』, pp. 64-65.

58. 한국에 불교가 전래된 것에 대한 통설은 "불교가 한반도에 전래된 시기는 삼국시대 중엽인 4세기 경으로 보고 있다. 북쪽에 위치한 고구려는 중국과 인접했기 때문에 중국의 승려인 순도가 372년에 불상과 불경을 가지고 고구려를 방문한 것이 한국이 불교를 처음으로 접한 것이라고 본다" (Kim, *Kimchi and IT*, p. 199).

59. 김병모, 『허황옥 루트』(p. 104)에서 간접 인용.

60. 위의 책, p. 93.

61. 위의 책, p. 108. 바빌로니아에 있는 신전에는 '물고기 대문(Fish Gate)'이 있는데, 한 쌍의 물고기가 조각되어 있다고 한다(위의 책, p. 85-89). 티그리스와 유프라테스 강 사이의 낮은 계곡에 자리했던 서남아시아의 제국이었던 바빌로니아는 기원전 2100~689년, 그리고 다시 새로운 바빌로니아로 기원전 625~538년 사이에 재탄생했다(위의 책, p. 115에서 간접 인용).

62. 위의 책, p. 140.

63. 언어학자인 강길운이 인도의 드라비다어와 한국어를 비교할 때, 한국어의 '가락(Karak)'은 구 드라비다어로 물고기를 뜻하고, '가야(Kaya)'는 신 드라비다어로 물고기라는 것이다(위의 책, p. 115에서 간접 인용).

64. 위의 책, pp. 116-18.

65. 위의 책, pp. 119-21.

66. 후한 역사에 의하면, 허는 성이 아니고 무당에 관해 가르치는 세습적인 칭호라는 것이다(위의 책, p. 131).

67. 위의 책, pp. 121-30.

68. 한국 사람들과 중국 사람들이 성씨를 나타낼 때 같은 한자를 쓰고 있지만, 중국 사람들은 '슈(Xu)'라고 발음하는 반면 한국 사람들은 '허(Hŏ)'라고 발음을 하기 때문에 한국말로 발음하는 대로 쓰는 옆에 간간히 괄호를 하고 중국발음을 같이 표기했다.

69. 나철문은 사천성이 고향이었다.

70. 위의 책, pp. 143-46.

71. 위의 책, pp. 151-52.

72. 위의 책, pp. 173-86.

73. 위의 책, pp. 191-97.

74. 위의 책, pp. 200-202.

75. 위의 책, p. 202.

76. 위의 책, pp. 202-7.

77. 일연, 『삼국유사』, p. 162.

78. 김병모, 『허황옥 루트』, p. 208.

79. 위의 책, pp. 209-10.

80. 청명은 문자 그대로 '밝은 날'이라는 것이다. 1년을 24계절로 나눌 때, 음력으로 3월 15일(양력으로는 4월 15일)에 오동나무가 꽃이 피기 시작하고, 들쥐 대신 종달새가 나타나며, 무지개가 처음 보인다는 계절로 사람들이 봄이 오는 것을 축하하는 날로 알려져 있다.

81. 대부분의 한국 사람의 이름은 간혹 두 음절로 되어 있는 이름도 있지만, 대부분은 세 음절로 되어 있다. 첫 음절은 성씨를 나타내고, 둘째나 셋째 음절은 그 사람이 속한 친족 내에서 그가 속한 세대의 이름인 항렬을 나타낸다. 한 친족 내에서 같은 세대에 속하는 사람은 모두 같은 항렬을 나타낸다. 형제, 사촌, 육촌은 같은 항렬의 이름을 쓴다.

82. 위의 책, pp. 210-13.

83. 김병모, 『허황옥』.

84. 김병모, 『허황옥 루트』, pp. 237-38.

85. 위의 책, pp. 239-41.

86. 위의 책, pp. 241.

87. 위의 책, pp. 244-45.

88. 힌두의 전설에 의하면, '마누'라는 칭호는 인간의 창조자이자 온 세상을 지배하던 첫 번째의 왕이며, 그가 전세계적인 대홍수에서 인간을 구했다는 것이다.

89. 위의 책, p. 246.

90. 위의 책, pp. 246-49.

91. 위의 책, p. 256.

92. 위의 책, pp. 258-59.

93. 위의 책, pp. 256-57.

94. 근래 김병모는 가야와 일본 사이의 연관관계를 연구하기 위해 일본의 쿠마모토에 있는 쌍어문의 존재에 대해 연구를 하고 있다. 흥미 있는 독자들은 그가 그간 행한 일본에서의 연구결과를 위의 책(pp. 263-86)에서 읽을 수 있다.

3. 순혈(純血)주의 신화와 인권

1. Choong Soon Kim, *An Asian Anthropologist in the South: Field*

Experiences with Blacks, Indians, and Whites(Knoxville: University of Tennessee Press, 1977), pp. 25-26, 75-76.

2. 1945년부터 1948년까지 한국은 미국군정(The United States Army Military Government [USAMGIC])의 통치를 받았다.

3. Hunter and Whitten, *Encyclopedia of Anthropology*, p. 140.

4. 하루미 베푸(Harumi Befu) 같은 학자들은 외국인들에 대한 불안한 감정은 육아과정의 소산이라고 한다. 대부분의 미국 부모들은 자녀들을 낯선 사람인 '베이비 시터(baby sitter)'에게 맡기는 것을 당연한 일로 알고 있지만, 한국과 일본의 어린이들은 가족 구성원 이외의 사람들을 접촉할 기회가 드물다. 그들은 가족 구성원들 - 특히 어머니들 - 에게서만 편안함을 느낀다고 한다. 아마 미국 남부 시골 사람들 중에 외국인들에게 생소한 사람들도 한국과 일본의 어린이들과 같은 경험 때문이 아닌가 생각한다(Harumi Befu, *Japan: An Anthropological Introduction* [New York: Thomas Y. Crownwell, 1971], p. 155; Kim, *Kimchi and IT*, pp. 267-68).

5. Harry H. L. Kitano and Roger Daniels, *Asian Americans: Emerging Minorities*(Englewood Cliffs, NJ: Prentice-Hall, 1995), pp. 23-24.

6. James W. Loewen, *The Mississippi Chinese: Between Black and White*, 2nd ed.(Prospect Heights, IL: Waveland Press, 1988), pp. 206-9.

7. 1983년에 미국 의회가 설치한 전시 민간인 이주 및 수용위원회(The Commission on Wartime Relocation and Internment of Civilians: CWRIC)는 미국 연방정부가 공식적인 사과를 하고 생존자에게는 세금을 면제한 2만 달러를 배상하도록 권고했다(Kitano and Daniels, *Asian Americans*, pp. 65-69).

8. Michael Breen, *The Koreans: Who They Are, What They Want, Where Their Future Lies*(New York: Thomas Dunne Books of St. Martin's Griffin, 2004), p. 20.

9. Jürgen Habermas, "Struggles for Recognition in the Democratic Constitutional State," in *Multiculturalism: Examining the Politics of Recognition*, Amy Gutmann, ed., pp. 107-48(Princeton: Princeton University Press, 1994), p. 136.

10. Francis L. K. Hsu, "Prejudice and Its Intellectual Effect in American Anthropology: An Ethnographic Report," *American Anthropologist* 75(1973): 1-19, p. 5.

11. Kim, *An Asian Anthropologist in the South*, pp. 91-94.

12. Margaret Park Redfield, ed., *Human Nature and the Study of*

Society, vol. 1(Chicago: University of Chicago Press, 1962), p. 283.

13. Arthur F. Raper, *Preface to Peasantry: A Tale of Two Black Belt Counties*(Chapel Hill: University of North Carolina Press, 1936).

14. Mike Weisbart, "So Fat, So Dynamic - and So Hierarchical," *Wall Street Journal*, November 8, 2010, p. R-12.

15. Kim, *An Asian Anthropologist in the South*; idem, "Can an Anthropologist Go Home Again?," *American Anthropologist* 89(1987): 943-46; idem, *One Anthropologist, Two Worlds: Three Decades of Reflexive Fieldwork in North America and Asia*(Knoxville: University of Tennessee Press, 2002).

16. Yi Ch'am, "수필," 『조선일보』, 2010년 9월 28일, p. A-29.

17. Kim, *One Anthropologist, Two Worlds*, pp. 51-52.

18. Emiko Ohnuki-Tierney, "Native Anthropologist," *American Ethnologist* 11(1984): 584-86, p. 585.

19. 『연합통신』, 2003년 5월 26일; 『조선일보』, 2003년 5월 27일, p. A-18.

20. *The Korea Herald*, 3 July 2009, p. 18. 많은 이들은 남편과 이혼을 하면 본국으로 송환되는 것을 우려하고 있다(『조선일보』, 2009년 1월 15일, p. A-12; 『한겨레신문』, 2009년 6월 9일, p. 11).

21. 여기의 묘사는 이성미의 책에서 기술한 것이다(이성미, 『다문화 코드: 코리언 드림 해법 찾기』(서울: 생각의 나무, 2010), pp. 150-57.

22. 위의 책, pp. 155-57.

23. 『조선일보』, 2008년 5월 10일, p. A-3; 『조선일보』, 2008년 5월 12일, p. A-6.

24. 『조선일보』, 2008년 5월 10일, p. A-13.

25. 내가 민성혜가 조사한 연구결과에 대해 더 자세한 연구결과를 질문했지만, 그녀는 연구에 포함된 아이들의 신원을 밝히지 않는다고 하더라도 그 연구에 참여한 아이들과 그 부모들의 품위를 지켜주기 위해 그 연구결과에 대해 자세한 연구결과를 발표하지 않는다고 했다. 그녀는 그 연구의 대상이 된 아이들과 그들의 부모들의 품위를 지켜주기를 원했다(2009년 7월 11일과 21일에 있었던 개인적인 의견 교환).

26. 전혜정, 민성혜, 이민영, 최혜영, "결혼이주여성 가족 건강성에 영향을 미치는 경로," 『한국가족복지학』 14(2009): 5-24.

27. 한국에서 온라인 교육을 할 수 있게 된 것은 인터넷을 통한 소통이 가능하도록 '인프라'가 잘 구축되어 있기 때문이다. 많은 한국 사람들은 개

인 컴퓨터를 가지고 있기도 하지만, 다문화가정 e-배움 캠페인을 주도한 고려사이버대학교는 캠페인을 재정적으로 지원한 POSCO의 도움으로 POSCO가 쓰던 사양은 낮지만 인터넷을 하기에는 지장이 없는 컴퓨터를 수리하여 일부 지역에 배포하기도 했다.

28. 자료: 보건복지가족부가 2005년 7월 13일에 발표한 보도자료, p. 2.

29. 위의 자료, p. 6.

30. 위의 자료.

31. 『한겨레신문』, 2009년 6월 9일, p. 1.

32. 예를 들어서 농림수산부가 2007년 2월 3일에 발표한 조사보고에 따르면, 28.1퍼센트(153명 중 43명)가 배우자로부터 언어폭력에 시달리고 있고, 9.5퍼센트(147명 중 14명)는 신체적인 폭력으로 고통을 받고 있으며, 9.0퍼센트(144명 중 13명)는 성적 폭행을 받는다고 했다(『국민일보』, 2007년 2월 3일, p. 3). 또 다른 보도에 의하면, 외국신부 열 명 중 세 명은 언어폭력을 경험했으며, 열 명 중 세 명은 물리적인 폭력을 경험했다고 대답했다는 것이다(『세계일보』, 2007년 1월 19일).

33. 위의 신문, p. 7.

34. *The Korea Herald*, 28 April 2009, p. 1.

35. 위의 신문.

36. 『조선일보』, 2009년 4월 28일, p. A-10.

37. 위의 자료.

38. Kim, "The State and Migrant Women," p. 110. 김현미의 미화와 한화의 환율계산은 현재의 시세가 아니고 2007년의 환율에 따른 계산이다.

39. 2006년 여성부의 조사 결과로 2008년 5월 10일 『조선일보』에서 간접 인용(『조선일보』, 2008년 5월 10일, p. A-3).

40. 『조선일보』, 2008년 5월 5일, p. A-13. 최저임금수준은 단일 가족의 월 소득이 490,845원이고, 2인 가족이 835,763원이며, 4인 가족의 월 소득이 1,326,609원일 때를 말한다(자료: 보건복지가족부, 2008년 8월 27일).

41. 위의 자료.

42. 외국에서 한국으로 온 부모의 자녀들의 30퍼센트는 자기들이 외부에서 일하는 동안 자녀들이 집에 혼자 있다는 것이며, 70.9퍼센트의 한국에 사는 베트남 어머니들은 그들이 외부에서 일하는 동안 자녀들이 집에 혼자 남아 있다는 것이다(『조선일보』, 2008년 5월 9일. pp. A-1, A-3). 이는 아마 문화의 차이에서 오는 현상인지도 모른다.

43. 위의 신문.

44. 위의 신문

45. 자녀들을 외조부모에게 보내는 경우는 다른 나라의 경우에도 마찬가지다. 이런 일은 대만의 국제결혼의 경우에도 같다고 한다(위의 신문).

46. *The Korea Herald*, 12 August 2008, p. 4에서 간접 인용.

47. 위의 신문.

48. 『조선일보』, 2008년 4월 26일, p. A-29.

49. 『중앙일보』, 2008년 3월 14일, p. 30.

50. 『세계일보』, 2006년 6월 26일, p. 27; 『한겨레신문』, 2008년 10월 30일, p. 5. 대만 사람들은 베트남 여인과 결혼할 때 국제결혼 중매업체에게 미화로 평균 6,000달러를 지급한다고 한다(*The Korea Herald*, 12 August 2008, p. 4).

51. 『동아일보』, 2009년 2월 17일, p. A-14.

52. *The Korea Times*, 17 January 2009, p. 9; 『동아일보』, 2009년 1월 17일, p. 1.

53. *The Korea Herald*, 17 January 2009, p. 1.

54. http://www.donga.com, 21 January 2009, n.p.

55. 결혼중매업체의 정보 중에서 신랑에 대한 정보의 44퍼센트가 허위정보라는 사실이 밝혀졌다고 한다(『국민일보』, 2009년 3월 27일, p. 31).

56. 『세계일보』, 2009년 6월 23일, p. 10.

57. 결혼중개업체가 해외에 있는 외국신부들에게 전문성이 결여된 서투른 관리, 기만, 그리고 왜곡된 정보를 제공하고 있다는 비난의 기사가 많다(그런 비판의 기사 몇 개를 예로 든다면, 『한겨레신문』, 2007년 2월 5일, p. 11, 11월 2일, p. 27; 『동아일보』, 2008년 4월 30일, p. 14; 『경향신문』, 2008년 7월 8일, p. 11; 『국민일보』, 2009년 3월 27일, p. 31; 『세계일보』, 2009년 6월 23일, p. 10 등이다).

58. Kim, "The State and Migrant Women," p. 111. 또, 김현미는 부연하여, 중매업체들이 해외 결혼을 중개하는 것보다 한국 내에서 보장제도에 시간과 열정을 쏟는 것은 그래야만 이윤이 보장되기 때문이라고 한다. 그래서 72.9퍼센트에 해당하는 중매업체들이 신분보장에 신경을 쓰고 있는 것이라고 한다(앞에서 인용한 논문).

59. 위의 논문, p. 112.

60. 『동아일보』, 2010년 7월 10일, p. A-10.

61. *The Korea Herald*, July 12, 2010, p. 3.

62. 『동아일보』, 2010년 7월 15일, pp. 1, A-14.

63. *The Korea Herald*, July 12, 2010, p. 3.

64. 『조선일보』, 2010년 7월 17일, p. A-25.

65. *The Korea Herald*, July 21, 2010, p. 1.

66. *The Korea Herald*, July 20, 2010, p. 3.

67. *The Korea Herald*, July 19, 2010, p. 1.

68. 위의 신문.

69. 로렐 켄달은 그녀의 저서에서 '맞선'에 관해서 자세하게 설명하고 있다(Laurel Kendall, *Getting Married in Korea: Of Gender, Morality, and Modernity* [Berkeley: University of California Press, 1996], pp. 103-39, 특히 p. 109).

70. 『조선일보』, 2010년 7월 12일, p. A-20; 『중앙일보』, 2010년 7월 21일, p. 20.

71. 『중앙일보』, 2010년 7월 21일, p. 20.

72. *The Korea Herald*, 12 August 2008, p. 4.

73. 2010년 6월 11일자, 행정안전부 보도자료.

74. 전경수, 김민정, 남영호, 박동성 공저, 『혼혈에서 다문화로』, 전경수의 "서문" 중에서(서울: 일지사, 2008), pp. 17, 24.

75. 『서울신문』, 2006년 3월 10일, p. 6.

76. *The Korea Herald*, 16 August 2007, p. 4; 『매일경제신문』, 2008년 11월 12일, p. A-30.

77. 그러나 2009년 5월에 시작하여 국무총리실 주제로 이에 대한 포괄적이고 정확한 통계를 작성하기로 했다(『매일경제신문』, 2009년 2월 23일, p. 1).

78. 전경수, 위의 책, p. 5.

79. 『동아일보』, 2006년 4월 12일, p. 3.

80. 일본의 경우는 Merry White의 저서 참조(Merry White, *The Japanese Overseas: Can They Go Home Again*? [Princeton: Princeton University Press, 1988], p. 66).

81. 『경향신문』, 2008년 11월 7일, p. 13.

82. 『조선일보』, 2008년 5월 15일, p. A-1.

83. 『세계일보』, 2008년 10월 8일, p. 9.

84. 『동아일보』, 2008년 10월 25일, p. 26.

85. 위의 신문.

86. 자세한 내용은 전경수와 그 동료들의 공저인 『혼혈에서 다문화로』, pp. 36-85 참조.

87. 그러나 2009년 2월의 보도 자료에서는 이 조사에 참여한 학생 수를 3,185명이라고 했는데, 신문기사들의 보도에는 3,175명으로 되어 있다

(『매일경제신문』, 2009년 2월 19일, p. A-30).

88. 위의 신문 기사.

89. *The Korea Herald*, 23 June 2008, p. 8.

90. 『동아일보』, 2008년 10월 25일, p. A-12.

91. Kim, *Kimchi and IT*, p. 233.

92. 프랭클, 『한국문학에 나타난 외국의 의미』.

93. Schmid, *Korea between Empires, 1895~1919*.

94. Han, "The Archaeology of the Ethnically Homogeneous Nation-State and Multiculturalism in Korea," p. 12.

95. 프랭클, 『한국문학에 나타난 외국의 의미』, p. 96, n. 82.

96. Han, "The Archaeology of the Ethnically Homogeneous Nation-State and Multiculturalism in Korea," p. 11.

97. 위의 논문, p. 13.

98. Schmid, *Korea between Empires*, p. 173.

99. 위의 책, p. 174.

100. Han, "The Archaeology of the Ethnically Homogeneous Nation-State and Multiculturalism in Korea," p. 23.

101. 위의 논문.

102. Shin, *Ethnic Nationalism in Korea*, p. 15.

103. 위의 책, p. 15-16.

104. Pai, *Constructing "Korean" Origins*, p. 16.

105. 위의 책, p. 1.

106. Han, "The Archaeology of the Ethnically Homogeneous Nation-State and Multiculturalism in Korea," p. 13.

107. 프랭클, 『한국문학에 나타난 외국의 의미』, p. 267; James S. Gale, *Korean Sketches*(New York: Flemming H. Revell Company, 1898).

108. Pai, *Constructing "Korean" Origins*, p. 60.

109. 위의 책, p. 24; 프랭클, 『한국문학에 나타난 외국의 의미』, p. 43, n. 79.

110. John Naisbitt, *Global Paradox*(New York: Avon Books, 1994), pp. 19-20.

111. Han, "The Archaeology of the Ethnically Homogeneous Nation-State and Multiculturalism in Korea," p. 25.

112. Shin, *Ethnic Nationalism in Korea*, p. 78; also see pp. 86-93, 103-09.

113. 위의 책, p. 105.

114. 탈북자들의 수는 2002년에 1,138이던 것이 2008년에는 16,354로 늘어났으며(『동아일보』, 2009년 7월 20일, p. A-10), 2010년에는 20,050으로 늘어났다(*The Korea Herald*, November 16, 2010, pp. 2, 4).

115. Kim, *Faithful Endurance*, passim.

116. 정현상, "자유의 땅에서 방황하는 이방인들," 『주간동아』, 381(2003년 4월 24일), p. 14-17; 『조선일보』, 2009년 7월 8일, p. A-4.

117. 『경향신문』, 2006년 11월 11일, p. 16; 『동아일보』, 2007년 4월 24일, p. 30; 『한겨레신문』, 2007년 10월 11일, p. 30; 『조선일보』, 2009년 7월 8일, p. A-4.

118. 조정아, 임순희, 정진경, 『새터민의 문화갈등과 문화적 통합방안』(서울: 한국여성개발원, 2006년).

119. 위의 책, pp. 94-121.

120. 위의 책, pp. 58-89.

121. 위의 책, pp. 47-55.

122. 위의 책, pp. 139-43.

123. 『한겨레신문』, 2007년 4월 5일, p. 8.

124. 위의 신문.

125. 『경향신문』, 2007년 1월 1일, p. 14.

126. 정현상, "자유의 땅에서 방황하는 이방인들," p. 16.

127. *The Korea Herald*, 9 July 2009, p. 3.

128. 정현상, "자유의 땅에서 방황하는 이방인들," p. 17.

129. 『매일경제신문』, 2009년 2월 19일, p. A-30.

130. Han, "Multicultural Korea," p. 49.

131. 프랭클, 『한국문학에 나타난 외국의 의미』, p. 165; Han, "The Archaeology of the Ethnically Homogeneous Nation-State and Multiculturalism in Korea," p. 25.

132. *The Korea Herald*, 23 June 2008, p. 8.

133. 이길상, 『세계의 교과서 한국을 말하다』(서울: 도서출판 푸른숲, 2009); 『동아일보』, 2008년 10월 8일, p. A-13; 『조선일보』, 2008년 10월 25일, p. A-12; 한국 행정안전부 보고서, 2008년 7월 참조.

4. 국제결혼 중매업체를 통해 결혼한 외국신부들의 이야기

1. Chosun.com, 2007년 11월 4일.

2. 마음이 편협한 그런 사람을 미국 남부 사투리로 '레드 넥(red neck)'이라고 한다. 내가 한국적인 '레드 넥'이라고 불릴 수도 있을 법하다.

3. 이 부분에 관한 것은 내가 전에 발표한 문헌에서 인용한 것이다(Kim, *Kimchi and IT*, pp. 109-42).

4. Choong Soon Kim, "Yŏnjul-hon or Chain String Form of Marriage Arrangement in Korea," *Journal of Marriage and the Family* 36(1974): 575-79, p. 575.

5. Francis L. K. Hsu, *Americans & Chinese: Passage to Differences*, 3rd ed.(Honolulu: University of Hawaii Press, 1981), p. 49.

6. 결국 이몽룡은 춘향이를 너무나 사랑했기 때문에 모든 난관을 극복하고 결혼을 하게 됐다. 이 소설은 오랫동안 많은 영화로도 만들어졌고, TV 드라마, 오페라의 주제로도 사용되었다. 이 소설은 아직도 한국 사람들의 사랑을 받고 있다.

7. Stuart A. Queen and Robert W. Habenstein, *The Family in Various Cultures*(New York: J. B. Lippincott Co., 1974), p. 105.

8. 위의 책, p. 336.

9. Laurel Kendall, *Getting Married in Korea: Of Gender, Morality, and Modernity*(Berkeley: University of California Press, 1996), p. 109.

10. 1977년에 남한에서 단지 20퍼센트에 해당하는 사람들이 연애결혼을 했다고 한다(Lee Kwang-kyu, *Pittsburgh Post-Gazette*, 20 April 1977, p. A-4). 1999년 결혼 상담업체인 '에코러스'사가 서울과 경기도에서 600명의 성인을 상대로 한 조사에 의하면, 10명 중 9명은 중매결혼 대신 연애결혼을 선호한다고 대답했다(『경향신문』, 1999년 4월 5일, p. 18). 그러나 얼마나 많은 사람들이 그렇게 연애결혼을 했는지는 알 수가 없다.

11. Eckert et al., *Korea Old and New*, p. 69.

12. 결혼 상대를 선택하는 데 재벌가(財閥家)는 다른 재벌가 출신의 자녀를 선택하는 경향이 있다. 공정자는 학위논문 연구를 위해 전국경제인연합회의 회원인 100대 기업 가정을 무작위로 추출하여 조사하였다. 그 연구 결과에 의하면, 이 100대 기업 가정 출신인 124명의 아들과 83명의 딸은 다른 재벌가와 결혼을 했다(공정자, "한국 대기업 가족의 혼맥 연구," 이화여자대학교 박사학위 논문, 1989). 그러나 또 다른 사회학자의 연구에 따르면, 52개의 유수한 기업의 자녀 393명 중 단지 20명(5.1퍼센트)만이 다른

대기업인들의 자녀들과 결혼을 했다고 한다(송복, “한국 상층의 사회적 구성과 특성에 관한 연구,” 연구보고서(발표 일자 없음).

13. Kim, “Yŏnjul-hon or Chain String Form of Marriage Arrangement in Korea,” p. 577.

14. 한국 인류학자인 조강희는 경상북도 북부지방의 양반들이 조선시대에서부터 지금까지 결혼해온 자세한 결혼망을 발표했다. 그에 따르면 통혼망은 근 30개 씨족에 걸쳐 있으며, 배우자를 선택하는 방법도 인척망을 통해 연줄혼 형태를 취했다고 한다(조강희, “영남지방의 혼반연구: 진성 이씨 퇴계 종손을 중심으로,” 『민족문화논총』 6 [1984]: 79-121).

15. 『서울경제신문』, 2006년 4월 13일, p. B-3.

16. Kim, *Faithful Endurance*, p. 38. 그리고 로라 켄달은 마담 뚜에 관하여, “1980년 전두환 대통령의 신군부 혁명 이후에, 불법적인 중매자들이 사회를 부패시키는 요인이라고 하여 엄중한 단속을 했다… 서울에서 나돈 풍문에 의하면 마담 뚜들이 가지고 다니는 결혼중매 대상자들의 명단에 그 사건의 재판을 담당한 독신 판사의 이름도 있었다고 한다”(Kendall, *Getting Married in Korea*, p. 133, n. 10). 켄달은 그의 저서에서 마담 뚜에 관해 더 자세하게 기술하고 있다(위의 책, pp. 133-35).

17. 『서울경제신문』, 2006년 4월 13일, p. B-3.

18. Kim, *Kimchi and IT*, p. 118.

19. 사회학자인 김용학이 2005년에 2004년부터 2005년 사이에 결혼중매업소에 있는 거의 800 메가바이트에 이르는 자료를 이용하여 연구한 한국의 중매결혼에 관한 분석에 따르면, 배우자를 찾는 남녀가 가장 중요시하는 변수는 외모나 그들이 가진 재산상태(富)에 대한 것이 아니고, 한국사회에서 신분을 측정하는 데 가장 중요한 변수는 교육배경이라는 사실을 알았다고 한다. 우수한 대학교에서 교육을 받고 학위를 가진 사람을 가장 선호한다는 것이다(『중앙일보』, 2005년 7월 22일, p. 1; 『주간중앙』, 2005년 7월 22일, pp. W1-W2).

20. 대순진리교는 서울에 본부가 있고, 꾸준히 성장해 온 증산교의 한 분파다. 1969년 이래 지금까지 650,000명의 신도가 있다. 증산교는 1902년 강일순에 의하여 시작했으며, 그는 한때 동학신봉자였으나 동학의 한계를 느끼고 증산교를 창시했다. 그는 이 종교에서 사후의 낙원을 믿는 새로운 종교를 설파한 것이다. 이 종교는 유교, 불교, 도교, 그리고 예언자, 흙 점쟁이(geomancers), 그리고 치료주술사(medicine men)들의 사상을 종합한 것이다. 이 종교는 우주는 낙원이며 낙원은 경의의 표시와 기도를 통해 개인의 마음 속에 실현될 수 있다고 본다(윤이흠 외 다수, 『한국의 종교』 [서울:

문덕사, 1994], pp. 217-18).

21. 뚜엣을 돕기 위해 사람들이 모은 성금의 총액에 대해서는 뚜엣의 부모들이 말하는 것과 액수의 차이가 있다. 뚜엣의 어머니가 내게 말한 액수는 처음에 미화로 5천 달러를 주었고, 1년에 500달러씩을 보내준다고 했다. 그러나 모금을 한 사람들의 말로는 그 액수보다 적다고 했다.

22. Chosun.com 2008년 5월 15일, 그리고 2008년 9월 18일.

23. 총격자의 국적이 알려지자, 한국정부는 국무회의를 소집했고, 한국 사람들은 충격을 받았으며, 공동적인 책임감을 표현했다. 서울 미국 대사관 앞에서는 촛불 집회가 열렸고, 한국 대통령이던 노무현은 유감의 뜻을 표현했다. 주한 미국대사와 한국계 종교지도자들은 참회하는 뜻에서 미국인 희생자의 수인 32일간의 단식을 제의했다.

5. 종교단체의 중매로 결혼한 외국신부들의 이야기

1. Choong Soon Kim, *Kimchi and IT: Tradition and Transformation in Korea*(Seoul: Ilchokak, 2007), p. 216.

2. Michael Breen, *The Koreans: Who They Are, What They Want, Where Their Future Lies*(New York: Thomas Dunne Books of St. Martin's Griffin, 2004), p. 44.

3. Kim, *Kimchi and IT*, p. 216.

4. 14 October 2009, NYDailyNews.com, and also see *The Christian Science Monitor*, 14 October 2009.

5. 이성미, 『다문화 코드: 코리언 드림 해법 찾기』(서울: 생각의 나무, 2010), pp, 53-54.

6. 2010년 6월 11일자 행정안전부 통계; 그리고 이성미의 위의 책, p. 49의 표 참조.

7. 토모코의 생애사는 2006년 일본의 한 TV가 "한국 농촌에서 행복하게 사는 한 일본 여인"이라는 제목으로 방영한 바 있다. 이 필름에서는 토모코의 실명을 사용하고 있다. 그러나 이 책에서는 인류학의 윤리규정을 따라 그녀의 실명을 밝히지 않기 위해서 일본 방송사의 이름과 토모코의 실명을 밝히지 않기로 했다.

8. 그들의 사생활을 보호하기 위해서 그들이 살고 있는 지명을 영월이라는 가명을 쓴다. 그렇지 않으면, 그들의 실체를 너무나 쉽게 파악할 수 있

기 때문이다.

9. 와카야마시는 공식적으로 1889년에 형성된 도시지만, 그 시의 심장부에 있는 와카야마성은 도시가 형성되기 이전인 1585년에 토요토미 히데요시(Toyotomi Hideyoshi)가 그의 동생인 토요토미 히데나가(Toyotomi Hidenaga)에게 명하여 축조된 성이다.

10. 토마스 롤렌(Thomas P. Rohlen)에 의하면, "도쿄에 있는 중학생의 9퍼센트는 개인교습교사가 있다. '주쿠'에서는 고등학교에 입학하려는 학생들에게 초점을 맞추거나 아니면 초등학교 상급생들에게는 7학년의 입학을 준비하기 위한 것에 초점을 맞춘다… [1976년에], 한 여론조사에 의하면, 도쿄의 4학년, 5학년, 6학년 학생의 40퍼센트는 '주쿠'에 간다. 그리고 지방에 있는 고등학교에서 10명 중 한 명은 상급 '주쿠'에 해당하는 '요비코'에 다닌다고 한다"(Thomas P. Rohlen, *Japan's High Schools* [Berkeley: University of California Press, 1983], p. 104). 롤렌은 "이러한 개인지도제도는 다양하며 흥미롭다. 어떤 것은 전국적인 체인이 있으며, 수천명의 학생을 수용하는 대기업이 운영하는 것도 있다. 1970년대 이 사업은 수익성이 높고 번창했기 때문에 몇몇 출판사, 백화점 등도 자신들의 체인 학원제도를 설립하기 위해 이 방면에 진출했다. 대부분의 과외교습은 소규모이며 때로는 가정주부나 전직 교사들이 운영하는 경우도 있다"(위의 책). 이러한 제도는 한국의 경우와 비슷하다고 하겠다.

11. 하루미 베푸(Harumi Befu)에 따르면, "유전적으로 일본어와 중국어가 아무런 연관이 없다는 말은 큰 의미가 없다… 일본어는 중국의 한자를 변형시켜서 일본의 음절문자 '카나'를 기록할 수 있도록 한 것이다(Befu, *Japan*, pp. 17, 29).

12. Choong Soon Kim, *The Culture of Korean Industry: An Ethnography of Poongsan Corporation*(Tucson: University of Arizona Press, 1992), p. 7.

13. 외국의 기술의 습득이나 '차용'일지라도 놀라운 사실은 "POSCO가 철강생산을 시작한 것이 1973년인데, 현지 기술자들이 정상적인 철강생산을 하기까지는 단지 8일밖에 걸리지 않았다는 사실은 산업역사상 그 유례가 드문 일인 것이다"(Lin-su Kim, "Technological Transformation of Korean Firms," in *Korean Managerial Dynamics*, Kae H. Chung and Hak Chong Lee, eds., pp. 113-29 [New York: Praeger, 1989], p. 125).

14. Francis L. K. Hsu, *Americans & Chinese: Passage to Differences*, 3rd ed.(Honolulu: University of Hawaii Press, 1981), p. 255.

15. 슈(Hsu)는 미국 사람들의 종교관은 더욱 더 독점적이고 배타적이

기 때문에 내가 섬기는 신이 진실인 것이고, 다른 사람의 신은 헛된 것이라고 생각할 뿐만 아니라, 내가 가진 특별한 신이 다른 사람에게도 영향을 미치지 않는다면 마음이 놓이지 않다고 생각한다. 그러나 중국 사람들은 정 반대이다. 중국 사람들은 불교사원에 가서 득남을 할 수 있게 해 달라는 기도를 하고 나서, 다시 도교 사원에 가서 말라리아 병을 고치게 해달라고 한다(위의 책, pp. 255-56).

16. Befu, *Japan*, p. 96.

17. 조흥윤과 윤이흠, "서문," 윤이흠 외 다수 공저, 『한국인의 종교』(서울: 문덕사, 1994), p ii; Kim, *Kimchi and IT*, pp. 180-83.

18. Kevin Sullivan and Mary Jordan, "Once-Generous Japanese become disenchanted with Moon's Church," *Washington Post*, 4 August 1996, p. A01.

19. 선문대학교는 1972년에 통일신학교로 출발했지만, 1989년 통일교회에 의하여 선문대학교가 되었으며, 충청남도 아산시에 위치해 있다. 서울에서 이 대학교의 메인 캠퍼스가 위치한 아산시까지는 한국고속철도(KTX)로 약 30분밖에 걸리지 않는다. 이 대학교는 9,304명의 학부학생과 694명의 대학원 학생들이 재학하고 있다.

20. 제2차 세계대전 중에 일본 당국은 많은 한국 여성을 강제로 동원하여 전지에서 일본 군인들의 성 노예로 삼았다. 지금까지 일본은 그런 비 인간적인 행동을 인정하지 않고 있다. 2007년 7월 30일에, 미국 하원은 일본이 이런 희생자들에 대한 사실을 인정하고 역사를 왜곡하지 말도록 하는 결의안을 만장일치로 가결했다(Kim, *Kimchi and IT*, pp. 66-67; 그리고 이에 대한 포괄적인 책으로는 C. Sarah Soh, *The Comfort Women: Sexual Violence and Postcolonial Memory in Korea and Japan* [Chicago: University of Chicago Press, 2008]).

21. 독도는 한국 본토에서는 216.1킬로미터 떨어져 있으며, 일본 본토로부터는 251킬로미터 떨어진 곳에 있다. 한국영토에서 가장 가까운 곳은 울릉도며 87.3킬로미터 거리이고, 청명한 날에는 울릉도에서 보인다. 가장 가까운 일본 영토는 '오키' 섬인데 157.8킬로미터 거리이다. 일본 오키 섬에서 독도는 보이지 않는다.

22. 일본 문부성이 국정교과서인 고등학교의 지리교과서와 역사교과서의 새 지침서를 발표하게 되자 한국 사람들은 전례 없는 분노를 표출했다. 그 지침서가 독도는 일본의 영토라고 한 점 때문이었다. 2010년 3월 20일, 일본은 초등학교 5학년 교과서에 독도가 일본의 영토라고 주장하고 한국이 불법으로 점유하고 있다는 내용을 인가했다. 한국 사람들은 일본의 이

러한 행동에 대해 강렬한 항의를 했다(*The Korea Herald*, 31 March 2010, p. 3).

23. 토마스 롤렌의 일본 학교에 대한 '에스노그라피'는 일본 입시경쟁을 잘 설명하고 있다(Rohlen, *Japan's High Schools*, passim).

24. 『중앙일보』, 2010년 5월 5일, p. 18.

25. 타카코의 정체성을 보호하는 의미에서 신문이나 책의 '소스'를 의도적으로 밝히지 않았다.

26. 일본군대에 징집된 사람들 이외에도 제2차 세계대전이 끝날 무렵에 동원된 한국 사람의 총 수는 364,186명이나 되었으며, 전쟁기간에 일본과 한국에서 동원된 한국 사람의 총 인원은 6백만명에 달한다(Kim, *Faithful Endurance*, pp. 23-24; idem, *A Korean Nationalist Entrepreneur*, pp. 112-14).

27. 시모노세키는 일본의 야마구치현에 있는 도시다. 시모노세키는 혼슈(본주) 서남단에 위치해 있으며, 쓰시마 열도에 면하고 또 칸몬 해협을 건너 키타큐슈에 면한 도시다. 그곳은 한국에서 둘째로 큰 도시이자 항구도시인 부산과의 거리가 가깝기 때문에 일본과 한국 사이를 왕래하는 정기적이고 잦은 여객선인 관부(일본 말로는 칸푸) 연락선이 취항하고 있다.

28. Pelto, *Anthropological Research*, p. 99.

6. 한국 남자와 사랑하게 되어 결혼한 외국신부들의 이야기

1. 천도는 육지에서 고립된 섬이었지만, 1984년에 섬과 육지를 잇는 긴 교량을 건설했다. 통행량이 증가하자 그 교량은 2009년에 확장을 했다.

2. 1952년에는 조선족이 이 지역 인구의 60퍼센트를 점하고 있었지만, 1997년에는 그 비율이 39.7(2,184,000명)퍼센트로 줄었고, 2000년에는 32퍼센트로 그 비율이 점차 감소되고 있는 추세다.

3. 19세기에 한국 이민자들은 한반도를 떠나 중국에 집단으로 이민을 했다. 중국정부가 수립된 이후에는 두 번째의 집단이 중국으로 이민했다. 이 이민의 물결은 일본이 한국을 점령했기 때문이었다. 일본 사람들은 이 지역 중국 사람들의 세력을 분산시키기 위한 방편으로 한국 사람들을 이용했다. 제2차 세계대전 이후에도 정치적이고 경제적인 문제가 일본주도에서 한국으로 이전되었음에도 불구하고 한국 사람들은 한반도로 귀국하지 않았다. 대신 그들은 중국의 국부군과 중국의 공산군에 동원되었다. 중국의 내

전이 종식되었을 때, 새로 설립된 중국정부는 1952년에 연변을 자치지구로 지정했다. 1955년에 중국정부는 연변을 조선족자치지구로 격상시켰다.

4. 현재 행정구역상으로 블라디보스토크는 러시아가 1858년 '아이군조약(Treaty of Aigun)'에 의해서 사할린 섬과 연해주 전역을 차지하기 이전에 이 지역은 한때는 발해, 여진, 몽골제국, 중국 등의 여러 나라의 영토에 속했었다. 중국이 영국과의 아편전쟁에서 패배한 후 중국은 이 지역을 장악할 수가 없었다. 중국의 청 제국 때에는 블라디보스토크가 포함된 태평양 연안 일대는 중국 사람, 여진 사람, 만주 사람, 그리고 한국 사람들이 살고 있었다. 블라디보스토크 시에는 한국 사람과 중국 사람들이 많이 살고 있다. 일부 한국 사람들은 스탈린 정권기에 이 지역, 특히 블라디보스토크에서 쫓겨났다가 그 후에 다시 돌아왔다.

5. 이 광장의 이름은 1917년 러시아공산혁명의 지도자인 니콜라이 레닌(Nikolai Lenin, 1870~1924)의 이름을 딴 것이다.

6. 그 지방의 어느 교사의 관찰에 의하면 소위 '모세의 기적'이라는 조수 간만의 차가 4미터 정도 일어나는 일은 언제나 있다고 한다.

7. 김승권 외, 『2002년 전국 다문화가정실태조사연구』, p. 164.

8. 위의 책, p. 133.

7. 한국 다문화주의의 특성과 장래에 대한 전망

1. 최 근래의 보고서인 2010년 11월 6일의 보도에 의하면 현재 탈북자의 수는 2만명이 넘는다고 한다(*The Korea Herald*, November 16, 2010, p. 24). 다른 범주에는 새로운 최근 통계가 없다.

2. 2010년 6월 11일, 행정안전부 보도자료; 이성미, 『다문화 코드』, pp. 23-35.

3. 오경석 외, 『한국에서의 다문화주의: 현실과 쟁점』(서울: 한울 아카데미, 2007), pp. 29-32.

4. 김희정, "한국의 관주도형 다문화주의," 오경석 외, 『한국사회에서의 다문화주의: 현실과 쟁점』, pp. 59-79(서울: 한울 아카데미, 2007), p. 58; 오경석, "한국에서의 다문화주의: 담론, 정책, 운동," 오경석 외, 『한국에서의 다문화주의: 현실과 쟁점』(서울: 한울 아카데미, 2007), pp. 22-56, p. 31.

5. 『조선일보』, 2010년 12월 17일, p. A-5.

6. 윤인진, “한국적 다문화주의 전개와 특성: 국가와 시민사회를 중심으로,” 『한국사회학』 42(2008): 72-103, pp. 92-93.

7. 위의 논문, p. 99

8. 『동아일보』, 2010년 5월 14일, p. B-4.

9. 미국 인류학자인 빈센트 브란트는 모순이 되는 행동은 어느 문화에나 다 있는 것이지만, 유독 한국에는 이 모순적인 행동이 극단적으로 잘 나타난다고 했다(Vincent S. R. Brandt, *A Korean Village: Between Farm and Sea* [Cambridge: Harvard University Press, 1971], p. 28).

10. 근래 OECD가 한국의 출산율은 매년 0.02%씩 감소할 것이라고 전망했다. 그래서 2030년에는 인구가 0.25%나 감소할 것으로 추정했다. 이 기구는 인구 감소는 국가의 경쟁력을 위협할 것이라는 우려를 표명했다. 이런 감소는 노동인구의 감소로 이어지고, 노년층인구의 증가에 따른 복지비의 증가를 뜻하는 것이다(*The Korea Herald*, May 21, 2010, p. 5).

11. Will Kymlicka, *Multicultural Odysseys: Navigating the New International Politics of Diversity*(New York: Oxford University Press, 2007), pp. 73, 75.

12. 1999년 법은 미국과 유럽에 거주하는 교포들을 고려한 편견이 있는 법이다. 이에 대한 반응으로, 중국, 러시아, 그리고 중앙아시아에 거주하는 교포들이 불평을 제기했다. 2003년 12월 31일 헌법재판소에서 이 법이 헌법에 위배된다는 판결이 났다. 1999년부터 2010년까지 9번의 개정을 통해 이 법은 1948년 이전에 외국으로 이민한 모든 한국계 교포에게 적용하게 되었다. 입법과정의 편견은 마침내 제거되었다.

13. 이성미, 『다문화 코드』, p. 32.

14. 한국 사람들은 ‘이중국적’이라는 말이 부정적인 뜻을 내포하고 있다고 생각해서 이중국적이라는 용어를 쓰는 대신 ‘복수국적’이라는 용어를 택한 것이다.

15. 단지 한가지 조건은 그들이 한국에 거주하는 동안에는 비록 외국국적을 소유하고 있더라도 외국인으로서의 권리를 행사하지 않는다는 것이다.

16. 이성미, 『다문화 코드』, pp. 31-32; 『조선일보』, 2010년 12월 17일, p. A-5.

17. 여기에서 사용한 ‘utilitarian’이라는 말은 그 유용성에 따라 값어치가 있거나 유용한 것을 말하는 ‘실용적’이라는 말로 쓴 것이다. 제레미 벤담(Jeremy Bentham)이나 존 스튜어트 밀(John Stuart Mill) 같은 사람이 말한 철학적인 의미에서의 공리주의를 말하는 것은 아니다.

18. Peter A. Kraus and Karen Schönwälder, "Multiculturalism in Germany: Rhetoric, Scattered Experiments, and Future Chances," in *Multiculturalism and the Welfare State: Recognition and Redistribution in Contemporary Democracies*, Keith Banting and Will Kymlicka, eds., pp. 202-21(New York: Oxford University Press, 2006), p. 207.

19. Jürgen Habermas, "Struggles for Recognition in the Democratic Constitutional State," in *Multiculturalism: Examining the Politics of Recognition*, Amy Gutmann, ed., pp. 107-48(Princeton: Princeton University Press, 1994), p. 144.

20. 위의 책.

21. 박옥걸, 『고려시대의 귀화인 연구』(서울: 국학자료원, 1996), pp. 183-85.

22. Han Geon-Soo, "Multicultural Korea: Celebration or Challenge of Multiethnic Shift in Contemporary Korea," *Korea Journal* 47(2007): 32-63, p. 49.

23. 이성미, 『다문화 코드』, pp. 33-34.

24. Choong Soon Kim, *Kimchi and IT: Tradition and Transformation in Korea*(Seoul: Ilchokak, 2007), pp. 265-68.

25. 그러나 미국에서는 주나 시 등의 하위정부 선에서 광범위한 다문화정책을 찾을 수 있다(Kymlicka, *Multicultural Odysseys*, p. 72).

26. 오경석 외, 『한국에서의 다문화주의』, p. 33.

27. 이성미, 『다문화 코드』, p. 263; 윤인진, "한국적 다문화주의 전개와 특성," p. 79.

28. 다른 외국인들에게 귀화요건으로 5년 이상의 거주를 요구하고 있지만, 외국신부들에게는 단지 2년간의 거주를 의무화하고 있다. 그리고, 다른 외국인들은 귀화를 위해서는 한국어와 한국 사회에 대해 450시간의 학습을 받아야 하지만, 외국신부들은 단지 150시간만 택하면 된다(김희정, "한국의 관주도형 다문화주의," pp. 71-75; 오경석, 『한국에서의 다문화주의』, p. 32, n. 4; 이성미, 『다문화 코드』, p. 176).

29. Han Kyung-Koo, 'The Archaeology of the Ethnically Homogeneous Nation-State and Multiculturalism in Korea," *Korea Journal* 47(2007): 9; 김희정, "한국의 관주도형 다문화주의," p. 65; Kim Hyun Mee, "The State and Migrant Women: Diverging Hopes in the Making of 'Multicultural Families' in Contemporary Korea," *Korea Journal* 47(2007): 100-22, pp. 101-02.

30. 윤인진, "한국적 다문화주의 전개와 특성," pp. 96-97.

31. Han, "Multicultural Korea," p. 36.

32. Kim, "The State and Migrant Women," pp. 105-06; 이성미, 『다문화 코드』, pp. 163-64.

33. 이 내용은 2008년 7월 30일 POSCO 직원과 내가 개인적으로 소통한 내용을 옮긴 것이다.

34. 오경석 외, 『한국에서의 다문화주의』, p. 34.

35. 김희정, "한국의 관주도형 다문화주의," p. 67.

36. 이성미, 『다문화 코드』, p. 157; 오경석 외, 『한국에서의 다문화주의』, p. 34.

37. 오경석 외, 위의 책.

38. 윤인진, "한국적 다문화주의 전개와 특성," p. 89.

39. 『동아일보』, 2010년 12월 10일, p. A-31.

40. 윤인진, "한국적 다문화주의 전개와 특성," p. 75.

41. 이성미도 비슷한 관찰을 했다(이성미, 『다문화 코드』, pp. 50-51).

42. 위의 책, p. 164.

43. 윤인진, "한국적 다문화주의 전개와 특성," p. 89.

44. 위의 책, p. 90.

45. 위의 책, p. 98.

46. 위의 책, p. 89

47. 위의 책, p. 89.

48. Kenneth Pike, *Language in Relation to a Unified Theory of the Structure of Human Behavior*, vol. 1(Glendale, CA: Summer Institute of Linguistics, 1954).

49. 이 수필에 그녀는 자신의 실명을 썼지만, 여기서는 그녀의 사생활을 보호하기 위하여 그녀의 이름을 밝히지 않기로 했다.

50. 외국신부들은 양 어머니나 양 언니를 갖는 그런 의사친족제도에 대해 별 관심이 없는데도 불구하고, 여성가족부는 2010년 6월에 이 제도를 도입했다. 이런 의사친족제도는 친부모처럼 보호자로서, 또 인생의 안내자로서의 역할을 기대하는 것 같다(『동아일보』, 2010년 6월 5일, p. A-24).

51. 그녀는 언론을 통해 널리 알려진 사람이지만, 그녀의 정체를 감추기 위해 실명 대신 가명을 썼다. 그녀는 2010년에 있은 지방선거에서 서울시 시의원으로 당선되지 않았기 때문에 나는 그녀가 공인이 아니라고 생각한다.

52. *The Korea Herald*, May 12, 2010, p. 1.

53. 『중앙일보』, 2010년 6월 7일, p. 18; 『중앙일보』, 2010년 6월 8일, p. 20.

54. 『중앙일보』, 2010년 6월 8일, p. 20.

55. Keith Banting, Richard Johnston, Will Kymlicka, and Stuart Soroka, “Do Multiculturalism Policies Erode the Welfare State? An Empirical Analysis,” in *Multiculturalism and the Welfare State: Recognition and Redistribution in Contemporary Democracies*, Keith Banting and Will Kymlicka, eds., pp. 49-91(New York: Oxford University Press, 2006), pp. 49-91.

56. 위의 책, pp. 56-57.

57. 위의 책, p. 86, 부록 2.1.

58. Han, “Multicultural Korea: Celebration or Challenge of Multiethnic Shift in Contemporary Korea,” p. 51.

59. Baogang He, “Minority Rights with Chinese Characteristics,” in *Multiculturalism in Asia*, Will Kymlicka and Baogang He, eds., pp. 56-79(New York: Oxford University Press, 2005), p. 45.

60. 위의 책, pp. 56-79.

61. Roger L. Janelli and Dawnhee Yim Janelli, *Ancestor Worship and Korean Society*(Stanford: Stanford University Press, 1982), p. 177; Choong Soon Kim, *The Culture of Korean Industry: An Ethnography of Poongsan Corporation*(Tucson: University of Arizona Press, 1992), p. 12; Edwin O. Reischauer and John K. Fairbank, *East Asia: The Great Tradition*(Boston: Houghton Mifflin, 1960), p. 426.

62. Wei-ming Tu, *Confucian Ethics Today: The Singapore Challenge* (Singapore: Federal Publications, 1984), p. 10.

63. Han, “Multicultural Korea,” p. 45.

64. 위의 책.

65. Mika Toyota, “Subjects of the Nation without Citizenship: The Case of ‘Hill Tribes’ on Thailand,” in *Multiculturalism in Asia*, Will Kymlicka and Baogang He, eds., pp. 110-35(New York: Oxford University Press, 2005), p. 134.

66. Kraus and Schönwälder, “Multiculturalism in Germany,” p. 202.

67. 오경석은 한국의 전파매체들이 외국신부들에 관한 이야기를 너무 선정적으로 다룬다는 점에 대해 비판적이다(오경석 외, 『한국에서의 다문화주의』, p. 35).

68. 비안보화(desecuritization)와 관련하여, 킴리카는 "그 첫째 요인은 지정학적인 안보이다. 국가들이 지정학적으로 불안감을 느끼거나 주변국에 대해서 공포감을 가질 때는 그들은 자신들의 나라에 거주하는 소수 계 인종을 공정하게 다루지 않는 경향이 있다. 조금 더 구체적으로 말한다면, 국가들은 만일 그들이 보기에 소수계 인종집단이 주변의 적대적인 국가들과 협력을 하거나 아니면 적과 내통하는 오열(스파이)이 될 위험이 있다고 생각할 때는 그런 소수계 인종집단에게 자치권을 자발적으로 부여하지 않을 것이다. … 과거에는 이런 문제가 서방세계에서 가끔 논의된 일이 있다. … 그러나 오늘날에는 건실한 서방 국가들에서는 국가적인 소수민족이나 토착민들을 존중한다는 의미에서 이런 문제는 더 이상 논의의 대상이 되지 않고 있다(Will Kymlicka, "Liberal Multiculturalism: Western Model, Global Trends, and Asian Debates," in *Multiculturalism in Asia*, Will Kymlicka and Baogang He, eds., pp. 2-55 [New York: Oxford University Press, 2005], p. 34).

69. 위의 책, p. 36.

70. 위의 책.

71. 『매일경제신문』, 2009년 5월 22일, pp. A-6, 29.

72. Kim, "The State and Migrant Women," p. 10.

73. Kim Nam-Kook, "Constitution and Citizenship in a Multicultural Korea: Limitations of a Republican Approach," *Korea Journal* 47(2007): 196-220, p. 226.

74. 이 지역의 인구는 2천만이나 되며 47개의 소수민족이 포함되어 있으며, 위구르가 가장 많다. 중국은 신장지역을 여러 형태로 지배해 왔고 중국 내전 기간에 잠시 동 투르키스탄이라는 국가를 건설했지만, 중국은 1949년에 이 동 투르키스탄을 복속시켜 다시 통치하기에 이르렀다.

75. Michael Breen, *The Koreans: Who They Are, What They Want, Where Their Future Lies*(New York: Thomas Dunne Books of St. Martin's Griffin, 2004), p. 176.

76. Richard M. Steers et al., *The Chaebol: Korea's New Industrial Might*(New York: Harper & Row, 1989), p. 136.

참고문헌

영 문

Banting, Keith, Richard Johnston, Will Kymlicka, and Stuart Soroka. "Do Multiculturalism Policies Erode the Welfare State? An Empirical Analysis." In *Multiculturalism and the Welfare State: Recognition and Redistribution in Contemporary Democracies*, Keith Banting and Will Kymlicka, eds., pp. 49-91(New York: Oxford University Press, 2006).

Befu, Harumi. *Japan: An Anthropological Introduction*(New York: Thomas Y. Crownwell, 1971).

Brandt, Vincent S. R. *A Korean Village: Between Farm and Sea*(Cambridge: Harvard University Press, 1971).

Breen, Michael. *The Koreans: Who They Are, What They Want, Where Their Future Lies*(New York: Thomas Dunne Books of St. Martin's Griffin, 2004).

Caprio, Mark. *Japanese Assimilation Policies in Colonial Korea, 1910~1945*(Seattle: University of Washington Press, 2009).

Caputo, Richard. "Multiculturalism and Social Justice in the United States: An Attempt to Reconcile the Irreconcilable with a Pragmatic Liberal Framework." *Race, Gender and Class* 8(2001): 161-82.

Chang, Kwang-chih. *The Archaeology of Ancient China,* 4th ed.(New Haven: Yale University Press, 1986).

Choe Chong Pil [Chŏng-p'il Ch'oe] and Martin T. Bale. "Current Perspectives on Settlement, Subsistence, and Cultivation in Prehistoric Korea." *Arctic Anthropology* 39(2002): 95-121.

Ch'oe Sang-su [Sang-su Ch'oe]. "Relations between Korea and Arabia." *Korea Journal* 9(1969): 14-17, 20.

Cotterell, Arthur. *East Asia: From Chinese Predominance to the Rise of the*

Pacific Rim(New York: Oxford University Press, 1993).

Courant, Maurice. *Bibliographie Coreene*(Paris: E. Leroux, 1894~1896, Supplement, 1901, Reprint, New York: B. Franklin, 1968).

Cumings, Bruce. *Korea's Place in the Sun: A Modern History*(New York: W. W. Norton & Co., 1997).

Dallet, Charles. *Histoire de l'Église de Corée*(Paris: V. Palme, 1874), 2 vols. (Reprint, Seoul: Royal Asiatic Society, Korea Branch, 1975).

Deuchler, Martina. "The Tradition: Women during the Yi dynasty." In *Virtues in Conflict: Tradition and the Korean Women Today*, Sandra Mattielli, ed., pp. 1-47(Seoul: The Royal Asiatic Society, Korea Branch, 1977).

______. *Confucian Gentleman and Barbarian Envoys: The Opening of Korea, 1875~1885*(Seattle: University of Washington Press, 1977).

Eckert, Carter J. et al. *Korea Old and New: A History*(Seoul: Ilchokak, 1990).

Ember, Carol R. and Melvin Ember. *Anthropology*, 9th ed.(Upper Saddle River, NJ: Prentice-Hall, 1999).

Fernandez, James W. *Bwiti: An Ethnography of the Religious Imagination in Africa*(Princeton: Princeton University Press, 1982).

Finkielkraut, Alain. *La Défaite de la Pensée* [*The Undoing of Thought*], trans. by Dennis O'Keeffe(London: The Claridge Press, 1988).

Gale, James S. *Korean Sketches*(New York: Flemming H. Revell Company, 1898).

Geertz, Clifford. *After the Fact: Two Countries, Four Decades, One Anthropologist*(Cambridge: Harvard University Press, 1995).

Griffis, William Elliot. *Corea: The Hermit Nation*(New York: Charles Scribner's Sons, 1882).

Grinker, Roy Richard. *Korea and Its Futures: Unification and the Unfinished War*(New York: St. Martin's Press, 1998).

Gurr, Ted. *Minorities at Risk: A Global View of Ethnopolitical Conflict* (Washington, DC: Institute of Peace Press, 1993).

Habermas, Jürgen. "Struggles for Recognition in the Democratic Constitutional State." In *Multiculturalism: Examining the Politics of Recognition*, Amy Gutmann, ed., pp. 107-48(Princeton: Princeton University Press, 1994).

Haley, Alex. *Roots: Saga of an American Family*(New York: Doubleday, 1976).

Han Geon-Soo [Kŏn-su Han]. "Multicultural Korea: Celebration or Challenge of Multiethnic Shift in Contemporary Korea." *Korea Journal* 47(2007): 32-63.

Han Kyung-Koo [Kyŏng-gu Han]. "The Archaeology of the Ethnically Homogeneous Nation-State and Multiculturalism in Korea." *Korea Journal* 47(2007): 8-31.

Harris, Marvin. *Theories of Culture in Postmodern Times*(Walnut Creek, CA: AltaMira Press, 1999).

Harvey, Young S. Kim and Soon-Hyung Chung. "The Koreans." In *Peoples and Cultures of Hawaii,* John McDermott Jr., Wen-Shing Tseng, and Thomas Maretzki, eds., pp. 135-54(Honolulu: University of Hawaii Press, 1980).

He, Baogang. "Minority Rights with Chinese Characteristics." In *Multiculturalism in Asia*, Will Kymlicka and Baogang He, eds., pp. 56-79 (New York: Oxford University Press, 2005).

Hsu, Francis L. K. "The Effect of Dominant Kinship Relationships on Kin and Non-Kin Behavior." *American Anthropologist* 67(1965): 638-61.

______. *American & Chinese: Purposes and Fulfillment in Great Civilizations*(Garden City, NY: The Natural History Press, 1970).

______. "Prejudice and Its Intellectual Effect in American Anthropology: An Ethnographic Report." *American Anthropologist* 75(1973): 1-19.

______. "Intercultural Understanding: Genuine and Spurious." *Anthropology & Education Quarterly* 8(1977): 202-09.

______. "The Cultural Problem of the Cultural Anthropologist." *American Anthropologist* 81(1979): 517-32.

______. *Americans & Chinese: Passage to Differences*, 3rd ed.(Honolulu: University of Hawaii Press, 1981).

The HUGO Pan-Asian SNP Consortium. "Mapping Human Genetic Diversity in Asia." *Science* 236(2009): 1541-45.

Hunter, David E., and Phillip Whitten, eds. *Encyclopedia of Anthropology* (New York: Harper & Row, 1976).

Hwang Un-ryong. "Kwihwasŏngssi sijo tongnaesŏl [Theories on the Naturalized Foreigners Who Came to East, Korea]." *Pusan yŏjadaehak sahak* [*History of Pusan Women's College*] 10 & 11(1993): 297-320.

Ilyon [Iryŏn]. *Samguk yusa: Legends and History of the Three Kingdoms of Ancient Korea*, trans. by Ha Tae-hung and Grafton K. Mintz(Seoul: Yonsei University Press, 2007 [orig. 1972]).

Janelli, Roger L., and Dawnhee Yim Janelli. *Ancestor Worship and Korean Society*(Stanford: Stanford University Press, 1982).

Kendall, Laurel. *Getting Married in Korea: Of Gender, Morality, and Modernity*(Berkeley: University of California Press, 1996).

Kim, Choong Soon. "Yŏnjul-hon or Chain String Form of Marriage Arrangement in Korea." *Journal of Marriage and the Family* 36(1974): 575-79.

______. *An Asian Anthropologist in the South: Field Experiences with Blacks, Indians, and Whites*(Knoxville: University of Tennessee Press, 1977).

______. "Can an Anthropologist Go Home Again?" *American Anthropologist* 89(1987): 943-46.

______. *Faithful Endurance: An Ethnography of Korean Family Dispersal* (Tucson: University of Arizona Press, 1988).

______. *The Culture of Korean Industry: An Ethnography of Poongsan Corporation*(Tucson: The University of Arizona Press, 1992).

______. *Japanese Industry in the American South*(New York: Routledge, 1995).

______. *A Korean Nationalist Entrepreneur: A Life History of Kim Sŏngsu,*

1891~1955(Albany: State University of New York Press, 1998).

______. *One Anthropologist, Two Worlds: Three Decades of Reflexive Fieldwork in North America and Asia*(Knoxville: University of Tennessee Press, 2002).

______. *Kimchi and IT: Tradition and Transformation in Korea*(Seoul: Ilchokak, 2007).

Kim, Eun Mee, and Jean S. Kang. "Seoul as a Global City with Ethnic Villages." *Korea Journal* 47(2007): 64-99.

Kim Hyun Mee. "The State and Migrant Women: Diverging Hopes in the Making of 'Multicultural Families' in Contemporary Korea." *Korea Journal* 47(2007): 100-122.

Kim, Key-Hiuk. *The Last Phase of the East Asia World Order*(Berkeley: University of California Press, 1980).

Kim, Lin-su. "Technological Transformation of Korean Firms." In *Korean Managerial Dynamics,* Kae H. Chung and Hak Chong Lee, eds., pp. 113-29(New York: Praeger, 1989).

Kim Nam-Kook. "Constitution and Citizenship in a Multicultural Korea: Limitations of a Republican Approach." *Korea Journal* 47(2007): 196-220.

Kim, Won-yong. "Discoveries of Rice in Prehistoric Sites in Korea." *Journal of Asian Studies* 41(1982): 513-18.

Kitano, Harry H. L., and Roger Daniels. *Asian Americans: Emerging Minorities*(Englewood Cliffs, NJ: Prentice-Hall, 1995).

Kraus, Peter A., and Karen Schönwälder. "Multiculturalism in Germany: Rhetoric, Scattered Experiments, and Future Chances." In *Multiculturalism and the Welfare State: Recognition and Redistribution in Contemporary Democracies*, Keith Banting and Will Kymlicka, eds., pp. 202-21(New York: Oxford University Press, 2006).

Kwon, Yi-gu [Kwŏn Yi-gu]. "Population of Ancient Korea in Physical Anthropological Perspective." *Korea Journal* 30(1990): 4-12.

Kymlicka, Will. *Multicultural Citizenship*(New York: Oxford University

Press, 1995).

______. "Liberal Multiculturalism: Western Model, Global Trends, and Asian Debates." In *Multiculturalism in Asia,* Will Kymlicka and Baogang He, eds., pp. 2-55(New York: Oxford University Press, 2005).

______. *Multicultural Odysseys: Navigating the New International Politics of Diversity*(New York: Oxford University Press, 2007).

Kymlicka, Will, and Baogang He, eds. *Multiculturalism in Asia*(New York: Oxford University Press, 2005).

Laczko, Leslie. "Canada's Pluralism in Comparative Perspective." *Ethnic and Racial Studies* 17(1994): 20-41.

Langness, L. L. *The Life History in Anthropological Science*(New York: Holt, Rinehart and Winston, 1965).

Lee, Changsoo, and George DeVos. *Koreans in Japan: Ethnic Conflict and Accommodation*(Berkeley: University of California Press, 1981).

Lee Hee-Soo [Hŭi-su Yi]. "Early Korea-Arabic Maritime Relations based on Muslim Sources." *Korea Journal* 31(1991): 21-32.

Lee, Ki-baik. *A New History of Korea,* trans. Edward W. Wagner with Edward J. Schultz(Cambridge: Harvard-Yenching Institute by Harvard University Press, 1984).

Lee Kwang-kyu, ed. by Joseph P. Linskey, *Korean Traditional Culture* (Seoul: Jimundang, 2003).

Lew, Young Ik [Yong-ik Yu]. "The *Kabo* Reform Movement: Korean and Japanese Reform Efforts in Korea." unpublished PhD dissertation, Harvard University, 1972.

Lewis, Oscar. *Five Families: Mexican Case Studies in the Culture of Poverty*(New York: Basic Books, 1959).

Loewen, James W. *The Mississippi Chinese: Between Black and White,* 2nd ed.(Prospect Heights, IL: Waveland Press, 1988).

Malinowski, Bronislaw. *Sex and Repression in Savage Society*(London: Kegan Paul, Trench, Trubner, 1927).

Middleton, Russell. "Brother-Sister and Father-Daughter Marriage in Ancient

Egypt." *American Sociological Review* 27(1962): 603-11.

Miller, David. *On Nationality*(Oxford: Oxford University Press, 1995).

______. "Multiculturalism and the Welfare State: Theoretical Reflections." In *Multiculturalism and the Welfare State: Recognition and Redistribution in Contemporary Democracies*, Keith Banting and Will Kymlicka, eds., pp. 323-38(New York: Oxford University Press, 2006).

Na, Se-jin. "Physical Characteristics of Korean Nation." *Korea Journal* 3(1963): 9-29.

Naisbitt, John. *Global Paradox*(New York: Avon Books, 1994).

Nelson, Sarah M. *The Archaeology of Korea*(New York: Cambridge University Press, 1993).

Nielsson, Gunnar. "States and 'Nation-Groups': A Global Taxonomy." In *New Nationalisms of the Developed West*, Edward Tiryakian and Ronald Rogowski, eds., pp. 27-56(Boston: Allen & Unwin, 1985).

Pai, Hyung Il. *Constructing "Korean" Origins: A Critical Review of Archaeology, Historiography, and Racial Myth in Korean State-Formation Theories*(Cambridge: Harvard University Asia Center, 2000).

Peacock, James L. *The Anthropological Lens: Harsh Light, Soft Focus*(New York: Cambridge University Press, 1986).

Pelto, Pertti J. *Anthropological Research: The Structural Inquiry*(New York: Harper & Row, Publishers, 1970).

Peng-Er, Lam. "At the Margins of a Liberal-Democratic State: Ethnic Minority in Japan." In *Multiculturalism in Asia*, Will Kymlicka and Baogang He, eds., pp. 223-43(New York: Oxford University Press, 2005).

Pike, Kenneth. *Language in Relation to a Unified Theory of the Structure of Human Behavior*, vol. 1(Glendale, CA: Summer Institute of Linguistics, 1954).

Queen, Stuart A., and Robert W. Habenstein. *The Family in Various Cultures*(New York: J. B. Lippincott Co., 1974).

Raper, Arthur F. *Preface to Peasantry: A Tale of Two Black Belt Counties*(Chapel Hill: University of North Carolina Press, 1936).

Redfield, Margaret Park, ed. *Human Nature and the Study of Society: The Papers of Robert Redfield*, vol.1(Chicago: University of Chicago Press, 1962).

Reischauer, Edwin O., and John K. Fairbank. *East Asia: The Great Tradition*(Boston: Houghton Mifflin, 1960).

Richardson, Miles. "Anthropologist—The Myth Teller." *American Ethnologist* 2(1975): 517-33.

Rohlen, Thomas P. *Japan's High Schools*(Berkeley: University of California Press, 1983).

Sayers, Robert, and Ralph Rinzler. *The Korean Onggi Potter*, Smithsonian Folklife Studies Series, no. 5(Washington, DC: Smithsonian Institution Press, 1987).

Schmid, Andre. *Korea between Empires, 1895–1919*(New York: Columbia University Press, 2002).

Shin, Gi-Wook. *Ethnic Nationalism in Korea: Genealogy, Politics, and Legacy*(Stanford: Stanford University Press, 2006).

Soh, C. Sarah. *The Comfort Women: Sexual Violence and Postcolonial Memory in Korea and Japan*(Chicago: University of Chicago Press, 2008).

Stands In Timber, John and Margot Liberty. *Cheyenne Memories*(New Haven: Yale University Press, 1967).

Steers, Richard M. et al. *The Chaebol: Korea's New Industrial Might*(New York: Harper & Row, 1989).

Taylor, Charles. *Multiculturalism and "The Politics of Recognition": An Essay*(Princeton: Princeton University Press, 1993).

______. "The Politics of Recognition." In *Multiculturalism: Examining the Politics of Recognition*, edited and introduced by Amy Gutmann, pp. 25-85(Princeton: Princeton University Press, 1994).

Taylor, Charles with commentary by K. Anthony Appiah, Jürgen Habermas, Steven C. Rockefeller, Michael Walzer, and Susan Wolf, edited and introduced by Amy Gutmann. *Multiculturalism: Examining the*

Politics of Recognition(Princeton: Princeton University Press, 1994).

Toyota, Mika. "Subjects of the Nation without Citizenship: The Case of 'Hill Tribes' in Thailand." In *Multiculturalism in Asia*, Will Kymlicka and Baogang He, eds., pp. 110-35(New York: Oxford University Press, 2005).

Tu, Wei-ming. *Confucian Ethics Today: The Singapore Challenge*(Singapore: Federal Publications, 1984).

Wagner, Edward W. "Two Early Genealogies and Women's Status in Early Yi Dynasty Korea." In *Korean Women: View from the Inner Room*, Laurel Kendall and Mark Peterson, eds., pp. 23-32(New Haven, CT: East Rock Press, 1983).

Welty, Paul Thomas. *The Asians: Their Evolving Heritage,* 6th ed.(New York: Harper & Row, 1984).

Westermarck, Edward. *The History of Human Marriage*(London: Macmillan, 1894).

Whang, In-Joung. *Management of Rural Change: The Saemaul Undong* (Seoul: Seoul National University Press, 1981).

White, Leslie A. *The Science of Culture: A Study of Man and Civilization* (New York: Farrar, Strauss & Cudahy, 1949).

White, Merry. *The Japanese Overseas: Can They Go Home Again?*(Princeton: Princeton University Press, 1988).

Wolf, Susan. "Comment." In *Multiculturalism: Examining the Politics of Recognition,* edited and introduced by Amy Gutmann, pp. 75-98(Princeton: Princeton University Press, 1994).

Wong, Eugene Franklin. *On Visual Media Racism: Asians in the American Motion Pictures*(New York: Arno Press, 1978).

국 문

강준식. 『다시 읽는 하멜의 표류기』(서울: 웅진닷컴, 2002).

공정자. "한국 대기업가 가족의 혼맥에 관한 연구." 이화여자대학교 박사학위논문, 1989.

김두헌. 『한국가족제도연구』(서울: 서울대학교출판부, 1969).

김범준. "새로운 성씨 증가 속도 한국만 매우 느려." 『과학과 기술』 10(2008): 51-53.

김병모. 『김병모의 고고학 여행』(서울: 고래실, 2006).

______. 『김수로 왕비의 혼인 길』(서울: 푸른 숲, 1994).

______. 『한국인의 발자취』, 개정판(서울: 집문당, 1994, 원문 1985).

______. 『허황옥 루트: 인도에서 가야까지』(서울: 역사의 아침, 2008).

______. 『허황옥: 김수로 왕비: 쌍어의 비밀』(서울: 조선일보, 1994).

김승권 외 다수. 『2007년 전국 다문화가족 실태조사연구』(서울: 보건복지부, 법무부, 여성가족부, 그리고 한국보건사회연구원, 2010).

김욱, 김종열. 『미토콘드리아 DNA변이와 한국인 집단의 기원에 관한 연구』(서울: 고구려연구재단, 연구총서 13권, 2005).

김정호. 『한국의 귀화성씨: 성씨로 본 우리 민족의 구성』(서울: 지식산업사, 2003).

김중환 편. 『의성 김씨 개암공파보』(서울: 의성 김씨 개암공파보소, 1991).

김해 김씨 안경공파종회. 『김해 김씨 안경공파 세보』(서울: 김해 김씨 안경공파종회, 2000).

김희정. "한국의 관 주도형 다문화주의: 다문화주의 이론과 한국적 적용." 오경석 외 다수 저. 『한국에서의 다문화주의: 현실과 쟁점』(서울: 한울아카데미, 2007), pp. 57-79.

덕수 장 종친회, 족보편찬위원회 편. 『덕수 장씨 족보』(서울: 덕수 장 종친회 족보편찬위원회, 1998).

박기현. 『우리 역사를 바꾼 귀화성씨: 우리 땅을 선택한 귀화인들의 발자취』(서울: 역사의 아침, 2007).

박옥걸. 『고려시대의 귀화인 연구』(서울: 국학자료원, 1996).

박종삼. "한미 국제결혼에서 문화적 배경의 차이로 인한 의사전달 갈등의 이론적 고찰." 『숭전대학교논문집』 12(1982): 99-136.

박현모. 『세종처럼: 소통과 현실의 리더십』(서울: 미다스북, 2008).

배기동. "전곡리 구석기시대 유적의 조사과정의 문제." 구석기발굴기념국제 세미나 발표, 2007년 5월 3일, 한국 연천.

송복. "한국 상층의 사회적 구성과 특성에 관한 연구." 연구 리포트(발표일자 미상).

송준호. 『조선사회사연구』(서울: 일조각, 1987).

연갑수. 『고종대 정치변동연구』(서울: 일지사, 2008).

오경석 외. 『한국에서의 다문화주의: 현실과 쟁점』(서울: 한울 아카데미, 2007).

유영익. 『갑오경장연구』(서울: 일조각, 1990).

윤용혁. "정인경가의 고려정착과 서산: 고려시대 외국인의 귀화정착사례." 『호서사학』 48(2007): 35-70.

윤이흠 외 다수. 『한국인의 종교』(서울: 문덕사, 1994).

윤인진. "한국적 다문화주의의 전개와 특성: 국가와 시민사회의 관계를 중심으로." 『한국사회학』 42(2008): 72-103.

이광규. 『한국 가족의 사적 연구』(서울: 일지사, 1983).

이국재 편. 『청해 이씨 무후공파 세보』(서울: 청해이씨 무후공파 중앙회, 2006).

이길상. 『세계의 교과서 한국을 말하다』(서울: 푸른 숲, 2009).

이성무. "한국 성씨와 족보." 동아시아의 족보 국제학술회의 발표논문, 2008년 11월 21-27일 서울에서 개최.

이성미. 『다문화 코드: 한국 드림 해법 찾기』(서울: 생각의 나무, 2010).

이수건. 『한국성씨와 족보』(서울: 서울대학교 출판부, 2008).

이승한. 『쿠빌라이 칸의 일본원정과 충렬왕』(서울: 푸른 역사, 2009).

이원택. "조선 전기의 귀화와 그 성격." 『서울국제법연구원』 8권(2001): 225-46.

이종명. "고려에 내투한 발해인고." 『백산 학보』 4(1968): 199-225.

이종일. "중국에서 동래 귀화한 사람의 성씨와 그 자손의 신분지위." 소헌 남도영 박사 고희기념. 『서울 역사논총』(서울: 민족문화사, 1993), pp. 321-48.

이희근. 『우리 안의 그들: 섞임과 넘나듦 그 공존의 민족사』(서울: 너머북스, 2008).

임학성. "17세기 전반 호적자료를 통해 본 귀화야인의 조선에서의 생활양상: 울산호적(1609)과 해남호적(1639)의 사례분석." 『고문서 연구』 33 (2008): 95-128.

장재혁. "노인보건복지정책의 방향과 과제." 『고령사회, 사회복지와 돌봄』, 고려사이버대학교 2010년 온라인대학학술포럼(서울: 고려사이버대학교, 2010년 11월 17일).

전경수. "서문." 전경수 외 다수 공저. 『혼혈에서 다문화로』(서울: 일지사, 2008), pp. 12-34.

______. "차별의 사회와 시선의 정치과정론: 다문화가정 자녀에 관한 예비적 연구." 전경수 외 다수 공저. 『혼혈에서 다문화로』(서울: 일지사, 2008), pp. 36-85.

전혜정 외 다수. "결혼 이주여성 가정건강에 영향을 미치는 경로." 『한국가족복지학』 14(2009): 5-24.

정병완. "우리 나라 외래 성씨의 구보서 비교 — 시조고 —." 『한국방송통신대학논문집』 13(1991): 91-122.

조강희. "영남지방의 혼반연구: 진성 이씨 퇴계 종손을 중심으로." 『민족문화논총』 6(1984): 79-121.

조정아, 임순희, 정진경 공저. 『새터민의 문화갈등과 문화적통합안』(서울: 한국여성개발원 및 한국통일연구원, 2006).

조흥윤, 윤이흠. "서문." 윤이흠 외 다수 공저. 『한국인의 종교』(서울: 문덕사, 1994), pp. i-ix.

존 프랭클. 『한국문학에 나타난 외국의 의미』(서울: 소명출판, 2008).

최양규. "고려~이조 시대 중국 귀화성씨 정착"(서울: 홍익대학교 대학원 석사학위논문, 2001).

최재석. 『한국가족제도연구』(서울 민중서관, 1966).

최정필. "인류학상으로 본 한민족기원 연구에 대한 비판적 검토." 『한국 상고사 학보』 8(1991): 7-43.

황운룡. "귀화성씨 시조 동래설." 『부산여지대학 사학』 10 & 11(1993): 297-320.

한국에서 다문화주의의 역사적인 뿌리와 발전
외국신부들의 목소리

초판인쇄 | 2013년 2월 23일
초판발행 | 2013년 2월 28일

저　　자 | 김 중 순
역　　자 | 고려사이버대학교 봉사협력사업단
발 행 인 | 위 호 준
발 행 처 | 도서출판 **집현재**
121-130 서울특별시 마포구 토정로
198번지 204호
전화 (02)332-4922 Fax (02)3142-4922
홈페이지: www.jhjbook.co.kr
e-mail: jyp4922@naver.com

출판등록 | 2010년 10월 25일
등록번호 | 제105-91-57581호

정가 20,000원 ISBN 978-89-97304-21-9